JN042296

極 限 の 思 想

ラカン
主体の精神分析的理論

Jacques Lacan

立木康介
Tsuiki Kosuke

講談社選書メチエ

le livre

目次

責任編集＝大澤真幸・熊野純彦

序章　精神分析家ラカンの軌跡

こんな逸話を聞いたことがある。いや、逸話ではなく、もしかしたら根も葉もない噂かもしれない。真偽のほどは分からない。ジャック・ラカンにまつわるこの種の伝説は、とにかく枚挙にいとまがない。

アルコール依存から抜け出したばかりのある患者が、いまにも再び酒に手を伸ばしてしまうのではないかと不安でたまらなくなり、深夜、ラカンに電話をかけた。ラカンは言った。「それならいまから来たまえ」。リール通り五番地のアパルトマンに辿り着いた患者が、おずおずとキャビネ（面接室）に入っていくと、待ち構えたラカンは開口一番こう告げたという。「心配しなさんな。酒ならここにいくらでもあるぞ！」

真偽が定かでないとはいえ、いかにもラカンらしいエピソードだ。精神分析家ラカンとは、実際にこういう人だったのだ。再び酒に溺れてしまうという不安に怯える患者に、その酒こそが本人の欲望の対象、いや、正確には、本書で長々と述べることになる「欲望の原因対象」であることを、露骨に指摘して憚らない分析家。だが、一見ジョークのようにも、あるいはサディスティックなくすぐりのようにもみえるこの「解釈」の一撃によって、次の瞬間、逆説的にも、自分が心ならずも同一化して離れられなかった「アルコールに囚われた私」（アルコールによって享楽する私ではなく、アルコールという〈他者〉によって享楽される私）というイマージュから、この患者がするりと抜けられたかもしれない、つまり脱同一化できたかもしれない、と想像できることは愉しい。不安のうちでなお、いや、不安という代償を払ってもなお、主体がしがみついてしまう享楽の慣性から、主体を目覚めさせること。ジャック・ラカンとは、そのような目覚めをもたらすことに長けた分析家だった。

本書は、このラカンの思想＝思考を、「極限の思想」シリーズの名にふさわしいその峻厳な一断面において捉え、徹底した吟味と解読を行う試みである。ラカンという特異な思考者がもたらした知のインパクトを味わうには、およそ四〇年にわたるその「教え」の内容を広く浅く追いかけるのではなく、一筋の骨太な線に沿ってそれに強く、また深く切り込みを入れるほうがいい。その断面とは、一九六〇年代半ばに「原因」と「対象」をめぐって紡がれた言説の総体であると、ひとまず述べておこう。だが、なぜそこに焦点を絞るのか。それを明確にするためにも、精神分析家ラカンの経歴と基礎理論をざっと概観しておかねばならない。ただし、私がいまあえて「精神分析家ラカン」と述べたのは、意味のないことではない。このラカンには二つの前史がある。ラカン派の分析家たちが語るように、「ラカンがラカンになった」とされる一九五三年以前の若きラカン。そして、そのラカンによって「フロイトの概念が基礎づけられる」（これもまたフランスでよく耳にするフレーズだ）ようになる以前の、「精神分析」という社会的実践の歴史である。この二つが合流する地点までは、両者を別々に辿ることが避けられない。[1]

若き日のラカン

個人史のほうからはじめよう。

一九七〇年代にラカンに精神分析を求め、断られた（あまつさえ、それを根にもって、ラカンと同じタバコを吸わなくなった）というエピソードをもつロラン・バルトに、「伝記になりうるのは、無生産的な生活のみである」[2]という言葉がある。生産する主体、つまり、書いたものを残すようになった主体は、物語的な生から切り離される、と。その意味での「伝記的」事実として、ラカンについて特筆すべきことは多くない。一九〇一年、つまり二〇世紀のスタートとともに、パリのブルジョワ商家の長男として生まれたジャック・マリー・エミール・ラカンは、名門の私立カトリック校「スタン」ことスタニスラス校で学んだのち、パリ大学医学部を経て、精神科医になる。知的に早熟で、信仰に篤い中産階級という自らの出自（とくに母親が熱心なカトリックであり、弟マルクは長じてベネディクト会司祭になる）に早くから背を向ける一方、スタニスラス校時代にはスピノザやニーチェに没頭し、また哲学教師ジャン・バリュジの薫陶を受けた。バリュジといえば、ライプニッツのほか、聖パウロや十字架の聖フアン、アンゲルス・シレジウスといった、ラカンがのちのちまで好んで引用・参照するキリスト教の教父や聖人たちに造詣が深い哲学者だ。本書では扱うことができないが、キリスト教、とりわけその神秘思想（聖フアン、シレジウス）へのラカンの知的関心は、カトリック的ブルジョワジーのモラルへの反撥とは裏腹に、ラカンのうちに深く根ざしていることは強調されてよい。

父の反対を押し切って医学の勉強をはじめたラカンには、自身の野心をいささか持て余し、「ここではないどこか」に思いを馳せるような時期があったらしい（本書で詳しく取り上げるセミネールXIには、ブルターニュで漁師の真似事までしたその時期のエピソードが語られている）。そのせいだろうか、一九二〇年代には、シュルレアリスムとアクション・フランセーズ（シャルル・モラスを編集主幹とする王党派極右新聞）という、互いに親和性があるとは思えないが、過激である点ではいずれも相手に劣らない運動に傾倒していく。とりわけシュルレアリスムからの触発は大きく、その影響下に書かれた一九三二年の学位論文『人格との諸関係からみたパラノイア精神病について』は、精神医学プロパーの界隈からよりも、シュルレアリストたち（とりわけダリ）から激賞された。精神科医修業時代のラカンは、パリ大学精神病理学教授ジョルジュ・デュマ、サンタンヌ病院精神科病棟教授アンリ・クロード（『ナジャ』にてヒロインの発狂の責任を一方的にブルトンから告発されたあの「クロード教授」は、フランスへのフロイディズム導入の立役者のひとりだった）、警視庁精神病者特別看護室医長ガエタン・ガティヤン・ド・クレランボーという三人の師を得たが、のちに主著『エクリ』（一九六六）のなかで「精神医学における〈私の〉唯一の師」[3]と名指されるのは、クレランボーである。実際、本書でも繰りかえし言及される「シニフィアンの自律性」というラカンの視点は、クレランボーのいわゆる「精神自動症」の理論とじかに繋がっている。とはいえ、上記の学位論文にすでに最も色濃く現れているのは、ラカンが一九二三年から親しんでいたというフロイトの著作の影響だ。同論文のヒロインであり、ラカンが詳細に検討した生涯唯一の症例である「エメ」ことマルグリット・パンテーヌになされた「自罰パラノイア」の診断と、そのメカニズムとして取り出される論理は、「死の欲動」発見（一九二〇）以後のフロイトが次第に強調するようになる「無意識の罪責感」の概念抜きには成り立たない。

それゆえ、学位を取得する直前のラカンが、ウッチ（ポーランド）出身のユダヤ人で、ベルリン[4]で訓練を受けたルドルフ・ルヴェンシュタイン[5]のもとで訓練分析を受けはじめるのは、もちろん気紛れではなかった。この訓練分析は六年間続き、一九三八年、ラカンは当時フランス唯一の精神分析家組織だったSPPこと「パリ精神分析協会」のフルメンバーになる。その間、三六年には、分析家としての初の理論的貢献である「鏡像段階」論を発表。生物学的にみて未熟な状態（神経系統の発達が整わない状態）で誕生し、身体諸器官の有機的統一もままならない生後六ヵ月から一八ヵ月の乳児は、鏡に映る自身の像を、これら無統一な身体感覚を流し込む「容れ物」

とみなし、この像に同一化することで、先取り的に「私（自我）」を確立するという理論だ。いかに自己の身体の反射像といえども、鏡像は一個の他者である以上、それぞれの「私」の根底に他者が棲まうこと、したがって、像のレベルではつねに自己と他者が互いに入れ替わり、相手を侵食しあう関係にあることを含意するこの鏡像段階論は、その後、ラカンの教えの中心が象徴界、さらには現実界に移ったのちも、「想像界」の理論として不動の位置を保ち続けるだろう。

　こうして、一九三〇年代後半、ラカンは精神分析の世界で頭角を現し、将来を嘱望されはじめる。フランスにおける「無意識的なもの」の研究の草分けである大心理学者ピエール・ジャネ（ただしジャネは「無意識」ではなく「下意識」なる語を用いた）の娘婿で、医師である分析家エドゥワール・ピションは、三九年、「ラカン氏はフランスの若い世代の精神科医のなかで最もブリリアントな知性《エスプリ》のひとりと目されている」と持ち上げている。ただし、よくいえばラカンの「持ち味」、わるくいえばその「悪癖」とみなされる文体の晦渋《かいじゅう》さも、この最初期からすでに人々の目に留まっていた。同じピションは、続けてこう釘を刺すことを忘れない――「だからこそ、自らの知性がそこへと身を隠すある種の鎧、セクト的ジャーゴンと個人的な気取りから成るその鎧を、ラカンが脱ぎ捨てることが、すべての精神病理学者たちの利益になる。彼の著作はこうしたもののために損なわれている」[6]。一方、同じ頃、ラカンがアレクサンドル・コジェーヴのヘーゲル講義の熱心な聴講者だったことはよく知られている。『精神現象学』からコジェーヴが取り出した「主と僕の弁証法」（承認を求める闘い）の理論は、人間の欲望を「他者の欲望の欲望」とみなす初期の概念化（この発想は五〇年代に大きく修正される）から、一九七〇年代前半の主要な思考道具になる「四つのディスクール」（そのひとつは「主のディスクール」である）に至るまで、ラカンの語らいのうちに反響を持ち続けるだろう。同時に、コジェーヴの講義には、ジャン・イポリット、モーリス・メルロ＝ポンティ、ジョルジュ・バタイユら、第二次大戦後のフランス思想界を彩る若き知識人たちもこぞって来聴していた。そこで紡がれる知識人同士の「横の繋がり」は、ラカンにとって、自らがいまや職業的に属するようになった精神分析家コミュニティとは異なる知的・文化的帰属となったにちがいない。

精神分析史のなかのフランス

さて、もう一方の「前史」である精神分析の歴史、とりわけその理論や技法の発展史については、成書に譲るほかないが、ここでもその制度史的な一面には触れておかねばならない。本書にて取り上げるラカンの思想＝思考の「断面」が置かれる歴史的（かつ政治的）コンテクストを知る上で、このことは決定的に重要だからだ。

精神分析の誕生を「いつ」と一義的に定めることは、今日なお難しいが（複数の答えが可能だから）、フロイト永遠の主著『夢判断』の奥付に記された一九〇〇年は、ひとつのメルクマールになる（その翌年に生まれたラカンは、それゆえ精神分析とほぼ同い年だったことになる）。器質的な異常に還元されない精神症状を呈する「神経症」（ヒステリー、強迫神経症、恐怖症）の治療法として発明された精神分析、すなわち、患者の「話（語り）」のみからその無意識（神経症の原因は、特定の欲動を代理する表象を抑圧すること、すなわち、意識の外に押しのけることだが、それら抑圧された表象の集積所が無意識にほかならない）を読み取る技術に、確固たる理論的基盤を与え直した著作だ。一九〇〇年代半ばから徐々にはじまる精神分析の国際化が、「国際精神分析協会」

（当初はドイツ語略記でＩＰＶ、のちに英語略記ＩＰＡが一般化する）という制度的組織の設立に結実したのは一九一〇年。その一〇年後、一九二〇年に世界初の精神分析家育成施設、ベルリン精神分析インスティテュートがオープンすると、「訓練分析」「スーパーヴィジョン」「理論的学習」を三つの柱とするそのカリキュラムはたちまち国際標準化され、一九二五年、バート＝ホンブルクのＩＰＡ総会にて、この国際規格に則った訓練が義務化される。これによって、精神分析はたんなる精神療法の範疇を超え、専門家の訓練に不可欠の制度的「課程」という面をもつことになった。ここに、分析家の育成を「大学」が担いえない理由がある。いまも昔も、その最も枢要な部分を寝椅子の上でしか、つまり個別の分析家のキャビネにおいてしか学べないのが「精神分析」なのだ。逆にいえば、だからこそ、このような個別の経験を制度的訓練の枠組みに嵌め込む各地のインスティテュート（精神分析家組織に付属する訓練センター）は、往々にして権力闘争の舞台になる。第二次大戦後のフランスで起きたのも、そうした権力闘争のひとつだった。

　ここからは、そのフランスに絞って、精神分析の制度的発展を概観することにしたい。一九一四年にフロイトが「ヨーロッパ諸国のなかで、フランスはこれまで精神分析の受容が最も鈍い状態にある」[7]と記したとおり、欧米のドイツ語圏・英語圏の国々に比べて、フランスへの精神分析の定着は遅く、曲がりなりにも訓練を受けた一握りの実践家たちがパリ精神分析協会（ＳＰＰ）の設立に漕ぎ着けたのは、ようやく一九二六年だった。折しも、ＩＰＡにおける制度的訓練の義務化が決定されたバート＝ホンブルク総会の翌年だ。それだけに、まさにこの訓練制度をめぐって、ＳＰＰは当初から軋轢を抱えこまねばならなかった。一方には、ルヴェンシュタインや、スイスから合流したレモン・ド・ソシュール（言語学者フェルディナンの息子）、さらには、

ＳＰＰ設立直前の時期にフロイトのもとに通いはじめたマリー・ボナパルト（皇帝ナポレオン一世の弟ルイの曽孫で、ギリシャ及びデンマーク王子の妃）のように、ＩＰＡの制度的訓練を尊重する人々。それにたいして、前述のピションや、フランスで最初にフロイディズムを紹介したものの、一度も寝椅子に横になったことのないアンジェロ・エナールらは、精神分析のフランス化を求め、訓練制度の厳格な適用に消極的だった。それでも、ナチスの擡頭により中央ヨーロッパの精神分析コミュニティが崩壊してゆく一九三〇年代、フランスの訓練制度は曲がりなりにも機能しはじめ、次世代の精神分析を担う俊英たち、とりわけラカン、サーシャ・ナシュト、ダニエル・ラガーシュという三人の精神科医が、いずれもルヴェンシュタインのもとで訓練分析を受け、分析家として独り立ちしていく。

ナチス・ドイツ占領下での休眠状態を経て、戦後に活動を再開したＳＰＰには、急速な世代交代の波が押し寄せる。すると、一九五一年に新設されたインスティテュートの主導権をめぐって、新世代を代表するナシュトとラガーシュのあいだに葛藤が生じた。医師を特権化する米国流の分析家訓練システムの確立を目指すナシュトにたいして、四六年以来パリ大学心理学講座の教授の地位にあり、心理学専攻の学生ら医師以外の候補生にも広く門戸を開こうとするラガーシュ。両者のそれぞれに率いられた二つの陣営の勢力は拮抗しており、インスティテュートの厳格なカリキュラムや高額な登録料をめぐる「生徒」たち（訓練分析を受けている最中の候補生たち）の叛乱によって、一時はラガーシュ側に傾いた流れを、最終段階で一気に覆したのはマリー・ボナパルトだったといわれる。医師でない彼女の立場は、本来はラガーシュらに近かったのだが、ラカンこそがＳＰＰ内の混乱の元凶であると半ば偏執的にみなしていた彼女は、ラガーシュがラカンを擁護すると見るや、明確なナシュト支持に回り、形勢を逆転させたのである。その結果、五三年六月、ラガーシュ一派は新組織「フランス精神分析協会」（ＳＦＰ）の設立を宣言してＳＰＰを脱退し、ラカンもそれに同調することを余儀なくされる。フランス精神分析の「第一の分裂」である。

想像界・象徴界・現実界

ＳＰＰで訓練を受けていた「生徒」たちの大半は、ＳＦＰに流れ込んだ。だが、ＳＦＰで若手を指導しうる訓練分析家は、ラガーシュとラカンの二人きりといってよい状態だった。このことが、ラカンをいよいよフランス精神分析の頂点に押し上げることになる。ラカンの個人史と精神分析の歴史はこの一九五三年に真に合流し、ラカンは「多数派」であるＳＦＰのリーダーとして、バルトのいう「生産的な生」に入っていくのである。といっても、ラカンの場合、「生産」はテクストよりもむしろ発話の形をとった。これ以後、生涯にわたって続けられ、今日も刊行が続く（この数年は事実上、中断状態ではあるが）「セミネール」である。一九五三年秋にはじまるこの授業は、新生ＳＦＰの教育カリキュラムの一環であると同時に、精神分析の経験（「分析経験」）にもとづいてラカンが自らの思考を練り上げていく現場であり、アトリエでもあった。本書でも用いられる独特なタームの予備的説明も兼ねて、ＳＦＰ時代のセミネールで構築されるラカン理論の基礎をざっと見わたしておこう。

いや、基礎というより枠組みというほうがよいかもしれない。まさに一九五三年に導入され、ラカン理論の不変の枠組みとなるいわゆる「三界の理論」、すなわち「人間の現実がかかわる三つの領域」として想像界・象徴界・現実界を区別する理論だ。大雑把に述べて、ラカンの主要な関心は、一九四〇年代までは「想像界」に、五〇年代は「象徴界」におかれ、その後六〇年代から七〇年代に向けて徐々に「現実界」へと移ってゆく。想像界（l'imaginaire）については、先に「鏡像段階」に触れて述べたことに尽きるといえる。ひとつ付け加えるなら、想像界とは身体像をめぐって自己と他者がたえまなく入れ替わりうると同時に、果てしない愛憎の渦が巻き起こる場でもある。私は、私に生の幻影を与えてくれる私の像＝自我を愛さずにはいられないし、自我に似ていたり、自我を愛してくれたりする他者をも愛するだろう。だが、いったんそれが破綻すると、鏡像的な二者関係は烈しい憎しみに転化しかねない。というのも、鏡像は他者との争奪戦の対象になるからだ。鏡像が本来的に他者のイマージュ（自己の身体の外部に存するという意味で）である以上、それはつねに剝ぎ取られる危険をはらむ。鏡像を剝ぎ取られた主体は、もとの「寸断された身体」（身体の有機的・内的統一性を欠いた状態）の現実へ、それゆえ死にも等しい混沌の闇へと、再び突き落とされるかもしれない。鏡像をめぐる自己と他者の争いは、それゆえ、つねに死を賭けたものになる。

ラカンが「想像界」と呼ぶのは、鏡像とそれにもとづく自己認識をめぐって、私と他者とがこうした絶望的な不安定さに囚われる次元のことである。だが、幸いなことに、この不安定さには出口がないわけではない。なぜなら、人間は言語をもつからだ。言語的な伝達を成立させるために「私」と「あなた」が準拠する共通の場のルールが、想像的な認識をリードし、想像的な競合関係に「契約」をもちこむ。鏡を見つめる乳児を腕に抱え、「あなたはこれよ」と言って聞かせる母親のまなざしのうちにすでに現前するこの次元、想像的二者関係に「法」をもたらすこの第三者の次元を、ラカンは「象徴界（le symbolique）」と名づけた。そこから、「想像界にたいする象徴界の優位」という、一九五〇年代のラカンの教え全体を要約するといってよいテーゼが生まれる（この時代のセミネールに、このテーゼを謳っていないものはない）。そこにあるのは、次のような認識だ――精神分析において治療を導く力となるのは、転移のダイナミズムの表層を構成する想像的要素（愛情や攻撃性）ではなく、シニフィアンの連鎖として到来する「話（話された言葉、parole）」にほかならない。

では、より具体的に、象徴界とは何だろうか。ラカンの「象徴界」理論はじつに多くの局面をもち、それらを個別に切り離すことはできないが、あえていくつかの方向性をピック・アップするなら、次のように整理してみてもよいかもしれない――

1／「シニフィアン」概念の導入とその展開。ラカンはソシュールの構造言語学から「シニフィアン」の概念を抜き取り、それを精神分析の理論に移植する。シニフィアンとは、言語を構成する物質的《マテリアル》＝質料的な要素の、a≠bのように互いに区別できる最小単位（最終的には表音文字によって担保される「音」）、および、それらが――象徴界独自の法則によって――組み合わされたもの（意味をもちうる単語やそれより上位のレベルの要素）を指す。ただし、ソシュールにおいてシニフィアンと対をなす独立の次元を構成していた「シニフィエ」を、ラカンはシニフィアンにたいして二次的なものと位置づける。ラカンにとって、シニフィアンは自律的な構造（および法）をもつが、シニフィエはそのシニフィアンの連接の「効果」にすぎないのである。このラカン独自の視点は、まさにフロイトによってもたらされた。ラカンは、無意識を解読するフロイトの技法が、患者（主体）の話をまさにシニフィエではなくシニフィアンのレベルで読むことのうちに存するのを見てとる。そしてここから、一方では、シニフィアンが想像的なコミュニケーションを越えて、どれほど深く主体を決定しているかを示すことへ、他方では、言語学との対話を続けながら、無意識の構造主義的解読の可能性を切り拓くことへと、歩を進めるのである。

2／〈父の名〉（le Nom-du-père）による「エディプスコンプレックス」の翻訳。フロイトの「エディプスコンプレックス」は、主体の欲望が、そこに根源的に刻まれたひとつの禁止によって方向づけられることを意味する。ラカンは、象徴界の「法」を指し記す特権的なシニフィアンを〈父の名〉と呼び、「母の欲望」の謎をめぐる子供の探求が、母の語らいのなかでこの〈父の名〉に出会うという構造的契機のうちに、エディプスコンプレックスを位置づけ直した。このことは、まず、〈父の名〉の排除が精神病の条件をなすという画期的なテーゼへと、ラカンを導いていく。[8] だが、シニフィアンの領域の内部に、その「法」を体現する特別なシニフィアンを想定することは、この領域が平板で均質な空間ではなく、ある種の凹凸をはらんだ不均質な場であると考えることを意味する。実際、ラカンはやがて、シニフィアンの集合としての象徴界の構造そのものを問い直すことになる。

3／主体の理論。想像界にたいする象徴界の優位という主張は、必然的に、鏡像段階よりも根源的な次元において、主体がシニフィアンによって決定されるという考えを含む。ラカンは、自らの理論のなかで象徴界を前景化させるようになった当初から、言語が主体の存在を無化すること、したがって、主体はひとつの「存在欠如」であることを、強調してきた。だが、ラカンは次第に、象徴界による主体の決定のプロセスをより細やかに捉えるようになる。そしてその作業は、象徴界の構造そのものを問いに付すというもうひとつの作業と並行して進められていく。もともと象徴界の主体のメッセージの宛先となる「もうひとりの主体」としてラカンが導入した〈他者〉(大文字の他者、l'Autre)の概念は、やがて「象徴界」の別名となる。〈他者〉とは、何よりも、主体を支配する「主」としての言語の場であり、主体の「話」の真理の保証者である。だが、主体が〈他者〉とのあいだに築く関係はそれだけではない。本書の最も重要な論点のひとつを先取りしていえば、主体としての自らの真理を探求する道のり(=精神分析)において、主体は〈他者〉が自分自身の真理を保証できないという逆説的な契機に遭遇し、この「〈他者〉のなかの欠如」を埋め合わせることを求められる。しかし、それはまた、もともと〈他者〉の差し出すシニフィアンによって決定された主体が、その〈他者〉による決定に同意するかどうかを自己決定する契機でもある。こうした自己決定の必然性が残されているかぎりにおいて、精神分析の「主体」はいわゆる構造主義の想定する主体とは異なる。それはむしろ、構造による決定を受け入れるかどうかを自らの責任において決定する主体なのである。

さて、以上の想像界・象徴界に比べ、概念の輪郭を正確に捉えにくいのが「現実界(le réel)」である。一九五〇年代のラカン理論において、現実界、つまり「現実的なもの」は、ドイツ語のwirklichの意味で「実際に動く」が、想像界や象徴界の装置・図式では(まだ)把握できない何ごとかが生じる領域の謂《いい》で用いられた(フロイトの症例のひとりである五歳児ハンスは、ある日ペニスの勃起を経験するが、ハンスにはそれが何であるのか、なぜ起きるのかが分からず、それにたいしてどうすることもできない。このとき、この勃起は「現実的」なのである)。これは、le réelというフランス語の通常の意味から大きく隔たらない。ところが、一九六〇年頃を境に、ここには大きな変化が訪れる。まず、理論上、主体の歴史の起点となる原初の象徴化(最初の満足体験がシニフィアンによって印づけられること）において、経験の一部が象徴界の外部に取り残され、消失するという理論が組み立てられ、現実界はこの「根源的に失われた現実」の価値を与えられる。他方で、上述の「〈他者〉のなかの欠如」への注目、いや、精神分析の主体が自らの語らいのなかでこの欠如に突き当たり、これを露わにするに至るという認識が、現実界の論理的な把握を更新させる。というのも、この欠如のゆえに象徴界に穿《うが》たれる孔の縁《へり》で、主体は、好むと好まざるとにかかわらず、現実界の虚空に無媒介的に接する寸前にまで追い詰められるからだ。もっとも、主体と現実界の遭遇は、けっして果たされることなく終わる。すなわち、それはひとつの「出会い損ない」に留まらざるをえない。この出会い損ないを、ラカンは「テュケー」と呼ぶことになるが、これは本書が焦点を合わせるテーマのひとつだ。テュケーは、そこでは、主体と現実界の関係の根源的なモードとして規定されるだろう。かくして、これらの理論的彫琢《ちょうたく》を通じ、「現実界」はたんなる「何かが実際に動く」領域から、「（象徴界の）不可能なるもの」へと、いわば脱皮するのである（ただし、これによって前者の意味が打ち消されたわけではない。後者にウェートが置かれるようになるとはいえ、二つの意味はこのあとも併存し続けるだろう）。

ただし、ひとこと付け加えるなら、「不可能なるもの」としての現実界とは――スラヴォイ・ジジェクのナイーヴな読者たちが考えがちなように――私たちが日常的に依存する諸システムの枠組みを突破して、そのシステムを壊乱させる何か破局《カタストロフィック》的なもの、圧倒的なものを指すわけではない。いや、それ「だけ」を指すのではない。「現実界」とは、何よりも、私たちの住む世界にひとつの象徴界、すなわちシニフィアンのシステムを導入したことで、そのシステムの内部に奇妙にも、しかし抗いがたく生じてしまう、諸々の論理的な不可能のことだ。数学はこの手の不可能に事欠かない。図形の世界に数という象徴的秩序を導入したとたんに、正方形の対角線や円周率は、分数で表せないことが判明する。それを$\sqrt{2}$と書いたり、πと書いたりしたところで、分数に書き表せないことに変わりはない。この「割り切れなさ」こそが、数学における現実界の顕れ方の典型である。もちろん、精神分析における現実界は、数学におけるそれとまったく同じものではない。だが、この世界にシニフィアンの秩序が確立されたことで、私たちの存在の「原因」や欲望の「原因」は、逆説的にも――つまり、「原因」という概念そのものがシニフィアンによって与えられるにもかかわらず――この秩序を構成する要素によって完全に記述することができなくなる。またしても本書の内容を先取りするなら、精神分析の主体は、〈他者〉のなかの欠如においてそのような不可能に出会い、そのつどそれを捉えそこなう。にもかかわらず、ラカンによれば、そのような「出会い損ない」こそが、私たちをイデア論から隔てる、すなわち、私たちの人生がたんなる夢とは異なる何かである可能性を与えてくれるのである。

対象 a とは何か

ところで、ラカン理論における「現実界」の精錬を、リードしたとまではいえなくとも、事実上、伴奏した概念がある。「小文字の a」こと「対象 a」である。いや、想像界・象徴界・現実界のいずれとも関係をもつ対象 a は、そもそもこの三つの領界を繋ぎ、三者の理論的配置を明確化するうえでも大きな役割を担った。

一九六二〜六三年のセミネールX『不安』でいったん完成すると見てよいこの概念は、鏡像的関係における他者の身体像（「シェーマL」と呼ばれる一九五五年の図ですでに「a」と表記されていたところの）と、フロイトの「部分対象」（口唇や肛門、さらには眼や耳といった身体の「孔」に源泉をもつ各「欲動」は、自らに対応する固有の対象、つまり乳房、糞便、視覚像、音声による満足を、そしてそれのみを、それぞれに追求し続ける）という二つの、理論的位相をいささか異にする起源を有するので、一貫性のある概念として把握するためには、ラカンがそれを論じる個別のコンテクストのなかで、いわばそのコンテクストごと、捉える必要がある。本書でも、はじめに述べたとおり、一九六〇年代半ばのラカン理論の一断面に沿って、対象aに肉薄することを試みる。だが、一般的な理解の手がかりになる明瞭なイメージを、いまから提示しておくのは無駄ではないかもしれない。いささか通俗的にもみえるが、ラカン本人が実際に差し出すイメージである。哲学の学生からの質問に応じる形で書かれたあるテクストにおいて、ラカンはこう述べている——「精神分析のなかで、この対象（＝対象a）は所定の座から飛び出すことがありうる。まるで、密集から転がり出して、やすやすとゴールを決める手助けをするボールのように」[9]。

　ここでサッカーが引き合いに出されているのは、たんなる比喩としてではない。サッカーというスポーツは、ルールや戦術という象徴界の位相、それを肉体で実行するという想像界の位相をもち、両者が機能しているあいだは、ボールの動きに集約される現実界（「実際に動くもの」の意味での）は、大きな波風を立てない、いいかえれば、象徴的なものや想像的なものをはみ出したり、越え出たりして、突出することはない。だが、いったん密集ができ、そのなかでボールが回されるようになると、ボールには予想外の動き、つまり象徴的にも想像的にもコントロールしきれない動きが生まれる。そういう瞬間には、ボールが思いがけないところに飛び出し、たまたまそこにいた選手の一蹴りでゴールが決まるという幸運も起きうる。いずれにせよ、ボールにイレギュラーな動きが生じ、それまでは象徴界・想像界のルールや制約に従っていたボールが、そのものとして存在感を高めるとき、そのときにこそ、「不可能なるもの」(主体の思いどおりにならないもの) としての現実界が、まさにこのボールの動きを通じて、姿を現すのである (このようにボールが現実界を代表する契機は、アメリカン・フットボールのように楕円のボールを用いる競技ではいっそうドラマティックになる。いったんファンブルされたフットボールがいかに決定的な幸運・不運をもたらすかは、この競技のファンなら誰もがよく知るところだろう)。

対象aをイメージするには、以上の記述の「ボール」をすべて「対象」に置き換えるだけでよい。象徴界との関係でいえば、正確には、そのなかの欠如 (〈他者〉のなかの欠如) こそが、現実界の代理としての対象aの到来する場になる、という補足が必要かもしれない。しかし肝腎なのは、象徴界の機能がいわば宙吊りになる地点で存在感を高めるのが対象aである、ということだ。精神分析のセッションでは、それは夢や幼児期記憶のなかで不思議と浮き立った対象、仮に何らかのシニフィアンで名指されたとしても、象徴界や想像界の連関にけっして容易に回収されない対象として、告げられることが多い (対象aの「座」は無意識の幻想のうちにあるので、球技のボールのように主体の目の届くところにたえず現前するというより、一般にはむしろ不意に、あるいは偶然にみえる仕方で、姿を現す)。それはまぎれもなく、主体の現実界がすぐそこに迫っていること (あるいは、迫っていたこと) のサインであり、ラカン自身が繰りかえしたフレーズを借りれば、「現実界の一端 (un bout du réel)」に触れる (これが精神分析における「得点」である) チャンスだといってよい。同時に、後述するとおり、このように対象が——たとえば夢のなかに——現前するとき、主体はじつは対象の側にいるのだが、この対象が決定的に失われたり、本性を変えたりして、主体から切り離される、つまり、主体に対峙するものとして幻想からこぼれ落ちる瞬間こそが、ラカンのいう「幻想の横断」、すなわち分析の終結を画する。対象 a とは、主体が症状の苦痛に甘んじてでもしがみついて放そうとしない「享楽モード」のキーでもある。この享楽モードを固定する「幻想」のシナリオからそれが転落するとき、主体は当の享楽にもはや振り回されなくなる、つまり人生を左右されなくなるだろう。

「破門」

さて、理論的な導入はここまでにして、再びフランス精神分析史——ラカンの個人史がいまやそこに溶解しているところの——のほうに叙述を戻そう。

ラカン（とラガーシュ）に牽引されたＳＦＰの一〇年間、つまり一九五三年の分裂に続く一〇年間は、フランス精神分析の紛れもない「黄金時代」だった。精神分析のフロンティアを盛り立てる若い分析家も次々に現れた。にもかかわらず、ＳＦＰはひとつのハンディキャップを負わされていた。ＳＰＰから離脱した分析家たちは、規定上、それによってＩＰＡの分析家資格を喪失していたのである（この規定は、組織分裂の直前にナシュト一派によって隠密裡に作成されたという説もあり、ＳＦＰ創設者たちにはまさに寝耳に水だった）。したがって、ＳＦＰはＩＰＡへの加盟手続きを一からやり直さなければならなかった。その際、ＳＦＰの軛《くびき》になったのは、ほかならぬラカンの実践だ。ラカンは、ＩＰＡでは四五分から五五分と定められている毎回のセッションの長さを、いっさい固定せず、あるときは一五分、あるときは二〇分というように、ラカン自身に言わせれば「患者のディスクールの論理にもとづいて」短く切り上げていた。

SPP内でのラカンの実権を奪う目的で、五三年の分裂以前にもナシュト一派やボナパルトによって政治問題化されていたこの通称「短時間セッション」の方法は、これ以後、たえずIPAによる公的な調査《インスペクション》の対象になる。まさにこれらの調査の結果、ラカンの技法が国際基準からの逸脱であると判断されたがゆえに、SFPの加盟申請はそのつど却下された。そして、それにもかかわらず続けられた交渉の末に、一九六三年、IPAがSFPに突きつけたのが、訓練分析家としてのラカンの資格を剝奪せよという最後通告、すなわち、ラカンの言う「破門」宣告だった。SFPはこの要求を受け入れ、ラカンがIPAに復帰する道は完全に閉ざされたのである。

こうしてIPA内で「教える」道を断たれたラカンが、しかしルイ・アルチュセールのような支援者を精神分析界の外部に見いだし、再起に向けて動き出すまでに時間はかからなかった。「破門」後ただちに中止した「セミネール」を、もはやSFPの教育プログラムの一環としてではなく、より広い聴衆に向けて精神分析を教える実践として、その場もサンタンヌ病院からパリ高等師範学校講堂に移して再開するのが、六四年一月。次いで、同年六月には、独自の新しい精神分析組織「パリ・フロイト派（EFP）」を設立。この新組織設立によって、いわゆる「ラカン派」が名実ともに誕生したことになる。これにたいして、SFP内でラカンから袂を分かったグループ、つまり、ラガーシュを中心に、ジャン・ラプランシュ、ジャン＝ベルトラン・ポンタリス、ダニエル・ヴィドルシェール、ディディエ・アンズィユ（ラカンに分析を受けたこのアンズィユは、なんと、若き日のラカンの学位論文に提示された症例「エメ」ことマルグリット・パンテーヌの息子だった）ら、ラカンの最も優秀な弟子の一団を呑み込んで形成されたグループは、同年五月に「フランス精神分析結社（ＡＰＦ）」を発足させていた。一九六四年は、かくしてフランス精神分析の「第二の分裂」を画する年になった。このＡＰＦが翌年七月にはＩＰＡへの正式な加入を認められることからも分かるように、「第二の分裂」もまた、結局のところ、ＩＰＡと非ＩＰＡを分かつドラマだったことに変わりはない。とすれば、ここであらためて、そして今度は永久に、ＩＰＡの外部に立つことを余儀なくされたラカンが、自らの学派を組織すること、建設することは、ただその一事をもって、ＩＰＡという旧来の巨大な権威への抵抗、もしくはそれとの闘争の意味をもった。

パス闘争

だが、闘争は闘争を呼ぶ。

新学派を設立したラカンが急いだのは、旧来のＩＰＡ型「ソサエティ」とは異なる組織の編成であり、新たな訓練システムの構築だった。ここでは、ＥＦＰの構成の詳細には立ち入らないが、ＥＦＰが――というより、これはＥＦＰにかぎらず、以後のラカン派組織全般に共通する特徴だ――いわゆる「インスティテュート」をもたなかったこと、すなわち、分析家のトレーニングをインスティテュートという専用機構に集中させなかったことは、特筆されてよい。ラカン派の訓練は、ようするに、個別の分析家のキャビネ（のみ）で行われるのである。ここには、訓練分析にかんするラカンの独創的な考え方が反映している。ラカンにとって、「真の精神分析」あるいは「純粋な精神分析」とは訓練分析（分析家になるための分析）である。これは、精神分析固有の目的＝終結（fin）を新たな分析家の誕生、すなわち精神分析家の「再生産」に求めることに等しい。つまり、いかなる個別の精神分析も、それにふさわしい目的地＝終着点にまで至った場合には、患者を精神分析家に脱皮させずにはおかない、という発想だ。

これにたいして、患者の当座の症状が解消されれば事足りるとし、それを目標に精神分析を行うこと、いいかえれば、もっぱら治療の目的で分析を用いることは、ラカンによれば、精神分析の「応用」にすぎない。それは、精神分析をたんなる治療術（thérapeutique）に還元することだといってもよい。こうして、これまでもっぱら「精神分析理論を文学・芸術作品に当てはめ、それらを分析すること」の謂で用いられてきた「応用精神分析」という表現を、ラカンはこれ以後「治療のために用いられる分析」の意味で使用するようになる。だが、「純粋」と「応用」のこの区別を徹底させるとどうなるだろうか。それがもたらすのは、逆説的にも、「訓練分析／治療のための分析」という区別の撤廃、すなわち訓練分析の一般化である。といっても、分析から「治療」の次元が締め出されるわけではない。いかなる分析にも、それゆえ、訓練分析（追って述べるように、正しくは「結果として訓練分析になった分析」）にも、治療的なプロセスは必ず含まれる（いいかえれば、「症状」を扱わない分析は存在しない）。だが、ラカンによれば、治療は精神分析の目的＝終結をけっして決定しないし、してはならない。精神分析の目的＝終結はあくまで「分析家になること」に求めなければならない。いっさいの精神分析は訓練分析でありうる、つまり、あなたがいつ誰と分析をはじめても、あなたは精神分析家になることができる――ラカンはそう主張し、そのとおりの実践を自らの学派ＥＦＰではじめるのである。

このことには、もうひとつ重大な帰結が伴う。精神分析の世界でラカンが果たした最大の変革ともいうべきそれは、訓練分析家というカーストの絶滅にほかならない。ＩＰＡ組織において、訓練分析家、すなわち訓練分析を担当できる分析家は、厳格に資格づけられており、組織のヒエラルキーの頂点に君臨する。訓練分析の一般化を徹底することで、ラカンはそのヒエラルキーを破壊したのである。その効果は絶大だった。精神分析の「敷居」がこうして一挙に低くなったことで、一九六〇年代後半、北米での精神分析人気に翳りが見えはじめるのと裏腹に、フランスでは精神分析のポピュラリティが爆発的に高まっていく。だが、この変革には、やはり制度的な担保が欠かせなかった。というのも、訓練分析と訓練分析家の特権を廃止したからといって、分析実践の中心に訓練分析を置く以上、そのクオリティは何らかの形で保証されねばならないからだ。つまり、ひとつの分析が訓練分析であったことを検証し、そのなかで主体に何が起きたのかを明らかにするプロセスが、学派のなかに確保されなければならない。そのようなプロセスとしてラカンがＥＦＰに導入するのが、「パス」という斬新な仕組みだった。

ここでは、パスについて踏み込んだ説明を行うことはできない。だが、次のことだけは述べておかねばならない。パスとは、いまも触れたとおり、ひとつの個別の分析（個人分析）が、真に精神分析家を生み出したか否か、すなわち「訓練分析」であったか否かを、事後的に吟味し、判定するための装置（dispositif）である。「事後性」という概念の重要性については、本書でも詳しく述べることになるが、フロイトがこれを発見して以来、精神分析においてはいっさいが事後的に、いや事後性の観点から、判断される。ラカン派において、精神分析固有の目的＝終結は精神分析家の再生産であるとはいっても、この目的＝終結は最初から設定され、機能させられるわけではない（そんなことをすれば、ラカン派の分析はＩＰＡの訓練分析と同じものに帰着してしまう）。新たな分析家の生成が当該の分析の目的＝終結であったかどうかは、あくまでその分析が実際に終結したあとに、遡及的に追求される。ラカン派における分析の目的＝終結は、ようするに合目的性（finalité）なき目的、目的論（téléologie）なき目的なのである。そして、ラカンによれば「真の分析＝訓練分析」である以上、ひとつの分析が訓練分析であったかどうかを事後的に検証する作業は、同時に、そのなかで何が生じたら「真の精神分析」と言えるのかを明らかにする作業、つまり、ひとことでいえば「精神分析とは何か」を見きわめる作業でもある。ラカンの究極の狙いはそこにある。パスとは、学派のなかで、「精神分析とは何か」をそのつど決定し、更新していくための装置なのである。「精神分析とは何か」という問いは、シュテーケルやユングの離脱によって初期の精神分析運動が揺さぶられて以来、組織の分裂の際に繰りかえし措定されてきた永遠の問いである。一九六三年の「破門」によって、ＩＰＡからの分派を余儀なくされたラカンは、ＥＦＰの活動の中核に「パス」を据えることで、自らの学派がつねにこの問いとともにあること、いや、この問いへの答えを手にすることを望んだのだといってよい。

だが、この装置のラディカルさは、それに留まらなかった。パスを行うことが想定されているのは、いままさに自らの分析を終えつつある分析主体（analysant）である。通常、ラカン派の分析は長く続き（一〇年、一五年はざらである）、多くの分析主体はその途中で分析家として活動しはじめるとはいえ、それらの分析主体は分析家としての経験をもたないか、もっているとしても駆け出しの分析家としてのそれでしかない。ところが、ある分析主体がパスを行い、学派内の所定の委員会（現在では「カルテル」という研究グループの形をとることが一般的である）で審査された結果、当の主体の経験した分析が真の分析であったと判定された場合、この主体はたんなる「分析家」ではなく、「学派分析家」として認定される。学派分析家とは、パスによって「真の精神分析」と判定された自らの分析経験を証言することで、まさに精神分析とは何であるかを学派に教える分析家である。これを「学派を指導する」という意味で捉えると、学派分析家はＩＰＡの「訓練分析家」にも等しい価値をもつことになる。しかし、ラカンがこの肩書きを委ねようとしたのは、述べたように、新米の分析家や経験の浅い分析家だった。ここには、ＩＰＡ的ヒエラルキーの完全な転倒がある。分析家組織のなかでは、たしかに「精神分析とは何か」が伝達されねばならない。ＩＰＡでは熟練中の熟練である訓練分析家がそれをいわば上から教えるのにたいし、ラカンは経験の浅い分析家が「分析主体」として下から教えることを選択したのである。この発想は、先に述べた「訓練分析家の絶滅」と完全に一貫している。ところが、これに黙っていなかったのが、旧来の組織（ＳＦＰ）ですでに「訓練分析家」の資格を与えられていたベテランの分析家たちだった。彼らはラカンに公然と反旗をひるがえし、なかにはＥＦＰを割って出る者もいた。いきおい、「パス」制度導入のプロセスは、学派内闘争の様相を呈した。ラカンがパスの仕組みを提案するのは一九六七年一〇月、それが会員の投票により可決されるに至るのが一九六九年一月末。この「パス闘争」は、まさに〈六八年五月〉とシンクロする闘いだった。パス闘争は、ラカンの〈六八年五月〉だったのである。[10]

ラカン理論の核心としての「主体の理論」

いささか長くなったが、以上の経緯を記したのは、本書の狙いを浮き彫りにするためである。はじめに述べたとおり、本書が検討するのは、ほぼ一九六四年から六六年にかけてのラカンの言説の断面である。これは、「破門」の直後から、ＥＦＰ設立を経て、パスの提案の準備にさしかかる期間、つまり、ＩＰＡとの闘争が学派内の闘争に転化する危険を冒しながらも、ラカンが未踏の冒険に乗り出す時期に当たる。一口に「ラカン派の草創期」と言い換えてもよいこの時期、理論の平面でラカンが求めたのは何だっただろうか。それは、一般化された訓練分析の理論としての精神分析理論であり、その基盤となる主体の理論、とりわけ「精神分析の主体」としての主体の理論にほかならない。実際、「破門」を受け、一九六三年から翌年にかけてプログラムされていたセミネール『父の名』を初回の授業のみで中断したあと、早くも六四年一月に場所を変えて開始されたセミネールXI『精神分析の四基本概念』において、当の「四概念」(無意識、反復、転移、欲動)の再定義もそこそこに、ラカンが事実上のメイン・テーマに据えたのは、「主体」の構造化の理論だった。ただし、この構造化が「原因づけ(原因を与えること、causation)」と名指されるように、そこでの、いや、正確には、セミネールXIからセミネールXIII(一九六五〜六六)にかけてのラカンの主体理論は、「原因」と「因果性」をめぐる思考に深く裏打ちされる形で構築されていく。実際、「原因」の概念は、破門の前年のセミネールX『不安』で対象 a が「欲望の原因」と定義されて以来、ラカンの主要な関心事であり、『四基本概念』のセミネールでも、「無意識」概念の再定義は「原因」の再考察からなされるのである。

さらに重要なのは、このように「原因」の概念によって研ぎ澄まされ、互いに結ばれる「主体」と「対象」の絶妙な関係が、まさに「訓練分析としての精神分析」の理論——これは同時に「分析の終結」の理論でもある——のアウトラインを決定することだ。実際、ラカンの事実上の(法定相続上の、といってもよい)後継者であるジャック゠アラン・ミレールが断定するとおり、ラカンには「分析の終結」の二種類の、そして二種類のみのヴァージョンがあり、その一方、一九五八年に完成された古いヴァージョンは「ファルスとの脱同一化効果を伴う父の隠喩の成就」[11]と定式化されうるのにたいし、もう一方の新しいヴァージョンは「対象aの転落」と要約できるそれ、すなわち、すでに破門直後に「幻想の横断」と定式化されたヴァージョンにほかならない。つまり、自らの学派の方向性と、その訓練システムを司る「パス」を補強すべくラカンが打ち出す理論、「真の精神分析」が描くアークを記述する理論は、この時期、つまり六〇年代の半ばに、ほぼ最終的なものとして、完成されるのである。もちろん、それ以降も、聴講者の数がうなぎ登りに増加していく「セミネール」をその前線として、分析経験を理論化するラカンの試みはなお継続され、六〇年代末から七〇年代初頭にかけて構築される「四つのディスクール」のマテーム（数学風の記号式）や、七〇年代の中核的テーゼ「性関係はない」の周囲で組み立てられる「性別化の論理式」、さらには、最晩年となる七〇年代中葉以降「ボロメオ結び」の実験的手作業とともに彫琢される「サントーム」理論などが、次々と生産されていく。だが、そうした達成のいずれも、「パス」の提案に先立つ時期に完成された「分析の終結」理論に、何かを付け足すことはあっても、これを覆すには至らなかったのであり、理論そのものの有効性は不変のまま保たれたのである。本書が光を当てるのは、その理論の文字どおり骨格をなす「主体の理論」である。

　述べたように、この「主体の理論」の構築は、「原因」の概念を触媒として展開される。とすれば、それが哲学的、いや、この時代より一〇年ほどのちのラカンの言葉だが、反哲学的射程をもつことは、言を俟たない。それゆえ、この理論にアプローチするために、本書では思い切った補助線を引いてみることにしたい。アリストテレス、とりわけその主著のひとつ『自然学』である。これを意外に思われる向きもあるかもしれない。だが、ラカンの全「セミネール」における固有名および作品名を網羅した索引[12]に目を通せば一目瞭然であるとおり、アリストテレスはデカルトやヘーゲルを凌いでラカンが最も頻繁に言及した哲学者であり（もちろん、ラカンの絶対的な参照軸であるフロイトには遠く及ばないにせよ）、しかもその言及箇所が初期から晩年まで漏れなく分散している点で、ラカンが最もコンスタントに参照した哲学者だったといっても過言ではない。その意味において、一九九〇年代の初頭にフランスで話題になった国際哲学コレージュのコローク『ラカンと哲学者』（九一年に論集として刊行された）に「アリストテレス」のセッションが不在であったことは、驚くべき遺漏であり、それは二年後に出版されたピエール＝クリストフ・カトリノーの学位論文『アリストテレスの読者ラカン』（一九九三）によって正しくも埋め合わされた。とりわけ「原因」や「因果性」をめぐって、ラカンはカント、ヒュームと並んで、いやそれ以上に、アリストテレスを重視するのであり、その際に参照されるのはつねに『自然学』である。それゆえ、この著作こそが、ラカン理論のハード・コアに迫る私たちの冒険の出発点になる。

■第Ⅰ部　アリストテレスにおける「原因」

はじめに——アリストテレスを読むラカン

述べたとおり、ラカンはその教えの全体にわたって、アリストテレスをコンスタントに参照し続けた。近代のすべての偉大な思想家——デカルト、カント、ヘーゲル、マルクス、ハイデガー——が陰に陽に対話を重ねてきたこの巨大な知性を、ラカンは「人類の思想史全体において、これほど強力な精神を思い描くことはむずかしい」[1]と評する。ダンテのいう「物を知る者たちの師」[2]は、ラカンにとって、大いなるインスピレーションの源であると同時に、いわば建設的な批判を許す魅力的なターゲットだった。

「原因」の問題をめぐるアリストテレスの言説をラカンが検討し、批判する場合にも、このことはピタリと当てはまる。ラカンはアリストテレスの「原因」理論を「原因の機能についてこれまでになされた最も手の込んだ理論」[3]と評する。この評価を、私たちは文字通りに受け取らねばならない。

真の意味での「書」（一般向けに書かれた著作）がほぼ完全に失われたにもかかわらず、今日まで三〇編以上も伝わるアリストテレスの著作（その大半は講義であるとされる）のうち、この問題について私たちが特権的に参照すべき一書は『自然学』をおいてほかにない。その理由は二つある。まず、アリストテレスが「原因」および「因果性」について最も包括的で最も豊かな議論を展開したのは、まさに『自然学』、より正確にはその第二巻においてであること。加えて、「原因」の考察における自身の先駆者としてアリストテレスの名を引き合いに出すとき、ラカンが明示的に、かつほとんど執拗なまでに、参照するのは、つねにこの同じ著作、すなわち『自然学』であり、『自然学』のみであること。忘れてはならないのは、アリストテレスの「原因」論には、「偶然」についての体系的な研究もまた含まれることである。「偶然」の学的把握は、「原因」の概念と切り離すことができない。ラカンの「テュケー」論はそのことをふまえており、その上で、やはり『自然学』を明示的にリファーしている。[4]

アリストテレスの「ロゴス主義」

手はじめに、アリストテレスの自然学についてラカンが「科学と真理」（一九六五）に記している一文を思い出しておこう。ここにいう「自然学」とは、必ずしも著作としての『自然学』ではなく、『天界論』や『動物部分論』、『生成消滅論』などを含む、自然についての研究一般を指すが、その中心にはやはり『自然学』が措かれることはいうまでもない。曰く——

この自然学は、ひとつのロゴス主義〔logicisme〕によって印づけられることを免れない。このロゴス主義は、始原的な文法論の味わいと知恵とをなおも留めている。[5]

原因についてのアリストテレス的探求をラカンがいかに引き継ぎ、いかに批判するかという問いに、ただちに立ち入るのは控えて（この問いを検討することは、ラカンにおける「原因」の概念化を吟味する本書第Ⅱ部に譲ることにする）、私たちはまずこの一節の重要性を見積もることから出発しよう。実際、この一節は、ラカンがいかなる視点からアリストテレスの言説を見つめているのかを、私たちにつぶさに教えてくれる。

第一に指摘しておきたいのは、「原因」の問題系全般（四原因とテュケー）について、およそ一九六〇年から六六年という時期に、ほぼたえまなく、ほかでもない『自然学』を参照し続けたことは、ラカンの慧眼を感じさせずにはおかない、という点だ。なぜなら、ランブロス・クルバリトシスが述べるとおり、「アリストテレスの著作のうち、『自然学』ほど近代の評釈者たちの関心を惹かなかったものはない。他の著作、とりわけ『形而上学』や二つの『倫理学』、『オルガノン』などについては、枚挙にいとまがないほどの研究が行われてきたのにたいし、『自然学』に捧げられた研究はごく僅かで、おうおうにして部分的なものでしかない」[6]からだ。実際、ラカンが『自然学』の再読の必要性を強調したのは、まさに哲学界でアリストテレスのこの著作の再評価がはじまったばかりの時期だった。フリードリヒ・ソルムセンの『アリストテレスの自然世界系 *Aristotle's System of Physical World*』（一九六〇）とヴォルフガング・ヴィーラントの『アリストテレスの自然学 *Die aristotelische Physik*』（一九六二）がその画期となった。

だが、同時に、アリストテレスの「ロゴス主義（論理主義、logicisme）」というラカンの発想には、特別な注意が必要だ。というのも、この発想は、クルバリトシスが「経験主義的自然学の神話」と呼ぶ、アリストテレス自然学をめぐって築かれたひとつのドクサの、逆を行くようにみえるからだ。アリストテレスの評釈者たちのあいだに広がるこの「神話」は、いわゆる「実験」に基礎を措く近代科学の客観主義的実証主義にアリストテレス自然学を近づけようといった意図をもちろん意味しない。それはむしろ、アリストテレスが自らの理論の錬磨を経験の所与によって、すなわち感覚的で日常的な所与によって吟味しようとする、その素振りにかかわる。たとえば『形而上学』において、この分野の先駆者たち（とりわけエンペドクレスとアナクサゴラス）を批判すべく、『自然学』で自らが行った諸原理や諸原因の分析に依拠しつつ、アリストテレスは次のような驚くべき発言を行っている（これが驚きであるのは、そこで用いられる刺々《とげとげ》しい隠喩のせいでもある）――

> 彼らの体系は不完全で曖昧なままだった。これらの哲学者たちは、先立つ経験を経ずして戦闘に赴く男たちに似ている。おそらく、経験のない兵士でも、勇気に駆られて、すばらしい戦果を挙げることもあるにはある。だが、彼らは戦争についていささかも学のないままに闘っているのである。（九八五a）[7]

こうした弁から証明されるのは、アリストテレスが学のいかなる構築にたいしても経験の優位を主張するということなのだろうか。問題はそれほど単純ではない。この点について、クルバリトシスは、アリストテレスにおける *empeiria* の二つの意味を区別することで、解明を試みる。第一の意味、多くのアリストテレス研究者たちがこの語を解するときの意味は、人生で歳を重ねるにつれて蓄積されていく経験の総体、というものである。この総体には、はじめのうち実践的な価値しかなく、学的な価値はいっさい与えられないが、場合によっては、主体の何らかの行為により、これがひとつの知を構成することはありうる。だが、このような解釈はもっぱら「部分的な正確さ」[8]しかもたない。というのも、アリストテレスの批判が彼の先人賢者たちの経験不足に向けられるが早いか、*empeiria* はもうひとつ別の意味を聴きとらせるようになるからだ。つまり、「経験を吟味し判断する能力」、「感覚的な現実〔実在物、le réel〕に親しむことによる知の客観化[9]」という意味である。そこから、クルバリトシスによるアリストテレス的 *empeiria* の究極の定義はこうなる――「ひとつの吟味によるある種の客観化であり、それはもっぱら時間の経過に沿い、定められた順序でのみ実現するのであって、その結果、ひとつの知の所有が成し遂げられる[10]」と。

知の「所有」にかかわる、いやむしろ、こういってよければ、ナマの知を吟味にかけて学的知識へと変換することにかかわる、この二つ目の意味においてこそ、クルバリトシスによれば――そしてこの点では私たちも同じ考えだが――、アリストテレスは「経験」の次元の現前を要求するのである。裏を返すなら、「経験」は学の形成の主要な原動力ではないし、そうしたものではありえない、ということだ。とすれば、アリストテレス的な学において、いったい何がこの根本的役割を演じるのだろうか。

アリストテレス自然学の「ロゴス主義」的性格を強調するラカンの指摘を、私たちが評価しなければならないのは、まさにここにおいてである。「ロゴス主義」という語は、この文脈では、ロゴスを最大限に活かすことの謂に解さなくてはならない。つまり、言語によって、構造としての言語によって、方向づけられ、導かれることこそが、アリストテレス自然学の真のバネなのである。といっても、それは何か抽象的な思考や、純粋に思弁的な考えのようなものを意味するわけではない。アリストテレスのロゴス主義は、おうおうにして、もっと基本的な水準で露わになる。たとえば、『自然学』第二巻において、原因の第四様相としての「目的因」を導入するにあたり、アリストテレスが引き合いに出すのは、日常言語において（あれやこれやの物の）「なぜ」

が「何を目指しているか」(*to ou eneka*)によって説明されるという事実である——

〔原因〕はまた目的として、すなわち「何を目指しているか」として解される。ちょうど健康が散歩の目的である場合のように。人はなぜ散歩するのだろうか。それは健康であるためにである、とわれわれは言うだろう。そして、そう述べたことで、われわれは自分が原因を示したと思うのである。(一九四b11)

自然(*physis*)についての学を手に入れるためには、自然物の原因を知らなくてはならない。だが、ひとつの物の原因を知ることは、その物の「なぜ」を説明することができるということであり、この「なぜ」は日常言語においてさまざまな意味(アリストテレスによれば四つの意味)をもつ以上、それらすべての意味においてそうできなくてはならない。ここに——まるで見本のような形で——見いだされるのは、アリストテレスにおける原因の「二重性」と呼ぶべきものにほかならない。すなわち、「原因」(*aitia, aition*)は、アリストテレスにとって、実在するものの原理であると同時に、その説明原理でもある、ということだ。この二つの原理の幸福な同一性は、やがてカントにおいて、いや、おそらくは、もっと暗々裏にではあるが、それ以前にニュートンにおいて、破綻することになるだろう——この点には追って立ち戻る。だが、ここで重要なのは、実在するものと言説的思考(言語を伴う思考)のこの相即性が、件の「ロゴス主義」にいかに依拠しているかを見逃さないことだ。同じく『自然学』第二巻で、「自然学者たち」のなすべき仕事について、アリストテレスはこう記している——

あらゆる仕方で「なぜ」を説明することも必要である。たとえば、これこれの物から他のある物が必然的に、しかも完全なしかたで、あるいはたいていの場合、生まれる、ということを。そして、もしもこの後者が、結論が諸前提から導かれるのと同じく、生まれなくてはならないとすれば、それはまた、それこそがこの物の何であるかだったからであり、かつ、そうなるほうが、絶対的にではないにせよ、それぞれのものの在りようとの関係で、すぐれていたからである。（一九八b）[12]

アリストテレスにとって、*physis*——その根本的な意味は「成長・成熟」である——が成熟しゆくさまは、論理的言説が展開されゆくさまに等しい。これこれの原因からこれこれの結果が、実在するものにおいて、すなわち自然において、生まれるのは、三段論法において、これこれの前提からこれこれの帰結が導かれるのと同じである、ということだ。アリストテレスにおいて、自然学という学問の構築物全体を支えるのは、この発想（「信念」といってもよいかもしれない）にほかならない。そしてこの発想は、そこでは、自然学者は経験の近傍に留まるべしとする要求より、いっそう根本的な役割を果たすのである。

イデア論との対決

この「経験主義の神話」については、もうひとつ、次のことを銘記しておかねばならない。アリストテレスにとって「経験」の次元が無視できぬものとなり、その重要性が折々に強調されてやまないのは、何よりもプラトンのイデア論を斥けるためである。周知のとおり、イデア論は、アリストテレスがプラトンに向ける一貫した批判の標的だった。それどころか、二人の「哲学の父」のあいだのこの不一致は、中世全体にわたって、すべてのキリスト教哲学者を巻き込む大論争のひとつ、「普遍論争」の直接・間接のモティーフであり続ける（その火種は今日でも完全に消えたとはいえない）。イデア論について、アリストテレスが『形而上学』で行った数々の批判は、たとえばこんな形をとる――

イデア論にたいしてなされるべき最も深刻な批判は、イデアがいかなる点において感覚可能な事物を説明する役に立つのか、つまり、これらの事物がもつ永遠なるもののほうなのか、それとも同じ事物がもつ束の間で滅びゆくもののほうなのかを、追求することである。（九九一 a 13）

イデアは個別の存在者から「分離可能」である――そしてこの一事をもって、ひとりイデアのみが実体として「存在する」と想定される――とするプラトンとは裏腹に、イデアを「形相」すなわち「種別性（spécificité）[14]」と呼ぶアリストテレスは、イデアはそれを支える存在者から、すなわち、感覚的な対象、経験の対象である存在者から、分離不能であると主張する。『自然学』第二巻で次のように述べるとき、アリストテレスが強調するのはまさにこの点にほかならない――

〔……〕自らのうちに運動原理をもつ事物の自然とは、形態および種別性であり、これらは

理屈によるのでないかぎり分離不可能である。（一九三b15）

ようするに、アリストテレスは、普遍的な実体を経験的なものから切り離すことに断固反対なのだ。そのような「分離」は、理屈（*logos*）の上では可能かもしれないが、それでは存在を説明したことにはならない、と。一見すると、ここには経験対ロゴスの衝突があり、それにたいしてアリストテレスは経験のほうに軍配を上げているようにみえなくもない。だが、そうではない。このように反プラトン（主義）的文脈で際立つアリストテレスの――こういってよければ、見かけ上の――経験主義は、なるほどプラトン的なロゴス＝理屈を斥けはするものの、そのことはけっして、アリストテレスのこの立場が別のロゴス主義、すなわち、ロゴスの別の使い方に、開かれてあることを妨げはしない。その点をこそ、アリストテレスの「ロゴス主義」に言及するラカンは見抜いたのである。実際、アリストテレスの議論の歩みにおいて、「経験」ははじめから人間の実際の「言説」（人間が実際に口にする言語表現）によっていわば枠づけられている。それは、二〇世紀フランスを代表するアリストテレス研究の大家ピエール・オーバンクが、アリストテレス的「範疇」概念について、次のように指摘してみせるとおりだ――

〔諸範疇、もしくは、より広い意味での、基本原理〕を獲得するには、高所から出発し、分割によって〔下向きに〕進むのではなく、経験から、いやむしろ、経験についてのわれわれの言説から出発し、われわれの経験である世界の経験をその多様な側面において述べるためにわれわれが形成しうるさまざまな命題の諸型式を、分類していくよう努めなければならない。[16]

アリストテレス的な学の出発点は、たんなる「経験」ではなく、あくまで「経験についてのわれわれの言説」であり、この世界でなされる多様な経験をその言説がいかに記述していくのかを詳細に分析することこそが、この学を方向づけるのである。こうして、私たちは、アリストテレスの自然学的探求の本質を次のように定式化することが許されるだろう。すなわち、アリストテレス自然学とは、経験についての私たち自身の言説から出発し、ロゴスとピュシスを和解させる試みである、と。

とすれば、このアリストテレス的ロゴス主義、「言語による経験の枠づけ」というこの発想を、ラカンは受け容れるのだろうか。然り。といっても、手放しにではない。ラカンがこのロゴス主義を評価するのは、もっぱらそれが名高い「四原因」理論——この理論は、精神分析において問われる「原因」を、ラカンが独自に概念化していく際の端緒を与える——を支えるかぎりにおいてでしかない。しかも、この評価ですら、ラカンにおいては一定の留保を要求する。なぜなら、ラカンにとって、ロゴスとはひとつの質料、いや、それどころか、ほとんどただひとつの質料であるからだ。追って見るとおり、こうした考えは、アリストテレスにはどこまでも無縁であるといわねばならない。つまり、アリストテレスにおいて、ロゴスはラカンのいう「シニフィアン」の性格をもたないのであり、ラカンがアリストテレスに向ける批判の根底には、つねにこのすれ違いが横たわっているといっても過言ではない。

にもかかわらず、いや、だからこそ、これから徐々に明らかになるように、ラカンにおける

「シニフィアンの唯物論《マテリアリスム》＝質料論」にたいして、アリストテレスの「質料」概念がもたらす反響の大きさを確認することが欠かせない。実際、アリストテレスの「原因」論に分け入れば分け入るほど、ラカン――とりわけ一九六〇年代のラカン――がアリストテレス的「質料」の諸問題に注目していたと考えずにすますことが難しくなる。そこから、この原因論をつぶさに検討する必要が生まれることはいうまでもない。しかも、私たちは文字どおりその「全体」を学ばなくてはならない。というのも、先に示唆したとおり、私たちの関心は、ラカンが四原因をいかに再解釈したか（そのなかで質料の諸問題がいかに重要であるか）に留まらず、さらに、セミネールⅪ『精神分析の四基本概念』（一九六四）でフロイトの「反復」概念の再定式化を試みるにあたり、ラカンがなぜアリストテレスの「テュケー（偶然）」を取り上げるに至ったのかという問いにまで及ぶからだ。実際、ラカンはけっしてテュケーを、彼の教えのなかでは「知と真理の分裂」という問題系にかかわる四原因に、あからさまに関係づけることはなかったとはいえ、この二つの主題（テュケーと四原因）は、ラカンにおいてのみならず、アリストテレスにおいても、いや、偶然の概念が原因のそれと切り離せないことを、おそらく西洋哲学史上初めて厳密に定式化しえたアリストテレスにおいてはなおさら、深い繋がりをもつ。だからこそ、以下に見るように、アリストテレスは、四原因の諸機能を詳述した『自然学』の同じ第二巻において、偶然の問題、すなわち、テュケーとその概念的親戚であるアウトマトンの問題に斬り込むのである。

したがって、アリストテレスの「原因」論全体の踏査を試みるにあたり、私たちはやはり、アリストテレスが『自然学』第二巻でこれを提示する際の順序を大筋で辿らざるをえない。原因の問題についてアリストテレスを想起するとき、ラカンが参照するのはつねにこの著作であり、とりわけテュケーを引き合いに出す場合には、その第二巻なのである。もっとも、本書のこの第Ⅰ部では、ラカンがアリストテレスの理論をいかに見直し、再解釈するのかを検討しようとは思わない。そうした作業は、ラカンの原因論そのものを論じる本書第Ⅱ部に譲らなくてはならない。だが、以下の頁でアリストテレス自身の言葉を提示し、分析することで、私たちは、ラカンにとってアリストテレスを参照することがなぜかくも重要であったのかを見きわめることにはチャレンジしたい。それはまた、とりもなおさず、アリストテレスの自然学と近代物理学のあいだに、いかなる共通の特徴が見いだされるのかを示すことにも繋がる。私たちの考えでは、これらの特徴が露わになるのは、まさしく、アリストテレス自然学におけると同様、近代の物理学においても、「原因」をめぐるいっさいの説明、いっさいの探求に内在する、ひとつのパラドクスが浮かび上がるときである。このパラドクスに目を留めないかぎり、「因果性」を見直し、「欲望の原因対象」という概念を鍛錬する道筋において、ラカンがなぜアリストテレスに「回帰」するのかを理解することはできないだろう。ラカンによれば、近代世界における精神分析の現前は、近代的主体の成り立ちを考える上で、〈科学〉の果たした役割を検討する務めを私たちに課す。とすれば、その〈科学〉とは何だろうか。ラカンは、まさにこの問いを押し進める途上で、アリストテレスへの回帰を敢行したのである。

技術的《テクニカル》な問題について、予め次のことをおことわりしておく。本書では、『自然学』からの引用は、私が最も読み慣れたアニック・ステヴェンスによるフランス語訳から行う。ステヴェンスのこの翻訳は、本節でもすでに何度か言及したランブロス・クルバリトシスとの協同作業の産物だが、クルバリトシス自身にもすでに『自然学』第二巻の翻訳があり、それに付されたクルバリトシスの秀逸な序文と解説に、私のアリストテレス理解が大いに依拠していることを包み隠す必要はあるまい。アリストテレスの他のテクストについても、既存のポピュラーなフランス語訳に依拠するが、いずれのテクストから引用する場合にも、慣例にしたがい、引用に続く括弧内に、ベルリン・アカデミー版の全集 *Aristotelis opera*（一八三一〜七〇）の対応する頁数を示す。[17]

第一章

四つの原因

I 『自然学』第二巻の一般的性格

ピュシスの学

紀元前四世紀、アリストテレスの口からその内容が発せられた（というのも、この書はもともと講義録だった可能性が高いからだが）当時の目新しさを推し測るのは、今日むずかしいとはいえ、『自然学』はたしかに、ハイデガーが述べるように、「ピュシスの本質についての最初の――その問いの立て方の面で――一貫した思索的論究」[1]だった。それだけではない――

> アリストテレスの『自然学』は、覆蔵され、それゆえけっして十分に考え抜かれたためしがない、西洋哲学の根本書である。[2]

ハイデガーのこの指摘は、私たちが『自然学』に認める二つの面を鋭く描き出している。一方では、ガリレオとニュートンにはじまる近代物理学の基本的所与によって、この書が完全に凌駕されてしまった（「覆蔵され」てしまった）ことは疑うべくもない。これは、近代のアリストテレスの読者がこの書から遠ざかっていった、決定的とはいわないまでも、無視できぬ理由だ。だが、他方では、この書を一読するや、私たちの思考様式（哲学的・形而上学的平面でのそれ）を今日もなお規定するどれほど多くの観念、原理、説明がそこに提示されているかに、驚きをもって気づかされる。その意味で、『自然学』はやはり「西洋哲学の根本書」であり続けている。

とすれば、原因と因果性についての自らの考えを、アリストテレスがほかならぬこの著作において提示しているという事実は注目に値する。とりわけ、アリストテレスがそれを行う第二巻は、近代の評釈者たちによって、第一巻にも劣らぬ、いやそれ以上の、重要性をもつとみなされてきた。ハイデガーが指摘するように、アリストテレスが「〈自然〉にかんする後世のいっさいの本質解釈〔Wesensdeutung〕を支えるとともに主導するピュシス解釈〔Auslegung der *physis*〕[3]」を提示するのは、第一巻ではなく、第二巻第一章においてなのである。このことは何を意味するだろうか。それは、アリストテレスが何の前触れもなく生成（*gignesthai*）の諸原理の探求に取りかかる第一巻に続いて、第二巻は、クルバリトシスによれば、「生成一般の研究から自然と自然なる存在者の研究への移行[4]」として姿を現す、ということにほかならない。

原理から原因へ

クルバリトシスのこの指摘には、いささか説明が必要かもしれない。というのも、この「移行」はいくつかの問題を伴わずにはおかないからだ。アリストテレスは『自然学』第一巻の冒頭にこう記している――

諸々の原理や原因や元素を求めるあらゆる研究の道筋にとって、知や学はこれらのもののの知識を獲得することで到来する以上〔……〕、自然の学にとってもまた、まずは諸原理にかかわるいっさいを規定しようと試みなければならないことは明白である。（一八四a[5]）

この「試み」は、第一巻において、「二つないし三つ」の原理（archē）を取り出すことに行き着く。原理とは「反対物」（熱と冷、善と悪、などなど）であるとする古《いにしえ》の賢者たちを批判しつつ、アリストテレスは、一方では、原理とみなすべきはむしろ「形相（eidos）」[6]とその「剝奪（stérēsis）」であり、その場合、原理の数は二つであると定式化し直す。だが、他方で、アリストテレスはそこに第三の項である「質料（hylē）」を加えることをためらわない。その場合、原理の数は三つになる。ここでは、質料はまた「基体（hypokeimenon）」とも呼ばれるが、これは「変化のなかで変化せず留まるもの」の謂だ。アリストテレスが引き合いに出す例によれば、教養なき者が教養人になるとき、教養人（教養ある存在）が形相、教養なき者がその剝奪であるのに加え、この変化を被る主体、すなわち人間が存在しなくてはならない。この人間こそがここでは質料、すなわち、教養なき者から教養人へのこの生成変化に内在する要素なのである。

ここに認められるのは、存在のアリストテレス的概念化を特徴づけるものと多くの場合みなされる「質料形相論（hylémorphisme）」にほかならない。つまり、いっさいの存在者は形相（あるいは、形相の現勢態である「形態（morphē）」）と質料から成る、とする思考だ。だが、質料形相論の一般に普及したヴァージョンでは、「剝奪」概念の重要性が見逃されてしまう。「剝奪」は、ハイデガーによれば、「取り消して＝言うこと（Ab-sage）」[7]、すなわち言語（述定）の取り消しとしての拒否を伴意するのであり、そのため、形相が位置づけられ、形相による（種別的な）規定が生じるのは、はじめから言説のレベルにおいてであることを示唆せずにはおかない。このことは、「アリストテレス的決定論」の本性を見きわめる上できわめて重要だが、そこには、いまは立ち入らない。目下の私たちの関心は、『自然学』第一巻においてアリストテレスは形相と質料を二つの「原理」とみなしているのにたいし、第二巻では両者が、（動因的）能動者と合目的性という他の二つと並んで、「原因」の範域に措き直される、という点にある。

実際、「原理（*archē*）」と「原因（*aitia*）」は同じものではない。二〇世紀フランスを代表する中世哲学史家エティエンヌ・ジルソンが述べるとおり、一般に「ひとつの原因はつねに原理である〔……〕。ではひとつの原理はつねに原因であるかというと、これはまったく別の問題であり、それ自体として吟味しなくてはならない」[8]。ギリシャ語において「はじまり（*archē*）」を意味する「原理」は、何よりも「先行性」（何かが他に先んじて在ること）を印づけるのにたいし、「原因」が必然的に伴意するのは、何らかの存在者が結果の生産をもたらす際の「かかわり」（どれほどそれに関与しているか）である。先に見たとおり、冒頭から原理、原因、元素をひとまとめにするアリストテレス自身にとっても、「原理」は「原因の概念より一般的な性格を示す」[9]。とすれば、『自然学』第二巻において、アリストテレスが形相と質料を「原因」として取り上げ直すとき、第一巻ではいささかも論じられなかった正確な機能が両者に割り当てられることは、驚くに当たらない。それらはいかなる機能だろうか？　クルバリトシスによれば、次の二つの点を押さえておく必要がある――

１／アリストテレスが「原因」の概念を導入するのは、自らの研究の対象をより学問的に位置づけるためである。クルバリトシス曰く、「原因の身分を獲得すると、原理はおのれの意味を明確にし、ある物の学問性をいっそうポジティヴに表現する。一方、原理がもっぱら原理として表象するものの役割においてのみ、ある物に関係づけられる場合、その原理はただ、そこから出発すれば当の物を学問的に考察することができるようになるはずであるとみられる、ひとつの場を開示するにすぎない」[10]。こうした解釈が妥当であるとみなしうるのは、まさに「原因」の概念によって、自然なる存在者が規定される仕方を、「存在者性《ウーシア》」[11]の統一性が四原因の統一性のうちで露わになる仕方として、アリストテレスが説明するに到るときだろう。それこそが、『自然学』第二巻に「原因」概念が導入されることの主要な帰結であり、意義なのである。それゆえ、クルバリトシスとともに、私たちは次のように述べることができる——原因の探求は「いっさいの知識が可能になるためのア・プリオリな条件」[12]にほかならない。あるいは、こう言ってもよい——それは自然な事物にかんする学問的知識の安定性の保証である、と。だが、それと同時に——

2/原因の理論は、アリストテレスにおいて、自然学的探求の存在論的装置、いや、この探求を存在論化する装置でもある。原因の道を辿って存在者をいわば認識論的に基礎づけることは、存在者の存在者性《ウーシア》を基礎づけることであり、このウーシアの統一性は四原因の統合によって保証されるのである。[13] クルバリトシスが注意を促すように、近代科学はアリストテレス的学問の「脱存在論化」によっておのれを構築してきたとはいえ（とりわけ、原因としての自然の原理そのものである「運動」の概念が脱存在論化された）、「アリストテレスが成し遂げた生成の存在論化がなければ、自然なるものの学〔une *science* physique〕の可能性そのものが、歴史的にあやしいものにとどまることもありえた」[14]。こうして、アリストテレスにおいて、自然なるものの学（首尾一貫した思考体系としての）の構築は「生成の存在論化」と対になっており、このような対を可能にした媒介こそ「原因」概念にほかならないのである。

「原因」研究の二つの方向性

以上の二つの考察を、私たちは『自然学』第二巻におけるあの「生成一般の研究から自然と自然なる存在者の研究への移行」のうちに、しかと認めねばならない。というわけで、いよいよその第二巻の検討に移ろう。アリストテレスはこの巻を次のような言葉ではじめている――

存在者のうちには、実際、自然によって存在するものもあれば、他の原因によって存在するものもある。（一九二b15）

冒頭から*physis*そのものが「原因」とみなされている、と指摘するのはハイデガーである。[16] 存在者のうち、あるものはそれ固有の本性から、つまり自然な存在者としてのその内的原因から生ずる――というのも、アリストテレスによれば、すべての自然な存在者は、おのれ自身のうちに、それに固有の原理である*archè kinédeos*、すなわち運動の原理、いやむしろ、ハイデガーがいうところの「動きと静止の起点にして、動きと静止を意のままにすること」[17]を有するのだから。一方、存在者のうちには、他の原因から生ずるものもあり、そうした存在者は二つの種類に分けられる。ひとつは「技術」（*technè*）によって生み出される存在者であり、もうひとつは「偶然」によって生まれる存在者である。だが、技術によって製作される物の身分には曖昧さがつきまとう。これらの物は、*archè kinédeos*を内在させていないがゆえに、自然な存在者の範域には属さない。にもかかわらず、これらの物が――知性（ならびに志向性）に導かれて――製作される過程は、自然な生成に大いに似通ってくるので、アリストテレスはおうおうにして、生成がいかなるものであるのか、すなわち、自然な存在者の原因づけ〔causation〕がいかなるものであるのかを、生成と芸術的・職人的生産の類比によって説明するほどである。この曖昧さには、追って立ち戻るだろう。

見逃してはならないのは、アリストテレスのこの発言のうちに、『自然学』第二巻で彼が行うことになる「原因」研究の二つの局面、というより二つの方向性が、すでに素描されていることだ。一方には、因果性を四つの様相、すなわち形相因、質料因、作用因、目的因に分解し、そののち、存在がいかに規定される場合でも互いに協働しているこれら四つの様相の概念的統一性ないし単一性を確立するという、つまるところ二重の、思考の運動。他方には、不規則な因果的現象の分析。不規則な因果的現象とは、ようするに「偶然」のことであり、アリストテレスはこれを「アウトマトン」と「テュケー」という二つのタームのもとで論じ、これらのタームをラカンはセミネールⅪ（および他のいくつかのテクスト）で再利用するだろう。アリストテレスが「偶然」を、それゆえアウトマトンとテュケーを、原因の一範疇である「付随因」に位置づけるという事実は、いくら強調してもしすぎることはない。アリストテレスが原因についての探求のさなかに「偶然」の概念化に取りかかるのは、それゆえ必然的であり、論理的ですらあるといえる（もっとも、こうした観点は、アリストテレスの先駆者たちによってもたらされたことはなかった）。実際、アリストテレスは、偶然の問題の吟味（第四〜六章）を、四原因についての諸議論（第三章および第七〜九章）の途中にいわば割り込ませるのである。[18]

だが、これら二つの方向性どうしの関係は、一見そうみえる以上に精巧に編まれている。原因についての探求の途上に偶然についての研究が差し挟まれるのは、それを可能にする両者の連続性、すなわち論理的脈絡が存在するからだ。だが、双方のあいだには、ひとつの不連続も横たわっており、その理由を突き止めるのは必ずしも容易ではない。じつは、この不連続こそが、以下に続く頁での私たちの作業のモティーフになる。本章ではまず、第一の方向性、すなわち四原因の分析と統合という方向性において、アリストテレスが打ち出す議論の数々を検討していく。そのために私たちが辿らねばならないのは、『自然学』第二巻第三章および第七〜九章に展開される叙述である。続く第二章では、もうひとつの方向性、すなわち、『自然学』第二巻第四〜六章で分析される「偶然」の問題に斬り込むことになる。ともに「付随因」と定義されるアウトマトンとテュケーは、その一方で、アリストテレスによっていかに峻別されるに至るのだろうか。そして第三章において、これら二つの方向性の関係《リエゾン》を明らかにすることが目指される。現代のさまざまなアリストテレス研究者の評釈を参照しつつ、この関係を追求することで露わになるのは、ほかでもない、「原因」という問いをめぐってアリストテレスからラカンへと歩みを進めること、さらには、アリストテレスの言葉がラカンにおいてもちえた射程をまるごと甦らせることを可能にしてくれる、貴重な導きの糸である。

2　四原因の分解

質料と形相

では、まず四原因の問いからスタートしよう。

周知のとおり、「原因」のアリストテレス的四様相を名指すべく今日一般に用いられている呼称――形相因、質料因、作用因、目的因――は、アリストテレス自身にではなく、中世のスコラ的伝統に由来する。スコラ哲学は、アリストテレスが生み出し、いくぶん生硬なタームで定式化した諸概念を、より扱いやすいものにする目的で、一連のテクニカルな表現を捻り出したのである。

この「生硬さ」は、しかし、私たちがラカンとともにアリストテレス的「ロゴス主義」と呼んだものに根ざしている。それが最も典型的な形で姿を現すのは、『自然学』第二巻第三章、アリストテレスがまさに四原因を導入するその刹那である。「原因について」は、それらがいかなるものであり、その数がいくつであるのかを検討しなければならない」と告知したのち、アリストテレスは「原因」がどのような「意味」で語られるか、すなわち、何かあるものが「原因」と呼ばれるのはいかなる場合であるのかを枚挙するのである。最初に名前が挙がるのは、質料因(より正確には、スコラ哲学者たちがそう名指したもの)である――

ある場合には、原因と呼ばれるのは、そこから何かあるものが出来するところのものであり、その意味でそのあるものに内在的に属するものである。たとえば、銅は立像の、銀は杯の原因であり、銅や銀に類するものも同然である。(一九四b[19])

アリストテレス哲学の出発点が何に存するのか、ここからはっきり読み取ることができる。それは人口に膾炙する言説、いいかえれば、人々が世界について語るときの一般的な「言いかた」

にほかならない。そこから出発して、アリストテレスは実在物へ、いや実在物の本質へと、アプローチしてゆくのである。

ところで、先に示唆したように、このロゴス主義は、原因の機能の「二重性」と私たちが名指したもの、すなわち、実在するものの原理として、そして実在するものの説明原理として、同時に「原因」の概念が使われるという二重の用法を、ただちに伴意せずにおかない。実際、『自然学』全体を通じて、ある瞬間にアリストテレスが実在するものについて語っているのか、実在するものの把握について述べているのかを判然と見きわめることは、容易でないだけでなく、無用ですらある。アリストテレスにとって、事物が正しく、つまりしかるべく語られているかぎり、二つの原理（実在するものの原理、および知的認識の原理）は完全に一致し、実在するもの（le réel）はただちに私たちがそれについて把握するところのものとなり、そしてその逆も然りである、といいたくなるほどだ。カント以後の世界に生きる私たちは、もちろんアリストテレスと同じ道をもはや辿ることはできない。カントは私たちの経験（現実＝実在性の理論的認識という意味での「経験」）の領野から、実在するものを追放してしまったのだから。だが、アリストテレスにおいて、この二重性は、予め想定された暗黙の前提のようなものにはほど遠く、むしろ方法的平面に立脚した機能をもつ。というのも、アリストテレスにとっての区別は、実在するものと認識のあいだにではなく、より私たち本位に認識される事物と、より自然本性によって（つまり、そのもの自体によって）認識される事物のあいだ（一八四ａ）、いいかえれば、ロゴス（理性）によって認識される一般的な事物と、感覚によって認識される個別の事物のあいだに存する以上（一八九ａ）、私たちが果たさねばならないのは前者から後者への前進であり、私たちの言語のうちですでに表現されたとおりの実在物へとじかに導く通路を提供することで、この前進を可能にするのは、まさに「原因」の二重の機能にほかならないからだ。

とすれば、質料因に続いてアリストテレスが導入する「形相因」もまた、同じ二重性を刻印されていることは言を俟たない——

別の仕方では、〔原因〕とは形相であり、範型である、すなわち何であるか〔*to ti ēn einai*〕の定義であり、それに類するものである。（一九四b[20]）

何かあるものを定義することは、形相因という意味でその「原因」を捉えることである。このように定義のうちで把握されることがらは、当のものの原理であると同時に、それを説明するための原理でもある。とはいえ、形相因や質料因がいかなるものであるかは、アリストテレスがほんの数行で片付けてしまうこの箇所（第二巻第三章）の淡泊な記述ではとうてい汲み尽くされえない。そこで、いくぶん遠回りにはなるものの、これらの「原因」について、同じ第二巻の先立つ章で述べられている内容を押さえておきたい。

総じて、アリストテレスは自身の考えを、彼の先人であるイオニア派やエレア派、プラトン派の賢者たちのそれへのアンチテーゼとして、あるいはカウンターとして提示する。これら先人たちの観念の誤りや物足りなさを批判しつつ、アリストテレスはより妥当な知、より踏み込んだ知の獲得を目指すのである。クルバリトシスが「論駁的弁証法[21]」と呼ぶアリストテレスのこうした方法は、とりわけいま述べた二原因、すなわち形相因と質料因を導入する際に、いっそう先鋭化された仕方で用いられる。実際、『自然学』第一巻で、アリストテレスはいかに「質料」概念の必然性を取り上げているだろうか――そこでの「質料」は、厳密にはまだ「原因」ではなく、「原理」（広い意味での）のひとつとして捉えられているとはいえ。古の賢者たちが存在者の単一性を主張する際のさまざまな議論を論駁しつつ、アリストテレスは、これらの賢者たちが「みな反対物を原理とみなしている」（一八八a22）ことを指摘する。パルメニデスにおいては熱さ／冷たさという感覚的なもの、デモクリトスにおいては充実／空虚というより一般的なものが、ここにいう「反対物」である。一般的な事物から個別の事物へ前進するという自らの方針に照らして、アリストテレスが軍配を上げるのは、ここではデモクリトスのほうだ。だが、いうまでもなく、これはあくまで暫定的な評価であって、アリストテレスの結論ではない。ここから出発して、アリストテレスは、先に触れたように、原理としての反対物を「形相」とその「剥奪」と定義し直す。その上で、教養ある者の生成において、教養なき者の存在は存続しない一方、教養者になりつつある人間の存在は存続するという例を引き合いに出しつつ、アリストテレスは、生成の一般的な概念化に不可欠な第三の項として質料（もしくは基体）の概念を導入することになる。

　だが、アリストテレスには、これとは反対方向に進む思考の運動もある。彼のいう「唯物論者（質料論者）」の思潮に対抗して、「形相」概念に訴えるという戦略だ。これら「唯物論者」のうちに数えられるのは、エンペドクレスであり、アナクサゴラスであり、さらには、第二巻第一章でより直接的に批判されるソフィスト、アンティポンである。このアンティポンの思想はなかなかおもしろく、アリストテレスは彼の次のような議論を紹介している――

寝台を地面に埋め、分解の力によってそこから芽が出たならば、それは寝台ではなく木になるだろう。なぜなら、一方には、付随的に属するもの、すなわち慣例による組成や技術があり、他方には、何らかの操作をたえまなく被りつつも存続する存在者性があるからである。（一九三a23）

この観点からすると、本性によって（つまり自然という「原因」によって）在る存在者の存在者性《ウーシア》は、内在的で秩序づけられていないその第一基体、すなわち「質料」（ナマの質料）であり、その質料にあてがわれ、それによって変化を被ったり、あるいは変化の結果として生じたりする「形」（たとえばベッドのそれ）は、付随的に質料に属するということになる。そうなると、質料こそが本質的なものであり、形態は偶有物にすぎないということになりかねない。アリストテレスによれば、先人賢者のうち最も秀でた者たちも基本的にこれと同じ観念に依拠していた。『自然学』では、この点はさほど力説されていないが、『形而上学』、とりわけその第一巻では、アリストテレスの弁にいかなる曖昧さもない。四原因の体系的説明を質料因からはじめるにあたり、アリストテレスはこう述べる——

最初の哲学者たち、少なくともその大半は、ひたすら質料の次元にのみすべての存在の原理が見いだされるものと信じたのである。（九八三b24）

タレスによれば、唯一の原理（アルケー）は水であり、アナクシメネスとディオゲネスにとっては、それは空気だった。エンペドクレスは水、空気、火、土の四原理を認めていたが、アナクシマンドロスによれば原理は無数にあり、そのいずれもが不滅の質料だとされた。アリストテレスが「唯物論」に位置づけるのはこうした思潮であり、彼は自身の思考をそれにきっぱりと対峙させるのである。

『自然学』に戻るなら、アリストテレスがアンティポンのテーゼを斥ける際に拠って立つのは、はるかに厳密な理論的概念化であり、それを構成する一対のテクニカルタームはきわめて有効な武器になる――

〔技術が問題になる〕場合には、われわれは、寝台がただ潜勢態にあり、まだ寝台本来の形相をもたぬうちは、それが技術によって何かを所有していると言わないだろうし、それじたいがひとつの技術であるとも言わないだろう。同様に、自然によって構成される事物についてもわれわれはそうしたことを言わないだろう。というのも、潜勢態にある肉や骨は、われわれがそれによって肉や骨が何であるかを定義するところの存在根拠〔*logos*〕に見合う形相を受け取らないかぎり、まだそれら本来の自然をもたぬのだから。（一九三a－b25）

このように現実態《エンテレケイア》（ないし現勢態《エネルゲイア》）と潜勢態《デュナミス》の区別に訴えつつ、アリストテレスは「形相」概念の必然性を確立し、それとともに、古の哲学者たちが原初的原理と想定した、秩序をもたぬナマの質料に代えて、存在者性そのものの起源から現前していた（と考えられる）「秩序」の観念を導入するのである。

このように見てくると、アリストテレスが進める理論構築の枢要段階の数々で、形相（*eidos*）と質料（*hylē*）はおおいに緊張を孕んだ関係に措かれていることが分かる。ここまでのところは、両者の均衡はかろうじて維持されている。だが、『自然学』第二巻の文脈をさらに追い続けるなら、アリストテレスの次なる一歩は、そのような均衡を決定的に打ち消すことに存する。曰く――

〔……〕形相のほうが質料よりいっそう自然である。というのも、何かあるものが名づけられるのは、それが潜勢態にあるときではなく、むしろ現実態にあるときなのだから。（一九三b26）

まさにこの一文のうちに、アリストテレスにおける存在者の存在者性の何たるかを捉えなくてはならない。存在者性とは、形相と質料がともに対等な資格でかかわるたんなる合成体ではなく、形相による質料の支配なのである。なぜなら、ある物がそれ自身になるのは、その現実態《エンテレケイア》において、いいかえれば、その物がそれに向けて現勢化していくところの終極態においてだからだ。形相の現勢化としての「形態」は、質料が形相による形成過程に完全に従属してはじめて、つまり形相によって支配されてはじめて、質料のうちに余すところなく受肉される。こうして、『自然学』第二巻で形相と質料の概念が最初に提示されるそのときから、両者の関係のなかで優位を与えられるのは、質料ではなく、形相のほうになる。均衡は破れ、形相《エイドス》こそが、それゆえ形態《モルペー》こそが、質料に優越するのである。「〈自然〉とは何であるかにかかわる後世のあらゆる理解を支配する」解釈が見いだされるとハイデガーが指摘するのは、まさにこの概念化にほかならない。

「四原因」の全貌

だが、アリストテレスにおける存在者の決定の問題はさらに込みいっており、形相と質料の概念から出発するだけではそれを十分に検討するには至らない。先ほど引用した文をパラフレーズしつつ、アリストテレスはその少しあとで、ピュシス、つまり「成熟しゆくもの」について、こう述べる――

〔……〕成熟しゆくものは、成熟しゆくものとして、あるものからあるものに向けて進む。では、何に向けて成熟するのだろうか。おのれがそこから出てきたところのものに向けてではなく、おのれがそれに向けて進むところのものに向けてである。したがって、形態こそが自然なのである。（一九三b27）

「自然」はここで――*physis* という語の語源が命じるとおり――その動態において捉え直されている。自然は、おのれがそこから出てきたところの質料に向けてではなく、形態に向けて、すなわち、その本質を構成する形相の現勢化に向けて、成熟しゆくのである。「自然は形態に向けて成熟しゆく」というこの説明のうちに、「テロス」と「運動」という次元、すなわち、形相による質料の決定に合同で働く他の二つの「原因」が、すでに伴意されていることに、注目しなくてはならない。形態は、それを通じて質料が化体《けたい》するところの「運動」の、「テロス」すなわち「目的」として働く、ということだ。このように、早くも第二巻第一章から、アリストテレスは――内々にであれ――原因について自らが実行しつつある理論構築の青写真を提示しているのである。

　さて、これらの予備的な発言を取り上げ直しつつ、アリストテレスが「原因」の問題に本腰を入れるのは、第二巻第三章である。そこで「質料」と「形相」の概念がそれぞれ導入、いや再導入される際のアリストテレスのことば（一九四b）は、すでに引用したとおりだ。それに続いて、アリストテレスは他の二つの原因を登場させる。まず、いわゆる「作用因」、すなわち「変化または静止の第一の原理がそこから生じるところのもの」（一九四b）[28]。二、三の例がただちに挙げられる。「ことを決めた者は原因である、たとえば、父親は自分の子供の原因であり、また一般に、生み出す者は生み出されるものの、変化させる者は変化するものの原因である」（同）[29]。運動の能動者（agent）と言い換えてもよい。続いて措定されるのが、「目的因」、すなわち「目指されるところのもの〔*to ou heneka*〕であり、それは健康が散歩の目的であるがごとくである」（同）[30]。しかじかのことを行うのはあることの「ため」であるとか、あることを「目指して」のことであるとかと述べるとき、これらの表現は目的因、すなわち原因としての目的を伴意する。アリストテレスはさらに、こうした目的論には諸々の中間段階がつきものであり、何らかの行為や変化は目的論的に組織された連鎖の最初の項から最後の項まで、これらの中間段階を通過して達成されると指摘することを忘れない。曰く、「動かしたものが別のものである場合には、目的に達する以前のすべての中間段階もまた同様である。ちょうど、健康のために減量があり、〔胃腸の〕浄化があり、諸々の薬や器具があるように。というのも、これらのものは目的を目指しているのだから〔……〕」（一九四b〜一九五a）[31]。アリストテレスが初めて素描する「原因」概念の分析は、こうして、その四つのモードを浮き彫りにするに至る――

いまわれわれが引き合いに出したすべての原因は、四つの最も明白な様相に分類される。（一九五a）[32]

繰りかえしになるが、アリストテレスにとって、原因に四つのモードが存在するということが意味するのは、何よりも、「原因」という語が四つのやり方、もしくは四つの意味で、解されるということにほかならない。すなわち、形相（形相因――厳密には、「形相〈*eidos*〉」はその現勢化である「形態〈*morphè*〉」と概念的に区別されるべきであり、形相因はもちろん前者に等しい）、質料（質料因）、変化の能動者ないし起源（作用因）、および目的（目的因）の四つである。これら四モードのそれぞれについて、アリストテレスが繰り出す追加の説明をチェックしておくことは、無駄ではないかもしれない。「そこから出発するところのもの」としての原因、すなわち質料因について、アリストテレスはおよそ単一の範域には属さないようにみえるいくつかの例を引き合いに出す――「音節にたいする文字、製造されるモノにたいする材料、物体にたいする火や同類の諸元素、全体にたいする諸部分、結論にたいする諸前提」（一九五a）[33]。かくもヴァラエティに富む例を単一の概念、つまり、ここでは「質料」のそれに、結びつけることができるのは、質料と形相の関係が――というのも、問われているのは形相にとっての、あるいは形相に向けての質料なのだから——、ちょうど結論にたいする諸前提の関係が疑う余地なくそうであるのと同じく、本質的に論理的であるとみなしうるかぎりにおいてである。いいかえれば、形相による質料の決定と私たちが呼んだところのものは、論理的従属以外の何ものでもない。質料（そこから出発するところのもの）は形相に、論理的に、つまりロゴスにおいて、従属するのである。とすれば、アリストテレスのこのような概念化は何によって枠づけられているのだろうか。この点には、追って立ち戻ることにしよう（ラカンがこの問いに与える明確な解を、私たちはそのとき知ることになる）。

一方、アリストテレスはいささかぶっきらぼうに次のような説明を加え、「目的」と「善」のあいだに実践的な等価性が存することをあたかも自明の理のように語ることをためらわない——

> 最後に、他の事物の目的や善であるような諸原因が存在する。というのも、目指されるところのものは、他の事物の最善の状態かつその目的であろうとするからである。（一九五a34）

かくのごとく「目的＝善」と想定することが妥当であるかどうかは、形而上学ならびに倫理学に属する問いである。ここではごくシンプルに、次のことを押さえておこう。すなわち、目的性（finalité）をこのように善の目的支配（téléonomie）に同一視する記述は、アリストテレスをプラトン化する読みに迎合するようにみえる、ということだ。私たちはこの問いにいま決着をつけるつもりはないが、これとは異なる読解の道筋を見いだすべく努めることに吝《やぶさ》かではない。そうした道筋のひとつを、じつは、ほかならぬアリストテレス自身が用意しているのである。それは

「偶然」についての探求であり、私たちは次章でそのことを明らかにするだろう。

だが、さしあたり第二巻第三章の記述に戻り、「原因」概念が四つのモードに分解されたのち、この章がいかに締め括られるのかを見ておきたい。アリストテレスはそこで、原因の分析＝分解を再開し、その諸様相を別の仕方で分類する可能性を提示する。それによると、原因の様相はもはや四つではなく、なんと一二個にまとめられるという。つまり――


すべて〔の原因〕は、以下の対にしたがって、六つに分けられる。すなわち、個物と類、偶有物とその類、結合物と単純物の対であり、〔これら六カテゴリーの〕すべてが現勢化しつつあるか、潜勢態であるかに分けられる。（一九五b35）

ところが、私たちの期待に反して、アリストテレスはこの分析＝分解をほとんど展開せずに終えてしまう。私たちとしては、それゆえ、これら一二の可能な様相のうちに「偶有的原因（＝付随因）」のカテゴリーが含まれることに注目することでよしとしよう。『自然学』第二巻第四章にて、テュケーとアウトマトンの概念をひととおり説明したあと、アリストテレスが両者を名指すのに用いるのはまさにこの名称にほかならない。その意味では、アリストテレスはこの一節で、自らがこれから扱う「偶然」の問題をいわば頭出ししたのだといえるかもしれない。

だが、次章でこれを扱う前に、私たちはなお四原因の問いに留まり、これら相異なる四つの意味を確立したアリストテレスが、続いていかにそれをひとつの概念的統一性のうちにまとめ直すのかを見ておかねばならない――アリストテレス自身は、第二巻第三章を終えたところで、つまり四原因についての探求の真っ最中に、それをいったん中断し、続く第四章から第六章を「偶然」の研究に捧げるにもかかわらず。なぜなら、そうすることで、つまりこの中断を無視して四原因の問いに留まりつづけることで、四原因をひとつの完全な統一性のうちに結びつけることの困難を——アリストテレスの思想全体に横たわる論理そのものを辿りつつ——いっそうはっきりと捉えることができるはずだからだ。もちろん、「偶然」〔テュケーとアウトマトン〕の問題はそれとしてまるごと別に扱う必要がある〔そうするほうが理に適う〕という事情に鑑みても、私たちが行き着くのは同じ選択だろう。

3　形相因・作用因・目的因の概念的統一性

原因理論の賭け金

というわけで、アリストテレスは『自然学』第二巻第七章で四原因の論究を再開する。まず、彼は次のように自らの視点を位置づけ直す——

諸々の原因があり、その数がわれわれの述べているとおり〔四つ〕であることは、明白である。というのも、原因の数は「なぜ」によって限定されるのだから。実際、「なぜ」が最終的に帰せられるのは、数学におけるように〔というのも、〔数学では〕「なぜ」は直線や通約性やその他のものの定義に帰せられるから〕、不動の事物における本質にであるか、最初に動かしたもの（たとえば、彼らはなぜ戦争をしたのか。略奪を受けたからだ）にであるか、何らかの目的（支配するため、等々）にであるか、あるいは、生成しつつある事物の場合には、質料にであるかの、いずれかである。（一九八ａ36）

「なぜ」はもっぱら理由を説明するのみであるから、原因とは異なる範域に属する——といったヴィトゲンシュタインふうの観点からアリストテレスを批判しうる可能性については、ここでは脇に措いておこう（この問題には追って立ち戻る）。はじめに銘記しておかねばならないのは、以下の点である——

1／この章（第二巻第七章）以降、アリストテレスは「本質（*to ti esti*）」という語をより頻繁に用いるようになる。この語は、ある事物が「何であるか」についての言語的な定義を指し示し、「形相」に同一視されうる。

2／この一文にアリストテレスが「最終的に」という語を添えていることは、無視できぬ重要性をもつ。それが意味するのは、アリストテレスにおいてはつねに究極の原因、つまり「第一原因」が存在するということにほかならない。この——いわば暗黙の——理論的前提を、ここで多少なりとも説明しなくてはならない。

問題は、原因の探求に何らかの「無限」を導入することの不可能性にかかわる。この点は『形而上学』第二巻に明瞭に定式化されている——

あらゆる事物に高次の原理が存在し、原因は直接的な継起の面でも、種類の面でも、無限

ではありえないこと、このことはまったく自明の真理である。(九九四a[37])

問題の「不可能性」は、二つの仕方で定式化される。ひとつの因果連鎖を無限に遡行することは不可能であり、原因に無限の種類を認めることもまた不可能である。この後者の点は、まさに私たちが見てきたばかりのことがら、すなわち、原因の種類は四つしかないという観念に由来する。もう一方の点――これはアリストテレスがいかにカント的「純粋理性」に無縁であるかを示す例だ――についていえば、アリストテレスがいわゆる「実無限」の存在を否定する数学者たちの急進的な先駆者であったことを心に留める必要がある。『自然学』第三巻において、アリストテレスは無限についての自らの考えを提示するが、その主張はつまるところ、無限は現勢化不能であるということに尽きるといえる。なるほど、古のあらゆる哲学者が認めるとおり、無限は存在する。だが、それは潜勢態として(つまり可能無限として)であり、到達不能な実現への途上に永久に留まり続けるかぎりにおいてである。だからこそ、アリストテレスはこう述べることをためらわない――「無限性は留まるのではなく、生成するのである」(二〇七b[38])。

さらにいえば、この「可能無限」(潜勢態にある無限)論は、アリストテレスがかの「ゼノンのパラドクス」を論駁することをも可能にする。『自然学』第六巻および第八巻において、アリストテレスはこのパラドクスをつぶさに検討・批判しており、ここではその詳細には立ち入らないが、批判の本筋を追っておくことは無駄ではない。ひとつの物体はつねに目的地までの距離の半分を無限に通過しなくてはならないという困難(有限な時間でこの距離を進むことの不可能性から、ゼノンは運動の不可能性を導き出す)にたいして、アリストテレスはじつにシンプルかつ優雅な解決を与える――

時間や距離において無限を辿ることは可能であるか否かと尋ねる人にたいしては、ある場合には可能であり、他の場合には不可能であると答えねばならない。つまり、現実態《エンテレケイア》という意味では不可能であるが、潜勢態という意味では可能である、と。（二六三b39）

パラドクスが生じるのは、ひとつの連続体を無限に分割することが現実態《エンテレケイア》において実現されると主張する場合にすぎない。いいかえれば、無限は分割を（そして、同じ観点からすれば、追加を）果てしなく実行し続けることができるかぎりでしか存在しない。

ところで、これまで辿ってきた文脈に戻るなら、『自然学』第三巻にアリストテレスが記したもうひとつ別の指摘にも目を留めておくことが欠かせない。無限の概念についての、同じく決定的な指摘だ――

無限とは、世に言われていることの反対でありうる。すなわち、その彼岸に何も存在しないのではなく、その彼岸につねに何かが存在するもの、それこそが無限なのである。（二〇六b40）

潜在的な無限のみを支持するというアリストテレスの立場は変わらない。しかしここには、別の方向に展開すべき要素が見いだされる。「その彼岸につねに何かが存在するもの」という表現は、無限を「包含されるもの＝内容」のカテゴリーに位置づけることを許す。ところで、内容とは、アリストテレス的視角のもとでは、質料の存在様式にほかならない。無限とは、それゆえ、質料の次元に属するものとみなされなくてはならない。実際、それがアリストテレスの考えであることは、次の記述からも明らかだ――

> 原因は四つの種類に分けられる以上、無限が質料としての原因であることは明白である。（二〇八a－b）[41]

この一文を他から切り離し、テクスト上の位置の上ではいささか離れた場所（第八巻）に見いだされるものの、意味の水準ではそれほど遠ざかってはいない、別の記述と突き合わせてみよう。かの「不動の動者」について論を進めつつ、アリストテレスはこう述べている――

> 〔……〕自らを動かす物のうち、あるものは滅び、あるものは生まれるとしても、不動なるある物はある物を、不動なる他の物は他の物を動かすとしても、いっさいを包含し、ひとつひとつのものについて、あるものが存在し、他のものが存在しないことの原因、つまり連続した変化の原因となる、何かあるものが存在することに変わりはない。（二九五a）[42]

不動の第一動者とは、それゆえ、いっさいを包含するものである。ところで、『自然学』第二巻第七章において、アリストテレスは、この第一存在者は形相や本質であるのと同じく、「目的であり目指されるところのもの」（一九八b）[43]でもあると述べている。とすれば、包含するものと包含されるもののあいだに存する対立は、質料と目的のあいだの対立、いや、より正確には、質料と「目的＋形相」のあいだの対立とみなさねばならない。これはアリストテレスの思想に宿る根本的な困難を印づける二分法であり、私たちはこの点を追って検討してゆくことになる。さしあたり、ここでは、アリストテレスの「無限」論についてのこの比較的長い道草の出発点に引き返し、先に『形而上学』から引用した記述（九九四a）の深い首尾一貫性を確認しておこう。アリストテレスがそこで述べているのは、二重の不可能性、すなわち、因果連鎖を無限に遡行することはできないという不可能性と、原因の種類を無限に発見することはできないという不可能性だった。無限が理論的に出会われるのは、もっぱら質料の平面においてであることが明らかになったいま（アリストテレスは無限と形なきものを同一視しさえする（二〇七a））、この後者の不可能性は、たんに原因のモードは四つしかないということにではなく、よりはっきりと、無限を伴意するいかなる因果的探求も、結局のところ、ひとり質料のみにかかわる探求でしかない、つまり、そのかぎりにおいて、部分的な、それどころか偏った探求でしかないということに起因すると分かる。それが偏っているのは、これから見てゆくように、アリストテレス自然学に固有の因果的探求とは、四原因すべてについて吟味する探求にほかならないからだ。

3／先立つ二点と同じく、『自然学』第二巻第七章から私たちが行った最初の引用（一九八a）について検討を続けよう。説明すべき第三の点は、アリストテレスが多岐にわたる例を挙げながら、あれやこれやのものを第一原因とみなしていることである。クルバリトシスが指摘するとおり、アリストテレスはここで、因果性の諸現象が及ぶ領域を、第一原因が純粋に形式的なものになる数学へ、分離された諸本質や宇宙の究極目的にかかわる形而上学へ、さらには、人間本来の諸行為を問題にする倫理学へと、拡張する可能性を示唆している。そこに見いだされるのは、「実在するもの〔le réel〕は互いに還元不能な多数の現象にしたがって露わになる[44]」という教えにほかならない。

　このことは、しかし、実在するものを扱う体系的で首尾一貫した学を構築することが不可能であることを意味しない。それが意味するのはむしろ、「〔諸現象の〕あいだの唯一の共通点は、これらの現象が諸原因に、とりわけ、それぞれの現象に固有の第一原因に還元されうることである[45]」ということだ。いいかえれば、クルバリトシスが続けて述べるように、「アリストテレスは因果性についての自らの理論によって、実在するものが還元不能な多重性にしたがって露わになる以上、唯一の可能な統一性とは因果性による知のそれであることを明らかにする[46]」のである。まさにこの点において、諸原因を認識することは学問性を成り立たせるア・プリオリな条件になる。因果性の理論の賭け金はそこに存する。

形相と目的の共謀

『自然学』第二巻第七章のオープニングを飾る一節を以上のとおり踏まえた上で、続いて、この一節の直後に措かれた記述に進もう。アリストテレスはこう述べる――

　四つの原因が存在する以上、それらを四つとも認識することが自然学者の務めであり、自然学者が自然学的なやりかたで「なぜ」を説明できるのは、それを四つの原因すべてに連れ

戻すことによってである。すなわち、質料、形相、動かしたもの、目指されるものの四つである。（一九八a47）

自然学者の仕事（「自然学的なやりかた」で認識すること）は、アリストテレスによれば、存在者の存在者性を因果性の四モードのすべてについて研究することと定義される。これは、たとえば、数学者には当てはまらない（数学者は質料を扱わない）。それゆえ、とりわけ自然学者こそが、最も完全な仕方で、アリストテレスが求める「知の統一性」に到達しなくてはならない——そしてまた、おそらく、到達できる。そのときこの統一性は、四原因の統一性の形で見いだされ、それぞれの存在者の存在者性全体を構成するものとみなされるだろう。

ところで、これら四原因を結び合わせるアリストテレスの操作は、ある種の「縫合」である。私たちはこの語をほぼラカン的な意味（これについては後述する）に用いるが、ここで問われるのは、四原因の縫合が〈一者〉、すなわちそのウーシアにおいて〈一〉である存在者を、生み出すか否かだ。アリストテレス自身は、第二巻末尾にて、この統一性が見いだされると断定するようにみえる。この点を私たちは、これから行う検討の末に、問いに付すことになるだろう。だが、ここではさしあたり、次のことを確認することでよしとしよう。すなわち、アリストテレスが進んでいく方向は、その哲学全体を下支えするひとつの「一者学（hénologie）」の存在を——クルバリトシスが実際にそうするように——想定することを正当化する、ということだ。

では、四原因の統一性をアリストテレスがいかに確立しようとするのか、つぶさに追ってみよう。四つのうち三つまでの統一性は、少なくともアリストテレスの説明の水準では、難なく打ち立てられる。先に引用した記述（一九八a）を続けながら、アリストテレス曰く――

> ところで、四原因のうち三つはしばしば一つに収斂する。すなわち、本質と目指されるものは一つであり、運動の第一起源は、形相によって、形相そのものと同一である。というのも、人間が人間を生み出すのだから。（同）[48]

不動の存在者ではなく（これらの存在者は形而上学の対象である）、他のものを動かし、自らのうちに運動原理を有してもいる自然の事物が問題になるかぎり、その形相因は目的因および作用因と同一である。この観点からすれば、アリストテレスが引き合いに出している例に不足はない。人間の生成の目的は、人間の本質（何であるか、*to ti esti*）としての人間であり、この本質は生み出す人間の形相《エイドス》＝種別性のうちにすでに宿っている。同時に、生み出す人間は、生成過程の動因もしくは能動者として、生み出される人間に、やはり形相《エイドス》＝種別性のレベルで結ばれている。クルバリトシスは三原因のこの結合を、次のようなことばで説明する――

> ある意味では形相の概念こそがこれら三原因間の紐帯をなす。なぜなら、事物の形相（形相因）は現勢態の動因（作用因）によって伝達され、ひとつの形態を（目的性の名の下に）実現するのだから。分析の躍動に駆られて、アリストテレスはついにこう主張するに至るほどだ。すなわち、本質と形態は目的と目指されるものである、と。[49]

先に見たとおり、アリストテレスが自然を現実態《エンテレケイア》に向けて（つまり完成に、全き実現に向けて）成熟しゆくことと措定するやいなや、形相的決定（形相による質料の決定）は「運動」と「目的性」を分かちがたく伴意する。だが、クルバリトシスはここで一歩踏み込み、この結合のうちに「本質と目的性の隠れた共謀」[50]を読み取ることをためらわない。「なぜ」についての問いかけが、「何であるか」についてのそれと交わるやいなや、たちまち露わになる共謀である。作用因の座は、それが形相《エイドス》＝種別性によって目的因に結ばれる（生み出す人間は、同じ種に与《あずか》るという意味で、生み出される人間に形相的に結ばれる）という理由で、つまり、まさに「形相」概念の媒介によって、この共謀関係のうちに書き込まれる。

こうして、形相因、作用因、目的因のあいだの統一性が獲得される。アリストテレスにとって、この点はおそらく自明なことがらの領域に属するのだろう。それに反して、これら三原因と質料因のあいだの結合は、いささかも自明ではない。アリストテレスは、『自然学』第二巻の最後の二章（第八章、第九章）を、この問題を扱うことに捧げており、私たちはそこでのアリストテレスの発言を吟味していく。だがその前に、これまで明らかになったことがらを簡単に総括しておこう。形相および質料の概念をアリストテレスが導入するやいなや、両者は強い緊張関係に措かれ、互いに鋭く対立させられる。しかし、両概念間の均衡は長続きせず、アリストテレスはやがて質料にたいする形相の、存在論的であると同時に認識論的でもある、覆すことのできない優位を告げる。このことはただちに二つのことを伴意する。まず、形相による質料の決定。次いで、両者のあいだの断絶——これら二つの原因には、これまでのところ、双方をそのものとして互いに結びつけるに足るいかなる媒介も見つかっていない。より重要なのはこの最後の問題であり、実際、形相因、目的因、作用因のあいだにいま確立されたばかりの統一性も、この問題を何ら解決してはくれないのである。それどころか、これら三原因の概念的複合体（形相因を頂点に、目的因の導きのもとで編成される複合体）と質料因のあいだにぽっかりと開いた孔は、いまやいっそう明白になりつつある。この困難にたいして、アリストテレスはいかなる解をもたらすのだろうか――そのような解がほんとうに存在するのだとしたら。

4 四原因の統一に向けて

必然性と目的性の対立

『自然学』における「原因」の探求を締め括るこの作業にとりかかるために、アリストテレスは自らの思考の照準をいまいちど絞り直す。第二巻第八章の冒頭に曰く――

まず、自然がなぜひとつの目的を目指す諸原因の一部となるのか、次いで、必然について、それが自然なる事物のうちにいかに見いだされるのかを、述べなければならない〔……〕。（一九八b[51]）

けっして自明ではないとはいえ、問われているのは目的因と質料因の拮抗関係である。いくつかの予備的な説明から出発しよう。

1／形相（本質）と目的性の「共謀」が明らかになったいま、アリストテレスは形相因・目的因・作用因の統一性を、これまでのように形相因によってではなく、目的因によって代表させるようになる。この手続きの正当性に気づくには、形相から目的へのこのアクセントの移動が実行されたのは第二巻第八章の冒頭であること、すなわち、先立つ第六章で偶然についての探求が完了したのちのことであることを、知っておかねばならない。追って見るように、偶然にかんするこの分析は、自然界における目的性の遍在を謳って締め括られるのであり、例外的な、それゆえ非本質的な事態とみなされる偶然の現象は、そこから閉め出されるだろう。目的性はそのとき、世界の秩序そのものを代表するものとして、あらためて姿を現すことになる。

2／他方で、アリストテレスにとって、「必然（*anankē*）」は質料のうちに宿る。この点は、テクスト上ではもっと後ろの箇所、すなわち第二巻のほとんど結びの部分で、明らかにされるとはいえ、アリストテレスはいま引用した一文においてすでにそれを意識している。実際、彼は続けてこう述べる――

〔……〕というのも、すべての〔自然学者〕はこの原因に遡るのだから。なぜなら、熱さは本性上しかじかであり、冷たさやそれに類するものもまた同然である以上、これらのものが在り、また到来するのは、必然性によるからである。そして、他の原因について語る場合でも、彼らはそれに目をつけるがはやいか、たちまちそれを放棄してしまう。ある者にとっては、それは愛と憎しみであり、別の者にとっては、それは知性である。（同[52]）

ここでは、必然性が「原因」と位置づけられていることに目が留まる。また、最後の二行がエンペドクレス（四元素が織りなす綾を愛と憎しみの原理に従属させた）とアナクサゴラス（知性を統一的な原理と定めた）への当てこすりになっていることから、自ずと思い出されるのは、第二巻第一章でやはりエンペドクレスとアナクサゴラスをはじめとする古の哲学者たちが槍玉に挙げられ、彼らは自然界のいっさいの生成をもっぱら質料の範域に属する諸原理のみに還元している、と批判されていたことだ。

アリストテレスがここで目指しているのは、ようするに、目的性による支配という観点から自然を定義し直しつつ、目的性と質料的必然性の対峙をとおして、この後者を四原因の統一性（これこそがいま求められているのだった）のうちに組み入れることにほかならない。アリストテレスの打ち出す議論は、実際にはきわめて問題含みであり、微妙に捩《ねじ》れてもいるため、目的と質料のあいだに彼が見ている論理については、章を改めて（本書第I部第三章）じっくり検証し直すことにしたい。だが、『自然学』第二巻第八章、第九章にてアリストテレスが展開する論をここでひととおり辿っておくことは、質料因がいかにして他の諸原因との——不安定ながらもかろうじて見いだされる——調和のうちに回収されるのかを理解する上で、けっして無益ではあるまい。この問題を、アリストテレスはひとつの「アポリア」として提示する——

ここにひとつのアポリアが現れる。自然が、なんらかの目的を目指して、あるいはそれが最善だからという理由からではなく、あたかもゼウスが雨を降らせるがごとくに、すなわち、麦を生長させるためではなく、必然から雨を降らせるように働くのを、妨げるものは何だろうか？　というのも、上昇した蒸気は再び冷やされ、いったん冷やされると水になり、下降してこなければならないのであるから。そうなると、麦の生長はこうした成り行きに続いてたまたま起きる、ということになる。（同[53]）

この一節は、アリストテレスが「必然（*anankè*）」という語でいかなることを言い表そうとしているのかを、私たちに確認させてくれる。それは、水蒸気の発生、その冷却、水滴の落下……といった、自然現象の純粋に物理的ないし物質的な（そしてこの場合には気象学的な）メカニズムである。アリストテレスが「必然は質料のうちに宿る」と述べるとき、私たちはそれを、まさにこうした意味に解さねばならない。必然性とはつまり、物質的＝質料的なプロセスの恒常性なのである。だが、アリストテレスの問い、すなわち「アポリア」とは、もし雨を降らせるのが自然界の物理的必然性のみであるとすると、雨に続いて麦が生長したり、傷んだりするとき、もはやそれを説明する手だてがなくなってしまうということだ。雨が降ることの物理的必然性は雨が降ること（のみ）で完結してしまう、とすると、そのあとに来る麦の生長や腐敗は「たまたま」起きたにすぎない、だからたんなる偶有事《アクシデント》であり、ようするに偶然である、ということにならざるをえない。アリストテレスによる「偶然」の分析が示すとおり――この分析を私たちは次章でつぶさに調べることになる――、偶然というものが本質的に説明不能であり、学問的に分析不能であるのは、それが普遍的目的性の次元をすり抜けてしまうからだ。とすれば、私たちはアリストテレスとともに、降雨や麦の生長といった出来事の時間的、かつ見かけ上因果的な連鎖のなかに忽然と現れる説明不能な孔を、いかにしても追い払うことができないという無力さのうちで途方に暮れるか、さもなくば、さらに悪いことに、こうしたタイプの非決定が自然現象のますます大きな部分を覆っていき、ついにはいかなる学問的な因果的説明を行う余地もなくなるのを、指をくわえて見ているか、いずれかを選ばなければならなくなる。実際、アリストテレス的世界観のもとでは、目的性が拒絶されてしまえば、必然性はもはや成り立たないといわねばならない。だからこそ、いま引用された一節に続いてアリストテレスが挙げる例では、目的性と必然性の対峙は徐々に目立たなくなり、代わりに目的性と偶然の対立が際立ってくるのである。

ここでは、この対立の論理の詳細には立ち入らない——それを検討することは、アリストテレスの「偶然」論をひととおり見わたしたあとに回さねばならない。だが、これらのアポリアを切り抜けるためにアリストテレスが差し出す議論——目的因が存在することを読者に納得してもらおうという意図にもかかわらず、いささかぼんやりした議論だ——は、つまるところ、こう要約できる。すなわち、目的因の存在を想定しないかぎり、なぜ「ツバメは巣を作り、蜘蛛は巣を広げるのか」（一九九ａ）[54]を理解することはできない、と。動物たちはものを考えないし、自分で何かを決めることもない、つまり判断力（選択能力、*proairesis*）をもたない。にもかかわらず、動物たちはまるで志向性を備えているかのように行動する。だから自然は、判断力をもたずとも、目的性に沿って振る舞うのである……。現代に生きる私たちは、もはやこの種の理屈に無縁であるといいきれるだろうか。というのも、アリストテレス自然学がデカルト／ニュートン以降の自然科学からみていかに賞味期限切れであろうと、こうした目的論の誘惑は奇妙にも今日まで生き存《ながら》え、現代の先端的な科学者ですら必ずしもそれを免れてはいないからだ。たとえばジャック・モノーの名を思い出してみるだけでよい。生物の世界に目的支配（téléonomie）が遍在することを事実として受け止めつつ、モノーは、科学的な客観性という近代的要求にそれを対峙させることで私たちが陥る根本的な逆説を浮かび上がらせたことで知られる。曰く――

どこであろうと自然のうちに、何らかの企図、何らかの目標の追求が存在しないことを証明できるような実験を想像することは、いうまでもなく不可能である。[55]

哲学が手放してすでに久しい（とされる）観念が、今日もなおこのように自然科学を代表する研究者の思考のうちで息づいているのは、けっして意味のないことではあるまい……。

必要条件としての質料

とはいえ、さしあたり、私たちの問題はそれではない。重要なのは、このように目的性による普遍的支配を明言したアリストテレスが、形相因・目的因・作用因が形づくる統一性にいまだ組み入れられざる最後の原因、すなわち質料因を、そこからいかに回収するに至るのかである。『自然学』第二巻第九章の冒頭、アリストテレスは必然性の問いを再び取り上げ、先ほどとは別の例を引き合いに出す――

必然性によって在るものは、条件つきで存在するのだろうか、それとも絶対的な意味でも存在するのだろうか。目下のところ、必然性によって在るものは生成のうちにあると信じられている。あたかも、重いものは自然によって下方に運ばれ、軽いものは表面のほうに運ば

れるという理由で、城壁は必然によって出来したと考えられてでもいるかのように。（一九九b〜二〇〇a）[56]

あえて自然的生成ではなく、技術にかかわる例を挙げつつ、アリストテレスは、必然性を生成変化の最終原理とみなす人々を戯画化している。ここでも、先ほどと同じ意味での「必然性」、つまり質料的必然性、質料に宿る必然性（重いものが下へ、軽いものが上へ動くというような）に焦点が合わされている。アリストテレスにとって、存在者の――自然的もしくは技術的――生成／生産がいかなるものであるのかを説明するのに、質料的必然性に注目するだけでは不十分なのである。いいかえれば、質料が演じる役割は根本的に限定されたものでしかない。本文の続く一節で説明されているのは、まさにそのことである――

〔城壁〕は、これらのもの〔城壁を構成するさまざまな素材、すなわち石や粘土など〕なくして出来しないが、質料因という意味以外では、これらのものが原因になって出来するわけでもなく、何かあるものを覆ったり守ったりすることを目指して出来するのである。（二〇〇a）[57]

諸々の事物は質料なくして出来しないが、しかし必ずしも質料（のみ）が原因で出来するのでもない。質料因はたんに「必要条件」であるにすぎない。この表現（「必要条件」）は、アリストテレス自身のテクストから文字どおり取り出すことができる。続く例として、鋸《のこぎり》とその材質を取り上げつつ、アリストテレスはこう述べる――

〔……〕鋸がそれを目指して作られるところのものが到来するのは、鋸が鉄でできていなければ不可能である。それゆえ、鋸とそれを用いる作業が存在しなければならないなら、鋸が鉄製であることが必要〔＝必然的〕である。必要〔＝必然〕はそれゆえ条件にかかわるが、目的のごときものではないのである。（同[58]）

注意しなければならないのは、自らの視点をこのように展開することで、アリストテレスは必然性の概念そのものを変更しつつあるようにみえることだ。「純粋に物質的な必然性」と私たちが先に名指したもの、すなわち、物理現象の規則性（水の蒸発と冷却が雨をもたらすこと、重いものが下方へ、軽いものが上方へ動くこと）のうちに見いだされる必然性という概念を、アリストテレスは放棄し、あるいは棚上げし、必然性を新たに「それなくしては」原因作用〔causation〕が生じないところのものとして定義し直すのである。そして、いざこの再定義が確立されるや、質料と目的の拮抗関係はその最終的な位置づけを獲得する。曰く――

〔必然〕は質料のうちに存するのにたいし、目指されるものは存在根拠のうちに存する。（同[59]）

いま「存在根拠《レゾンデートル》（raison d'être）」と訳されたギリシャ語は*logos*である。フランスの定番古典叢書「ベル・レットル」に収められた『自然学』の訳者アンリ・カルトロンは、この語を「概念

（notion）」と訳しているが、私たちはすすんでクルバリトシスとステヴェンスが提案する訳語を採用したい。質料因が自然なる存在者の生成変化の必要条件（と同時に条件としての必然性）を構成するのにたいし、目的因はそれとは別のところに、すなわち、その存在者が到来する理由《レゾン》、あるいは存在になる理由《レゾン》という意味で、その「存在根拠」としか名指しえない何ものかのうちに、宿るという対照を、この訳語は際立たせるのである。だが、アリストテレスのこうした発言において重要なのは、質料＝必然と目的性＝存在根拠の対立が後者の絶対的な自律性に行き着く（そして前者に自律性が認められることはない）ということだ。そこから、次のような驚くべき一節が生まれる——

〔目的〕が質料の原因なのであり、質料が目的の原因であるわけではない。（同[60]）

四原因のあいだに序列が存することはいまや明白である。先に見たとおり、目的因は形相因・作用因・目的因から成る複合体を代表する。この複合体は質料因を支配するのにたいし、質料因のほうは相手へのいかなる優越性ももたない。とすると、全四原因のあいだに成り立ちうるのは、質料因が他の三原因の——いまや合目的化された——統一性にひたすら服するという従属関係のみなのだろうか。アリストテレスの答えは「否」であり、そのことが新たにきわめて微妙で、そのうえ厄介な問いを引き起こす。アリストテレスによれば、質料因はいわば権利要求を行う。それは究極の、つまり最終的な、権利要求であるといってよい。というのも、『自然学』第二巻は事実上この件で閉じられ、読者は食い足りぬ気持ちのまま置き去りにされるのだから。目的性による支配に従属する「必要条件」としての質料の側面をいまいちど強調したのち、アリストテレスは唐突に、かつ、まるでついでのように、こう言い添える――

> おそらく、必然はまた存在根拠のうちにも存する。というのも、鋸で切るという作業をこれこれの分割と定めた者にとって、この分割はもし鋸がしかじかの歯をもたねば存在しないだろうし、これらの歯がそのようになるには鉄製でなくてはならないだろうから。実際、存在根拠の内部でも、あれやこれやの部分は存在根拠の質料のごとく存在するのである。（二〇〇b）[61]

『自然学』第二巻はこうして閉じられる。ここで語られているのは、たんに「それなくして」はあるものが存在しないところのものではなく、「それなくして」はあるものの目的性が存在しないところのものである。この差は、まさに次元の違いと呼ぶにふさわしい。いいかえれば、鋸が鉄製であることが必要＝必然的であるのは、たんに種別的＝形相的に個別な存在者としての鋸が存在するためではなく、鋸の合目的的な使用、すなわち鋸を生産すること（鋸に存在を与えること）の目的として予め確立された使用が存在するためでもある、ということだ。

アリストテレスの議論は明らかに揺れている。『自然学』第二巻第九章の先立つ箇所において、アリストテレスは二度、「それなくしては」としての質料の優位（ないし自律性）を否定したのだった。にもかかわらず、同巻同章の最後の最後で、彼はこの否定をぼかす必要があることを自ら示すのである。実際、追って見るように、ピエール・オーバンクはここに、アリストテレス主義の支配的パースペクティヴを覆し、アリストテレスを「脱プラトン化」するための手がかりを見いだすことになる。私たちの探求の現段階で重要なのは、しかし、他の三原因と同一の平面には措かれていないはずの質料因が、まさにこのようなかたちで、三原因によって形作られる統一性の内部に、いわば闖入《ちんにゅう》してくるのを見逃さないことだ。この闖入の現場においてこそ、アリストテレスは四原因の統一性、すなわち、それぞれの存在者の存在者性の〈一〉をなすべき統一性を、最終的に確立するのである。四原因の統一性への質料因の組み入れについては、なお多くのことがらを述べる必要がある。だが、アリストテレスにおける原因および因果性の一般的な概念化の道筋をなぞる作業を、私たちはここでいったん中断しなくてはならない。アウトマトンとテュケーという二種を区別しながら進められるアリストテレスの「偶然」論を検討しないかぎり、この道を先に進むことはできないからだ。

第二章

アウトマトンとテュケー

ラカン的前置き

「アウトマトン」と「テュケー」というアリストテレスの概念にラカンが最初に言及したテクストは、「「盗まれた手紙」についてのセミネール」（一九五六）である。

このテクストは、リライトされた「セミネール」本編と、それに続く――ある種の入れ籠構造になった、性質も書かれた年代も異なる――複数の小編から成るが、本編の終盤、手紙を手中に収めて権力ゲームに興じるD大臣の賭博者的情熱が、「〔本来の、あるいは想定される〕シニフィカシヨンを失ったシニフィアンには何が残っているのか」という問いと分かちがたく結びついていることを指摘しつつ、ラカンはこう述べている――

> それこそがまさに、大臣を〔その命運の尽きる場〕に導いた問いにほかならない――この人物が物語に語られたとおりの、そして彼自身の行為が十分に明かすとおりの賭博者であるとするなら。というのも、賭博者の情熱とは、シニフィアンに向けられたこの問い、すなわち、偶然のαὐτόματον〔アウトマトン〕によって形象化される問い以外の何ものでもないからだ。
>
> 「汝が吾の運と出会う（τύχη〔テュケー〕）場所で吾が転がす賽子《さいころ》の姿をした汝は、いったい何ものなのか？　何ものでもない、人間の生を、汝のシーニュがそれを従える杖であるところのシニフィカシヨンの名のもとに、朝から朝へと勝ち取られるあの猶予へと変えてしまう死の現前でないとしたら。ちょうどシェエラザードが千一夜のあいだそうしたように、また吾が、丁半ゲームでいかさまに出された目のめくるめくような連続という代価と引き換え

に、このシーニュの勢力を一八ヵ月のあいだ体感しながら、そうしているように。[1]」

この一文（正確には、「τύχη」の語のあと）に付された注にも一瞥を投げておこう——

『自然学』における偶然の概念的分析の際に用いられていたことがここで思い出される二つのタームを、アリストテレスが根本的に対立関係に措いていたことは周知のとおりである。

この対立関係を見逃さないことで、多くの議論が解決を見るかもしれない。

一九五六年に書かれたこのテクストにおいて、相互に類縁関係にあるこの一対のターム、「アウトマトン」と「テュケー」は、各々が正確に定義づけられたわけでも、理論的に截然《せつぜん》と区別されたわけでもない。もっとも、アウトマトンのほうは、繰りかえし振られた賽子の目が織りなす連鎖（数字ないし丁半の）に重ねられ、すでに「シニフィアンの自動運動《オートマティスム》」（これがフロイトのいうWiederholungszwang〔反復強迫〕を構成する）に同一視されていると見てよい。それにたいして、テュケーのほうは、残念ながら、ラカン的な光によって解明される恩恵にまだ与っていなかった。ラカンがアリストテレスの『自然学』をあらためて参照しつつ、「テュケー」の概念を本格的に取り上げるのは、セミネールXI（一九六四）を俟たねばならない。

アウトマトンとテュケーは、アリストテレスの著作に頻出するといってよいタームである。もちろん、アリストテレスの思想全体のなかで中心的な役割を果たすわけではない。だが、これらの概念を論じたのは自分が初めてであると主張するアリストテレスが、自らが「機械論者」と呼ぶ先人哲学者たち、すなわちデモクリトス、エンペドクレス、アナクサゴラスらから、まさにその点で自身の立場を分かつとき、この二つの概念はとりわけ重要な意義をもつ。「終わりある分析と終わりなき分析」（一九三八）において、生の欲動と死の欲動の対に匹敵する二元論をエンペドクレスが自らに先駆けて構想していたことを評価しつつ、フロイトは、生命体の生の編成におけるテュケー（フロイト自身はこれをZufallすなわち「偶然」と訳す）の役割をめぐる近代的な発想が、エンペドクレスの思考体系にすでに含まれていたとコメントするのを忘れなかった。[2]そのような発想がエンペドクレスにたしかに見いだされることを後世に知らしめたのもまた、とりわけアリストテレスの功績だ。『自然学』をはじめとするさまざまな著作で、アリストテレスはテュケーにかんするエンペドクレスの言葉を紹介し、伝達したのである。

ラカンも注意するとおり、アリストテレスが自らの「偶然」論の最も体系的な提示を行うのは、『自然学』第二巻第四～六章においてである（ただし、奇妙にも、ラカンは第六章をオミットしている）。私たちはいまから、これら三章におけるアリストテレスの議論を辿り、アウトマトンとテュケーがそこでいかに定式化されているのかをつぶさに検討していきたい。この二つのタームはアリストテレス自身によってしばしば混同され、私たちが通常「偶然」と呼ぶ現象を指すのにほとんど区別なく用いられるが、これら三章の最後、すなわち第六章において、決定的に峻別されるに至る。

本章で私たちが偶然の問題を他のものと分けて扱うのは、たんに――この問題に取り組むにあたり、アリストテレス自身が四原因についての探求を一時中断するのを余儀なくされていることからも察せられるように――偶然の概念を四原因のパースペクティヴのうちに統合しようとすると、いささか厄介な問題に煩わされることになるからだけでなく、それに加えて、ラカンがアウトマトン／テュケーの両概念の見直しを試みるとき、とりわけ、セミネールⅪで「テュケー」に新たな意味を与え直すときに、いくつかの個別の問題が惹起されるからでもある。テュケーのこのラカン的意味については、ラカンの「原因」論に捧げられる本書第Ⅱ部にて、しかるべき折に立ち戻ることにしたい。だが、次のことだけは、やはりここで指摘しておかねばならない。すなわち、アウトマトン／テュケーのアリストテレス的分析が因果性概念についての深い考察を軸に展開されることは、ラカンの目に疑う余地なく留まっている、ということだ。実際、ラカンは、テュケーにかんする根本的な参照枠としてアリストテレスの『自然学』の名を挙げるたびに、そのことを注意するのを忘れない。ラカンはまた、「四原因」論の視角のなかで、ということはつまり、アリストテレスの思考そのものの内部で、この問題が本質的な困難を引き起こすことも察知している。曰く——

〔アリストテレス〕は二つのターム〔＝アウトマトンとテュケー〕をもてあそび、操るが、これらのタームは、原因というものの機能についてこれまでに作られた最も手の込んだ理論であるアリストテレスの理論に、どこまでも抵抗するのである。[3]

アリストテレスの説明を辿りながら、私たちはこの「抵抗」のバネが何に存するのかを捉えることを目指そう。それは、アリストテレス的思考の構築物全体の基礎にかかわる問題である。

ところで、アウトマトンとテュケーの訳語について、予めおことわりしておきたいことがある。

フランスでは伝統的に（しかしラカンによれば「不適切」に）、アウトマトンとテュケーはそれぞれ「偶然（hasard）」および「運（fortune）」と訳されてきた。『自然学』のいまや古典的な翻訳である「ベル・レットル」版でも、訳者カルトロンはこれらの訳語を採用している。

これにたいして、クルバリトシスとステヴェンスは、一九九〇年代にヴラン社から出版された彼ら自身の翻訳において、アウトマトンを「自発運動（mouvement spontané）」、テュケーを「偶然（hasard）」と、新たに訳し分けることを提案した。

私の印象では、アリストテレスにおけると同様、ラカンにおいても、アウトマトンおよびテュケーという語で示される（示されると解されるべき）ことがらによりフィットするのは、クルバリトシスとステヴェンスによる訳語のほうだ。そもそも、「自発運動」という表現は、アウトマトン（*automaton*）とオートマティスム（automatisme）のあいだに存する語源的繋がりを想起させずにおかない。だが、この選択にも不都合がないわけではなく、それはラカンの読者のみならず、アリストテレスの読者にとっても同じである。

それゆえ本書では、アリストテレスのテクストに寄り添う場合でも、これら二語を訳すことなく、つまりただカタカナに音写するのみで、「アウトマトン」および「テュケー」と表記することにしたい。そして、アリストテレスにおけるアウトマトンやテュケーについて語りながら、私たちがしいて「偶然」というタームを用いる場合には、それは両者のどちらか一方ではなく、両者から成る概念的集合体を指すものとする。この集合体は、アリストテレスにおいて、『自然学』第二巻第六章で両者の最終的な区別が確立されるまで、維持されるのである[4]。

1　一般的概念としての「偶然」

「偶然」の定義

アウトマトンとテュケーについてアリストテレスが行う説明の順序は、ごく大雑把に、次のとおりである。まず、これらの概念を独自に解釈する視点をただちに示す代わりに、当の問題にかかわる先人たちの諸見解を俎上に載せ、問われていることがらの核心をなす諸要素を明確化する（『自然学』第二巻第四章）。次いで、「偶然」一般について独自の概念化を提示すると（同第五章）、これらをベースに、「アウトマトン」と「テュケー」をいよいよ区別する方向に進み、「偶然」に捧げられたこれらの研究を締め括るに際して、原因についての自らの学説と偶然の制御しがたい性格とを和解させることを試みる（同第六章）。

加えて、第四章冒頭には、偶然についての探求の羅針盤となる一連の問いが立てられている

――

1／アウトマトンとテュケーは、いかなる様態で諸「原因」の一部となるのか。

2／アウトマトンとテュケーは同じものなのか、それとも互いに異なるのか。

3／両者の本質はいかなるものであるのか。

『自然学』の記述をつぶさに検討しつつ、私たちは、これらの問いにアリストテレス自身がいかなる解答を与えるのかを見きわめなくてはならない。

『自然学』第二巻第四章において、アリストテレスが「古の賢人たち」の見解を批判する際に標

的になる諸問題は、そのまま彼の探求の導線を構成する。これらの先人哲学者たちは、たえず偶然を話題にしていたにもかかわらず、ほとんどその存在を認めていなかった——と、アリストテレスは強調する。アリストテレスの攻撃が狙い撃ちするのは、何よりもまずこのちぐはぐさ（首尾一貫性のなさ）にほかならない。アリストテレスは、偶然の概念を理論的に擁護するという自らの意図を隠さない。それはひとえに、人がそれについて語るという事実を重く見るためだ。人が偶然について語り、「しかじかのことは偶然に（出会いによって、*apo tychēs*）起きた」と述べること、それこそがアリストテレスの出発点なのである。ところが、この言表は偶然に「原因」の身分を与える（「〜によって」という表現は因果性を伴意するのだから）。そこから、アリストテレスが措定する問い、すなわち「偶然はいかなる意味で原因の範域に属するのか」という問いが生まれる。いいかえれば、「偶然」に首尾一貫した定義を与えるにはどうすればよいのか、ということだ。

　次の点に注意しなくてはならない。アリストテレスは、このような問題意識から出発するにもかかわらず、偶然の存在を——「偶然に」起きるとされるいかなることがらにもつねに何らかの原因を見いだすことができるという理由で——消し去ろうとする議論（エウデモスによってデモクリトスに帰される議論）を完全に斥けはしない。アリストテレスにとって重要なのは、原因の概念と偶然のそれがほんとうに両立不能であるのか否かを見きわめることなのである。明らかに、アリストテレスが目指すのは、因果性と偶然を和解させることにほかならない。因果性はつねに現前する以上、偶然の探求はこの因果性の現前のうちでなされる必要がある。アリストテレスが批判する「古の賢者たち」（デモクリトス、エンペドクレス、アナクサゴラス）に欠けていたのは、ようするにそれなのだ。その対極に立って、アリストテレスは、アウトマトンとテュケーの解釈全体をまさにこの方向に、つまり、因果性と偶然を和解させる方向に、展開していくのである。

では、アリストテレスは「偶然」をいかに解するのだろうか。それが示されるのは、『自然学』第二巻第五章においてである。アリストテレスはまず、事物（生成変化の只中にある存在者と出来事）を三つの範疇に分類することからはじめる――(1)つねに同一の仕方で、かつ必然的に生じる事物、(2)頻繁に生じる事物、(3)上記の二範疇の外部で生成する事物、すなわち例外的ないし希有な事物。この最後の範疇にこそ、アウトマトンとテュケーが位置づけられることは言うまでもない――「この種の事物〔=例外的な事物〕は偶然によって在り〔……〕偶然による事物はこの種類に属する」（一九六b5）。このことが意味するのは、偶然に（アウトマトンもしくはテュケーによって）生じる事物のクラスは、例外的な事物のそれに正確に一致し、逆もまた然りということだろうか。つまり、例外的な事物の領野と偶然（アウトマトンとテュケー）の領野は、ピタリと重なり合うのだろうか。見かけ上はそうだ。実際、オギュスタン・マンシヨンは、アリストテレスのいくつかのテクストにおけるがごとく、「広い意味」での偶然が問題になる場合、例外的な事物がすべて偶然のクラスに含まれることがありうることを示した[6]。だが、同じマンシヨンが指摘するとおり、『自然学』のこの箇所では、そうした理解は当てはまらない。「偶然」と「例外的な仕方で生じる事物」を同一視することを、アリストテレスはよしとしないのである。偶然がつねに例外的な事物の範疇に属することは疑いを容れない。しかしその逆は真ではない。偶然とはつまり「例外＋何か」であることになる。

そこで、アリストテレスは、別の基準に沿った分類にとりかかる。生成変化する事物は、今度は二つの範疇に分けられる――「何かを目指して到来するものもあれば、そうでないものもある」（同）[7]。ところで、例外的な事物のうち、「一部のものは、何かを目指して在るということがそれらに属しうるところの、そうしたものである」（同）[8]。これこそが、偶然の第二の特徴にほかならない。例外的な事物のクラスと、何らかの目的を目指して在る事物のクラスとが交わる、この共通部分にこそ、アウトマトンとテュケーは書き込まれるのである。偶然とは、それゆえ「稀少性＋目的性」であるということになる。だが、これですべてではない。アリストテレスはこう続ける――「この種の事物がたまたま〔偶発的に、あるいは付随的に、*kata symbebēkos*〕到来した場合、われわれはそれが偶然に生じたと述べる」（同）[9]。偶有性（＝付随性）――これはアリストテレス哲学においてきわめて重要な概念である――が第三の特徴として姿を現す。アリストテレス的偶然は、こうして三重に性格づけられる。偶然とは「稀少性＋目的性＋偶有性」なのである。

だが、これでもまだ完全な定義ではない。いま挙げた最後の特徴は、因果性の問いに緊密に結びつけられる（この問いは、繰りかえすが、アリストテレスが行う探求の導きの糸だった）。アリストテレスは偶然を「付随因（*aitia kata symbebēkos*）」の範域に書き込むのである。「付随因」とは何だろうか。アリストテレスはこれを「自体因（それ自体による原因、*kath' auto aition*）」に対置する。アリストテレスによれば、「自体因」とは次のような例をいう――「一軒の家にとって、建物を建てる技術はひとつの自体因であるが、色白の者や教養人〔すなわち、大工が色白であったり、教養豊かであったりすること〕は付随因である」（同）[10]。「自体因」とは、目指されている効果や結果とのあいだに、本質的で、不可欠で、目的論的に決定された関係をもつ原因である。これにたいして、「付随因」とは、ひとつの結果を偶有的な仕方で（つまり、たまたま）生み出す原因、実現された結果とのあいだにいかなる本質的な関係も、必然的な結びつきももたない原因を指す。「付随的に」と訳される*kata symbebēkos*を、ハイデガーはin der Weise des Beihergekommenenすなわち「通りかかりにやってきたような具合に」[11]と訳すことを教える。付随因とは、ようするに、ひとつの結果を、まるで「通りかかりに」そうするかのように、もたらす原因、いやむしろ、まるで「ついでに」そうするかのように、「原因」の座に転がり込む原因なのである。そしてアリストテレスは、この種の原因は必然的に非決定もしくは決定不能であると指摘することを忘れない。

偶然における原因の非決定

以上の内容すべて（偶然の三重の性格、付随因であること、非決定性）を、アリストテレスはただちにひとつの明快な例で描き出す。偶然のアリストテレス的定義をいっそう的確に把握するために、この例が孕む諸事態の構造を検討しなくてはならない。アリストテレスによる後出の説明を先取りするなら、これは正確にはテュケーの例であって、アウトマトンの例ではない。だが、説明のこの時点では、アリストテレスはまだ両者を区別しておらず、ひとりテュケーによって両者を代表させている。それはたんに、追って見るとおり、テュケーはアリストテレスにとってアウトマトンの一ジャンルにすぎず、後者のほうが前者より広い外延をもつため、テュケーの例は同時にアウトマトンの一般的特徴を例証する役も兼ねうるからではない。それに加えて、テュケーは人間の行動の範域に属するのにたいし、アウトマトンは自然なる事物のそれに属するがゆえに、テュケーは――少なくとも記述のレベルでは――アウトマトンの「モデル」の価値をもちうるからだ。これは、人間の技術による生産の何たるかが、自然なる生成の根本的諸様相を解き明かす力をもつこと（技術と自然の「並行関係《パラレリズム》」と呼ばれるもの）と同然である。だからこそ、アリストテレスは、これから検討する例におけるのみならず、偶然について彼が行う説明の全体にわたって、テュケーおよびアウトマトンから成る概念的集合を指し示すタームとして、「アウトマトン」より「テュケー」のほうを優先させるのだろう。

さて、アリストテレスが挙げるその「例」とは、次のようなものである——

> ある人は、自分の債務者が集金していることを知っていたら、貸した金を回収することを目指して来たとしてもおかしくない。ところが、彼はそれを目指して来たのではなく、彼が来たのはたまたまであり、そのように行動した結果、金を受け取ることができたのであって、この場所に足繁く通っているからでも、そうする必要があったからでもない。目的、すなわち金銭の回収についていえば、それは内在的な諸原因のうちに数えられてはおらず、選択や思考に属する諸原因に与している。このとき、その人は偶然に［*apo tychès*］来たと言われるのである。（一九六b〜一九七a[12]）

この一節では名指されていないものの、当の人物がやってきた「場所」とは市場である。じつは、この例は『自然学』第二巻の先立つ箇所（第四章、一九六a）ですでに——こういってよければ——頭出しされており、そこには「市場」という語が明記されている。それゆえ、記述を行いやすくするため、今後はためらわずこの語を表に出すことにしよう。

この例は、偶然を構成する三つの要素をアリストテレスがいかに概念化しているか、そして「付随因」というタームが何を意味するのかを、くっきりと浮き彫りにしてくれる。まず、例外性（稀少性）については説明するまでもあるまい。この人物が、ふだん足繁く通っているのではない場所（市場）に足を運んだことからして、例外的な出来事である。それにたいして、目的性にかんしては若干の説明が必要だ。先に見たとおり、アリストテレスによれば、「偶然」の名に値するのは、例外的な事物のうち、何らかの目的に適うものにかぎられる。ところが、アリストテレスは、これらのものがいかにして当の目的を実現するのかを、これまでひとことも明らかにしていない。じつは、まさにこの点においてこそ、偶然の三つ目の様相、すなわち偶有性（付随性）がかかわるのだが、アリストテレスはこの特徴についても同様に口を噤《つぐ》んだままだ。ひとことでいえば、偶然が目的に達するそのやりかたを捉えさせてくれるのが、偶有事（付随事）の概念にほかならない。

では、目的性はこの例にいかなる形で姿を現すだろうか。ある人物が市場を訪れ、自分の債務者（自分に借金している人物）と鉢合わせする。折しも後者は、その場所で、前者に借りた金額を返済するのに十分な金を他人から受け取っていた。一見すると、あたかも、この人物が市場に出向いたのは貸した金を返済してもらうためであるかのように、いいかえれば、金銭の回収という目的こそが彼を市場へ赴かせる動機となったかのように、いっさいが進行する。にもかかわらず、実際には、本人は市場で金銭を回収することになるとは思ってもみなかったのである。つまり、この人物の行動は、目指されてはいない目的を成就する行動、いいかえれば、ひとつの目標を、主体がそれを意図的に狙うことなく、遂げてしまう行動であるといえる。アリストテレスによれば、「偶然」と呼ばれるのは、こうした種類のことがらなのである。

　このように達成された目的性が、けっして「目的因」という意味でのそれでないことは言うまでもない。この行動（市場へ赴くこと）の目的因は、獲得された結果（貸した金の回収）とは別のところ——買い物をする、芝居を見る、等々——にある。だからこそ、アリストテレスは、「目的、すなわち金銭の回収についていえば、それは内在的な諸原因のうちに数えられてはいない」と言葉を足すのである。「内在的な諸原因」とは、すなわち、目的因のごとく、為された行動においてあらかじめ目指されていた原因にほかならない。しかし実際には、貸した金の回収という「目的」は、結果的にそうみなしうる擬似的な性格のものであり、「選択や思考に属する諸原因に与している」にすぎない。いいかえれば、それは、自分が実行しつつある行動がそれを遂げることを可能にしてくれると知っていたとしたら、主体が目指した、あるいは選択したかもしれない目標にすぎない。

　これは結局のところ、目的（貸した金の回収）はそれを実現するもの、すなわちその「原因」（市場へ赴くこと）とのあいだに、いかなる本質的な関係、いかなる目的論的に決定された関係ももたない、と述べるに等しい。そこにあるのは、いわば歪曲され、劣化し、損なわれたひとつの目的論的関係であり、これを確立しうるのは、ひとり主体の思考のみ、しかも、かろうじて事後的にそうできるにすぎない。こうした種類の関係、いわば「奇形的」[13]な目的論的関係を、いかに形容したらよいだろうか。アリストテレスの答えは、「偶有的（付随的）」と形容するのがよかろう、というものだ。こうして偶有事（付随事）の概念、すなわち「通りかかりに」やってくるものの概念が導入される。偶有的＝付随的なものとして、偶然はいわばヴァーチャルな目的性を、まるで「通りかかりに」＝「ついでながら」そうするかのように、浮かび上がらせるのである。いいかえれば、目的性が――偶然のうちで――確立されるのは、文字どおりたまたま（＝偶有的、付随的に）なのだ。

これほどの目に見える困難にもかかわらず、偶然の内部に目的性の次元を担保しようとアリストテレスがかくも躍起になることに、私たちは奇異の念を通り越して、率直な驚きを覚える。アリストテレス的偶然とは、このように、目的性の次元に引っかかる偶然、いや、引っかかり続ける偶然なのである――たとえその目的性が完全な形ではなく、根本的に型崩れし、孔のあいた、不完全な目的性にすぎなくとも。とすれば、それでもなお出会われることをやめぬこの目的性とは、いったい何だろうか。この問いについては、追って検討することにしたい。

さしあたり、それより重要なのは、私たちがいま「奇形的な目的論的関係」と呼んだものが、同時に、奇形的な因果的関係でもあることに目を向けることだ。達成された目標（貸した金の回収）は、因果連鎖の理想的で完全な円環を開くとともに閉ざすことができる「目的因」として機能するわけではないため、実際に執られた行動（市場へ赴くこと）は「たまたま」、つまり「通りかかりに」、この目標の「原因」の座に転がり込む。これこそが、*aitia kata symbebēkos* すなわち「付随因」なるタームの意味するところにほかならない。かくして、偶有事（付随事）の概念は、目的性の次元を救うだけでなく、同様に因果性の次元を守る役目も果たす。その意味で、この概念はまさしく、「偶然」のアリストテレス理論全体の賭け金であるといってよい。[14]

このように因果性の次元に導入された偶有性（付随性）は、もうひとつ、これに劣らず重要な理論的帰結を孕む。偶然の領野における「原因」の根本的な決定不能性である。アリストテレスは、この点を繰りかえし強調する――

自体因は決定され、付随因は非決定に留まる。というのも、単一の事物に無限の偶有事〔付随事〕がかかわりうるのだから。（一九六b15）

付随因の概念が導入されるやいなや、諸原因を特定することの不可能性が不可避的に帰結するのであり、それは結局のところ、何らかの結果を生み出すことに協働した要因をすべて数え上げる作業はけっして完結しない、という事実に帰されることになる。付随因の範域では、原理的に、このような決定不能性を消し去ることができない。アリストテレスはこうして、因果性の次元に「非決定」を持ち込むのである。

この「非決定」概念の射程を、私たちはいかに測定しうるだろうか。この概念は、アリストテレスの基本的な理論的立場に根底から逆らうようにみえる一方、アリストテレス自身が偶然を分析した自然学的探求の主要な結果でもある。原因の次元に非決定を導入することは、何よりもまず、絶対的な決定論、「神の摂理」と等価視されるような決定論を、きっぱりと拒絶することを意味する。おそらくこの拒絶にこそ、エンペドクレスら先人の思想にたいするアリストテレスの仕事のラディカルさが見いだされるだろう。だが、私たちとしては、アリストテレスが因果性の次元に導入したこの非決定性のうちに、セミネールXIにてラカンが「原因の開口部（béance causale）」と呼ぶものの、きわめて早期の（しかし歴史的にその時期を特定できる）出現を見て取らないだろうか。実際、ラカンは因果性における「非決定」を正面切って、しかもテュケー概念の鋳直しにじかに通じる文脈のなかで、論じるのである。この点には、追って立ち戻ろう。いま押さえておかねばならないのは、いかに僅かにしか展開されていないとはいえ、原因における非決定という明確な観念を、アリストテレスがこのように偶然についての探求の途上で提示しているという事実である。この観念が「原因」のラカン的把握にいかなる反響をもたらすのかを、私たちは追って知ることになるだろう。

2 アウトマトンとテュケーの区別

こうして、アウトマトンとテュケーから成る概念的集合体の総合的な定義がいったん確立されるや、次にはこの二つの近親概念を互いに区別することが必要になる（それが『自然学』第二巻第六章の主要な目標である）。

先に述べたとおり、アリストテレスはアウトマトンのほうにより広い外延を与えることで、両者の違いを説明する。曰く、「［アウトマトンとテュケー］がそれでもやはり互いに異なるのは、アウトマトンのほうがより広い意味をもつかぎりにおいてである。というのも、およそテュケーによって在るものはアウトマトンによって在るのにたいし、アウトマトンはテュケーとテュケーによって在るとはかぎらないからだ」（一九七 a〜一九七 b）[16]。なぜか。それは、「テュケーによって在るものは、それへと運［*eutychia*］が属し、一般には行動［*praxis*］もまた属するところのあらゆるものに固有である」（一九七 b）[17]からだ。アリストテレスは*eutychia*（幸運、巡り合わせのよさ）という語の日常的な用法に依拠するが、この語はもっぱら人間の行動、とりわけ創造的な活動についてのみ口にされる。いいかえれば、テュケーは選択する能力（判断力、*proairesis*）を備えた存在としての人間にのみ属するのである。とすれば、アリストテレスが次のように述べることに、いささかの飛躍もない――

魂をもたぬいかなる存在者も、いかなる獣、いかなる幼子も、偶然に［*apo tychēs*］生み出すことはない。なぜなら、これらの存在者には選択する能力がないからである。（一九七b[18]）

すなわち、これらの存在者に起きるのは、アウトマトンのみであるということだ。

この点の解明をいっそう進めるために、アリストテレスはすぐさまいくつかの例を挙げる。今度は、アウトマトン本来の具体例である（先に検討したケース、すなわち、市場を訪れて金銭を返してもらった人物のそれは、テュケーの例だった）――

馬はひとりでに［*automatos*］やってきた、と私たちは口にする。なぜなら、馬はこちらに来ることで助かったのであって、助かることを目指して来たわけではないからである。同様に、三脚椅子はひとりでに［*automatos*］落下した。というのも、それがぴたりと立ったおかげで人がそれに座ることができたが、それが落下したのは人が座ることを目標にしてではなかったからだ。（同[19]）

一見して気づかれるとおり、これらの例にはアリストテレス的「偶然」を構成するかの三つの一般的特徴が含まれている。そのレベルでは、アウトマトンとテュケーのあいだにいささかの相違もない。ところが、いま見た二例には、テュケーのケースとは異なり、選択する能力（*proairesis*）に由来する人間本来の活動が欠けている。このように、アリストテレスにおいては、意志的判断を伴う行動の現前ないし不在が、そしてそれのみが、テュケーかアウトマトンかを決定づける、つまり両者を分かつのである。

テュケーは人間の行動にのみ発するとする、「テュケー」のこのアリストテレス的定義を評釈しつつ、ラカンがセミネールⅪにて行った指摘を、ここで思い出しておくのは無駄ではあるまい。曰く――

> アリストテレスが定式化すること――すなわち、テュケーは*proairesis*すなわち選択する能力のある存在にのみ由来しうると定義されること、テュケーは、幸運にせよ不運にせよ、魂をもたぬ対象、子供、動物から、われわれのもとに来るはずがないとされること――は、でっち上げであるとみえる。[20]

ラカンにこのように言わせるのは、フロイトが『夢判断』第七章冒頭に紹介する夢、すなわち、ラカンによれば、テュケーは魂をもたぬ対象から、それゆえ、死せる息子の棺の上に倒れた蠟燭の炎からも到来しうることを証明する夢であり、この夢のラカン的分析には私たちも追って立ち戻る。だが、アリストテレスの説を「でっち上げ（controuvé）」とするこの判定は、さすがに行きすぎと言わねばなるまい。というのも、アリストテレスによるテュケーとアウトマトンの区別は、何らかの命題からの帰結ではなく、むしろ定義の次元に属する定式だからだ。

だが、じつは、ラカンのこの批判は――おそらくはたまたま（つまり付随的に）、しかしそうであればなおさら、あたかもアリストテレス的「テュケー」を実演するかのように――アリストテレスがそのものとしては明確に取り上げていない問題、すなわち、彼の説明に見いだされるひとつの孔を突いている。テュケーとアウトマトンを相互に区別し、それぞれに固有の例を挙げてこの区別を説明しながら、アリストテレスは、奇妙にも、両者のキアスム（交叉）が生じるようなケースを分析していない。少なくとも、そのような分析が行われた形跡がどこにも見当たらない。この点を検討するために、アリストテレスがアウトマトンのケースとして――つまりテュケーではなくアウトマトンのそれとして――挙げるもうひとつ別の例（一九七b）を参照してみよう。ひとつの石が落ちてきて、ある人物に当たるが、けっしてその人物に当たることを目指して落下したわけではないという、ごくシンプルな例だ。この例について、アリストテレスはこうコメントする。すなわち、石はひとりでに（＝アウトマトンにより）落下した、そうでなければ、誰かの意図的な行動により、当の人物にぶつけることを目指して落とされたということになるのだろうが、その場合にはもはやアウトマトンのケースとは言えまい、と。アリストテレスがもっぱら石についてしか考察していないことは明らかだ。だが、石が当たった人物の側からもこの例を吟味し、この人物のほうにはテュケーがある、と言えないだろうか。少なくとも、これは、古代のアリストテレス注釈者のひとり、アフロディシアスのアレクサンドロスの見方である。アレクサンドロスは、私たちが先に引いたアリストテレスの馬の例（一九七b）をふまえた一例を挙げており、フランソワ・マントレがそれをラランド編『哲学辞典』のなかで紹介している――「逃げた一頭の馬が偶然にその調教師に出会う。この偶然は、馬のほうにはアウトマトン、調教師のほうにはテュケーである」[21]。

このように解釈するなら、テュケーは魂のない対象（一個の石）や動物（一頭の馬）からも到来するといえ、先に引用したラカンの指摘にも一理あることになる。だが、アリストテレス本人は、こうした解釈を受け容れるのを躊躇するかもしれない。石の例に戻るなら、アリストテレスはそこにテュケーの現前を認めるのを拒むにちがいない。その理由は、アリストテレス自身の記述によるかぎり、この例には人間のいかなる行動、いかなる意志的な選択も含まれないことだ。アリストテレスにとって、テュケーが生じるのは、厳密に、選択を伴う行動が見いだされる場合のみなのである。加えて、この例では、石が人に当たるという出来事は、原因ではなく結果の側に位置づけられるのであり、そこにテュケーの機能を認めることは、この点でも明確に不可能になる。テュケーは、たとえ付随的なものとしてであれ、結果ではなく「原因」として定義されるのだから。この例にテュケーを見いだすべく、目下の議論をなお延長するとしたら、アリストテレスは、むしろ別の行動、といっても石の側ではなく、人間の側に別の行動を想定し、テュケーの機能をこの別の行動に帰そうとするかもしれない。たとえば、石が落下する場所を、まさに石が落下する瞬間に通りかかるといった行動がそれだ。いいかえれば、目下の例にテュケーの機能を求めるなら、そこに現前する因果的連鎖（落下する石の運動が、その石が人に当たることの「原因」になる連鎖）の外部、すなわちこのアウトマトン的因果連鎖の外部に、人間にのみかかわるもうひとつ別の因果連鎖、すなわち、人間自身の何らかの行動こそが「原因」と名指されるところのテュケー的因果連鎖を、想定することが必要になる。[22]そして、そうすることではじめて、先のラカンの指摘に、アリストテレスの側から答えることができるのである。

だが、この解答ははたしてラカンを満足させうるだろうか。おそらく、そうはなるまい。テュケーに人間主体の意志的な行動がかかわるか否かという問いは、こういってよければ、ほとんどラカンの眼中にはない。一方では、ラカンの批判が向けられるのは、本質的に、これとはまったく別の問題にであり、そのことは、私たちが先ほど引用した彼の発言の続きが示すとおりである——この点には、しかし、いまは立ち入らない。また他方では、ラカンにおいて、アウトマトンとテュケーの関係は、私たちがアリストテレスの説明の孔を補いつつ、両者のキアスムのケースについて見立てた関係とも、なお隔たっている。

とはいえ、アウトマトンとテュケーのキアスム構造それ自体は、ラカンにとってある意味で本質的である。アウトマトンとテュケーについて語るとき、ラカンはつねに両者の共現前（co-présence）を想定しているとすらいえる。このことは、ラカンがテュケーを「アウトマトンの背後に身を隠すもの」と定義することからも明白だ。テュケーとは、ラカンにとって、アウトマトンの傘の下で到来するような何ものかなのである。このことが意味するのは、とりもなおさず、テュケーが存在するなら、アウトマトンもまた必然的に存在するということだ。そしてそれは、アリストテレスが求めるように、アウトマトンのほうがテュケーより広い外延をもつからではなく、ラカンによれば、両者は一枚の紙の表裏のごとく分離不能だからである——より正確には、一枚の紙ではなく、ひとつの現象の表裏であり、その現象とは「反復」にほかならないのだが。そこから、ラカンにおいては、アウトマトンおよびテュケーの概念そのものが、否が応でも変更を被らざるをえなくなる。それはいかなる変更であり、いかに正当化されうるのかを、私たちは追って、ラカン的テュケーの検討に捧げられる章（本書第Ⅱ部第二章）にて、調べることにしよう。だが、いまのところはなお、アリストテレスの歩みに寄り添い続けたい。

3　アリストテレス的目的論のほうへ

目的性と事後性

というわけで、『自然学』のテクストに戻ろう。アウトマトンとテュケーについての探求を、アリストテレスはいかに締め括るだろうか。第二巻第六章の末尾には、こう記されている――

アウトマトンとテュケーは、知性や自然を原因にもつものの原因が、たまたま〔＝付随的に〕到来した場合に、そうした原因のひとつに数えられるものである以上、また、たまたま〔＝付随的に〕生じるいかなるものも、自体的に在る事物に先立つことはない以上、付随因が自体因に先立つことがないことも明らかである。（一九八a23）

アリストテレスはここで、自らの解釈の中核的モティーフを露わにしている。それによって、私たちはようやく、アリストテレスがなぜ、本来的に合目的的である諸活動――自然によるものもあれば、人間（の技術）によるものもあるが――との比較において、アウトマトンとテュケーの偶有性（付随性）をかくも強調し、アウトマトンやテュケーによって獲得される結果がじかに意図されたものであってもおかしくないという点をかくも力説するのかに、合点がいく。これらはすべて、付随的な合目的的因果性にたいして、本来の合目的的因果性が普遍的に先行するという主張を可能にするのである。

この結論は、いかにも中和的ではないだろうか。アリストテレスは、一方では、先に見たとおり、偶然を「損なわれた目的性」と定義することで、根本的な非決定を因果性の次元に導入しつつ、摂理的決定論（絶対的決定論）を斥ける。だが他方では、いま明らかになったとおり、付随的（偶有的）で不完全な合目的的因果性にたいする、完全な合目的的因果性の優位をも主張するのである。こうして、アリストテレスは、普遍的な目的性の存在を肯《うべな》う自らの基本的立場と、アウトマトンとテュケーについての探求、すなわち、両者の存在を認めることから出発し[24]、両者を付随因——損なわれた因果性および目的性の顕現——と定義するに至る探求によって、自らに課せられた内容とを、和解させることを試みているようにみえる。この結論、いわば両天秤にかけるようなこの解決によってこそ、アリストテレスは偶然の領野を最終的に離れ、『自然学』の続く章（第二巻第七章）から、自然学における自らの研究の中心的導線、すなわち四原因の理論についての議論を、再開することができるのである。

だが、いまはまだアリストテレス的目的論の地平に留まろう。私たちはすでに、アリストテレスのいう「アポリア」、すなわち目的性／必然性の二項対立に由来する袋小路から出発して、この問いに触れたのだった。加えて、ここでは「偶然」の概念を考慮に入れることで、アリストテレスが考えたとおりの「目的性」の身分を問い直すことが求められる。というのも、付随的（偶有的）目的性としての「偶然」の定義は、精神分析に馴染み深い「事後性」の概念、すなわち、解釈する主体（事例の当事者であろうと、第三者的な観察者であろうと）の現前のもとでの意味（signification）の遡及作用という概念を、起動させずにおかないからだ。この点は、つぶさに検討しなくてはならない。ここで出会われるのは、目的性のアリストテレス的概念におそらく内在する根本的な「逆説」であり、それは次の点に存する。すなわち、極限的には、この概念は自ずと解消される、あるいは脱構築される運命にあるという点だ。

アリストテレスの『自然学』に捧げられた示唆に富む著作のなかで、ヴォルフガング・ヴィーラントは次のような視座を提示している――

> 偶然と必然性は、アリストテレスにおいて、目的論〔Teleologie〕に反してではなく、目的論のおかげで、存在する。[25]

この指摘はきわめて重要だ。「目的論（Teleologie）」を実在するものの基本的な論理構造と捉え、その認識を軸に据えた体系的な読解を試みるヴィーラントの読解は、アリストテレスのうちにいわゆる「経験主義」を見ることをやめぬ諸解釈の対極にある。実際、ヴィーラントは、言語、すなわち、実在するものの構造についての言説が、アリストテレスの思考のうちで演じる根本的な役割に光を当てる。そこに見いだされるのは、アリストテレスに「ロゴス主義」が存在することを見抜いたラカンと同じ視点であるといってよい。だが、注目しなければならないのは、ここからだ。ヴィーラントはこう定式化する――

偶然が可能であるのは、いくつかの独立した目的論的連関が互いに符合しうるから、そして、そのような符合によって、ひとつの〈かのような〉目的論〔Als-Ob-Teleologie〕が構築されうるからである。[26]

これこそが、私たちがさきほどアリストテレス的目的論の「逆説」と呼んだものにほかならない。ヴィーラントは、偶然の概念がいかに目的性の普遍的現前を想定することの帰結を受け容れることを要求するのかを示している。その帰結とは、目的性がもっぱら見かけ上の現前しかもたない場合がある、ということだ。偶然が存在するのは目的論のおかげである（さまざまな目的論的連関が符合することで、偶然の諸効果が生み出される）とすることは、結局のところ、〈かのような〉目的性、すなわち見かけ上の目的性が存在すること、存在しうることを、意味せずにはおかない。目的性の概念がなければ、偶然が理論的に把握される可能性は存在しないに等しい。にもかかわらず、偶然が理論的に把握されるやいなや、それは最初の目的性概念に跳ね返り、この概念の足下を掘り崩してしまうのである。ヴィーラントの提案する「〈かのような〉目的論」という定式は、それゆえ、たんに偶然の存在様態にかかわるだけではないことを銘記しなければならない。こうしたタイプの目的論——すなわち、遡及的に見いだされる目的性によって思いがけず取り押さえられる種類の目的論——に出会う観察主体の存在を想定するやいなや、同じ定式をいっさいの目的論、いっさいの想定される目的性に当てはめることを拒むものは何もないのである。こうして、およそ「目的性」なるものの客観性があらためて問いに付されることになる。実際、しかじかの出来事を、何らかの目的のために決定されたものと解釈する主体が現前しないかぎり、「目的性」はいかにして存在するというのだろうか。目的とはそもそも、つねに事後的に見いだされるべきものではないだろうか。

目的論につきまとう問題

「事後性」の概念――フロイト的なそれであろうとなかろうと――に無縁であるとはいえ、アリストテレス自身もどうやら問題の所在に気づいてはいるようにみえる。質料的必然性と目的性の対峙にかかわるアポリアについて、私たちはアリストテレスの議論のうちに、「目的性」概念そのものの必然性を基礎づけることの困難を認めざるをえなかった。目的性の概念を導入しないかぎり、何らかの目的を目指すようにみえるもののいっさいが偶然とみなされてしまいかねないという理由こそが、そしてその理由のみが、アリストテレスに、この概念の必然性を請け合わせるのである。このことは、いまや二つの問題を提起せずにおかない――

1／『自然学』第二巻第八章に示されるこの議論を通じて、アリストテレスは、同巻第四章から第六章で自らが行った偶然の分析をふまえつつ、しかしそれをあえて押し戻すかのように、「付随的（偶有的）目的性」としての偶然を目的性本来の領域から締め出す。アリストテレスが偶然の問題に差し出す解答の、あの「両天秤にかける」性格が、ここにも顔をのぞかせる。何らかの目的を型崩れしたやりかたで目指すとされる偶然は、しかし、合理的に説明されうる本来の目的性とは厳然と区別される、ということだ。

2／加えて、この議論が、観察者兼解釈者である主体の存在を事実上想定するかぎり、先のヴィーラントの議論にしたがうなら、客観的な目的性という考え（世界のどこかに客観的な目的性が実在するという観念）そのものに疑いの目が向けられることは避けられない。そのような目的性が存在することは、もはやいささかも確実なことではない——少なくとも、アリストテレスがそう信じているとみえるほどには——のである。

そもそもアリストテレスは、『自然学』において、テクストのもっと前の部分、すなわち、偶然についての探求に乗り出す以前の、第二巻第三章で、この問題に触れていた。曰く——

> 他の事物の目的や善であるような諸原因が存在する。というのも、目指されるところのものは、他の事物の最善の状態かつその目的であろうとするからであり、それが善そのものであるか、見かけ上の善にすぎないかは、どうでもよいのである。（一九五a27）

ここでは、アリストテレスが目的と善のあいだに措定する等価性を問いに付すつもりはない。問題は「見かけ上の善」という表現にある。この「善」は、虚構的な善や偽りの善の意味にではなく、付随的（偶有的）善、すなわち、よき偶然効果（つまり「幸運」）によってもたらされる善、あたかもついでのように善になる善の意味で解さねばならない。だが、それが本来の善（つまり本質的な善）であるか、付随的な善であるかを決めることができるのは、いったい何者なのだろうか——解釈すると想定されるひとりの主体でないとしたら（この主体は、場合によっては超越的な主体、神的主体でありうる）。ところが、アリストテレスはただちに「どうでもよい」と続けて、この問いかけをいささか乱暴に打ち切ってしまう。注釈者たちがしばしば「無頓着」と形容する彼の文体[28]に帰したくなるこの一見投げやりな態度は、しかし、アリストテレスの理論的構築物の基礎そのものにかかわるこの問題の、めくるめくような広がりを、かえって際立たせずにおかない。

同様に、ヴィーラントの解釈にいっそう直接的に結びつく、アリストテレスのもうひとつ別の発言を引用してみてもよいかもしれない。『自然学』の本文をさらに遡ると、第二巻第二章の次のような一文が目に留まる。クルバリトシスが注意するように、アリストテレスはこの一文によって、目的性の客観的性格を訴える最初の主張に陰影をつけているようにみえる――

〔……〕われわれはあらゆる事物を、あたかも［*os*］われわれ自身を目指して在るもののごとくに利用する。（一九四a[29]）

ここでもまた、アリストテレスは問題を真に扱ってはいない。そもそも、これは、技術についての説明の途上で、あたかもついでのようになされた発言にすぎない。だが、目的性の概念にかかわるこうした逆説の傍らを、アリストテレスがかくも頻繁に通り過ぎるのは、おそらく――あえてこう言おう――偶然ではない。ここに透けて見えるのは、この概念に内在するある種の両立不能性、すなわち、普遍的目的論と解釈する主体（それなくしては目的性のいかなる知的把握も成り立たないはずの）の現前のあいだの両立不能性でなくて何だろうか。とすれば、少なくとも問題のこのレベルでは、ヴィーラントの視点が妥当であり有効であることに疑問の余地はない。アリストテレス的目的性を、実在するものの構造にかかわる言説の根本的枠組みのひとつとみなすヴィーラントは、そのかぎりにおいて、この「目的性」を、カントの純粋悟性概念（カテゴリー）にも匹敵する概念のひとつと位置づけるに至るのである。つまり、私たちが何ごとかを認識する際に、私たちの悟性そのものによってア・プリオリに当てはめられる知的形式（認識論的枠組み）のひとつ、ということだ。

いずれにせよ、アリストテレスの基本的立場が揺らぐ気配はない。アリストテレスは、普遍的目的性によって支配されるかぎりでの自然に、不規則な目的性の効果としての偶然（アウトマトンとテュケー）にたいする絶対的な優先権を与え、偶然を目的性本来の地平から、すなわち、それ自身の存在根拠（ロゴス）をもつピュシスの地平から、放逐することをためらわない。そして同時に、目的性の〈かのような〉的様相がさまざまな事例で露わになるにもかかわらず、自然はそれ自身のロゴスによって明確な形をとる（つまり、自身のあらゆる運動において生成変化する）という理由から、普遍的目的性の存在を断定するのである。クルバリトシスが指摘するとおり、ロゴスに依拠し、そうすることで合理化され、それ自体が「ロゴス化」されてもいるアリストテレス的自然は、本質的にひとつの「反偶然」[30]である。いっそこう述べてもよい——この自然は、同様に、目的論的把握を逃れるものを受けつけない、と。ラカンがピン留めしたアリストテレス的「ロゴス主義」の真の意味を、私たちはそのように捉えて差し支えなかろう。まさにその点においてこそ、このロゴス主義は、私たちが「ラカン的ロゴス主義」と名づけうるもの（すなわち、ラカンの「シニフィアンの理論」全体）から隔たるのである。ここではこの問題に立ち入らないが（それは次章の課題だ）、やはり次の相違にだけは目を留めておきたい。すなわち、アリストテレスのロゴス主義が目的因を要求するのにたいし、ラカンの「シニフィアンの論理」はもっぱら質料因を重んじる、という相違である（そしてこの水準で、ラカンのシニフィアン論はアリストテレスの質料論に接近する）。実際、ラカンが目的因の何たるかをいかに定義したかは、よく知られている。目的因とは、主体の縫合の一モード、正確には、その宗教的なモードにほかならない。目的性のアリストテレス的概念のうちには、たしかにそうした次元に属する何ものかが宿っている。

本章を締め括るにあたり、さらに次のことも思い出しておこう。私たちが根本的逆説として取り出したのは、目的性の概念は自らを引き裂く運命にある、ということだった。だが、この概念はアリストテレスにおいて「原因」の探求の王道を構成する。とすれば、この概念に起きることは、原因の概念そのものにじかにインパクトを与えるのではないだろうか。私たちが次章で検討していくのは、この問いにほかならない。

第三章　質料と偶然

I　アリストテレスの思考の内的二元性

質料と偶然の連帯（オーバンク）

先立つ二章のそれぞれにおいて、私たちは最終的に、アリストテレスの思考の揺れ（とおぼしきもの）を露わにするに至った——まず、存在根拠（ロゴス）の優位が支配する四原因の統一性について、次いで、因果性一般の理論的枠組みに嵌め込むことが困難である偶然の概念について。

第一の揺れ（第一章）は、形相的決定の観念によって枠づけられる序列、すなわち、形相因・作用因・目的因の複合体を、それに従属する質料因に対立させる四原因間の序列と、質料因の「権利要求」と私たちが呼んだもの、すなわち、あるものの存在根拠を質料的必然性が部分的にであれ決定することがありうるという形での権利要求のあいだの裂け目、ないし食い違いとして姿を現す。一方では、アリストテレスは厳格に、かつ徹底的に、「形相による質料の決定」（実際には、形相にたいする質料の従属でしかない「決定」）という自らの学説を守ろうとするようにみえる。だが、他方では、四原因の統一性のうちに質料を概念的に組み込むことの困難を前に、アリストテレスは次のことを認めるのを余儀なくされる。すなわち、質料は形相的決定にむしろ能動的にかかわっており、形相の支配を一方的に受けるだけではない、と。

第二の揺れ（第二章）のほうは、自然なる生成変化の普遍的目的性にたいする「偶然」（アウトマトンとテュケー）の概念の最終的な位置づけに要約される。アリストテレス的目的論の「逆説」と私たちが名指したものを思い出そう。偶然の概念化は、目的因という考え方を動員することではじめて可能になる一方、偶然の概念が理論的に措定されるやいなや、この概念は普遍的目的性そのものの客観性を危うくしかねない。だからこそ、偶然は学問的探求の本来の領域から排除されることになる。もしかすると、「排除」という語は強すぎるかもしれない。アリストテレスは、そうはいっても、『自然学』のなかで偶然に言及することに変わりはないのだから。だが、そうした言及も第二巻第六章の末尾で（たまたま、つまり偶有的に在るものにたいする、自体的に在るものの優位が断定されるに及んで）放棄されてしまい、もはや続きが語られることはない。したがって、アウトマトンとテュケーにかんするアリストテレスの発言は、アリストテレス的学問の一般的プログラムの外部に取り残されてしまうようにみえるのである。

さて、この二つの揺れは、パラレルな関係にあるといえないだろうか。まず、構造論的な理由によって。両者のいずれにおいても、相対立する二つの傾向が存在し、一方がアリストテレス学説の主要な面を代表するのにたいし、他方がこれに抵抗するという構図が浮かぶ。四原因の理論についていえば、形相による質料の決定という学説があり、これに対立する形で、質料の権利要求への顧慮がなされる。偶然の問題をめぐっては、普遍的目的性の現前が、アウトマトンとテュケーの根本的に決定不能な性格によって異を唱えられる。いずれのケースでも、ぶつかり合うのは、ひとつの決定論とそのリミットにほかならない。いや、より正確には、アリストテレス的存在論の決定論的性格と、その裏面である、と言うほうがよいかもしれない。

いま私が「存在論」というタームを用いたことに、驚く読者はいまい。というのも、アリストテレスが『自然学』で私たちに教えるのは、自然なる存在者の存在者性（存在者であること）をいかに考想するかということだからだ。アリストテレスが構築する基本理論（四原因理論、エンテレケイアとデュナミスの別、諸「範疇」など）の存在論的本性は、近代のアリストテレス注釈者が一致して指摘するところである。この本性を見逃すと、私たちの注目する二重の「揺れ」について問われるべきことがらを、つかみ損なうおそれがある。アリストテレスにとって、本質によって在るものは、たまたま（付随的＝偶有的に）在るものに比べて、より多くの存在者性をもち、本質によって決定されるものは、そのように決定されないものに比して、より多くの存在者性をもつ。したがって、形相は質料よりいっそう「存在」であり、必然は偶然よりいっそう「存在」である。件の揺れはこうしたパースペクティヴのもとで生み出され、それを構成する諸原理に抵抗するのである。

先ほどの構造論的パラレリズムに話を戻すなら、私たちはこのパラレリズムの彼岸に向かい、これらの揺れ同士の親密な結びつき、アリストテレス自身がある程度まで辿る内的論理によって根拠づけられるこの結びつきを、明るみに出さねばならない。それが求められるのは、本章冒頭に予告したとおり、私たちの主な関心が、原因をめぐるアリストテレス的探求の二つの面――四原因の分析および統合と、アウトマトンおよびテュケーの研究――のあいだの必然的な、しかし秘められた関係を露わにすることに存するからだ。とはいえ、ここでは、次のことを指摘するまででよしとしよう。すなわち、アリストテレスの意図の二重の揺れは、彼の思考の本質を構成するものが何であるのかを見きわめようとするとき、私たち自身のうちにもひとつの揺れを引き起こさずにおかない、ということだ。立てられるべき問いは、アリストテレスの思考がどこまで決定論的であるのか、アリストテレスの存在論が形相的・合目的的決定のパースペクティヴを逃れるものをどの程度まで排除するのか、である。実際、この問いは、アリストテレスのほとんどすべての注釈者たちによって、はるか以前から意識されてきた。その理由は明らかだ。この問いの賭け金は、ようするに、アリストテレスはプラトン主義者であるか否か（そしてどの程度までそうであるか）を見きわめることに存するのである。

この点を理解するために、近代の二、三の注釈者たちの仕事を思い起こしてみてもよい。ピエール・オーバンクのそれは、まちがいなく前世紀を代表するひとつである。アリストテレス研究の「体系化癖のある伝統〔tradition systématisante〕」[1]に反旗を翻すオーバンクの思考の核は、存在を決定する力能を形相《エイドス》＝種別性に付与するアリストテレス哲学の本質はプラトン的観念論に親和的であるとする諸見解を、拒絶することにある。オーバンク自身が槍玉に挙げる例を参照するなら、ソルボンヌで古代哲学を教えた大家レオン・ロバンはこう述べている――

> 表向きは質料によって説明される場合でも、真の原因はつねに形相である。ところで、形相とは、われわれが知るとおり、その物の概念ないし「何であるか」にほかならない。[2]

ロバンにとって、この「何であるか（quiddité）」による支配という観念が「主知主義的観念論」の顕現であることは疑いを容れない。だが、オーバンクによれば、「形相による質料の決定というテーゼは、それ自体、引き合いに出された一節の行きすぎた解釈である」[3]。このテーゼをアリストテレスに本質的なものとみなすことは、アリストテレスの思考を過度に体系化することに等しい。オーバンクはそれに抗いつつ、アリストテレスの「脱プラトン化」を試みるのである。実際、オーバンクは、アリストテレスが「運動」を自然なる生成変化の原理として措定するや否や、存在が、その本質が統合されていると想定されるイデア的で調和的な充実性からいかに排除され、その結果として、いかにおのれの本質との深い分断を経験せざるをえないかを示す。オーバンクにとって、アリストテレス的存在論の思弁的のみならず経験的な核を構成するのは、この点、すなわち、存在がおのれの本質から切り離されるという点にほかならない。いいかえれば、存在はその本質にまるごと同化されることはないのである。

それゆえ、存在の本質的（すなわち形相的）決定にはおのずと限界があり、それは存在の本質そのものに内在する——というのも、本質はひとつの運動の内部でしか形成されないのだから。だからこそ、自然なる生成変化のただなかに、非決定の余白が生じ、その結果、本質による制覇から「偶然」がこぼれ落ちることになる。形相による質料の支配は完成には至らず、質料は偶然性（contingence）を素通りさせる。アリストテレスによく見られるように、オーバンクも技術的（あるいは職人的）創造のアナロジーを用いて、自然なる生成変化がいかなるものであるかを説明している——

かくして、家の形相が質料の何らかの性質、たとえば堅固さの原因であるとしても、この形相は用いられる素材の本性をそれ以上決定するまでには到らないし、到りえない。すなわち、素材は石であってもよいが、煉瓦や木であってもかまわない。質料がその本性にかんしていかなる非決定も被らないとしても——あたかも家の「何であるか」が、家が必然的に石造りになることを伴意するかのように——、質料にはそれ以外にもなお無限の要素が残っているかもしれないのであって、そのかぎりにおいて、質料は「何であるか」の形成作用にたいして、ぜったいに透明にはなりきらないのである。[4]

オーバンクは、まさにこの意味で、質料は偶然性の源泉であると述べ、さらに、きわめてラディカルに、質料性と偶然性は等価であると定式化することをためらわない。[5] これは同じ意味で、オーバンクが「質料の抵抗」ということを述べるのも驚くに当たらない。これはもちろん、形相による支配への抵抗、「何であるか」による支配への抵抗の謂である（「ウーシア」に内在する真の理解可能性」[6] が見いだされうるのは、質料に対峙する形相の側にであり、「何であるか」(*to ti en einai*) が意味するのは、とりわけ人間の言説の平面で取り押さえられるウーシアであるかぎりにおいて、簡便さを期しつつ、「形相」と「何であるか」をある程度まで同じものとみなしてよい）。この点については、人間の創造のアナロジー（「家」の形相と質料……）をさらに展開することもできるかもしれない。だが、アリストテレスにおいて、質料の抵抗としての偶然性はまた、そして何よりも、自然なる生成変化の平面で出会われる。それはオーバンクがこう指摘するとおりだ──「自然そのものが、質料の抵抗に帰されるべき不首尾を経験する。これらの不首尾は、極端だが生の本質的な不安定を露わにする諸々の事例において、奇形生命体を生み出すに至る」。[7]

この「質料の抵抗」という表現は、けっしてオーバンクの発明ではないことに注意したい。オーバンク以前にも、オギュスタン・マンシヨンが『自然学』についてのその重要な著書のなかで同じ表現を用いており、そのマンシヨンによれば、これに等しい表現はすでに聖トマス・アクィナスに見いだされる。アリストテレスの偶然論に捧げられたページで、マンシヨンは、この問いにかかわる聖トマスの評釈を要約しつつ、聖トマスが偶然の因果的実在性のうちに区別する三つの形成様式をこう整理している――⑴互いに従属関係にはない二つの原因の出会い、⑵欠陥があり（あるいは、欠陥が起き）、作業を途中で放棄しなくてはならない能動者、⑶能動者の望む形を押しつけられるがままにはならない質料の抵抗。[8] この第三の形式の偶然は、他の二つの形式といささかも排除しあわない。それどころか、アリストテレスは、第二の形式のパラダイムである奇形学の問題（奇形生命体の形成）を説明する場合にも、「質料の有害な影響」[9]、つまり第三の形式の一ヴァージョンを、強調することをためらわない。

聖トマスにまで遡るこの考え、偶然を質料の抵抗に帰するこの発想は、私たちが先に措定した問い、すなわち、四原因の理論とアウトマトン／テュケーの研究という、因果性をめぐるアリストテレス的探求の二側面のあいだの関係はいかなるものであるのかという問いにたいする、ひとつの可能な解答になる。だが、いま押さえておかねばならないのは、質料はもはや、オーバンクが「体系化癖のある」と揶揄する伝統がそう考えるようには、形相の形成力に完全に従属してはおらず、むしろ反対に、けっして狭小ではない領土を自らに維持しつつ、その領土のうちで、偶然が射し込む――陽が射し込むように――場として、形相にたいして「自律」した構えをもつ、ということだ。ただし、その理由は、先に見たように、質料は存在根拠の一部となり、形相そのものの決定にかかわることができると、『自然学』第二巻の末尾でアリストテレスが認めるからではない。質料がここでひとつの自律性を獲得するのは、少なくとも概念的には、その本性上、いっさいの決定から自らを隔て置くことができるからにほかならない。いいかえれば、質料は形無し（informe）に留まりうるのである。[10]

脱実存化された存在（ジルソン）

このオーバンクとは逆に、アリストテレスの観念論的（イデア論的）傾斜を強調するのは、スコラ哲学研究の大家として今日も名を馳せるエティエンヌ・ジルソンである。これまで私たちが参照してきたオーバンクの『アリストテレスにおける存在の問題』（一九六二）より前に書かれた本だが、存在と本質のあいだの緊張に充ちた関係から哲学史全体を捉え直そうとするジルソンの『存在と本質』（一九四八）を、手に取ってみよう。この書でジルソンがアリストテレスを批判するやりかたは、オーバンクによって一蹴されたロバンの発言のようには、容易に斥けることができない――もっとも、古典期の存在論は聖トマスを俟ってはじめて完成されるとするジルソンにとって、それ以前のいかなる哲学者も、それゆえアリストテレスでさえ、定義上、聖トマス形而上学の高みから見下ろされる運命にあるといえば、それまでなのだが。少し先走っていうなら、ここで吟味されている問いにかかわるジルソンの議論をふまえることは、ラカンがきわめて独特な仕方で取り上げたあの「無からの創造（création *ex nihilo*）」へのアプローチを試みるとき、私たちがいかなる文脈に足を踏み入れることになるのかを知る上で助けになるだろう。

再び、次のことを確認するところから出発しなくてはならない。アリストテレスは、『自然学』第二巻において、最終的に、どうにかこうにか、四原因の概念的統一を確立し、その際、形相的（本質的、目的論的）決定というパースペクティヴのもとで、必要条件および存在根拠を、質料因と、形相因・作用因・目的因から成る複合体とに、それぞれ結びつけたのだった。このとき、自ずとひとつの問い――いささかラディカルにみえて、その実まったく正当な――が措定される。すなわち、この理論構築全体において、いったい何の原因が問われているのか、という問いだ。いうまでもなく、問われているのは「存在者」の原因にほかならない。だが、少なくとも二つのレベルを区別する必要がある。何が存在するのか（ce qui est）が問われる場合、そして、それが何であるか（ce que c'est）が問われる場合である。これはけっして些末な違いではない。アリストテレスが原因について語るとき、問われているのは存在するものの原因（la cause de ce qui est）なのだろうか、それとも、それがそれであるところのものの原因（それが何ものかである、その何ものかの原因、la cause de ce que c'est）なのだろうか。

この問いへの答えは、これまで述べられてきたことから導き出されねばならない。形相的決定という観念そのものが、こう考えることを余儀なくさせる。すなわち、アリストテレスにおいて、問われているのは、ひとつの存在者が「それであるところのもの」の原因である、と。いかなる生成変化においても、形相はすでにそこにあり、普遍的目的性（これはかの絶対的な第一原因である「不動の第一動者」にまで遡りうる）と申し合わせつつ、生成変化しつつある各存在者の現勢化の過程を司っている。実際、『自然学』第二巻の最初の一文に講釈を加えながら、ハイデガーもこう述べている——

> こうして、ただちに、ピュシスは「原因」（*aition, aitia*）と措定される。〔……〕*Aition*がここで意味するのは、ある存在者が、それがそれであるところのものであることを引き起こすところの、彼《か》のものである。[11]

多くの注釈者たちが、この点で一致した見解を示す。学の安定というプラトン的要求を疎かにしないアリストテレスにとって、「原因を知ることは、ある物がなぜそのものであって、他のものでありえないのかを知ることである」[12]と、オーバンクですら認めることに吝かでない。

ジルソンの仕事を参照することが欠かせなくなるのは、まさにこの文脈に立ち入るときである。ジルソンは、アリストテレス的存在論を、エレアのパルメニデスを嚆矢とする古代ギリシャ哲学の支配的潮流のうちに書き込むことをためらわない。〈存在〉についてのパルメニデスの命題を再検討しつつ、ジルソンが指摘するのは、パルメニデスにおいて、「存在は同一性の概念に所縁をもつあらゆる属性を付与されている」[13]ことだ。この唯一普遍の〈存在〉、原因も始まりももたないとはいえ、存在の純粋に抽象的な観念をそこに見ようとする近代の注釈者たちの意図とは裏腹に、「最も具体的な実在性」とみなされねばならないこの〈存在〉は、自らに同一的であるものの水準に位置づけられねばならない。なるほど、存在は存在する、とパルメニデスとともに確認することはできる、だが「そう確認できるからといって、ただちに、存在が実存するということにはならず、むしろ、それが意味するのは、存在するものは、それがそれであるところのものであり、存在するのをやめないかぎり、別のものになることはできないだろう、ということなのである」[14]。この「自らに同一的である存在」とは、いわば、自らの本質（まさに「それがそれであるところのもの」の意味で）に囚われ、それどころか閉じ込められている存在にほかならない。パルメニデスは西洋的存在論を創始したにちがいないが、それはまさに「本質の存在論」なのである。その結果、「実存（existence）」[15]の次元、すなわち、ただ存在するものの次元は、知識の領野から排除され、問いに付されることがなかった。

この点において、やはりジルソンによれば、プラトンはパルメニデスの遺産相続人である。プラトンの定式「*ontos on*（真に存在すること）」を分析しつつ、ジルソンは、「存在の本来の印は、物がそれ自身に同一であることだ[16]」と断じる。パルメニデスにおけるように、存在はここでも変化や運動と相容れぬものと概念化されており、「おのれ自身に同一であることがもたらすこの安定性、この恒久性は、存在の本性〔propre〕であり、プラトンが*ousia*と名づけるものである[17]」。存在者性（*ousia*）が、このように、おのれ自身に同一であることに還元されてしまうと、プラトン的存在論はもはやパルメニデス的存在論と選ぶところがない。いずれも「本質の存在論」という共通の性格によって特徴づけられるのである。

だが、プラトンには、パルメニデスにはない洗練された概念的装置がある。それだけに、プラトンはパルメニデスより一歩も二歩も先に進み、ついにはこの存在論の諸限界を浮かび上がらせるに至る。そうした限界のひとつは、本質に閉じ込められる「存在」と、ウーシアの次元に立ち入る術のない「実存（existence）」のあいだの、打ち消しがたい分裂の形で出会われる。パルメニデスにおいてはまだ覆い隠されていたこの分裂が、プラトンにおいて露わになるのは、具体的な自然なる生成変化とは何かという問いにプラトンが手を着けるときだ。プラトンによって「存在」（おのれ自身に同一であることの意味で）の身分を授けられるのは、もっぱらイデアのみであり、イデアはそれによって「実在性（réalité）」の花形、すなわち唯一的存在者性とみなされる一方、こうしてイデアの次元を呑み込んだ存在者性は、可想的なもの（l'intelligible）の範域に書き込まれざるをえなくなる。とすれば、このとき、この世界のうちに「実存する」知覚可能で具体的なものの生成変化を、プラトンはいかに説明しうるというのか。これはたんにプラトンの存在論の限界であるだけでなく、同時に彼の「学（学知、学問、science）」の限界でもある——この学の学問性は、普遍的可想界（l'intelligible universel）の外に踏み出すことはないのだから。この世界、つまり知覚可能なものについて語るために、プラトンが手にする唯一の手段は、ミュトス（*mythos*）、すなわち神話ないし物語にほかならない。プラトンがさまざまな「神話」を語ったことは周知のとおりであり、その最も名高いひとつは、いうまでもなく、『国家』に現れる洞窟の神話である。だが、ジルソンによれば、「こうしたもののいっさいのうち、学の水準に達するものは何ひとつない。なぜなら、実存するものどもは存在ではなく、「存在するもの」のたんなるイマージュだからだ[18]」。こうして、その存在論に内在する障碍のゆえに、プラトンの学は具体的存在から身を逸らしてしまうのである。

それゆえプラトンにおいて、存在の水準は、本質の次元、イデアの次元、あるいは可想的なものの次元に同化されるかぎりで、学の対象になりうるのにたいし、実存（existence）の水準は、具体的で個別的な存在者ひとつひとつのうちでしか出会われない以上、*mythos*の形をとってはじめて接近可能になる。つまり、実存は、本来の意味での「学」の領域では研究されえないということだ。これにたいし、アリストテレスの場合はどうだろうか。実在的存在（être réel）をイデアの平面に措定するプラトンとは裏腹に、アリストテレスはこれを個体のうちに、すなわち具体的な各存在者のうちに、見いだすことを教える。とすれば、個体がひとつひとつ異なることを可能にする何らかの「存在論的統一性」が存在しなければならない。その存在論的統一性のことを、アリストテレスはまさに「*ousia*《ウーシア》」と名指した。存在者性とは、それゆえ、個体の実体であり、個体としての主体＝基体（sujet/*hypokeimenon*）であると見てよい。ところが、その個体はいかに決定されるのかという問題をアリストテレスが考察しはじめるやいなや、「個体の存在者性」という概念化はたちまち疑問を呼び起こさずにおかない。ロゴスとピュシスの厳密なパラレリズム（私たちがラカンとともにアリストテレスの「ロゴス主義」と呼んだものを、ここでいまいちど思い出す必要がある）に導かれるアリストテレスが、個体の存在を扱うとき、その出発点になるのは、もっぱらそれがそれであるところのもの、すなわちその「何であるか」以外にない。存在者性《ウーシア》が個体の存在者性に留まりうるのは、こうして、普遍的なものの担い手になるかぎりであり、その結果、個体は普遍的なものに呑み込まれてしまう。この経緯を、ジルソンはこう説明する――

> アリストテレスの存在論は、相対立する二つの傾向の要求を満たそうとする。ひとつは、まったく自発的なもので、実在するものを具体的な「個」のうちに位置づけることを求める。もうひとつは、プラトンから受け継いだ傾向で、実在するものを一なる本質の可想的な安定性のうちに位置づけることを促す。この本質は、個体の多様性に反して、それ自体につねに同一的であり続けるのである。[19]

以上のことが意味するのは、アリストテレスにおいても、在るものの次元、すなわち実在するものの次元は、自らに同一である存在の存在者性の分析の背後で、遠ざけられた、あるいは、問いに付されぬまま放置されたということだ。そこに顕わになるのは、実存とは何であるか、実存するとはいかなることであるのかを捉えることの難しさにほかならない。アリストテレスが打ち出すいかなる理論（個体の存在者性の実体化、形相による質料の決定、などなど）も、実存の問題を扱えるようには構築されていないのである（ジルソンはアリストテレスにおける「作用因」の根本的な脆弱性を批判するが、それは、彼によれば、この概念が実存の始源をめぐる問いに迫る唯一の可能な手段だからだ）。不動の動者の概念ですら、この点では無力をかこつ――「アリストテレスの不動の第一動者は、第一実体、つまり、他のすべての実体の実体性の原因であり、したがって、これらの実体が実体であるかぎりでのその存在の原因である。しかし、この不動の動者は、世界がそれであるところのものの原因ではあっても、世界が存在するということの原因ではない」[20]。アリストテレスにおいて、ウーシアはこのように「脱実存化されている（désexistentialisée）」と言わねばならない。

ところで、自らの「本質の存在論」によって課せられた限界の手前に留まりながらも、プラトンはしかし、ミュトスを媒介に、個体の実存の次元に触れようとする姿勢を見せはした。アリストテレスの場合は、そうではない。自らの学問的言説の厳密さと一貫性を守るために、アリストテレスはただ実存の問題を削除しただけだというのが、ジルソンの考察である。アリストテレス的学問は、それゆえ、実存そのもの、すなわち「本質に回収されることを免れた実存」という概念と相容れないのである。

歴史的には、アリストテレスによって手つかずのまま残された「実存（existence）」の問題が議論の的になるには、「無からの創造」という旧約聖書由来の概念に、アリストテレス主義の諸装置でもって取り組むことを余儀なくされた哲学者たち、すなわち、イスラム哲学の巨頭アヴィケンナ（イブン・スィーナー）およびアヴェロエス（イブン・ルシュド）、そして、この点では彼らに大いに学んだ聖トマス・アクィナスを待たねばならなかった。ここではこれ以上立ち入らないが、ジルソンは、アリストテレス思想の発展とユダヤ＝キリスト教神学へのその組み入れを、微に入り細を穿って跡づけている。そのジルソンの示す道を歩みながら、私たちが「無からの創造」の問題に逢着したことを、ぜひとも記憶に留めておかねばならない。そこから出発してはじめて、〈世界の創造主にして原因である神〉という概念の過激さは、この神がそれぞれの個体の実体の「実存する行為」の原因の座を占めることにこそ存することが理解される。ようするに、アリストテレス的存在論が、実存の問いに向けておのれの限界を踏み越えるには、まさにユダヤ＝キリスト教の神、つまり一神教的〈神〉が必要だったということだ。

アリストテレス対アリストテレス

こうして、オーバンクとジルソンのもとで、私たちは、ほとんど一八〇度対立するアリストテレスの二つの肖像を手にする。一方によれば、アリストテレスの思想はけっして閉ざされておらず、それをひとつの体系のうちに閉じ込めかねないいっさいのドグマを免れている。これにたいして、もう一方の肖像が差し出すのは、自らの学の一貫性を守るべく、それをはみ出す要素を切り捨てる哲学者のイマージュである。前者の中心にあるのは、存在はおのれの本質から疎外されているという揺るぎない確信であるのにたいし、後者にとっては、むしろ、存在はどこまでもその本質に囚われているという打ち消しがたい直観こそが重要になる。だが、私たちはどちらか一方のアリストテレスを選ぶべきなのだろうか。そもそも、一方だけを選ぶことなどできるのだろうか。答えは否であり、私たちの関心もそこにはない。私たちにとって、オーバンクが質料と偶然の根本的な結びつき――多少なりともプラトン化されたアリストテレスの包括的で観念論的な思考に抵抗する結びつき――を際立たせつつ提出した観点は貴重であり、欠かせない。というのも、これは私たち自身が『自然学』の本文を辿りながら突き当たった問題だからだ。しかし、だからといって、オーバンクの解釈をまるごと受け容れる必要もない——とりわけ、ヒューマニズム的な色合いの濃いその結論、すなわち、アリストテレス的人間学のうちに「人間の神性[21]」なるものの観念を見いだすことができるとする結論を、私たちは棚上げすることしかできない。オーバンクによれば、その「神性」とは、本来的に答えのない諸々の形而上学的アポリア（これは、つまるところ、「存在とは何か」という唯一の問いに要約される）への解答を、人間が永遠に求めてやまないことに存するという[22]。そのような「神性」にレトリック以上のいかなる価値がありうるのかを判断することは、ここでの私たちのミッションには属さない。

一方、アリストテレス的存在論の脱実存論化された性格について、私たちがジルソンの指摘の妥当性を評価するのは、オーバンクが「体系化癖のある伝統」と呼んだ種類のアリストテレス主義のうちにジルソンを回収するためではもちろんない。むしろ、「アリストテレス主義の内的二元性[23]」にジルソンが向けている特別な注意を、見過ごさないことが肝腎だ。実際、ジルソンにとって、アリストテレス的存在論の脱実存論化された性格は、互いに異質だが、ともにアリストテレス哲学に内在する二つの要素の一方にすぎない。この性格が、アリストテレスが自らの言説に課す「学問性」の要求の結果であるとすれば、他方では、個別の実在的な存在者たちから成る世界にたいする彼の苛烈な情熱の痕跡（とりわけ若きアリストテレスを印づける痕跡だ）もまた——学問性の要求の背後に隠れがちで、顕わになることが少ないとはいえ——、なおもそこに留まっている。この「根本的な両義性[24]」、つまり「内的二元性」にこそ、アリストテレスの思考＝思想の特徴を認める必要がある。そのうえ、ジルソンはさらに次のように述べることをためらわない普遍問題についての幾世紀にもわたる論争は、アリストテレス主義のこの内的二元性をさらにはっきりと証明している。中世の実在論者と唯名論者が、ともにアリストテレスの名を引き合いに出すのは、間違いではなかったのである。[25]

いわゆる「普遍論争」に議論が及ぶことは、私たちがいま身を置いている文脈上、避けられない。中世哲学史家アラン・ド・リベラは、この問題についてのめくるめくような著作『普遍論争――プラトンから中世末期へ』(一九九六)のなかで、まるでジルソンの視角をなぞるかのように、「普遍問題はアリストテレスから、すなわち、プラトン主義へのアリストテレスの批判、および、アリストテレス主義に残留するプラトン主義から、生まれた[26]」と述べた。この言葉のとおり、具体的なものの観察と脱実存論化された存在論のあいだにジルソンが見いだす二元性のみならず、オーバンクの解釈(質料と偶然の結びつき)とジルソンのそれ(アリストテレス主義の観念論的側面)のあいだに私たちが捉えた二元性もまた、中世のこの名高い論争の争点に直結する。というのも、本質の普遍(普遍的実在性)から具体的な個(個体の実在性)へと視線を移すためには、「自体的に」、つまり本質によって在る(とみなされる)ものから、「たまたま(=偶有的に)」在る(とみなされる)もののほうへ進まなければならないのと同様に、形相(もしくは本質)によって決定された存在者性から、この決定に抵抗する存在者性(質料と偶然)へと歩みを進める場合にも、やはり自体的に在るものから偶有的に在るもののほうへ向かうことが求められるのだから。これらすべてにおいて、アリストテレスの思考の運動は首尾一貫している。

　このように、原因の問題にかんするアリストテレスの発言の「二重の揺れ」を吟味することで、私たちは西洋哲学史上最大の論争のひとつである「普遍論争」に突き当たった。この主題を本書で扱うことはできないが、こうして普遍論争を想起するに至った私たちが、同時に、本章の出発点に連れ戻されたことは、それとして意識されてよい。アリストテレスの思考＝思想の「内的二元性」とジルソンが名指すものは、結局のところ、本章の起点になったあの「二重の揺れ」と同じものなのである。[27]だが、ここで私たちに求められるのは、アリストテレスをプラトン化する（あるいは、オーバンクが批判するように、「体系化」する）ことでも、脱プラトン化する（あるいは、オーバンク自身が試みるように、「脱体系化」する）ことでもない。そうではなく、いまいちどアリストテレス自身に問いかけてみることだ。件の「二元性」をジルソンが内的なものとみなすのは、意味のないことではない。この二元性はけっして外部から押しつけられたものではない、とジルソンは見ている。とすれば、それは何に由来するのだろうか――つまり、いかなる内的必然性に由来するのだろうか。

2　偶然の場としての質料

必然と偶然

必ずしもまだすっかり満足のいく解答にはならないかもしれないが、この問いに答える用意が私たちにはある。質料と偶然の概念に由来するこの二重の困難は、アリストテレスによって分析され、再構成される「原因」の理論に内在するようにみえる。先に示したとおり、原因の理論は、アリストテレスが築こうとする学の安定性の源泉であり、条件であることに変わりはない。ところが、この理論は、まさに「質料」および「偶然」の概念によって、当の学の領野に、回避することも埋めることもできない（さらには「縫合」することもできない）ひとつの孔を穿たずにおかない。アリストテレス的学知の射程は、この孔の現前のために否応なく減ぜられるのであり、その意味で、この孔はアリストテレス的学知の袋小路をなすといってよい。

これまで重ねて強調してきたとおり、四原因の統一性のなかでひとつだけいわば格下の座を占める質料と、付随因として定義される偶然とは、アリストテレスの思想的アーキテクチャを支配し導く観念に抵抗する。だが、本書第I部の残りの頁での私たちの関心は、アリストテレスの「原因」論のこれら二つの側面を結ぶ必然的な関係を見いだすことにある以上、私たちがいま指摘した点（原因の理論は、それが請け合うべき学知そのものの領野に孔を穿ちかねないこと）は、この質料－偶然関係の平面上で捉え直される必要がある。

先に見たように、この関係について決定的ともいえる示唆を与えるのはオーバンクである。形相による決定にたいする質料の抵抗を強調するオーバンクは、いかなる形相的決定にたいしてもつねに、そして原理的に、ひとつの非決定の余白を保持する質料が、いかにして偶然性の場――すなわち、偶然が、いっさいの観念論的かつ目的論的把握をすり抜ける諸効果を伴って、到来するところの場――の役割を演じるのかを示している。この質料－偶然関係について、私たちはまた、オーバンクと基本的に考えを同じくするマンションの著作にも一瞥を投げておいた。トマス・アクィナスの研究に依拠しつつ、マンションは、「質料の抵抗」を偶然の因果的実在性に想定しうる三つの様相のひとつに数えるとともに、アリストテレスは奇形生命体の形成をもたらすアウトマトンを質料の抵抗によって説明したと主張する。ようするに、オーバンクとマンションはともに、形相による決定には限界があること、この決定はどこかで制限されざるをえないことを示そうとしたのだといえる。

しかしながら、先に注意を促したように、質料と偶然の結びつきに接近するには、もうひとつ別の道、もうひとつ別のロジックが存在する。形相／質料の対立に代えて、いまいちど必然性／目的性の対立を取り上げよう。本書第Ⅰ部第一章の最後に予備的に提示したとおり、アリストテレスは、『自然学』第二巻の終盤、ピュシスを普遍的目的性の関数として再定義し、まだ身分の定まらぬ質料因を、同巻第三章で示唆された四原因の統一性の内部に位置づけることを試みる。つまり、偶然の分析に捧げられた三つの章（第四〜六章）を経て、アリストテレスは必然性と目的性を対立関係に置くことから再出発するのである。必然的なものと質料が同一視される一方、第三章ではすでに形相因・作用因・目的因の概念的統一性が確立されていたことからすれば、必然性と目的性のこの対立は、事実上、アリストテレスが以前から質料と形相のあいだに認めてきた二元性の一ヴァージョンを構成すると考えたくなる。ところが、述べたように、アリストテレスがここで試みる議論は、さらに微妙な問題を宿している。必然性／目的性の対立を質料／形相の二元性に還元することを禁じるようにみえる問題である。

この問題は、必然性の概念が偶然ないし偶然性のそれと対にされることが多いという事実に由来する。アリストテレス自身も、必然と偶然のあいだのこの一般的な相反性を受け容れることはいうまでもない。だが、奇妙にも、必然性に対立する概念として、アリストテレスが目的性を持ち出すやいなや、必然と偶然のあいだのこの相反性はたちまちぼやけてしまう。これはどうしてなのだろうか。いかなる論理がこの致命的ともいえる不明瞭化をもたらすのだろうか。『自然学』のテクストに寄り添いつつ、ここで明らかにしたいのは、まさにこの点にほかならない。

　だが、それに先立って、必然性／偶然の対立をアリストテレスがいかに捉えていたのかを、より一般的な文脈で押さえておくことは無駄ではない。伝統的に『オルガノン』の名で親しまれてきたコーパスの第二論、『命題論（解釈論）』は、ラカンが一九七〇年代にしばしば参照する論理様相論が提示されていることでも知られるが、必然性と偶然性の区別は、そこでは単純かつ厳密に、矛盾律が適用できるか（必然性の場合）否か（偶然性の場合）によって決定される。このことが意味するのは、必然についてなされる諸言表はつねに真か偽かのいずれかでなくてはならない、すなわち、近代論理学のタームでいいかえるなら、ひとつの「真理値」（VないしF）をもたねばならないのにたいし、偶然についての諸言表は真でも偽でもありえない、ということだ。この定義からアリストテレスが発展させる議論のひとつは、同じ矛盾律を未来の偶然命題に適用することの不能性である。未来に起きる（かもしれない）ことがらについて事前に真か偽かを決定することは、いっさいの偶然を削除することであり、これはアリストテレスにとって明白な不条理だった[28]。アリストテレスはここで、『自然学』における偶然の分析の冒頭と同じく、偶然の概念を明らかに擁護している。しかしこのことは、厳密に論理学的な観点――矛盾律の適用可能性という問いに示されるような――から、必然性と偶然性が互いに区別される（区別されねばならない）ことと矛盾しない。いうまでもなく、必然の領域をこのように画定することは、実在する存在者——自然なる存在者も含む——の研究においては、獲得された知識の学問性を画定することに等しい。学問性のこうした要求こそが、『自然学』では、付随的なものごとは自体的なものごとに後れるという理由で、アウトマトンとテュケーについての探求を脇に置くことをアリストテレスに強いることになる。

アポリア

ところが、『自然学』第二巻第八章では、アリストテレスの要求はさらに高くなる。アリストテレスはもはや、自らがめざす学の安定性を、その対象のたんなる必然的規則性によって保証するのに飽き足らず、さらに先へ進もうとする。この章の冒頭で想起されるのは、再び古の哲学者たち、すなわちエンペドクレス、アナクサゴラス、そしておそらくはデモクリトスであり、これらの先人は、アリストテレスによれば、自然なる事物はもっぱら必然性によって到来すると説明したとされる。この指摘からして、アリストテレスが必然性を質料と同一視する証左である。というのも、これらの唯物論哲学者たちは、『自然学』の先立つ章（第二巻第一章）においては、自然なる生成変化の唯一の原理は質料であるとする彼らの見解の不十分さのゆえに、批判されているからだ。ここ、つまり第二巻第八章の冒頭でも、アリストテレスはまず同じ批判を繰りかえす。だが、それに続く箇所では、この問いに向けられる彼の関心が同巻第一章のときとは異なることが示される。本書第I部第一章の終盤に取り上げたのと同じ一節を、ここではもっと長く引用してみよう。アリストテレスが件の「アポリア」を語る一節だ——

ここにひとつのアポリアが現れる。自然が、なんらかの目的を目指して、あるいはそれが最善だからという理由からではなく、あたかもゼウスが雨を降らせるがごとくに、すなわち、麦を生長させるためではなく、必然から雨を降らせるように働くのを、妨げるものは何だろうか？　というのも、上昇した蒸気は再び冷やされ、いったん冷やされると水になり、下降してこなければならないのであるから。そうなると、麦の生長はこうした成り行きに続いてたまたま起きる、ということになる。同様に、もしこのことのせいで麦が麦打ち場で傷んだとしても、雨が降ったのは麦を傷ませるためではなく、それはたまたま起きたのである。したがって、自然のなかの諸部分についてもいま〔雨について〕述べたのと同じような事情であることを、いったい何が妨げるだろうか？　たとえば、歯が必然によって生え、鋭くて引きちぎるのに適した切歯となるものもあれば、平らで食べ物をすりつぶすのに適した臼歯となるものもあるということを、いったい何が妨げるだろうか？　もしも、これらの歯はこうした目的のために作られたのではなく、たんなる巡り合わせ〔*sympipo*〕でこうなったにすぎないというのであれば。そしてまた、目的を目指して在るということがそのなかに存在しているように見える他の部分についても同様である。とすると、つまりこういうことになる。あらゆる事物があたかもなんらかの目的を目指して到来するかのように生じるところでは、それらの事物は、アウトマトンによって然るべき備えを与えられて、保存されたのであり、それにたいして、そうならなかった事物は、エンペドクレスの語る人面牛のごとく、これまでにも滅んできたし、これからも滅んでゆくというわけである。（一九八b）[29]

いうまでもなく、アリストテレスはここで、質料を自然なる生成変化の唯一の普遍的原理とみなす見解を反駁しようとしている。それは、原理中の原理といってよい原因、すなわち「目的因」を（再）導入するためである。まず確認しなければならないのは、アリストテレスのいう「必然性」は実際に、自然現象の純粋に物質＝質料的ないし物理的なメカニズムや構築物、つまり水蒸気の発生、その冷却、水滴の落下……等々に結びつけられていることだ。だが、アリストテレスの語る「アポリア」は、これらの現象が必然性によってしか説明されず、また説明されえないとすれば、何らかの目的をめざして到来するようにみえるもののいっさいが説明不能になってしまうかもしれない、ということに存する。いいかえれば、アリストテレスはこう考えているのである——質料因（質料的必然性）の概念に依拠するだけでは、因果性によって、つまり「なぜ」の探求によって、説明しうる現象の範囲がひどく限定されてしまいかねない、と。雨が降るということの物理的必然性は雨が降ることで完結してしまう、とすると、その後に来る麦の生長や腐敗は「たまたま」起きたにすぎない、つまり付随的に、あるいは「通りかかりに」、ようするに「偶然に」起きたにすぎない、ということになってしまうではないか、と。その場合、自然なる生成変化において偶然の演じる役割が目に見えて大きくなり、そのあげく、アリストテレスの構築しようとする学の運命が著しく危うくなることはいうに及ばない。だからこそ、目的因の概念を（再）導入することで、偶然を可能なかぎり遠くに追いやり、偶然とは自然界に生じるたんなる「誤り」（一九九a30）であると主張することができなくてはならない。いま引用した一節では、こうした考えはもっぱら修辞疑問の形でしか表明されていないが、アリストテレスがこれらの問いに用意する答えは透けてみえる。つまり、こういうことだ——

事情がいま述べたとおりであることは不可能である。〔……〕あることが巡り合わせによって起きるか、ひとつの目的を目指して起きるかのいずれかであるようにみえ、それが巡り合わせで起きることもアウトマトンで起きることもありえないとするなら、それが起きるのはひとつの目的を目指してである。(一九八b〜一九九a)[31]

これがアリストテレスの辿る理路である。だが、繰りかえすが、ここまでの議論にはひどく奇妙なところがある。ひとつ前の長い引用に戻ろう。そこでは、目的性と質料的必然性の対立がいつのまにか目的性と偶然の対立にすり替わってしまい、引き合いに出されるそれぞれの例についていて、いずれの対立が論じられているのかが判然としない。なるほど、アリストテレスの目標はあくまで、もはや必然性によって説明しきれないところ、すなわち、いっさいが偶然の効果とみなされざるをえないところに、目的性を導入することに存する。このかぎりにおいて、目的性はまず必然性に、ついで偶然に(そもそも、偶然はアリストテレスにおいて、たんに必然性に対立するだけでなく、その定義が示すとおり、目的性にも対立しうる)、相次いで対立させられるのだと察することはたやすい。だが、当の一節に見いだされるのは、さらに込み入った問いである。実際、この一文をいかに理解したらよいだろうか——「したがって、自然のなかの諸部分についてもいま〔雨について〕述べたのと同じような事情であることを、いったい何が妨げるだろうか? たとえば、歯が必然によって生え、鋭くて引きちぎるのに適した切歯となるものもあれば、平らで食べ物をすりつぶすのに適した臼歯となるものもあるということを、いったい何が妨げるだろうか?

もしも、これらの歯はこうした目的のために作られたのではなく、たんなる巡り合わせでこうなったにすぎないというのであれば」。この一文は、ようするにこう告げているのである——歯は必然によって生え、さまざまな形をとる、と述べることを妨げるものは何もない、というのも、歯は定められた目的を目指してではなく、もっぱら巡り合わせ（二つ以上のものが一緒に転落することを意味する *sympipo* は、偶然の一種とみなされてよい）によって生まれるのだから、と。目的性が存在せず、いっさいが巡り合わせで生じる場合には、存在者は必然によって在る——何と奇妙な論理だろう！　もちろん、アリストテレスはここで、自身の声で語ってはいない。アリストテレスにとっては、歯が必然性によって生えると述べることを妨げる何ものかが存在しなくてはならない。だが、そういうものが何も存在しないと仮定してみよう、すると、歯が必然性によって生えるのか、偶然によって生えるのかは、もはや決定できなくなる——と、アリストテレスはあえて述べているようにみえる。いいかえれば、目的因の概念を導入しないかぎり、必然と偶然のあいだに本質的な区別はなくなってしまう、と。

このような隠れた困難のゆえにこそ、この一節におけるアリストテレスの議論はかくも険しく、かくも歪んでみえるのである。この困難は、いうまでもなく、「目的因」の概念に跳ね返ってくる。目的因の導入は、まさに諸刃の剣であるといえるかもしれない。目的因のおかげで、アリストテレス的学知は、偶然性の陣地を可能なかぎり遠くへ押し戻すことができる。そのとき、目的性の概念は、必然性のそれをすっぽりと覆うようにみえるほどだ。実際、いま私たちが問うている一節に続いて、アリストテレスは、質料的必然性を、存在根拠としての目的性に従属させることをためらわない。だが、アリストテレスが目的因を質料的必然性に対立させるやいなや、必然性と偶然のあいだの分割線は、私たちがいま指摘したように、一気に曖昧になる。アリストテレスの議論は、こう述べることを可能にしないだろうか——概念上は対立関係にある必然性と偶然のあいだには、ア・プリオリな切れ目は存在せず、むしろ反対に、ひとつの連続性が存在する、と。目的因の概念がなければ、両者はどこかで重なり合ってもおかしくない。いや、というより、必然性はそのとき偶然のうちに転落してもおかしくないのである。そして私たちは、この「目的因」がそもそもいかなる疑いを孕んでいるのか（目的性は本来、解釈する主体の現前に依存し、それ抜きには見いだされえない）、「かのような目的論」というヴィーラントの視点のもとで、先に確認したのだった。

ここまで辿ってきた議論の絶妙さに比べ、私たちがそこから引き出そうと思う結論はいささかシンプルである。それは、必然性と偶然のあいだのこの「連続性」こそ、私たちが質料と偶然に見いだすことを期していた「もうひとつの結びつき」（オーバンクとマンシヨンが語る「形相－目的性支配への抵抗」という名の結びつきとは別の結びつき）にほかならない、というものだ。「結びつき」というより、「近しさ」と呼ぶほうがふさわしいかもしれない。いずれにせよ、いまや次のように言うことができる（そしてそのように言うために、アリストテレスのテクストの外に出る必要はない）——質料性の地平から偶然を除去することはできない、と。いったい、これはいかなる意味でありうるだろうか。

3 ロゴス化されぬ質料、原因概念の還元不能なるもの

アリストテレス対ラカン

アリストテレスのアウトマトンとテュケーをセミネールXIで最初に紹介するとき、ラカンはこう述べている（前章にも引用した一節だ）――

〔アリストテレス〕は二つのターム〔＝アウトマトンとテュケー〕をもてあそび、操るが、これらのタームは、原因というものの機能についてこれまでに作られた最も手の込んだ理論であるアリストテレスの理論に、どこまでも抵抗するのである。[32]

アウトマトンとテュケーが四原因の理論にいかに「抵抗する」のかを、私たちは前章でたしかに確認した。その付随的＝偶有的性格（「付随因」としての）において、両者はこの理論を成り立たせる根本的前提をすり抜けるのである。加えて、にもかかわらず両者を定義することを可能にするロジックを押し進めてゆくと、アウトマトンとテュケーは、アリストテレスが構築しようとする学の学問性を規定し保証するキー概念（普遍的な「目的性」の概念）すら危うくするおそれがある。

ところで、学問的理論化にたいするこの「偶然（アウトマトンおよびテュケー）の抵抗」と同じ水準に、いまやもうひとつの抵抗、すなわち、オーバンクとマンションが謳う「質料の抵抗」を

も位置づけることができるのではないだろうか。この後者の抵抗は、オーバンクとマンションによれば、まず形相による支配ないし決定にたいする抵抗、あるいは――アリストテレスは自然なる生成のプロセスにおいて形相因・作用因・目的因が重なりあうことで生まれる概念的一体性のうちに、これら三原因を糾合するのだから――存在者の本質（ないし「何であるか」）を構成するこれら三原因の複合体による支配ないし決定にたいする抵抗である。だが、それと同時に、質料はいわばいかなる実証的概念化からも隔て措かれる。私たちが前節に示したように、質料が二重の経路で偶然と交わることは、このことを表すもうひとつのサインである。すなわち、質料は理論的概念化（学問的概念化）に屈服しない部分を内に秘めているのである。概念化されえぬ質料――原因の問題をめぐるアリストテレスの説を辿りながら、私たちが辿り着いたのは、まさにそうした視角だった。

この点を、より広い哲学的文脈のなかで検討してみよう。

「原因」ほど広く流通し、基本的で、ある意味で不可欠な概念――日常生活のなかでも、何かあることがらを説明するのに、その「なぜ」を語らずに済む場合があるだろうか――が、哲学において吟味にかけられると、かくも疑わしく、かくも漠然としてしまうのは、奇妙というほかない。西洋哲学の伝統において初めて、哲学的言説のうちにこの概念を導入し、それを体系的かつ首尾一貫したやりかたで分析したアリストテレス自身も、この奇妙さに突き当たっていたのだろうか。

ところで、歴史的には、原因および因果性をめぐる哲学的議論は主に二つの平面、二つの異なる範域で展開されてきた。まず、存在論的平面。アリストテレスはこの平面で自らの原因理論全体を構築したのであり、中世末期に至るまで、彼の弟子たちもやはりこの平面で、この理論を注釈し、操り、それに手を加えていった。第I部のはじめに述べたとおり、アリストテレス自然学とは存在者性《ウーシア》の学としてのひとつの存在論であり、「原因」はこの学の仕組み全体を支える主要概念のひとつである。いいかえれば、「原因」とは、クルバリトシスが指摘するとおり、この学の学問性（その安定性）そのもののア・プリオリな条件なのである。

原因をめぐる議論が展開されてきたもうひとつの平面、より近代的なそれは、認識論的平面である。こちらの平面では、原因そのものというより「因果性」が論じられたと言うべきかもしれない。因果性はア・プリオリな概念であるかどうかを争うヒュームとカントの論争は、もっぱらこの平面上で繰り広げられた——この問いにたいして、否と述べたのがヒュームであり、然りと答えた（ただし、ヒュームから受けた「衝撃」のゆえ、ひとつの留保を伴いつつ）のがカントであることはいうまでもない。おそらく、より根源的には、因果性をめぐる認識論的言説の起源をなすのは、中世全体を支配していたアリストテレス的学とは異なる学としての近代科学の発展に大いに貢献したニュートンだろう。ヒューム／カントの論争、およびニュートンがもたらした認識論的断絶には、追って一瞥を投げることにする。

ここでは、第一の平面、すなわちアリストテレス的存在論の平面に留まろう。アリストテレスにとって、「原因」は存在者性《ウーシア》を把握することに向けての最も確かな道（いわば「王道」）であり、だからこそ、『自然学』でも、その他の著作においても、アリストテレスは「原因」理論の錬成を自らに課した。だが、この理論のために、彼はいったい何を行ったのだろうか。アリストテレスが「原因」概念に加えたのは、いかなる操作＝手術（opération）なのだろうか。彼が——

いわば方法的に――行ったのは、この概念を、すでに確立され、おそらくいっそう理解しやすい他の概念、すなわち、形相（ないし形態）、質料、運動原理（ないし運動の能動者）、そして「目指されるもの」の概念に、還元することと以外の何ものでもない。いいかえれば、アリストテレスは、「原因」とは何かを説明するのに、それと等価である、いや、より正確には、「原因（*aitia, aition*）」という語の基本的な意味のそれぞれと等価である、他のものについて語るのである。

こうした「還元主義的」な手法が正しいのか否かと問うことには、あまり意味がない。明らかなのは、この手法はけっして成功しない、少なくとも完結しないということだ。なぜなら、それ自身が還元不能なるものをすり抜けさせ、それどころか生み出してしまうのだから。この還元不能なるものは二つの様式のもとで姿を顕す――一方では偶然（アウトマトンとテュケー）として、他方では質料として、そして両者は手を取り合う。偶然については、それはこの「還元」のあと、つまり、原因をその四つの様相に還元したあとに残るものであると言える。質料についても同様である。いや、質料というより、質料のなかで形相的決定をすり抜け、偶然によって捉えられるのを拒まないもの、そしてその意味で、理論的概念化に抵抗するもの、といわねばならない。アリストテレスが四原因のあいだにヒエラルキーを設けるかぎりにおいて、四原因から成る集合体そのものの内部で、質料（の一部）はつねに還元されずに残ることを宿命づけられている。なぜなら、存在者の形相的決定に含まれるいかなる要素にも、それは還元されないからだ。

とすれば、次のことに注意しなくてはならない。「偶然なるものの学は偶然なるものを破壊するおそれがある。したがって、偶然についての学は存在しない」[33]というオーバンクの主張はおそらく正しい。だが、忘れてはならないのは、原因の学問的理論に還元不能なものとしての「偶然」という問題は、「ものごとを認識するとは、その「なぜ」を知ることである」とするプラトン譲りの学の理想に準じるべく、アリストテレスが実行した探求から必然的に（つまり、偶然にではなく）生じる結果である、ということだ。記述のレベルでの見かけ上の断絶（『自然学』において、アリストテレスは四原因の理論の説明を宙吊りにしつつ、偶然の分析にとりかかる）にもかかわらず、四原因の研究においてアリストテレスを導くのと同じ糸が、偶然の分析においても彼を手引きする。その糸とは、問われている現象についての一般的（日常的）言説から出発することを求めるあの「ロゴス主義」、自体的に在るものと付随的（偶有的）に在るものの峻別、そしてとりわけ、その存在者性が何であるか不明である事物への「原因」概念の適用である。それゆえ、こう言わねばならない——アリストテレスが構築しようと目論む学の学問性の条件としての「原因」理論こそが、まさにその学の地平そのもののうちに、目指される学問性を危うくせずにおかない還元不能な孔を穿つのである、と。

　これはもちろんひとつのパラドクスである。だが、同じパラドクスが、この「還元不能なるもの」のもうひとつの現れかたである「質料」の概念についても見られることは、言うに及ばない。原因の学問的探求の枠組みを成り立たせる諸前提を押し進めていく、まさにその途上で、アリストテレスの理論は、質料因の概念に巣くう「還元不能なるもの」に遭遇するのである。このことは何を意味するだろうか。それは、このパラドクスはおそらく構造的なものであるということだ。アリストテレスにおける学の安定性の理想がプラトンに由来するかどうかという、前章以来私たちの思考を繰りかえし横切りつづけてきた問いは、じつは、さほど重要ではない。肝腎なのは、いっさいの因果的探求には、埋め合わせることも避けて通ることもできないひとつの裂け目が刻まれており、この裂け目によって、因果的探求を求めたり、それに依拠したりするいっさいの学問的言説は、自らの限界に突き当たることを余儀なくされる、ということだ。そして、このことは、たんにアリストテレス的学知のみならず、私たちの「近代科学」にも当てはまるにちがいない——もしも近代科学が、アリストテレスの時代と変わらず、原因の概念を考慮することをやめないのなら。というのも、このパラドクスは、端的に、いっさいの因果論的思考の事実だからだ。実際には、近代科学はこのパラドクスをやすやすと回避する。なぜなら、近代科学は、アリストテレスにとっては本質的な「原因」概念の存在論的性格と手を切ると同時に、その関心を原因の探求から法則の研究へと移動させたからだ。そもそも、すでにアリストテレス自身が、このパラドクスの引き起こしうる致命的な帰結を前に、それを避けること以外に打つべき手はなかったようにみえる。その帰結とは、アリストテレス的学のいっさいのアーキテクチャの崩壊にほかならない。この破局を避けるために、アリストテレスに残された道は、偶然および質料の問題を棚上げすることだった——もっとも、これらの問題はアリストテレスの視界から完全に消えることはなく、彼の言説の「揺れ」と私たちが呼んだ効果を生み出さずにおかないのだが。

ところで、先ほど述べた「孔」、すなわち、「原因」にかかわるいっさいの（科）学的理論化が遭遇する「還元不能なるもの」の孔とは、セミネールXIにてラカンが「原因の開口部〔béance causale〕」[34]と呼ぶもの、すなわち、原因のなかの「不定なるもの〔indéfini〕」、「反概念的なもの〔anti-conceptuel〕」[35]でなくて何だろうか。私たちは先に、アウトマトンとテュケーにおいて顕わになる非決定の余白を、この「開口部」に重ねた。ここに回帰してきたのも同じ開口部である。詳細に立ち入るのは後からになるが、さしあたり次のことを指摘しておかねばならない。アリストテレスとは反対に、そしてこの点では、認識論的平面にのみ固執することでこの困難を回避しようとするすべての哲学者に反して、ラカンは、この「原因の開口部」を白日の下に晒し、いかなる原因の機能にもこの開口部の現前が本質的であることを示す方向に進むのである。

さらにいえば、ラカンのこうした歩みは、アリストテレスのそれに一八〇度対立する。というのも、アリストテレスが「原因」を他の外在的な概念に還元することからはじめるのにたいし、ラカンは、概念化不能な開口部として出現する還元不能なるもの——アリストテレスが出会ったそれとまさに同じもの——を際立たせることから出発するからだ。明らかに、ラカンはアリストテレスが問題を手放したところでそれを拾い上げ、こう述べることが可能ではないかと自問するのである——この「還元不能なるもの」のうちにこそ、原因であるかぎりでの原因、他のいかなる外在的概念にも還元されぬものとしての原因を構成するものが宿るのではないだろうか、と。いいかえれば、ラカンは「原因」を、それに内在する「開口部」において、基礎づけようとするのである。ラカンがこのようなポジションに到達するのが、〈科学〉についての、より正確には、精神分析を含むものとしての〈科学〉がいかなるものでありうるかについての問いかけを、彼が前面に押し出した年代だったことは、はなはだ意味深長ではないだろうか。ラカンは、まさにこの問いかけの途上でアリストテレスの『自然学』を読み直し、二つの根本的な概念をそこから取り出した。ひとつは「テュケー」であり、これは「反復」概念（「精神分析の四基本概念」のひとつ）をラカンが再定義することを可能にする。もうひとつは「質料因」であり、ラカンはこれを、精神分析家がかかわる真理の唯一の射し込みモード（mode d'incidence）とみなす。アリストテレスにおいて質料と偶然のあいだに認められた結びつきを、ラカンがいかに取り上げ直すかについて、私たちは追って調べることになるだろう――ラカンはどちらかというと言葉少なに、しかし原因についてなされた発言のきわめて込みいった集合のなかで、そうするのだが。

「質料因」とは何か

アリストテレスに戻るなら、私たちにはまだ果たすべき仕事が残っている。質料因という概念のきわめて不確かで、捉えがたくすらある性格を吟味することだ。再び、「質料の抵抗」に焦点を合わせよう。質料は、存在者に形を与えるという形相の機能によって決定されるがままにならない部分を維持すると同時に、これを理論的に捉えることを可能にする概念化をもすり抜ける。とすれば、こう述べることができないだろうか――質料はつねに未達成の状態に留まる、質料の実存モード（mode d'existence）は根本的な達成不能性である、と。アリストテレスのテクストは、いくつもの点でこのことを確認させてくれる。たとえば、先に見たように、アリストテレスが「無限」を質料因の範疇に書き込むこと。アリストテレスにとって、無限とは定義上、達成不能であり、いいかえれば現勢化不能である。なぜなら、『自然学』第三巻で彼自身が述べるとおり、無限とは「その彼岸に何も存在しないのではなく、その彼岸につねに何かが存在するもの」（二〇六b）[36]であるからだ。これはとりもなおさず、質料因としての無限は「含まれるもの」の次元に属し、その点で、「含むもの」の側に立つ目的因および形相因（この両者は生成のプロセスのなかで合流しうる）に対立することを意味する。

加えて、質料のこの未達成という性格は、はやくも『自然学』第一巻にて、ヒューレー／モルペーの二元的原理が導入されるやいなや、きわめて印象的な仕方で定式化されることを指摘しておいてもよい。曰く——

基体としての自然についていえば、それは類似によって認識されうる。実際、銅像にたいして銅が、寝台にたいして木材が、あるいは、ひとつの形態をもつ他の事物にたいして、形態を得る以前の質料や形なきものが、位置づけられるのと同様に、存在者性、特定の物、そして存在者にたいして、この自然も位置づけられるのである。(一九一a[37])

質料は、それに形を与え、それを決定する形相との関係においてのみ思考されうる。もしかすると、質料をそのものとして、つまりナマの質料＝素材として、形相によってまさに決定されつつあるその手前で、捉えることもできるかもしれない。だが、いかなる形相も考慮に入れることなく、もっぱら質料だけを取り出したとしても、それはほとんど私たちの知識の対象にはならないだろう。というのも、形がなければ、質料は未完成で未達成の状態に留まることしかできないのだから。形がなければ、質料は存続することすらなく、ほとんど何ものでもありえない。だからこそ、アリストテレスは質料をたんに形態に対立させるだけでなく、いっそうラディカルに、存在者性《ウーシア》(*ousia*)や存在者《オン》(*on*)に対峙させるのである——あたかも、質料は、たとえ部分的にであれ、存在者性を構成することがないかのように、あるいは、存在者の次元に包摂されることがないかのように。実際、アリストテレスは、ついにはこう告げることも厭わない——質料とは「付随的な非存在者」(一九二a[38])である、つまり「いうなれば準実体」(同[39])である、と。

以上の点を強調したからといって、私たちはもちろん、アリストテレスの思考＝思想の観念論的傾斜のほうへ、いわば反動的に、足を滑らせたいわけではない。そうではなく、むしろ反対に、質料のアリストテレス的概念の根底にあるものを浮き彫りにし、明白に相反する二つの結論がそこから引き出されることを示したいのである。ひとつは、プラトン的本性をもつ観念論であり、もうひとつは、開かれて体系化されえぬ思考＝思想である。この後者の視点を突き詰めていった先が、たとえば、ジョルジュ・バタイユが提案した「下唯物論（bas-matérialisme）」、すなわち、質料に押しつけられるいっさいの形相的かつ形成的強制の拒絶になるといえる。[40]「形をもたぬままに留まることができる質料」というこの「下唯物論」が不敵であるのは、この「形なき質料」が定義上（質料は形相と関係づけられてはじめて知識の対象になりうるのだから）不可知に、それどころか理解不能に、留まることを厭わないことに存する。実際、アリストテレスをその可能性の中心において読む（読み直す）こと、すなわち、その思考を死文化し時代遅れになった思想空間に閉じ込めるのとは異なる仕方で読む（読み直す）ことを望むなら、質料のこの達成不能（存在論的かつ実在論的平面における）で捉えどころのない（概念的、認識論的平面における）性格を何らかの仕方で価値づけ、活用することが求められるだろう。先に示したとおり、原因をめぐるアリストテレスの思考＝思想にはひとつの「還元不能なるもの」が存在する（これは、原因にかかわるいっさいの思考に見いだされるのと同じ「還元不能なるもの」である）。にもかかわらず、この点はアリストテレス自身において、まるで出発した船に積み込むのを忘れた大きなトランクのように、問いかけられることがないまま取り残されているのである。このトランクを、私たちはどう扱えばよいのだろうか。

質料とロゴス

この問いに答えるためには、「質料因」をめぐる探求をさらに続けなければならない。私たちが「未達成」と呼んだ質料の性格を、私たちの出発点となったアリストテレスの根本的「ロゴス主義」に照らして吟味し直すことが欠かせない。先に見たとおり、ピュシスはそれ自身のロゴス――存在根拠という意味での――にしたがって成熟するという一事から、クルバリトシスはあの目の覚めるような帰結を取り出した。すなわち、このようにロゴス化された自然とは、ひとつの「反偶然」である、と。同じ理由で、ロゴスの機能は同時に「反質料（反物質、anti-matière）」であると言えないだろうか――偶然は質料＝物質性から削除できないのだから。つまり、ロゴスと質料のあいだにはひとつのアンチノミーが存在するのであり、このアンチノミーは目的性と質料的必然性の対立――ひとつの超越的共謀によって形相に結びつけられた目的こそが、存在根拠としてのロゴスを支持するのにたいし、質料的必然性はこのロゴスによって支配されるがままになるという対立――の直接的帰結にほかならない。

このアンチノミーは、いささか奇妙にみえなくもない。というのも、質料にはいわばひとつの論理的機能を認めることができ、アリストテレスはしばしば、質料概念をあからさまに論理学的な、それどころか三段論法的なモデルで説明しようとするからだ。先にも触れたように、『自然学』第二巻第三章には次のような一節がある――

　音節にたいする文字、製造されるモノにたいする材料、物体にたいする火や同類の諸元素、全体にたいする諸部分、結論にたいする諸前提は、そこから出発するところのものとしての

原因である。（一九五a41）

明らかに、質料は論理（学）的水準で捉えられている。だが、ここに例示されたすべての関係が従属関係である（文字は音節に、前提は結論に従属する）ように、この水準で捉えられた質料は、存在根拠の意味での「ロゴス」を構成するものに、すなわち形相＝種別性（「ロゴスに適うもの」（一九三a）としての）および目的性に、もっぱら従属するにすぎない。このことが意味するのは、件の「還元不能なるもの」を考慮に入れるなら、質料は――いや、むしろ、質料の一部は――、つねにロゴス化されぬままに留まるということだ。質料はいつ何時もロゴス化されつつある（ロゴス化される途上にある）が、けっして完全にロゴス化可能なわけではない、というのも、質料的必然性は、ある程度まで存在根拠のうちに見いだされる（『自然学』第二巻の末尾でアリストテレスがそう明言するとおり）とはいえ、けっしてロゴス（存在根拠の意味での）を自分のために役立てるまでには至らないからである。

アリストテレスのロゴス主義はプラトン譲りであると主張したり、アリストテレスは根本的に観念論者であるから質料の自律に思い至らないのだと訴えたりすることが、なぜそれほど有意義でも有用でもないのか、いまや明らかではないだろうか。この種の見解を採用することは、アリストテレスの思考＝思想を、近代科学がそれを追いやるあの古色蒼然たる世界観のうちに幽閉すること、そして、世界と言説のあいだの宥和を狙うこの基礎的ロゴス主義が、いっさいの自然なる生成変化に本質的決定と普遍的目的性を仮定する観念論的＝イデア論的傾斜にたやすく道を譲るのを確認することにしか、おそらく繋がらないのである。そこには、私たちの関心はない。むしろ、アリストテレスが質料概念に押しつけるロゴス化の不徹底を強調し、こう問い直すことのほうが重要だろう——アリストテレスは質料をとことんまでロゴス化し、質料がロゴスの地平全体を覆うにまで至らしめなくてはならなかったのではないか、と。

少なくとも、それがラカンの見方であるにちがいない。四原因の理論は「原因というものの機能についてこれまでに作られた最も手の込んだ理論」であると認めることに吝かでないラカンは、しかし、アリストテレスは質料因の概念の精査を省略した（つまり、サボった）と批判する。セミネールXIIIの次のような発言は、けっして些末な指摘ではない——

アリストテレスは「質料因」の問いをすっかり遣り損なってしまった。[42]

ラカンが「質料」を「シニフィアン」に同化させること（ラカンにとって、シニフィアン以外にいかなる質料も存在しない）、つまり質料を完全に「ロゴス化」することは、言うまでもない。だが、重要なのはそこ（だけ）ではない。続けて、ラカンは自らの批判のポイントを明らかにする——

質料は、結局のところ、アリストテレスにおいて、いささかも原因ではない、というのも、純粋に受動的な要素であるからだ。[43]

このことが意味するのは、まず、原因という概念は本来、何らかの「能動」を伴意する以上、純粋に受動的なもの（形相との関係において）と捉えられるアリストテレス的質料因には、そうした能動を達成するキャパシティがない、ということだ。質料因をシニフィアンの水準に措けば、この困難は解消されるかもしれない。だが、追って見るように、「質料因」の概念をラカンが再定式化するとき、それはいっそう込みいったものになる。シニフィアン的質料には必然的にひとつの欠如が含まれるのであり、この欠如は、因果連鎖（たとえば、神経症の病因論における象徴的決定の連鎖）のうちで露わになる場合、原因の機能に現前するあの「開口部（béance）」と同一である。この点について、二つのことを押さえなくてはならない――

1／「原因」とは何であるかを、この概念を構成する要素のうち他の外在的概念に還元できぬものによって捉えようとしながら、ラカンはその「還元不能なるもの」を、最終的に、シニフィアン連鎖のなかの欠如として現れる「原因の開口部」に位置づける。

2／アリストテレスにおける「質料」の還元不能な性格を重ねて強調してきた私たちにとって、ラカンがこの「開口部」をシニフィアン的質料の領野そのものの内部に措くことは、驚くに及ばない。ラカンはこう定式化しさえする――「質料因は、まさに孔の側にこそ探し求めなければならない」[44]と。

こうした直観、こうした基本的な考え方によって、ラカンは、アリストテレスが（そしてその後のアリストテレス主義全般が）残した「大きなトランク」を再発見し、さらには、それを自分自身の船に積み込むことへと導かれた。その船は、原因の問題にかんするかぎり、アリストテレスのそれより遠くまで航跡を伸ばすだろう――私たちが簡単には手放すことができないこの問題の果てへの航路のなかで、偶然（より正確には、テュケー）の問いと質料因の問いを相次いで経めぐりながら。

　また、同じ基本的直観によって、ラカンは、アリストテレスが思いつくはずもなかった新機軸を導入することができた。その新機軸とは、原因（の機能）と精神分析的対象を結合して生まれる概念「欲望の原因対象（objet cause du désir）」にほかならない。私たちが原因のアリストテレス的探求を温《たず》ねつつ、これまで矢継ぎ早に吟味してきたあらゆる問題系にもかかわらず、そして、それらの問題系のいくつかは、同じ主題についてのラカンの高密度な議論をいわば先取りしているようにみえるにもかかわらず、アリストテレスにはラカン的な「対象」概念のいかなる萌芽も見いだすことができない。アリストテレスはデカルトのはるか以前の哲学者であり、自らが根拠づけた学（およびそこに巨大な源泉をもつ中世スコラ学）と、知と真理の縫合不能な分裂をコギトたる主体に課す近代科学とのあいだに横たわる断絶を、彼自身は知るはずもないのだから、この分裂の関数である「対象 a」の概念をアリストテレスがもたないことは、当然のことといわねばならない。だが、ラカンの「原因対象」に匹敵する概念がアリストテレスにこれほど完全に不在である事実に、いかなる内的理由も求めることはできない、いや、求める必要はないのだろうか。

　ラカンにおいて、原因対象の機能は、厳密に、シニフィアン的質料の構造に内在する欠如にほかならない「原因の開口部」から切り離すことができない。曰く――「そのような〔欠如の〕機能は、われわれにはいまや因果論的ノエシス〔＝思考過程〕の起源そのものであると思われ、この機能を、現実界へのその移行と混同するほどである」[45]。ラカンの「原因対象」に比すべきいかなる概念も、アリストテレスに見いだすことができないのは、ひとえにこの欠如の機能がアリストテレスの思考＝思想の埒外だからであり（原因についてアリストテレスが明らかにした数々の点は、彼がこの機能の把握からけっして遠く隔たっているわけではないと感じさせるにせよ）、私たちはまさにそのことを示してきたのだった。アリストテレスにおける欠如の機能のこの不在は、世界に空虚が存在すると認めることの拒絶と、完全にパラレルであるようにみえる（アリストテレスの思考＝思想は、それゆえ、この点で非の打ち所のない首尾一貫性を示すといえるかもしれない）。この問題はよく知られている。『自然学』第四巻において、アリストテレスは微に入り細を穿つ議論を繰り出して、デモクリトスをはじめとする、空虚の存在を擁護する人々に反論している。アリストテレス的世界とは、そもそも空隙のない世界であり、原因の機能に現前する孔、私たちがより厳密に「質料因」のうちに位置づけたこの孔を、アリストテレスが顧慮しえなかった理由は、もしかするとそこに、つまりこの「無欠」の世界観にあるのかもしれない。

質料と空虚

これについて、ひとつの指摘を上乗せしておきたい。「空虚が存在しなければ運動は存在しないはずだ、なぜなら、充実は何かを受けとることが不可能なのだから」（二一三b）[46]という理由で、空虚こそが場所移動の原因であると主張する人々を、アリストテレスは批判する。彼によれば、運動が存在することは空虚が存在することをいささかも意味しない。というのも、空虚が存在するとしなければ説明できないようにみえる運動は、実際には、充実の変質によって、あるいは、内部に含まれる物の排出に伴う濃縮によって、説明されうるからだ（二一四a）[47]。それどころか、空虚を想定することで、その擁護者たちは自らが狙うのとは正反対の帰結に導かれるおそれがある。つまり、空虚を想定することは、運動を説明するどころか、運動を消し去ってしまいかねない。そこから、アリストテレスの次のような発言が生まれる——「実際、大地は均質性のゆえに静止していると述べる者があるのと同じく、空虚のうちには必然的に静止がある、〔……〕というのも、空虚は差異をもたないのだから」（二一四b）[48]。

ところが、これらの否定的見解にもかかわらず、アリストテレスは、空虚が場所移動の原因であるとする仮説を完全に斥けはしないようにみえる。『自然学』第四巻第九章の末尾で、アリストテレスは、空虚の存在に反対する自らの言説をこう締めくくる——

こうして、以上に述べられたことから、分離されたものとしても、絶対的な意味でも、希薄なもののうちにも、潜勢態としても、空虚なるものが存在しないことは明らかである——場所移動の原因を何がなんでも空虚と呼ぼうとするのでないかぎり。〔もしこのように呼ぶとなると〕空虚は重いものと軽いものの質料であることになる、というのも、濃密なものや希薄なものは、この対極性によって、場所移動を生み出すのだから。（二一七b）[49]

アリストテレスの議論はやや複雑だが、その理路を辿るのはたやすい。すなわち、質料は二つの対極物に潜勢態として含まれる（同一の質料、たとえば水が、濃密であったり希薄であったりしうる）以上、そしてまた、濃密なものと希薄なもの（あるいは、より正確には、濃縮と希薄化）が場所移動（たとえば、空気のそれ）を生み出すかぎりにおいて、場所移動の原因を空虚と呼ぶとしたら、空虚は、濃密なものと希薄なものが生み出すこの場所移動において構成される、重いもの

〔下方へ移動するもの〕や軽いもの〔上方へ移動するもの〕の質料とみなされてもおかしくない――と、アリストテレスはいいたいのだ。

アリストテレスの弁に残されたこの奇妙な留保を、アラン・バディウの慧眼が見逃すはずはない。『自然学』のまさにこの一節から出発して、バディウは、質料と空虚の概念的近接と呼びうるものについて、鮮やかというほかない評釈を行っている。曰く――

ぐっと近寄って眺めるなら、アリストテレスは少なくともひとつの可能性を開かれたままにしていると、まず認めなくてはならない。すなわち、空虚が、そのものとして捉えられた質料、とりわけ、重いものと軽いものの潜勢態存在〔être-en-puissance〕の概念でもあるような質料の、別名である可能性である。空虚はそのとき、重いものを下方へ、軽いものを上方へ運ぶ自然なる運動に内在する非決定の存在論的潜在性としての〔……〕場所移動の質料因を名指すといえるかもしれない。[50]

ところで、この「可能性」を受け容れること、すなわち、質料を、重いものと軽いものの潜勢態存在としての質料の名にすることは、空虚に主体〔基体、*hypokeimenon*〕の地位を貸し与え、次のように主張することにほかならない――「空虚の存在は、質料の存在と、ある種の不安定さを共有していてもおかしくはなく、この不安定さが、空虚の存在を、純粋な非存在と実際に存在である存在〔être-effectivement-être〕のあいだに宙吊りにするのである」[51]。そのとき、空虚の存在論的機能を特徴づけるこの「漂泊〔errance〕」は、アリストテレスが――先に見たように――あからさまに質料に帰するタームによって表現されることになるかもしれない。すなわち、「付随的非存在者」、「いわば準実体[52]」と。

このことは何を意味するだろうか。アリストテレスが空虚を排除するのは、じつは、彼にとっては、質料が、それがなかったとしたら空虚が身を置きにやってくるにちがいない座を、塞いでいるからではないだろうか。そのどこまでも問題含みな性格を私たちが捉えた「質料」こそが、アリストテレスに空虚の概念を拒むことを余儀なくさせるのではないだろうか。両者の概念的近接性からすると逆説的であるようにもみえる、質料と空虚のこの両立不能性は、アリストテレスの反空虚論からバディウが取り出すもうひとつ別の特徴によって補完される。その特徴とは、「点」を空虚とみなす発想の拒絶であり、同じく『自然学』第四巻にて、こう定式化されている――「点が空虚であるとするのは、道理に合わない」(二一四a[53])。現代の集合論の観点からバディウが説明するとおり、点をひとつの空虚と定義する可能性は、アリストテレスがこれを削除するのでなければ、実際には、「φという名によってしか存在しない空集合は、しかしながら単一の集合として述語づけることができ、それゆえ、空間や外延としてではなく、点であること〔ponctualité〕として形象化可能である以上、真の存在論的解決[54]」であるかもしれない。アリストテレスは、空虚は「ひとつの触知可能な物体のための延長が存在する場でなくてはならない」(二一四a[55])とする観念に縛られ、空虚の点性(点であること)という「真の解決」を受け容れることができないのであり、バディウによれば、「アリストテレスのかくも鋭利な思考は、まさにここで、それ固有の不可能に突き当たる。すなわち、空虚という名で、いかなる場も〔……〕それによって自らの存在を支えねばならぬところの場外〔hors-lieu〕を考える[56]」ことの不可能である。

ここで「いかなる場もそれによって自らの存在を支えねばならぬところの場外」と名指されているものは、まさにラカンのいう「原因の開口部」の別名でありうる。この開口部を塞ぎにやってくるものこそ、ラカンが「原因対象」と呼ぶ対象、すなわち対象*a*であり、対象*a*はそのかぎりで、この「場外」と同じ点性を共有するといえる。ところで、ラカンにおいて、このような「開口部」の導入を可能にするのは、質料の（それゆえ、シニフィアンの）構造化された領野という概念にほかならない。アリストテレスに欠けているのは、まさにこの概念でなくて何だろうか。どこまでも「秩序を免れている」とみなされるアリストテレス的質料ほど、この「構造化された質料」から遠く隔たるものはない――先に見たとおり、まさにこの秩序づけられていない本性のゆえにこそ、アリストテレスはアンティポン流の唯物論を拒絶するのだった。こうして、アリストテレスからラカンを隔てるものが何であるのかが、いまや明らかになる。もっぱら構造化されたものとしての質料を受け容れる場合にのみ、質料のなかの還元不能なるもの、すなわち、精神分析的対象の機能が拠って立つ欠如の機能を、捉えることができるのである。もちろん、ラカンが教えるとおり、質料が構造化されるためには、それを支配し制御するひとつの法、すなわちシニフィアンの法が、存在しなければならない。質料としてのシニフィアンがその自律的な法によって支配されることは、しかし、けっしてアリストテレスが謳う「形相（エイドス）による質料の支配」と同じ平面には見いだされない。ラカン的パースペクティヴに立つなら、アリストテレスが「エイドス」と呼ぶものは、むしろシニフィカシオン効果（effet de signification）、すなわち、言語の法が統治するシニフィアンの質料的＝物質的連接の効果の範域に、位置づけられねばならない。このことは、アリストテレスが形相を目的と同一視することを思い出すなら、いっそう明瞭になる。というのも、アリストテレス的目的論について私たちが指摘したとおり、解釈する主体という概念を導入するやいなや、目的性はシニフィカシヨンの遡及的湧出のうちに解消される傾向をもつからだ。これはとりもなおさず、アリストテレスが最終的に断定するに至ること（「目的は質料の原因である」）とは逆に、それ自身の法によって統治される質料こそが、目的の原因であり、したがって形相の原因であることを意味する。そして、まさにこのことを、ラカンは「シニフィアン因果性（causalité signifiante）」と呼ぶ。すなわち、シニフィカシヨンの構造を担保すると同時に、その構造のなかで話す主体をも支える因果性である。この点には、追って立ち戻る。

本章におけるアリストテレス（『自然学』）の読解は、このように、陰に陽にラカンからインスピレーションを受けたものだった。この読解から、とりわけ質料因と偶然（アウトマトンとテュケー）をめぐって、私たちはいくつかの枢要問題を引き出した。これらの問題を、ラカンはいかにアリストテレスから引き継ぐのだろうか――どちらかといえば隠れがちだが、アリストテレスの思考＝思想にたしかに内在する論理のなかで、私たちがまさしくそれを切り取った場所から。この問いが、続く頁の導線のひとつになる。

一方、アリストテレスへの参照がいかに本質的だとはいえ、ラカンの「原因対象」の概念はフロイトのうちに、とりわけ、失われた対象と神経症の病因論をめぐる彼のさまざまな論考のうちに、より直接的なルーツをもつ。これらの論考が、原因についてのアリストテレス的探求から得られる所与と多くの点で符合しあうのは、もちろん偶然ではない。それゆえ、ときにフロイトの宇宙へ脚を伸ばすことも忘れず、「原因」をめぐるラカンの冒険を辿る道に踏み出すことにしよう。

■第Ⅱ部　ラカンにおける原因と対象

はじめに

序章に述べたとおり、「破門」（ＩＰＡからの排除）に続く時期に、ラカンの「主体の理論」が完成を見るのは、理由のないことではない。

フロイトの手で設立された正統的な国際組織に復帰する道を閉ざされたラカンにとって、その直後にスタートするセミネールⅪ『精神分析の四基本概念』（一九六四）から、学位論文を除けば初の単著となる『エクリ』の出版（一九六六）に至るまで、いや、新学派ＥＦＰにおける「パス」制度採択（一九六九）に至るまで、この時期のメルクマールとなるいっさいの業績は、自らをパージした国際組織に対抗して、おのれの立場を弁護するとともに、ひとつのカウンター・セオリーを世間に問う「マニフェスト」の意味をもったはずだ。それらを貫く最もベーシックな軸として、ラカンにはまさに「主体の理論」が不可欠だった。

とはいえ、「破門」の前後でラカンの言説に顕著な断絶が生じたわけではない。ラカンにおいては、長いスパンで見ると大いに様変わりしたと考えざるをえない理論でも、けっして脈絡なく一気に更新されるのではなく、つねに一定の連続性を保ちながら徐々に推移していく。いうまでもなく、主体の理論は「破門」より古い。だが、それは一九六四年にあらためて根本から構築し直された――「原因」の概念をいわば触媒にして。ラカンがこの概念に注目した理由は、おそらく二つある。ひとつは、セミネールⅪという「マニフェスト」の場で、精神分析の根本中の根本といえる「無意識」概念を見直すにあたり、フロイトの初期理論に立ち帰ったこと。『夢判断』

に先立つ著作、たとえば「ヒステリーの病因について」（一八九七）に――そのタイトルからして――明示的であるように、精神分析の理論は何よりも一揃いの「病因論（Ätiologie）」としてスタートした。ドイツ語のÄtiologieの語源は、私たちが第Ⅰ部で幾度となく目にしたギリシャ語の*aitia*＝原因である。無意識とは、ようするに、神経症の「原因」の場なのである。ラカンは、そこから一歩踏み出し、「主体の原因づけ（causation）」と呼びうるものの舞台を、フロイト的無意識のうちに見いだそうとする。

もうひとつの理由は、一九五〇年代後半から六〇年前後にかけて、ラカンが象徴界すなわち〈他者〉の構造を吟味し直したことだ。〈父の名〉という特権的なシニフィアンへの注目が、〈他者〉の構造の不均質性、あるいは非一貫性を、ラカンの視界にもたらしたことは、序章で触れたとおりだが、この構造論的探求は続いて〈他者〉に刻まれた欠如（「他者のなかの欠如」）の存在、すなわち、「〈他者〉は実存しない」とするテーゼで表されるその「不完全性」を明るみに出すに至った。このことは、ただちに「主体の決定」の問いに跳ね返る。主体を決定する（規定する、déterminer）のが構造であることに変わりはない。だが、その構造が不完全であるとき、この決定もまた不完全に留まるだろう。つまり、構造による主体の決定には必然的に余白が残るのであり、そこにおいて主体は構造的決定とは異なる種類の決定に向き合うことができる（あるいは、向き合うことを強いられる）のである。ラカンにとって、この不完全な決定を言い表すのに、「原因」以上にうってつけの概念はなかった。英国経験論（ヒューム）や実証主義哲学（コント）からこの概念に長年投げかけられてきた疑いは、この点ではむしろ好都合であり、象徴界の構造的欠陥を浮き彫りにするのにかえって適してすらいる。だからこそ、「原因」を理論の地平から廃棄するより、それをラディカルに刷新しつつ、この概念ごと主体の理論を基礎づけ直すことを、ラカンは選択したのである。

以下に私たちが検討していくのは、その際にラカンが紡いだ論理の詳細である。

これはたいへん込みいった作業にならざるをえないが、そこに多少なりともまとまりを与えるため、また、議論全体を緩やかに方向づけるために、この第Ⅱ部では一本の導線を引きたい。セミネールXI、および、それと同時代の論文である「無意識の位置《ポジション》＝態勢」（一九六四）に提示された「主体の原因づけ」の循環する二重の演算、すなわち「疎外」と「分離」である。先取りしていうなら、これらは、いま述べた「主体の決定」の二つの相、すなわち、構造的決定とその余白での自己決定に対応し、それぞれ「シニフィアン因果性」および「対象 a による因果性」を伴意する。両者はけっして等質ではなく、その質料的《マテリアル》な支えの点でも、また各々が依拠する「事後性」の様相の点でも、互いに不均質ないし非対称の関係に措かれるだろう。

私たちの問いはこう定式化される――これら二つの因果性のあいだには、いかなる内的な関係が存在するのだろうか。いいかえれば、「主体の決定」を構成する二重のプロセスのあいだには、いかなる連続性が見いだされるのだろうか、そしてそれはいかなる論理によって根拠づけられるのだろうか。私たちはまず、シニフィアン因果性を悉《つぶさ》に検討することからはじめよう。そこから得られる結果は、ひとつの羅針盤のように、そのあとの私たちの歩みを方向づけてくれるにちがいない。その羅針盤に導かれて、私たちは次いで「テュケー」の問題系に、さらに「原因としての真理」の射程と「欲望の原因」としての対象 a の機能に、光を当てることになるだろう。

ラカンという「極限の思想＝思考」のジャングルへ、ようこそ。

第一章

シニフィアン因果性の三平面

ひとくちに「シニフィアン因果性」といっても、それはじつは複合的な概念であり、その論理を明らかにするには、この複合性にあえて切り込まねばならない。

とすれば、シニフィアン因果性についてラカンが折々に積み重ねた発言を、一挙に扱うことはできない。この因果性には、相異なる三つの平面を区別することができ、そのそれぞれが「原因」のシニフィアン機能の特定の様相に対応する。これらの平面を区別することは、シニフィアン因果性の時間的構造（シニフィアンの遡及作用）にひとつならずの「次元（ordre）」があることをラカン自身が示唆することからも、正当であるように思われる。各々の「次元」は原因の概念的廃位（destitution）と呼べるものを伴意し、その結果、原因はそれに伝統的に認められてきた座から立ち退かされる。これらの次元に沿ってシニフィアン因果性を分析することはまた、「無意識の位置《ポジション》＝態勢」およびセミネールXIにて主体の二重の原因づけを理論化したのち、さらには「テュケー」（私たちはこれを「欲望の因果性」の問いに根本的に結びつくものとみなす）について諸々の示唆を行ったのちに、ラカンがなぜセミネールXIII『精神分析の対象』（一九六五～六六）であらためて「原因」の問題を取り上げるのか、とりわけ、なぜ「質料因」の概念を前面に押し出しつつ、知と真理の縫合不能な分裂の関数としてそうするのかを、理解する上でも欠かせない。

この最後の点に関連して、「シニフィアン因果性」および「質料的因果性」というタームをそれぞれいかに解すべきかを、あらかじめ明確にしておいたほうがよいかもしれない。ラカンにとってシニフィアンこそが「質料《マテリア》」（話す主体が一次的に向き合うそれ）であることは自明であるとはいえ、これら二つの表現のあいだに何らかの概念的同一性をいきなり想定するわけにはいかない。そのような想定は、いかなる意味でも、妥当であるどころか、セミネールXIIIでラカンが発する次のような驚くべき主張に照らせば、むしろ禁じ手であると見なくてはならない――「質料因を探さなくてはならないのは、〔シニフィアンのほうにではなく、シニフィアンの領野に穿たれた〕孔のほうにである」[2]。もちろん、セミネールXIII初回講義の活字化である「科学と真理」（一九六五）でラカンが語りはじめる「質料的因果性」は、「無意識の位置《ポジション》＝態勢」（一九六四）で定式化される「シニフィアン因果性」と、無関係ではありえない。おそらく、前者は後者の新ヴァージョンであり、この僅かな期間にラカンの言説に刻まれた変更ないし発展を映し出している、ということはできる。だが、両者の相違は微々たるものではない。質料的因果性の探求をおこなうとき、ラカンは、シニフィアン因果性を概念化する場合とはまったく異なる準拠枠を用い、まったく異なる論点を強調する。シニフィアン因果性を、その三つの異なる平面に沿って分析することで、私たちは、この分析が進むにつれて浮かび上がるパースペクティヴのもとで、質料的因果性をいかに定義しうるかを明らかにすることができるだろう。

ところで、シニフィアン因果性の分析は、「原因」について気の遠くなるような歴史＝物語を紡いできた西洋哲学の伝統を相手に、ラカンがいかなる問いをめぐって対話しているのか――ただし、この伝統から自らを区別しつつ――を見きわめることを要求する。私たちの分析は、それゆえ、原因論（因果論）についてラカンが参照する哲学者の、すべてとは言わずとも、最も重要な顔ぶれ、すなわち、ヒュームとカント、加えて聖アウグスティヌス、スピノザ、ハイデガー、そしてもちろん、本書第I部で特権的に扱ったアリストテレスへの目配りを、必然的に伴うことになる。とりわけ、因果性の認識論的身分についてヒュームとカントのあいだで交わされた、近代的であると同時にすでに古典に属する議論は、私たちがこれから検討してゆく一九六〇年代のラカンのテクスト群（その中核が「無意識の位置《ポジション》＝態勢」であり、セミネールⅪである）において、きわめて精妙かつ独特な意義をもつだろう。一八世紀を代表するこの二大哲学者によって提示された解決は、因果性の問いの運命を決したとみなされるにもかかわらず、ラカン自身はこれらの解決にいささかも満足しない。つまり、ラカンはヒュームにもカントにも同意せず、むしろ、この昔ながらの問いはまだ完全に片付いたわけではないと物申すのである。なるほど、因果性の問いはいまやすっかり時代がかり、ほとんど亡霊めいてすらみえる。にもかかわらず、「批判的な思考であろうとなかろうと、思考なるものから追い払うことは不可能」[3]であることに変わりはない。

それゆえ、ラカンの諸言表をヒュームおよびカントの思考と突き合わせ、原因の問いをめぐるラカンと哲学的言説のあいだの食い違いがどこに生じるのかを見定めることで、私たちははじめて、ラカンがこの問いにもたらした寄与を捉えることができる。同時に、それを通じて、アリストテレスにおける「原因」について私たちが学んだこと、とりわけ、アリストテレスの歩みのうちに出会われた袋小路、アリストテレスが企図する学の学問性＝科学性（scientificité）の限界そのものであるところの袋小路に、私たちは再び出くわすだろう。これらの探求を進めるには、およそ一九六〇年から六六年にかけての諸テクストのあちこちに鏤《ちりば》められた、原因および因果性についてのラカンの発言や考察を寄せ集め、まるでパズルのように互いに組み合わせてみる作業が欠かせない。

1　シニフィアン因果性の第一平面

シニフィアンの遡及作用

シニフィアン因果性に私たちが区別すべき諸平面の第一のもの、私たちはそれをこう名づけることができる――単純なシニフィアン因果性の水準、もしくは、シニフィアンの遡及作用の基本的次元、と。シニフィアン因果性という概念を、ラカンがそのものとして初めて提示するのは、「無意識の位置《ポジション》＝態勢」において、無意識の時間的構造をアピールするときである。無意識のフロイト的概念を刷新するという自らの企図のキーとなる新機軸「無意識の閉じ」（発話に伴って無意識が開くが、発話にピリオドが打たれると同時にそれが閉ざされる、すなわち、無意識は搏動する、とする図式）を導入したのに続いて、ラカンがおこなう次のような指摘は、きわめて重要だ――

> もっぱら無意識の、つまりフロイト的無意識の、審級としてのみ、ヒュームが原因をそこから狩り出そうとするところの水準、すなわち、原因がまさにそこにおいて確たるものとなる水準において、原因は捉えられる。それは、シニフィアンの遡及作用が効力を発揮する水準であり、この遡及作用は目的因と完全に区別されるべきである。[4]

この一節を、今後は便宜上「定式A」と呼ぶことにしよう。これは、いわばハイパー凝縮された（説明事項が極度に濃密に詰めこまれた）定式であり、解きほぐすのにじつに多くの言葉を要する。とりわけ、原因の概念を「ヒュームがそこから——まるで獲物を巣穴から狩り出すように——狩り出そうとするところの水準」は、じつは、私たちがこれから踏破することになる三つの水準すべてを貫いているため、定式Aのこの部分を私たちはいますぐ扱うことができない。

それゆえ、まず、「シニフィアンの遡及作用が効力を発揮する〔la rétroaction du signifiant en son efficace〕」という表現から取りかかろう。ひとつのシニフィアン連鎖の意味は、その連鎖にピリオドが打たれた時点から遡る形で獲得される、というラカンの基本理論に馴染んだ読者にとって、この表現そのものには、特に説明すべき点があるようには見えないかもしれない。ただし、「効力（efficace）」という——フランス語ではいささか古くさい——語をラカンが用いるのは、おそらくヒュームを意識してのことだ。ヒュームはしばしば原因の「efficacy（効力）」について語ったが、この英語は、それ自体、マールブランシュが用いたフランス語「efficace」の翻訳だった。[5]だが、一見自明にみえるこの表現は、じつは、それほど単純ではない。注意しなくてはならないのは、定式Aに先立つ三つのパラグラフのうち、最初の二つは、「シニフィアンの遡及作用が効力を発揮する」というフレーズをラカンがいかに解するのかを予め説明していることだ。そこにはこう書かれている——

〔無意識の閉じ〕はまた〔発話によってシニフィアン連鎖が形作られるのとは〕逆向きの時間の核を明示する。この逆向きの時間は、言述〔discours〕のいっさいの効力のうちに導入することが必要であり、われわれが久しく以前から強調してやまない遡及作用、すなわち、文における意味効果——これがピタリと決まるには、文が最後の語に達することが必要である——

の遡及作用のうちに、すでに十分感知されうる。

あのnachträglich〔事後的なるもの〕（これをフロイトのテクストから抽出したのはわれわれが最初であることを思い出してもらおう）、それによってトラウマが症状のうちに伴意されるところのnachträglichもしくは事後性は、さらに一段高い次元の時間的構造を示す。[6]

「シニフィアンの遡及作用」の少なくとも二つのタイプのあいだに、ラカンが「次元（ordres）」の違いを想定していることは明らかだ。「シニフィアン因果性」のうちに異なる諸平面を区別すべき根拠は、まさにここにある。実際、これら二つのパラグラフのそれぞれが、この因果性の第一および第二の平面とみなしうるものにかかわると考えてよい。まず、第一の平面から出発しよう。

すると、私たちはただちに次のことを確認するよう導かれる。すなわち、意味を生み出すシニフィアンの遡及作用は、言述のいかなる効力のうちにも見いだされるが、原因はこのシニフィアンの遡及作用の水準で捉えられねばならない、ということだ。ここで語られている遡及作用は、セミネールⅢ（『精神病』、一九五五〜五六）以来「カピトン点」と呼ばれるもの、すなわち、「シニフィアンがそれによって、そうでなければ際限のないシニフィカシオンの横滑りを止めるところの」[7]区切りによって、図式化される。ひとつの文は、その完全な意味を実現するには、それに留め金をかける最後の語を俟たねばならないという、言述の連節条件に内在する遡及作用である。ここでは、シニフィアンこそが、意味効果の「原因」として措定されるのであり、この効果を生み出す「逆向きの時間」は、ラカンによって、シニフィアンの構造の「事実」というべき重みをもつことが分かる。見逃してはならないのは、まさにこのような形で、フロイトのいうNachträglichkeit（事後性）の最も基本的なモードを、ラカンが自らの言説に組み入れることだ。ラカンはこの概念に、いわば質料的《マテリアル》かつ構造論的な根拠、つまり、実際の言述の連節条件に由来する根拠を与えるのである。フロイトは、症状から出発してその隠された意味に――遡及的に――向かうべき手続きとして、精神分析を創始するとともに、認識論的観点から、症状とその見かけ上の原因のあいだの偽装された因果関係を分解し、真の原因（抑圧された性的記憶）を発見することを、その本質的な作業として課した。それ以来、精神分析においては、「原因」について何ごとかを述べようとするなら、「事後性」という基本的メカニズムを必ず考慮に入れなければならない。そのことを誰よりも明確に指摘したのがラカンであり（ラカン自身は、フロイトの語る「事後性」に最初に注目したのが自分であると豪語している！）、この概念はラカンの言説に――少なくとも一九五三年以来――つねに現前してきた。いま私たちが検討している「無意識の位置《ポジション》＝態勢」のパラグラフに読み取られるのは、一九六〇年代に彼がとりかかる「因果性の審理過程の見直し」[8]の枢要なモーメントにおいて、ラカンがこの概念をシニフィカシヨンの構造論的条件の上に、いわば唯物論＝質料論的に、基礎づけるという一幕にほかならない。

原因の「効力」の不安定

これに関連して、次のことを心に留めておく必要がある。ラカンはソシュールの構造言語学の理論的諸装置によってフロイトを読解することができた、とする通説がある。だが、忘れてはならないのは、反対に、Nachträglichkeitというフロイト的概念を深く咀嚼することがなければ、ラカンはソシュールの基本シェーマに二つの決定的な変更、すなわち、シニフィアンとシニフィエの上下の逆転（分数を想起させる上下の図式において、ソシュールは分子の位置にシニフィエを措くのにたいし、ラカンはシニフィアンを措く）、および、この上下を隔てる横棒の強化（ソシュールにおいてシニフィエ＝概念とシニフィアン＝聴覚映像をたんに分離する機能しかもたないこの横棒を、ラカンは意味の生成に「抵抗する」要素と位置づける）という二重の変更を、もたらすことはできなかったにちがいないということだ。なぜなら、これらの変更をラカンに促したシニフィアンの「自律性（autonomie）」は、シニフィアンの遡及作用を、象徴界の構造に内在するメカニズムとして際立たせてはじめて、概念化されうるからだ。この意味では、ラカンはむしろフロイトに依拠することによって、ソシュールを独自に利用することができたのだと考えねばならない。

もう一点、補足しておくなら、ゲシュタルト心理学の影響のもと、狂気の決定論をイマーゴの領域（すなわち想像界）に限定しつつ、このイマーゴを基礎づける「心的因果性」としての「同一化」に注目した初期の論文「心的因果性についての弁」（一九四六）を除けば、ラカンが「原因」を本格的に取り上げることは、一九六〇年代以前にはなかった。だが、いま触れた「カピトン点」のシェーマや、シニフィアンの連接の二大法則であるメトニミーとメタファーのアルゴリズム（「最も構造主義的な論文」と評される一九五七年の「フロイト的無意識における文字の審級」において、ラカンは前者を「シニフィアンとシニフィアンの連結」、後者を「ひとつのシニフィアンを他のシニフィアンに置き換えること」とそれぞれ定義する）のように、「シニフィカシヨン効果」の生成（カピトン点、メタファー）／不在（メトニミー）の観点からラカンがおこなった定式化は、一九五〇年代に遡る。これらの「効果」（結果、effet）には「原因」としてのシニフィアンが想定される以上、こうした定式化は、潜在的には、当時からすでに因果論的であったとみなすことができる。シニフィアンと意味のあいだには、物理的な因果性とはいわなくとも、機械論的な因果性、すなわち、関数（シニフィアン）と変数（シニフィカシオン効果）の形をとる因果性が存すると、事実上、ラカンは考えていたのである。少なくとも、ジャック＝アラン・ミレールは、一九八七〜八八年の講義『原因と同意』で、これをラカンの「構造論的因果論」と呼び、この因果論が、「文字の審級」後のラカン（私たちがここでフォローしているラカン）と、「心的因果性についての弁」の時代のラカンのあいだのギャップを印づけると指摘する。実際、後者のラカンは、心的決定の地平からいっさいの物理学的・器質論的言説を放逐しようと努める、根っからの反因果論者だった。[9]この指摘は重要だ。というのも、原因と結果の関係をラカンがひとつの関数に見立てているとする理解は、原因についてラカンが仄めかすいささかラディカルな考えの核心をつかませてくれるからだ。その考えは、定式Aの直前のパラグラフで、次のように語られている――

〔……〕原因とは、存在についても言われるところの、言説の諸形式がもたらす疑似餌などではない――そのようなものなら、とっくに消えてなくなっているはずだ。[10]

「原因」は、言語が私たちに見せる幻であるどころか、それ固有の「効力」、すなわち、諸効果が生まれることで確認されうる何らかの力をもつ。このように解するとき、ラカンの立場はヒュームのそれに厳しく対立することが分かる。ヒュームのほうはといえば、原因にいかなる「効力」も認めない。ヒュームにとって、「効力」なる語は、「力」「生産」「エネルギー」などの名辞と「ほとんど同義語[11]」であるが、これらの語が意味するのは、いかなる経験的認識ももたらすはずがないもの、すなわち、想像力が生み出す虚構的産物にすぎない。

だが、シニフィアン的原因のこの「効力」、つまり「シニフィアンの遡及作用」が発揮する効力を、あまり過大評価することもできない。というのも、「作用（＝能動、action）」に接頭辞として付されるこの「遡及（rétro）」は何を意味するだろうか。ここに見いだされるある種の曖昧さは、問われているシニフィアンの作用（能動）を、その正当な価値以上に高く見積もることを禁じる。この作用（能動）が「遡及」的である、すなわち、この作用によって生産されると想定されるシニフィカシヨン効果が「逆向きの時間」においてのみ決定されるとすれば、それが意味するのは、シニフィアンの原因作用はその連鎖（ひとつひとつのシニフィアンを繋げていくこと）に即座に伴うわけではない、ということだ。いいかえれば、原因という身分は、もっぱら事後的にシニフィアンに与えられるにすぎないのである。とすれば、ラカンのいう「見直し」が原因の概念そのものにまで及ぶことは、疑いを容れない。原因の効力は不安定な状態に措かれている。というのも、原因は、ラカンにおいて、シニフィアンから意味が生じるという事実のみにより、シニフィカシヨン効果のうちに伴意される（s'implique）ものにすぎないからだ。そうである以上、シニフィアン的原因に想定しうるのは、きわめて限定された機能にすぎなくなる。少なくとも、シニフィカシヨンの決定にかかわるいかなるポジティヴな機能も、原因としてのシニフィアンにはもはや認めることができない。実際、ラカンは明示的に私たちに教えているではないか――シニフィカシヨンを決定するのは法であり、それにたいして、原因は決定力をもつ審級を構成しない、と。

遡及作用≠目的因

原因と法（法則）の二元性という問いには、追って立ち戻る。だが、いま述べたことは、定式Aにおいて、シニフィアンの遡及作用が「目的因」——アリストテレス的意味でのそれ——から区別されることによっても、確認されうる。この区別は何を意味するだろうか。アリストテレスの目的因がひとつの「目指されるもの」、すなわち、決定力をもつひとつのテロス（目的）と定義されることは本質的である。目的因は、これから生じることを予め方向づけ、得られる結果が目的因そのものの成就であるよう仕向ける。このかぎりにおいて、目的因は、人間の活動の場合には、能動者たる主体の意図に、自然なる生成変化の場合には、各存在者の善（よい結果、よい状態）が増えることに、同一視されうる。第I部で見たとおり、一方で原因を四つの様相に振り分けたアリストテレスは、他方で、クルバリトシスが「本質と目的性の隠れた共謀[12]」と呼ぶものに依拠する統一性のうちに、目的因を形相因および作用因と再結合させるに至る。このとき、これら三原因から成る統一性は、支配的審級として、もっぱら支配されるしかない「質料」を決定するとされる。

　こうしたアリストテレスの考えに、ラカンのシニフィアン的原因は一八〇度対立する。シニフィカシヨンの出現によってただ伴意されるにすぎぬ「原因」は、ラカンにおいて、そもそも決定機能を欠くものとしかみなされえない。原因という特質がシニフィアンに帰されるのは、あくまで事後でしかない以上、原因は「決定するもの」の座から転落することを余儀なくされるのである。この転落を、私たちは原因の「廃位」と呼ぶことにしよう。つまり、支配者の座から降ろされる、追われる、の謂だ。このことがいかなる射程をもつのか、私たちはしっかりと測定しておく必要がある。というのも、この不可逆的な廃位にもかかわらず、そしてこの廃位がおこなわれるまさにその場所において、ラカンは「原因」概念が「確たるものになる」と述べているのだから。それだけではない。定式Aの直後にくるパラグラフには、こうある――

> 〔シニフィアンの遡及作用〕が唯一かつ真なる第一原因であることをまさに証明することで、見かけ上の不一致にあるアリストテレスの四原因が再集結するかもしれない。――そして〔精神〕分析家たちは、自らのフィールドから、このやり直しに貢献することができるかもしれない。[13]

追って見るとおり、アリストテレスの四原因のこの可能な「再集結」を、ラカンは「科学と真理」（一九六五）ではもはや期待しなくなる。そこで強調されるのは、反対に、四原因間の不整合もしくは離散である（この点には立ち戻る）。だが、ここ（つまり一九六四年の「無意識の位置《ポジション》＝態勢」）では、ラカンはむしろいっさいのアリストテレス主義に逆らって、とりわけ、四原因の不一致が最終的に普遍的目的性を頂く調和的統一性に回収され、統合されるとする観念論に逆らって、アリストテレスを読むことを私たちに促していると考えなくてはならない。ラカンにとって、原因の概念を「確たるもの」と捉えることを許すのは、この観念論的統一性ではない。そうではなく、原因がもはや「決定するもの」の座にないと措定すること、それこそがこの「確たるもの」を、四原因の統一性という通説の彼岸に、見いだすことを可能にするのである。これはきわめてラディカルな立場、ほとんど戦闘的な主張であるといってよい。

「疎外」とは何か

先に述べたように、シニフィアンを「原因」とみなす思考は、すでに一九五〇年代からラカンのうちにあった。にもかかわらず、ラカンが「無意識の位置《ポジション》＝態勢」でシニフィアン因果性をあたかもひとつの新機軸であるかのように強調するとすれば、その新しさは、シニフィアンがたんに意味の原因であるだけでなく、主体の原因でもあると断定したこと、つまり、原因は「シニフィアンの効果に主体を従属させる理由を恒久化する」[14]と明言したことに存する。ラカンはまた、きっぱりとこう告げてもいる——

> 言語効果〔effet de langage〕は、主体のうちに導入された原因である。この効果によって、主体はおのれ自身の原因ではなくなり、自らを挽き割る原因の蠕虫《ぜんちゅう》を我が身に宿すことになる。というのも、主体の原因はシニフィアンであり、シニフィアンがなければ現実界にいかなる主体も存在するはずがないのだから。[15]

この一節は、主体の二重の原因づけの第一段階である「疎外（aliénation）」を導入する役を担っている。それはいかなるプロセスだろうか。まず、いま引用された最後の一文にある「現実界」とは、もし厳密に位置づけるなら、言語が到来してはじめて「それ以前にあったかもしれない」と想定されうるようになる現実、その意味で「神話的」と呼んでよい現実のことを指す、とさしあたって考えてよい。重要なのは、シニフィアンが到来する以前にいかなる「主体」も措定することはできない、ということだ。ところで、シニフィアン（＝言語）は現実界の真空を自由に漂うわけではない。それはひとつの自律的な領域を構成し、そのなかで主体を捉える。その領域、すなわち、言語を用いる「話す主体」が共通して拠って立つべき第三者的領域のことを、ラカンは〈他者〉（l'Autre）と呼んだ。その意味では、〈他者〉は「象徴界」と事実上、等価であり、いわば同一の外延をもつといえる。したがって、「疎外」とはつまり〈他者〉（の場）において主体に原因が与えられるプロセス、〈他者〉の場に主体を生まれ出でさせるプロセスなのである。だが、「aliénation」というフランス語の語源にラテン語の「*alius*（他）」が見いだされるのを私たちがここで思い出すことを予期しつつ、ラカンはあらかじめ次のような注意を与えている――

> この演算〔＝疎外〕の出発点が〈他者〉のうちにあるがゆえに、それを疎外と呼ぶわけではない。〔……〕
> 疎外は主体の分裂に宿るのである[16]〔……〕。

このプロセスを「疎外」と呼ぶのは、主体が〈他者〉の場においてしか主体として存立しえないからではなく、〈他者〉の場においてはじめて存立する主体には「分裂」が刻まれるからである――そうラカンは告げている。とすれば、それはいかなる分裂だろうか。この分裂は、特異な論理的離接（選言）の「*vel*」（〜か〜か）を伴うひとつの選択の帰結として描かれる。その選択とは、「存在か意味か」を問う二者択一だ。〈他者〉の領野で最初のシニフィアンに出会うとき、主体はそのシニフィアンに同一化せざるをえない。すなわち、そのシニフィアンに「なる」ことで〈他者〉のうちに身を置かねばならない。だが、それだけでは、主体は自らを支えることができない。なぜなら、シニフィアンを規定するのは差異の構造である以上、主体がひとつのシニフィアンに同一化しつつ、そのシニフィアンにおいて自らを捉えることは不可能だからだ。ひとつのシニフィアンが自らを捉えようとすれば、それはたちまち自己差異化を引き起こし、主体はそこからこぼれ落ちてしまう。実際、シニフィアンの自己差異は、いわば私たちの言語の事実にほかならない。ラカンが述べるように、「obsolèteという語はそれ自体obsolèteな語である、ということを意味しうるかぎりでのobsolèteという語は、この一方と他方とで同一の語ではない」[17]。これは、いわゆる「ラッセルのパラドクス」のひとつの翻訳であると同時に、その解決としてラッセルが打ち出した「論理階型」への批判でもある。追って触れるように、言語の階層化（メタ言語）を否定するラカンにとって、件のパラドクスは、「差異の構造」としての言語の事実と、それが伴意するシニフィアンの自己差異（の可能性）とを、傍証するにすぎない。

重要なのは、〈他者〉において出会われる最初のシニフィアンのもとに留まろうとすれば、主体は文字どおり身動きがとれないまま、そこで「石化」するしかない、という認識だ。これにたいして、主体が曲がりなりにも〈他者〉の領域で社会的存在として自らを確立するためには、その背後にひとつの全体としての〈他者〉をいよいよ浮かび上がらせずにはおかない「もうひとつ他のシニフィアン」を受け容れる必要がある。一九六一年以来、ラカンが一貫してシニフィアンに与え続けた定義、「シニフィアンはもうひとつ他のシニフィアンにたいして主体を代表する」を、いまこそ思い起こさなくてはならない。ひとつのシニフィアンは、もうひとつ他のシニフィアンを前にしてはじめて、そのシニフィアンにたいして主体を代表すると同時に、それとメトニミー的（＝通時的）に結びつくことで「意味」を生み出すことができる。ただし、その場合には、主体は自らの「存在」を手放さねばならない。ひとりの有権者は、自らが選んだ一国会議員によって、国会のなかで他の議員たちにたいして代表される一方、自らは国会の議事に参加できない。それと同様に、ひとつのシニフィアンによって他のシニフィアンにたいして代表される主体は、その「存在」ごと〈他者〉の領域に立ち入ることはできないのである。こうして、最初のシニフィアンに同一化した主体には、ひとつの選択が課されることになる。すなわち、存在をとることで、単一のシニフィアンのもとで石化してしまうか、反対に、意味をとることで、〈他者〉の領域に社会的生を得るのと引き換えに、「存在」としての自己を失うか、の二者択一だ。人間が話す存在である以上、後者の可能性を選ばざるをえないことはいうまでもない。その結果、〈他者〉において自己を確立する主体には、はじめからひとつの分裂が刻まれることになる。一方では、〈他者〉の内部をシニフィアンのメトニミー（通時的連接）によって運ばれ、そのつどシニフィアンへの同一化によって自己を支えながら、意味を生産しつつ（あるいは、意味にすがりつつ）存立すると同時に、他方では、〈他者〉の外部に存在を手放し、ひとつの「存在欠如（manque à être）」あるいは「アファニシス（消滅、*aphanisis*）」[18]として生きることを余儀なくされる、という分裂である。この分裂が、以上の説明にあるとおり、シニフィアンのメトニミー的連接といわばセットになる以上、シニフィアンによる「主体」の原因づけと「意味」の原因づけがまさに同一のプロセス（すなわち「疎外」）の表裏をなすことは、いまや明らかだ。

だが、疎外における存在の「喪失」というモティーフには、なおしばし足を止めなくてはならない。この喪失の概念は、フロイトが折に触れて強調した根源的現実の喪失と同じ次元に書き込まれる。フロイトはさまざまなヴァージョンの喪失を記述したが、それらが意味するのは、いずれの場合にも、〈他者〉の領野で自らを構成するために主体が放棄せざるをえないものであると解することができる。[19]論理的観点からいえば、失われるのは主体の存在であり、この喪失は、主体が象徴界にアクセスするには、主体をもうひとつ他のシニフィアンにたいして代表するひとつのシニフィアンに媒介される必要がある、という事情によって強いられる。また、欲動の運命というパースペクティヴに立つなら、失われるのは原初的享楽の経験において生きられた——と、神話的にみなしうる——欲動満足の実在性、すなわち、この満足がいったん表象として登録されてしまうと二度と再現できなくなる「リアリティ」にほかならない。疎外の概念は、この意味で、フロイト的〈物〉の分裂の、ラカンによって見直された一ヴァージョンであるといえる。[20]

「自己原因」の不可能性

ところで、疎外についてのこのような説明の途上で、とりわけ、このプロセスを疎外と呼ぶのはそれが〈他者〉の場で生じるからではないという但し書きに絡めて、ラカンは次のような驚くべき指摘を、あたかもついでのように、挟むことを忘れない——

〔いかなる主体も自己原因ではありえないということ〕は、主体が神ではないことによるだけでなく、神を主体とみなさねばならないとしたら、神自身もまた自己原因ではありえないことによって、重くのしかかる——ペルソナとしての神に自己原因の属性を認めぬ聖アウグスティヌスは、このことをじつによく見抜いたのだった。[21]

同じ指摘は「科学と真理」（一九六五）にも見いだされるが、そこでは、ラカンの念頭にある文献が明確に名指されている――

私はしかし私の原因ではない、といっても、それは私が被造物だからではない。創造主についても、事情はまったく同じなのである。これについては、アウグスティヌスの著書『三位一体について』の序文を読むことを勧めたい。[22]

実際、こうしてラカンが私たちに推奨するテクスト、すなわち『三位一体論』第一巻「緒言」を繙《ひもと》いてみると、その冒頭、アウグスティヌスは、人々が神を思い浮かべるときに犯す誤りを列挙した末に、こう述べている――

おのれ自身を生み出すほどに強力な神を想像する者は、神はいささかもそのようなものではないばかりか、霊的かつ肉体的被造物もまたそのようなものではないだけに、なおさら重大な思い違いをしている。おのれ自身を生み出すようないかなるものも実存しない。[23]

これらの議論はすべて、「創造」の概念を通じて、ラカンがセミネールⅦ『精神分析の倫理』（一九五九～六〇）で取り上げる「無からの創造（création *ex nihilo*）」の主題へ私たちを導かずにおかない。この主題の中核的な問題系、すなわち、壺づくりというハイデガー的パラダイムによって例証される、シニフィアンの加工に伴う「空（vide）」の導入ないし現前という問題系には、ここでは立ち入らない。そこに踏み込むのは、シニフィアン因果性の問いをひと巡りし、質料的因果性というラカン的概念の正確な理解を獲得してからにしなくてはならない（以下の第三章を参照）。現時点では、「無からの創造」のラカン的概念から必然的に生まれる問いに注意を向け、この創造の「能動者（agent）」とみなされる（もしくは、みなされうる）主体――人間主体であろうと、神的主体であろうと――の身分はいかなるものであるのかを見きわめることでよしとしよう。

ラカンの考えはこうだ。質料としてのシニフィアンを扱う者は、ひとりの主体であるかぎり、原因の座に身を措くことはできない。それどころか、シニフィアンこそが主体の原因になる、しかも、先に見たように、いかに限定されたものであるとはいえ、固有の「効力」をもつ「第一原因」として、そうなるのである。とすれば、シニフィアンによる創造の能動者というものを、いかに考えたらよいだろうか。質料としてのシニフィアンを加工する者、操る者は、その作業に身を投じるやいなや、つまり、当の質料＝素材にその手で触れるやいなや、それまでと同じ主体ではなくなる。何らかの意図（たとえば、ひとつの道具を作ろうとする意図）をもつと想定される人間から、ひとりの「シニフィアンの主体」へと、彼は変容を遂げるのである。シニフィアンはそれに触れる者に変容を課し、そのすべての属性――あらかじめ想定される意思や意図――を棚上げして、この主体をシニフィアン独自の論理ではるか遠くへ運んでいく。これが、シニフィアンは主体に原因を与える、あるいは、話す存在をシニフィアンの主体として原因づける、ということの意味である。見逃してはならないのは、この「主体」とは、実際にはシニフィアンの「支え（support）」にすぎないこと、いいかえれば、主体はいかなる意味でもシニフィアンを支配するのではなく、むしろシニフィアンに従属する（assujetti）ことだ。

けっして胸を張れるとはいえないこの条件は、たとえ被造物全体の創造主たる神であっても免れることはできない。ラカンが聖アウグスティヌスの『三位一体論』を想起するのは、まさにここにおいてである。主体であるかぎり、神もまた原因を与える者の座にではなく、原因を与えられる者の座に身を措かねばならない。なぜなら、いっさいの主体にその原因を導入するのはシニフィアンだからだ。したがって、神はおのれ自身の原因ではありえない——もし古典的な神、ペルソナとしての神であるのなら。逆にいえば、スピノザにおけるように、神が *causa sui*（自己原因）として措定された途端、その神はもはや話す主体ではなくなる、つまり、シニフィアンに、それゆえ認識に、与る主体ではなくなる。自己原因たる神はいっさいの知から、すなわち、たとえばデカルトが彼に帰するあらゆる認識から、そしてまた、彼が創造したにせよ、そうでないにせよ、私たちの宇宙を構成するいっさいのシニフィアン的対象から、切り離されねばならないだろう。だからこそ、「科学と真理」でラカンが指摘するように、スピノザの神は汎神論の神ではない。自己原因たる神は世界から排除され（自らを排除し）、森羅万象の外部に留まらねばならない。つまり、そのような神は「〈他なる物〉〔〈別のもの〉、Autre Chose〕」[24]とならざるをえない。

これらの考察において、ラカンはまたアリストテレスに、さらには、創造の問題についてアリストテレスとなお異なる次元で組み立てられるユダヤ＝キリスト教神学に、対峙してもいる。「無からの創造」が論じられるのと同じセミネールⅦにおいて、ラカンがアリストテレスに向けるのは、「永遠なる質料」の観念に拘泥するあまり、古代哲学全体が甘んじる限界をけっして乗り越えられなかった、いいかえれば、永遠なる質料のうちに封じ込められた世界という考え方から抜け出せなかったという批判だ。[25] この点には追って立ち戻るが、ここであらかじめ指摘しておきたいのは、「永遠なる質料」というアリストテレス的パースペクティヴのもとでは、壺はひとつの質料＝素材からしか作られないこと、それどころか、「無からは何も作られない」ことだ。ラカンは、この点では同じく反アリストテレスの立場をとるハイデガーに触発されて、まさにこうしたパースペクティヴの対極に立つ。そこでラカンが見いだすのが「無からの創造」という古い——といってもアリストテレスほど遠い過去に属さない——観念にほかならない。ラカンによれば、ガリレー以来の近代科学は、まさにこの聖書的概念から出発して発展してきたのである。

ところで、エティエンヌ・ジルソンが指摘するとおり、中世の西洋哲学は、「無からの創造」を議論するとき、アリストテレス主義に固有の概念装置を用いて、アリストテレス哲学の枠組みに余る問いを扱うことを余儀なくされた。それは、個体的存在者の実存という問いである。原因の四様相がアリストテレスを実存の因果性の考察へ導くことはなかったのにたいし、トマス・アクィナスをはじめとするキリスト教哲学者たちがこの問いに直面させられたのは、まさに、無からの創造を各個体的実体の実存（実存するという行為）の原因づけとみなすことが避けられなかったからだ。とすれば、ラカンは、永遠なる質料という古代的観念を斥け、無からの創造を支持するとき、いわば中世神学の軍門に降るのだろうか。もちろん、そうではない。というのも、シニフィアンなる概念を手にするラカンにはもはや、創造がなされるために、神や、何らかの超越的能動主を想定する必要がないのだから。その理由として、私たちは少なくとも次の二点を挙げることができる——

1／シニフィアンの加工、たとえば壺の製作において、作動する（opère）のはシニフィアンである。作動するシニフィアンが存在することが、その現勢的支えとして主体が出現することの十分条件であり、神もこの主体と同列に措かれる。

2／このラカン的パースペクティヴにおいて、実存の原因としての神というトマス的概念は、もはや成り立たない。聖トマスにおいて、実存の概念は実在化（réalisation）のそれに結びついていた。というのも、実在的なものは、聖トマスによれば、可能なるもの、すなわち、現勢態／潜勢態というアリストテレス的二分法のもとでの「潜勢態」に、対立するからだ。これにたいして、ラカンにおいては、主体はもはや実在化（実現、réalisation）のレベルで概念化されはしない。むしろその逆だ。「疎外」の理論が強調するように、シニフィアン因果性のもとで、主体はひとつの欠如を刻まれることを余儀なくされる。この欠如は、私たちがシニフィアンの主体（言語を話す主体）となる（そしてそれであり続ける）根源的な条件である以上、けっして埋め合わせることも、消し去ることもできない。いいかえれば、主体の分裂はけっして解消されない。そのことを、ラカンは簡潔にこう言い表す――「疎外は、主体の事実である[26]」と。ここには、主体の生成を「実現＝実在化」と概念化する余地などあろうはずがない[27]。

このように、シニフィアンの創造論は、最終的に、シニフィアン因果性の問いに帰着する。つまり、こう結論して差し支えない――シニフィアンによる創造において、主体は疎外されるのである、と。「無からの創造」のラカン的含意については、なお掘り下げなくてはならない内容が残るものの、それは後の章に譲ることにして、さしあたり、シニフィアン因果性の第一平面の検討はここまでにしよう。次のステップに進まなくてはならない。

2　第二平面——非連続なる因果性

失われた原因としてのトラウマ

シニフィアン因果性の第二平面について、私たちがあらかじめハイライトしておいたのは、「無意識の位置《ポジション》＝態勢」のこの一文だった——

〔……〕それによってトラウマが症状のうちに伴意されるところのnachträglichもしくは事後性は、さらに一段高い次元の時間的構造を示す。[28]

ここで問われている時間的構造、トラウマ－症状関係のうちに識別されるそれは、第一平面で私たちが検討したシニフィアンの遡及作用の形式から、いかなる点で区別されるのだろうか。遡及作用の第一の様式について私たちが想起したのは、「カピトン点」だった。まず、最初のシニフィアン（S_1）が現れ、次いで、第二のシニフィアン（S_2）が言述《ディスクール》に留め金をかけると、そこから逆方向にシニフィカシヨン効果、すなわち意味の遡及作用が生じる、という図式だ。これにたいして、トラウマ－症状関係の場合に異なるのは、最初のシニフィアン、すなわちトラウマのシニフィアンが、シニフィアン連鎖上に現前しないという点である。症状の解読は、主体の言述に現前する症状のシニフィアン（真の意味での精神分析的作業は、主体が自らの症状を自分なりの言葉で定式化できてはじめて始動する）から出発し、不在であるトラウマのシニフィアン、すなわち、症状の原因であると想定されるものの、もっぱら症状が結果（効果）として存在するという一事から伴意されるにすぎない謎めいたシニフィアンへと進む。トラウマは、現前し効力をふるう原因の座には姿を見せず、抑圧のせいで失われ、不在であるがゆえに、症状を解読する手続きをとおして再発見されねばならないのである。先に述べたとおり、シニフィアン因果性の各平面に、原因の概念的廃位の特定の形式が対応する。ここで第二の形式として捉えることができるのは、この「失われた原因（cause perdue）」[29]の概念にほかならない。

症例エマ

トラウマ－症状関係の舞台となるこの第二平面には、フロイトの性的病因論を位置づけるのが王道である。フロイト最早期の総合的メタ心理学プロジェクトといってよい「一心理学草稿」（英語版由来の通称「科学心理学草稿」、一八九五）に記された症例エマは、この病因論の枢要なパラダイムのひとつだ。「ヒステリー性の強迫」とフロイトが診断するエマは、ひとりで商店に立ち入ることに不安を覚えている。フロイトのもとで、エマはまず、彼女が一二歳のときのひとつの経験を思い出す。ある商店にひとりで買い物に入り、二人の男性の店員が笑っているのを見た。すると、彼女は強い恐怖に襲われ、その場から逃げ去った。このとき、店員が笑っているのは彼女の着ている洋服のことであるという考えと、片方の店員が彼女の気に入ったという考えが頭に浮かんだという。だが、店員たちの笑いと彼女が抱いた恐怖のあいだには、どう見ても「不均衡」といわざるをえないアンバランスがある。そこでフロイトは、エマにいっそう遠くまで記憶を辿らせてみる。すると、エマはさらに四年前の記憶、すなわち八歳のときの記憶をよみがえらせる。ある日、エマがひとりである食料品店に買い物に行ったところ、その店主が服の上から彼女の性器をつまみ、にやにや笑ったというのである。

フロイトは、はじめに報告された記憶を「事件Ⅰ」、二つ目のものを「事件Ⅱ」と呼ぶ（つまり、このⅠ、Ⅱは実際に経験された順序とは逆になる）が、これらの事件のあいだには明瞭な二つの類似点がある。ひとつは、店員たちの笑いと食料品店店主の笑いであり、もうひとつは、彼女がいずれの場合もひとりで店へ入ったという状況の一致である。そこから、フロイトはこう判断する。これらの類似性によって、事件Ⅰは事件Ⅱと連合関係をもった、と。事件Ⅱにおける店主の悪戯は、八歳のエマには性的刺激をもたらさなかったのにたいし、性的成熟を遂げた一二歳のエマは、事件Ⅰにさいして、まさにこの連合関係にもとづいて、過去に経験されなかった性的感覚を解放させた。ところが、この感覚はただちに抑圧されて不安に転化し、同時に、フロイトが *proton pseudos*（根源的虚偽）と呼ぶ二つの「偽りの結合」、すなわち、着ている洋服のせいで笑われたという考えと、店員のひとりに魅力を感じたという印象がつくり出された。実際には、店員たちの笑いは食料品店店主の笑いと悪戯に、また、一方の店員の性的魅力は悪戯のさいに押しつけられた潜在的な性的刺激に、それぞれ送り返されてしかるべきだったのだが。

この「虚偽」の彼岸に、フロイトは、事件Ⅱという抑圧された記憶を、症状の隠された意味＝原因として浮かび上がらせることに成功した。いや、より正確には、「原因」の名にふさわしいのは、事件Ⅱの時点では宙吊りにされていたものの、事件Ⅰをきっかけに事後的に賦活されるやいなや抑圧され、不安に転化した性的感覚そのものだといわねばならない。いずれにせよ、原因はこのように、症状を出発点とする遡及効果のうちに回帰すると、たしかに定式化してよい。

だが、この病因論的シェーマの本質は、まさに原因としてのトラウマ記憶（事件Ⅱ）が、分析が開始されたときには秘匿されたままであることに存する。いいかえれば、病因論的決定の連鎖は、分析のはじめには、現前する結果と秘匿された原因のあいだの非連続として姿を現す。原因＝トラウマとその結果＝症状のあいだには、抑圧によって生み出されるひとつの非連続性が存在するのである。私たちはここで再び、先述のジャック＝アラン・ミレールの講義を参照してもよい。シニフィアン因果性の本質としてミレールが措定するのは、まさにこの因果性の非連続な性格にほかならない（「非連続性」は、当の講義のキーワードそのものである）。そして──ミレール自身が証明してみせるように──この「非連続性」概念を際立たせることによって、原因を「狩り出した」とラカンに言わしめたヒュームが措定する問いを、いっそう的確に捉えることができる。

ヒュームの因果性批判

一八世紀スコットランドの哲学者デイヴィッド・ヒュームが因果性に向けた疑いは、よく知られている。「AはBの原因である」とか、「BはAの結果である」とかと断定する言表は、けっして自明ではない、というのがヒュームの指摘だ。注意しなければならないのは、ヒュームが原因を「狩り出した」のは、ア・プリオリな観念としてであって、けっして言語のなかでそれが有用性をもたないからではない、ということだ。つまり、原因の観念そのものを削除したり、そのいかなる使用も拒絶したりすることは、ヒュームの意図にはなかった。そうした解決は不可能であり、そもそも、ヒューム自身もこの観念を手放すことはできないと自覚していた。実際、ヒュームは自説の説明のなかでも「原因」という語を使用することをためらわない。たとえば「われわれの〔感覚的〕印象がわれわれの観念の原因なのであり、われわれの観念がわれわれの印象の原因であるわけではない」[30]といった記述に、ヒュームの著作は事欠かない。だが、いま引用した一文は、奇しくも、ヒュームのこうした思考（「AはBの原因である」は自明ではない）がなぜ重大な帰結を孕むのかを説明してくれる。ヒュームにとって、精神の諸知覚（精神が自らのうちに知覚するものごと）は二つのカテゴリーに、つまり「印象」と「観念」に分割され、両者のあいだには「力（force）」と「鮮やかさ（liveliness）」の違いしかないとされる。だが、印象は精神の直接的な知覚（感覚ないし情念）であるのにたいし、観念は印象の弱められた像、もしくは「複写」にすぎない。そこから、先の引用文になるのだが、その背景をなすのは、私たちがもつすべての観念は知覚に、それゆえ経験に、由来する、という思考である。

　ヒュームにとって、人間の精神とは、諸印象と諸観念の、体系も組織化も欠いたひとつの集合にすぎない。もともと、これらの印象や観念のあいだにはいかなる関係もなく、それらは互いに独立して存在している。こうした考えを、人々は「ヒューム的原子論《アトミズム》」と呼び慣わしてきた（この原子論の先駆はロックのそれである）。米国の哲学者クワインは、それをこう要約する――「感覚は、還元不能な可感的小片、すなわち *minima sensibilia* のモザイクとして、思い描かれるようになった。これらの小片は、幅広いが限定されたヴァラエティをもち、繰りかえし生じうるとされた」[31]。クワインは感覚印象のことしか述べていないが、ヒュームにおいては「観念」も同じくこの状態にある。ところが、原子論それじたいは、いわば杣径《そまみち》、すなわちどこにも通じぬ道である。この最初の非組織化状態にもかかわらず、そこから出発した精神はいかにして、通常の心的活動が可能になるところまで、諸々の複雑な発展を遂げるのだろうか。それが問われねばならないのであり、ヒュームの研究もこの問いをモティーフにしている。だが、ヒュームは必ずしもこうした研究のポジティヴな相を差し出すとはかぎらない。多くの場合、顕わになるのはむしろその峻厳な面であり、そこでは、私たちの信念の根拠薄弱が断罪されるとともに、原因の観念をはじめ、私たちの悟性に行きわたる多くの観念や概念が虚構に帰される。この酷薄な方法、この徹底した思考の流儀を、ヒュームは「懐疑論（scepticism）」と名づけた。

いずれにせよ、立てられるべき問いは同一であり、それはこう要約される――精神はいかにして諸印象と諸観念のあいだの関係を生み出すのだろうか。ヒュームによれば、観念連合を可能にする原理は三つある（そして三つしかない）。それは三つの「性質（qualities）」とも呼ばれ、諸観念を比較することを可能にしたり、精神をひとつの観念から別の観念に導いたりする。すなわち、類似性、（空間および時間における）隣接性、因果性の三つである。ヒューム曰く、「これら三つの関係のうち、因果性のそれが最も大きな広がりをもつ」[32]。その理由はこうだ――

われわれの記憶や諸感覚の直接的な印象の彼岸へと、われわれを導きうる唯一の対象結合もしくは対象関係は、原因と結果の結合である[33]。

因果性とは、ようするに、経験の諸条件によって課せられる限界の彼岸へと精神を導く唯一の結合ないし関係なのである。だが、まさにこの関係のうちに、精神は自らの最大の弱点をも見いだす。なぜなら、精神には、この関係、「かくも並外れて重大な〔of such prodigious consequence〕」[34]

この観念を、理性によって監視される範域に書き込むことができないからだ。実際、因果性は、いや、より正確には、因果的推論は、理性にではなく、想像力に属する諸要因によって生み出される。[35] ヒュームのこのような分析が、後世の哲学、とりわけカントに、著しいインパクトを与えたことは、周知のとおりだ。

原因と結果の非連続

さて、シニフィアン因果性の第二平面に位置づけられることがらとの関係で、ヒュームの学説が私たちを惹きつけるのは、次の点においてである。ヒュームが提示し、『原因と同意』についての講義でジャック＝アラン・ミレールが参照した例（この例はヒュームに頻出するが、その出所はどうやらマールブランシュのようだ[36]）、すなわち、ビリヤード球の例をとろう。運動するひとつの球が、静止している別の球に衝突すると、次の瞬間に後者は運動を始める。このとき、第一の球の運動が第二の球のそれの「原因」であるようにみえる。だが、ヒュームによれば、じつはそうではない――

> 精神は、いかに正確な調査や検査によっても、原因と想定されるもののうちに、けっして結果を見いだすことはできない。というのも、結果は原因と完全に別物であり、したがって、原因のうちに露わにすることが不可能だからだ。第二のビリヤード球に生じる運動は、第一の球の運動とはまったく異なる出来事であるし、前者のうちには、ほんの微かにでも後者を示唆するものが何も見当たらないのである。[37]

この出来事（二つのビリヤード球の接触）を前にして、私たちの精神のうちに生じるもの、すなわち、知覚によって私たちに与えられるものは、対象に由来する印象にすぎない。しかし、原因であると想定される対象の印象、すなわち、運動する第一の球の印象は、結果であると想定される対象のそれ、すなわち、第二の球の運動の印象とは異なる。これらの印象そのもののうちには、原因や結果の性質を表すものは厳密に何ひとつない。因果性の観念は、これらの対象から生じるのではなく、両者の関係から生じるのである。ところが、印象という形で私たちの精神のうちに現前するかぎりでの、両者の関係として見いだされるのは、もっぱら隣接性と先行性（前者の後者にたいする）のみである。これらの関係のいずれも、因果性そのものではない。そして両者のいずれも、二つの対象を結びつけるには至らず、対象はそれゆえ互いに分離されたまま、いや、むしろ、非連続のままである。

　ヒュームが私たちにとって本質的な参照枠であるのは、この点においてである。ヒュームは、原因と結果のあいだにひとつの非連続性が存するのを示すことからはじめる。しかも、原因が不明である場合（フロイト的病因論の図式におけるように）にかぎらず、すべての場合に（だから、普遍的に）、この非連続が存するとヒュームは述べる。なぜなら、諸印象によって私たちの精神に伝達される現実《リアリティ》＝実在性のうちには（先に見たとおり、ヒュームにとっては、精神を構成するものいっさいが、もともとは直接的な知覚である印象として到来するのである）、「原因」「結果」「因果性」といった語によって指し示されるものの実在を印づけるものは、厳密に何ひとつ存在しないからだ。とすれば、因果性の観念はいったいどこから来るのだろうか。この観念はいまや、私たちの精神の純然たる産物、ひとつの推論の結果とみなすほかない。ヒュームの名高い解答はこうだ。因果性の観念は「習慣」に由来する、より正確には、隣接性および継起性（結果にたいする原因の先行）の関係が、類似の出来事の反復のなかで、それによって維持されるところの「恒常的結合」[38]に由来する。そして、この経験的恒常性、習慣化による精神のこの決定に、必然性の観念（これは因果性の認識に随伴する）および信念（何ごとかを確信をもって思い描くこと）が依拠するのであり、さらにこれらが私たちの認識のすべて、私たちの推論のすべてを請け合うことになる。いまや、因果性は経験によって課せられる限界の彼岸に私たちを導きうる唯一の観念であると、ヒュームが考える理由は明らかだ。習慣の支えによって精神が成し遂げる逸脱（これはヒュームの語ではないが、この文脈によく馴染む）、すなわち、諸々の印象から、それがいささかも伴意しない「因果性」なる観念を導き出すという逸脱こそが、経験の無媒介的な所与の彼岸において精神が実行する推論すべての起源に見いだされるのである。ヒューム的概念としての「習慣」のこの逆説的な性格は、以上の議論において決定的に重要である。ヒュームにとって、ようするに、習慣は経験のなかで形成されるが、経験を乗り越えるのである——原因と結果のあいだの非連続性を、まさに飛び越えることによって。

そこからラカンのほうに戻るなら、同じ非連続性がもたらす困難を克服するうえで、ラカンがなぜ「習慣」のような概念を必要としなかったのかは、一目瞭然だ。ラカンにはNachträglichkeitがあったから、つまり、結果シニフィアン（症状）から出発するシニフィカシヨンの遡及作用のうちで原因シニフィアン（トラウマ）がはじめて露わになるとする、フロイト譲りのスマートな理論に依拠することができたからだ。ラカンにとって、因果性ははじめから存在するわけではなく、もっぱらひとつの結果（効果）の現前によって伴意されるにすぎない。この結果から出発し、シニフィアンの諸法則に従って解読をおこなうことで、ひとつの原因に辿り着くことができるのである。だが、これらの法則を課すのは〈他者〉であることを忘れてはならない。原因が存在することは、〈他者〉を必要とする。それゆえ、ヒュームとラカンのあいだに存する違いをこう捉えてもよい。ヒュームが「経験」を、たんに習慣を形成するものとしてでなく、より一般的に、人間が手にするいっさいの認識の源泉として措定した（というのも、習慣の生み出す諸観念がたとえ経験を凌駕するとしても、これらの観念は経験の所与のみを説明するように編成されなければならないのだから）のにたいして、ラカンはまさに〈他者〉を措くのである、と。これがラカンを経験論から隔てる距離になる。

「経験論」対「懐疑論」

とはいえ、因果性にかんするヒュームの探求の結語を握るのは経験論ではない。ヒュームにおいては懐疑論のほうが一枚上を行く。少なくとも、それが、英国経験論の研究者であり、ラカンについての著作もある哲学者ジャン＝ピエール・クレロと私たちが共有する印象である。ヒュームのうちに経験論を「見いだすことはできない」とするクレロは、こう釘を刺すことをためらわない――

> 経験論というレッテルは公正さを欠く。われわれがとくにこの便利な属性と闘ってきたのは、それがしかるべく理解された懐疑論と相容れないからだ。われわれが自らの精神や世界

から感じとるものが、これらのものの実在性を伝えていると口走るようなことは、ヒュームには一度たりともなかった。それどころか、ヒュームは、われわれの頭にあるものが説明されるのは、感覚されることのない諸概念を措定することによってではないかという疑いを、つねに抱いていた。これらの概念にたいしては、虚構という身分を与えるのが慎重な態度であり、それらを物象化したり実体化したりすることは慎まねばならないのではないか、という疑いである。[39]

経験論と懐疑論の相克というこの問いに、ここで詳しく立ち入ることはできないが、私たちの今後の作業に直接かかわるポイントをそこから取り出しておくことは、けっして無意味ではない。そのためには、しかし、もうひとり思想史上の重要人物を登場させる必要がある。ニュートンである。

ヒュームにとって、科学の理想がニュートンの数学的物理学であることは言を俟たない。ヒュームの経験論にせよ、懐疑論にせよ、それらは物理学のニュートン的諸規則を人間科学に翻訳したものであり、これらの規則はかの名高い定式「*Hypotheses non fingo*（我ハ仮説ヲ作ラズ）」に要約される。アレクサンドル・コイレーが、この「*fingo*」を「feindre（中身のないものを見せかけとして示す、でっちあげる）」なる動詞でフランス語に訳すことを提案するのをふまえつつ、[40]私たちは当の定式を含む『自然哲学の数学的諸原理』（一六八七）の一節をもっと長く引用してみよう——

だが、ここに至るまで、私は重力のこれらの特性の原因を諸現象から露わにすることができなかったのであり、私は仮説を作らない。というのも、現象から演繹できぬものは何であれひとつの仮説と呼ばざるをえないからだ。仮説は、形而上学的なものであろうと、物理学的なものであろうと、人知を越えた性質にかかわるものであろうと、力学的な性質にかかわるものであろうと、経験的哲学のうちに入り込む余地はないのである。この哲学においては、特称命題は諸現象から導き出され、そののちに帰納により一般化されるのである。[41]

ニュートンが受け容れるのは、ひとり経験（＝実験）によって証明された諸原理や諸特性のみである。それ以外のことがらについては、ニュートンは何ひとつ、仮説の力を借りて説明しようとはしない。仮説は証明によって正しいと判明するわけでも、観察によって確かめられるわけでもないからだ。

自らが構築を目論む人間精神についての科学に、ヒュームが導入しようと試みるのも、このような実証主義的諸規則にほかならない。そこから、『人性論』冒頭に記された次のような主張が結晶化する――

〔他の諸科学の根拠となる〕人間の科学そのものに、われわれが与えることのできる唯一の堅固な根拠は、経験と観察の上に置かれるべきである。[42]

そこから、同じく、仮説による推論に飛びつくことに、たえまない警戒の目が向けられる。ヒュームにとって、認識の限界は精神的なものの地平にたえず現前しており、それ以上遠くに何かを求める必要はないし、また求めるべきでもない――

われわれの精神の諸作用の究極の原因を説明することは不可能である。経験とアナロジーから、これらの作用について何であれ満足のいく説明ができれば、それで十分だ。[43]

だが、ヒュームにおいて、いっさいがニュートンの場合と同様に進むわけではないことは、あらためて指摘するまでもない。といっても、人間本性についての知は、推論の一般的規則であろうと、倫理学の根本的原理であろうと、はたまた別の何ものかであろうと、数学化することが困難であるという、人間科学の種別性を問題にしたいわけではない（ヒュームは数学に明るくなかったという事実についても、ここで語る必要はあるまい）。両者の違いは、より深く、ヒュームがめざす科学の条件そのものに由来する。この問題は、二つの観点から定式化されうる。

まず、ヒュームが企図する人間精神の科学は、ニュートン物理学が知るよしもなかった奇妙な循環を懐に抱え込んでいる。つまり、精神の科学に求められるのは、この科学が何ごとかを分析するのを可能にしてくれる当のものを分析することである、という循環である。実際、この科学が発見する精神の働きの諸規則は、この発見そのものの過程で自らがすでに依拠している（と想定される）ものにほかならない。これらの規則（およびその運用）を分析することが精神科学の課題である以上、この科学はおのれ自身の諸条件を分析すること、すなわち、おのれ自身をたえず問いに付し続けることを、宿命づけられているといわねばならない。そのため、ヒュームの科学において、「経験」は、ニュートン物理学の実証主義によっては疑われることがなかったあの透明性――観察者と観察される対象の透明な関係――を手にすることができない。精神が自らの観察する経験の領野からおのれ自身を排除しえないがゆえに、この透明性は曇らされる。経験を観察することは、精神の自己観察を必然的に伴意するのである。周知のとおり、古典物理学（つまりニュートン物理学）は、この種の困難から二〇〇年以上にわたって隔てられていた。その平安が破られるのは、量子物理学によって、より正確には、ハイゼンベルクの不確定性原理（一九二七）によってである。

他方、ライプニッツやホイヘンスとの論争が示すとおり、ニュートンにおいては、科学的実証主義と宗教的感情という一見矛盾する二つの要素が、いわば超然と共存しており、互いに補強し合っている。神学が科学的手続きに介入することがあってはならないが、後者は前者に閉ざされているわけではない。つまり、ニュートンにおいて両者は絶妙に「併置」されているのであり、その結果、本来の意味で経験的かつ観察可能な領域の彼岸で、しかし何らかの人知を越えた諸性質に訴えるのではなく、科学的言説はひとつの跳躍をおこない、『光学』のタームを借りるなら「機械的なものであるはずがない真の第一原因」[44]について、語ることができるし、また語らねばならない。これにたいして、ヒュームには、こうした宗教的次元――自然神学、宇宙の秩序の美への崇敬――が完全に欠如している。ニュートンの方法論からヒュームが学ぶのは、研究や説明を厳密に経験的なものの領野に限定することだけである。だが、この選択は無垢でも安易でもない。現代フランスを代表する英国哲学研究者のひとり、イヴ・ミショー曰く、「ヒュームは〔ニュートンから〕科学的手続きの経験主義のみを引き継ぐ、あるいは、引き継ごうとする以上、ニュートン以上にニュートン的になるきらいがある」[45]。というのも、経験論へのこのような自己限定は何をもたらすだろうか。認識の体系の終焉である。ヒュームにおいて、認識の体系は、一方では、諸現象の不可避的な多様性のうちに、他方では、これらの現象の第一原因は知りえぬものとしてしか開示されないとする不可知論のうちに、解消されてしまう。ヒューム的世界のこの辺涯に広がるのは、いわば哲学的根拠の砂漠である。そこでは、主導的方法としての経験論はもはや立ちゆかなくなる、というのも、経験論には現実的なものを汲み尽くすことも、それをまるごと「知る」こともできないことが、明らかだからだ。とすれば、「経験＝現実的なもの」という定式がいかに強固であろうと、これを放棄せざるをえない。こうして、経験論は転倒する――残されるのは、ひとり底なしの懐疑主義のみである。

観念と実在するものの非連続

重要なのは、この懐疑主義、いや、むしろ、「懐疑主義」というこのラベルの背後に、ヒューム哲学のいかなる本質が隠されているのかを見きわめることである。私たちの考えでは、懐疑主義とは、ヒュームの企図全体を特徴づけるひとつの根本的な逆説の名にほかならない。その逆説とは、人間の認識をひとつの無根拠のうちに根拠づける、というものだ。原因という観念の根拠を探し求めても、見いだされるのはそうした根拠の不在のみであるが、ヒュームにとってはそれがすでに十分ポジティヴな結果であり、ヒュームはすすんでそれに甘んじるだろう。だが、ヒュームの企図のこの逆説は、そもそも何に由来するのだろうか。それは、ドゥルーズが精神の「自己超克」[46]と呼ぶものに由来する。精神は自己を超克する、そしてヒュームにおいては、この超克の運動のうちにこそ、主体性が到来するのである。

まさにこの点で、ヒュームはカントを先取りする。主体性の自己超克という主題は、ヒュームからカントへと私たちを移行させる回転扉である。これはもちろん、ありえない移行ではない、というのも、ドゥルーズが示すように、この主題から、この主題にたいする立場の取り方から、ヒュームとカントの断絶が生まれるからだ[47]。しかし、私たちとしては、私たちがこれまで身を措いてきたパースペクティヴのなかで、この移行を吟味することにしたい。「非連続性」というタームをいまこそ思い出そう。ヒュームは、因果性の概念化不可能性を、原因対象の観念と結果対象の観念を隔てる非連続性の水準で捉える（そして、この非連続性にもかかわらず、因果的推論を可能にするのは、経験のなかで形成される習慣である）。だが、観念の水準に見いだされるこの非連続性は、より根本的な水準での非連続性を伴意せずにおかない。すなわち、観念（もしくは経験）と実在するもののあいだの非連続性である。原因の「無根拠」はこの後者の非連続性から帰結するのであり、原因の観念の究極原理は、こうして、実在するもの（＝現実的なもの、le réel）の不可知性に永遠に宿り続けることになる。二つのビリヤード球のあいだで実際に（＝現実的に）起きることは、私たちの悟性には厳密に接近不能である一方、習慣化の結果である因果性の観念は、実在するもののこの接近不能性にもかかわらず、かつそれとは独立して、知覚の所与に適用されるのである。こうして、現実の分裂が、私たちの問いになる。まさにこの問いの地平で、「デイヴィッド・ヒュームの戒め」はカントの「独断論のまどろみを断ち切った[48]」のであり、そうして目覚めたカントは超越論的思考体系の再構築を試みるだろう。

非決定の余白

だが、ここまで長々とヒュームに足を止めてきたのは、諸観念のあいだの非連続性から、観念と実在するもののあいだの非連続性へと、ヒュームを導く論理が、じつは、フロイトの病因論に見いだされる思考の運動に完全にパラレルだからだ。「一心理学草稿」の症例エマを再び取り上げよう。フロイトは、本節のはじめに私たちが辿ったエマの症状形成のメカニズム、すなわち、互いに連合関係をもつ二つの事件から症状とその誘因のあいだに「偽りの結合」が生み出される仕組みを解明したのち、そこに働いている抑圧の過程（エマが性的感覚を抑圧して不安に転化したこと）がヒステリーに典型的なものであるとして、こう述べる――「ある記憶が抑圧され、ただ事後的に外傷になった〔……〕。こうした事情の原因は、個人のその他の発達と比べて思春期が遅れてやってくることである」[49]。ここにいう「記憶」とは、事件Ⅱ（八歳のときの外傷体験）のそれを指す。この記憶は、四年の歳月を経て、一二歳のときの事件（事件Ⅰ）をきっかけにはじめて作用する。フロイトは、そのような時間差がどうして生じたのかを問い、その答えを性的成熟の遅れという要因に求めた。すなわち、八歳のときに受けた性的悪戯の意味が、思春期を迎えた一二歳になって事後的に到来した、という理解だ。だが、いま引用した箇所でフロイトが「原因（Ursache）」と名指しているものは、もはやヒステリーそのものの病因（フロイトのいう「特定病因」）のことではない。それはむしろ、ヒステリーの形成過程全体の条件となるような何ものかであり、いわば「原因の原因」とでも呼ぶべきものにほかならない。エマの症状の原因（特定病因）は、フロイトによれば、遅れて到来した「性的放出（eine sexuelle Entbindung）」[50]（性的感覚の解放）以外になく、それはいまやフロイトの手で再発見された。だが、この放出が事件Ⅰというその場の経験にではなく、事件IIという過ぎ去った経験の記憶に結びついている事実は、この記憶と症状を結びつけるさらなる条件の説明を要求する。いいかえれば、この放出はなぜ四年の時を経て事後的に症状を生み出すことになったのか、いや、ラカンの表現を借りれば、症状に伴意されることになったのか、ということだ。フロイトはそこに、性的成熟の遅れという発達的・時間的ファクターを挿入するのである。

フロイト的病因論のこの展開のうちに、私たちは何を読みとらねばならないだろうか。ヒステリーの特定病因から、さらにその先へ、すなわち、特定病因と症状を結ぶ連鎖を条件づけるものは何かという問いへと、フロイトが探求を進める——進めざるをえない——のは、この無意識の病因論的決定の連鎖がつねにひとつの「隙間」を含んでいるからにほかならない。病因論的決定の連鎖は、それだけでは症状の形成を完全には説明しない。そこには、必ずや「非決定」の余白が、つまり、その連鎖によっては決定されないという意味でも、また同時に、その連鎖のみから見きわめることができないという意味でも、「非決定」として残されるファクターが、見いだされるのである。こうしてフロイトが突き当たる「非決定」は、ヒュームの懐疑論が辿り着く「観念と現実的なもののあいだの非連続性」でなくて何だろうか。抑圧によって病因論的決定の連鎖上に刻まれる非連続性（事件IIと事件Iのあいだの非連続、あるいは、事件IIと症状のあいだの非連続）から、この病因論的決定そのものとそれを条件づけるファクター（「原因の原因」）のあいだの非連続性へというフロイトの思考の運動は、諸観念のあいだの非連続性から観念と実在するもの（＝現実的なもの）のあいだの非連続性へというヒュームの歩みにピタリと重なる。そしてこの運動は、シニフィアン因果性の第二平面から第三平面へと私たちを移行させずにはおかない。

本節で検討された第二平面では、「失われた原因」、すなわち、病因論的決定の時間的連鎖の始点に現前しそこなっているトラウマ的シニフィアンが焦点になった。私たちは、いまやこう問うことができる――この失われた原因は再発見されるのだろうか、と。仮に再発見されるとしよう（実際、エマにおいて事件Ⅱの記憶が甦ったように）。だが、それは精神分析がおこなう原因追求の終局を意味するのだろうか。否、フロイトは真のトラウマ性記憶、すなわち、エマが八歳のときに受けたとされる性的ハラスメントを発見することでよしとはしない。ハラスメントの時点とヒステリー発作が実際にはじまった時点のあいだに見られる時間的なギャップがなぜ生じたのかを問いつつ、原因としてのトラウマよりさらに遠くまで症状形成の道のりを説明しようとするのがフロイトなのだ。そうして露わになるのは、症状の象徴的決定（シニフィアンの次元での病因論的決定）の余白であり、それは再発見されたトラウマ性原因の彼岸、いいかえれば、私たちがシニフィアン因果性の第二平面と呼ぶものを構成するシニフィアン連鎖の彼岸に姿を現すのである。

それゆえ、私たちを待ち受ける次なるステップに進まなくてはならない。

3 第三平面――原因の非決定

「原因の孔」のほうへ

私たちの議論の現在地を、ラカン本来の座標軸の上で確認しておこう。シニフィアン因果性のこの第三平面にて私たちが明らかにすべきことは、第Ⅰ部でも度々想起されたセミネールⅪ中のキー概念「原因の開口部（béance causale）」にかかわる。それゆえ、当のセミネールでラカンがこの「開口部」の問題に斬り込むに至る文脈を、あらためて整理しておかねばならない。「精神分析の四基本概念」を論じる作業の冒頭で際立つのは、「四概念」の筆頭たる「無意識」の再定式化が「原因」概念の見直しと対にして進められることである。当時の聴衆のなかには、この発想に意表を突かれた人もいたにちがいない。ラカンはこの見直しを、同セミネールでおこなわれることになる作業の「新しさ」の支え、いいかえれば、問われている四概念の来たるべき刷新の土台とみなす。忘れてはならないのは、私たちの出発点となった「定式A」が本質的にこのパースペクティヴを共有していることだ。定式Aが見いだされる「無意識の位置《ポジション》＝態勢」は、一九六〇年の講演をもとに、一九六四年、すなわちセミネールⅪの年に、書き直された論文である。

セミネールⅪ第二章において、ラカンは無意識についての自らの名高いテーゼ、「無意識はひとつの言語〔言語活動、langage〕のごとく構造化されている」を想起することからはじめる。このテーゼは近代言語学の領野とその所与へと私たちを連れ戻さずにはおかない。実際の発話を可能にするシニフィアンの組み合わせゲームは、その「自発性」――このタームはアリストテレスの「アウトマトン」を思い起こさせる（クルバリトシスは*automaton*を「自発運動」と訳す）――において、「前主体的」な仕方で作動する。[51] この組み合わせ構造は、言語（個別の国語や地域語、langue）そのものを構成するとともに、同じくシニフィアンの場である「無意識」にその本来の身分を与えるのである。だが、ラカンがセミネールⅪでフロイト的無意識を位置づけようと目論むのは、もはやこの言語学的領野にではない。とすれば、いずれの理論、いずれのモデルがそれに代わりうるだろうか。もっと力動的な無意識像を求めるべきなのだろうか。そうではない。無意識を力動化したところで、新たな神話を打ち立てることにしかならないだろう。そうしたことには、もちろん、ラカンは関心がない。

ラカンの賭け金が明らかになるまで、さして時間はかからない。ラカンが目指すのは、フロイト的無意識を「原因の機能」との関係において捉えることである。それだけではない。ラカンは同時に、フロイトが発見した無意識の機能から出発して、「原因」概念を見直すことをも試みる。「無意識の位置《ポジション》＝態勢」の定式Aをいまいちど思い出そう。フロイト的無意識の審級として位置づけられる「原因」のうちに、原因の「確たるもの」を見いださねばならない──そこにはそう記されている。実際、シニフィアン因果性についての私たちの探求は、これまでこの目標に向けて進められてきたのであり、その最初の二平面に続いて、いまや第三の平面が視界に捉えられている。だが、私たちが目下辿りつつあるテクスト、すなわちセミネールⅪにおいて、原因の問題にかかわる参照軸として引き合いに出されるのは、「無意識の位置《ポジション》＝態勢」にその名の挙がったヒュームではなく、そのヒュームに「独断論のまどろみ」を打ち破られた当の人物、カントである。

カントにおける「原因」の分解不能

なぜカントを、とりわけ、一七六三年に書かれた「三批判書に先立つ《プレクリティック》」小著『負量の概念を哲学に導入するための試論』を、参照するのかについて、ラカンはこう説明している──

〔……〕カントの『負量についての試論』を読むと、原因の機能がいっさいの概念的把握に差し出す開口部がいかにじっくりと突き詰められているのかを捉えることができる。[52]

原因の機能には、いっさいの概念的把握を逃れる開口部が含まれており、カントはそのことを明確に意識している。ラカンによれば、この試論にはまた、原因とはつまるところ「分解不能[53]」な概念であるとする記述も見いだされる。「分解不能（unauflöslich）」とは、実際、同書の結び間際にカントが用いている形容詞である。いうまでもなく、原因の概念は、『純粋理性批判』（一七八一）に結実するカントの思弁哲学のアーキテクチャのなかで最も重要な座のひとつを占める。ラカンが指摘するとおり、この中心的概念は、『批判』の一部を先取りしたようなこの『試論』において、すでに小さからぬ役割を演じていた。ラカンのこうした見立てが際立つのは、このテクストに目を通すことで、原因の問題のいわゆる超越論的解決に『批判』のなかで辿り着くまでに、カントがいかなる思考のルートを経てきたのかが、明瞭に推し測られるからだ。それゆえ、『試論』におけるカントの議論を、ひととおり見わたしておく必要がある。

この著作におけるカントの関心は、いささか初歩的な問題に由来する。静止しているひとつの物体を注視するとき、この静止は必ずしも「動力」（動かす力、Bewegkraft）の不在を意味すると考えることはできない。この物体が被る「動力」は、反対方向に働く同じ大きさの別の力によって、相殺されることがありうるからだ。その場合、二つの正《ポジティヴ》の項のあいだには実在的な対立が存するのであり、それはたんなる論理的な対立、すなわち、二つの述語のあいだにのみ矛盾を来す対立には、還元されない。負量の概念を哲学に導入する必要をカントが訴えるのは、まさにこうした文脈においてである。つまり、求められるのは、たんに、方向としては負の性格をもつもの の、それ自体はポジティヴに実在する量を概念化することに留まらない。より根本的に、否定がたんなる論理的事実でしかない論理の領界と、否定が正《ポジティヴ》の価値をもつ何かとして働く実在の領界との、厳密な区別を確立することが、カントの狙いなのである。カントが問うのは――そして実際、「徹底的哲学者（gründlicher Philosoph）」を名乗る人々に、ある種のアイロニーをこめて、明らかにしてほしいと求めるのは――、何かが存在するがゆえに、何か他のものが実存するということを、論理の水準ではなく、実在の水準で、いかに理解すべきか、ということにほかならない。いいかえれば、たんに論理的であるだけでなく、実在性＝現実（Realität）にかかわる、すなわち私たちの「経験」にかかわる諸命題からの帰結を、いかに真実なものにしうるのか、という問いだ。

　ひとつの論理的帰結は、実在するいかなる存在にも関係づけられることなく、すなわち、もっぱら最初に措定された根拠（原理）にたいする完全な、あるいは部分的な、同一性のみによって、かつ、純粋に論理的な推論を支配する同一律によって、措定されうる。カントの挙げる例を参照するなら、「人間は有限な精神をもつ」という命題から、「人間は誤ることがある」という結論がじかに取り出されうる（こうした種類の判断を、カントは『批判』において、つまり二〇年後に、「分析的判断」と名づけるだろう）。これにたいして、ある物体が他の物体を動かすと述定することは、どうすれば正しいとみなされうるだろうか――これら二つの物体のあいだに、一方の運動が他方によって引き起こされた（あるいは「原因」を与えられた）ことを示すいかなる内在的関係も見いだされないのだとすれば。これは、いうまでもなく、ヒュームが突き当たったのと正確に同じ問いである。この困難を前にして、カントもまた、私たちの認識の正当性を根本的に問いに付さずにはおかない――

原因や結果、力や行為といった語に、私はやすやすと丸め込まれたりはしない。なぜなら、何かあるものを他のものの原因とみなしたり、それに力の概念を当てはめたりするとき、私はそれのうちにすでに実在的根拠〔Realgrund〕と結果の関係を考えてしまっているからだ。そうなれば、結果の措定を同一律にしたがって認めることはたやすい。[54]

ヒュームが露わにしてみせたのと同じギャップ、すなわち、人間は自分が正当にそうできる以上のことがらを判断する（してしまう）ということに存するギャップに、カントが直面していることは疑いを容れない。[55] 実在する事物の根拠を求めて一歩を踏み出そうとするカントには、ヒュームと同じく、実在的なものと経験を等価とみなす私たちの素朴な信念の脆弱性に目を瞑《つむ》ることができないのである。

注目すべきなのは、この困難がカントによって、ヒュームの場合とまったく同じ仕方で、つまり「原因」の概念の形で、出会われたことだ。この概念が伴意する論理的関係は、それが適用される対象同士の実在的関係を汲み尽くしはしない。あるものが他のものの「原因」になると述べることは、いかにして可能なのだろうか。いや、むしろこう言わねばならない――私たちがもつ「原因」の概念によって正確に思い描かれるような関係が、実在性＝現実のうちに存在すると考えることは、いかにして可能なのだろうか、と。これこそが、カントの措定する問いである。知覚の（それゆえ直観の）純粋な所与の側にではなく、いかに根本的なものであろうと、あくまで概念の側に措かれることで、「原因」は——実在性＝現実にかかわる私たちの認識はそのような形式のもとでしか到来しないにもかかわらず——定義上、実際に（＝実在性のレベルで）起きることを照らし出しはしない。いいかえれば、何らかの結果の「原因」として措定されることがらのうちには、ひとつの開口部が、すなわち、実在するものが照らし出されることはないという事実に由来する開口部が、つねに穿たれるのである。もっとも、原因の概念は、他の基本的諸概念と同様、実在するものにかかわる私たちの認識、いや、私たちの「経験」そのものが構成される上で、必要不可欠であることに変わりはない。だからこそ、『試論』を締め括るにあたって、カントは次のようないわば折衷的な解決を差し出そうとする——

〔……〕実在的根拠と、それによって措定されるか相殺されるかする何かとの関係が表現されうるのは、けっしてひとつの判断によってではなく、もっぱらひとつの概念によってのみである。この概念は、分解によって、実在的諸根拠のいっそう単純な諸概念へともたらされうるのであり、その結果、最終的には、この関係について私たちが認識するところのものすべてが、実在的諸根拠の単純で分解不能な諸概念に行き着く一方、これらの根拠と結果との関係が明白になることはいっさいありえない。[56]

ここでカントが「判断」と呼んでいるのは、主語と述語の単純な述定関係に還元されうる純粋に論理的な判断である。これにたいして、後半に現れる——そしてラカンが注目する——「分解不能」な概念とは、私たちの悟性の還元不能な諸要素であり、いかなる判断（純粋に論理的な）よりも原始的で、実在的根拠とその結果のあいだの実在的関係を照らし出さないにもかかわらず、実在性＝現実のほうを向いた概念にほかならない。因果性は、根本的で還元不能なこれらの概念のひとつによって捉えられる、もしくはアプローチされるのみであり、そのようにしてはじめて、因果性は認識の対象として私たちの理性に乗り入れるのである。

純粋悟性概念としての因果性

『試論』を締め括るこの一節のうちに、カントがそれ以後自らの研究に与え、最終的に『純粋理性批判』に結実することになる発展が、すでに兆している。「純粋に論理的な判断」と「単純で分解不能な諸概念」を隔てる二分法は、『批判』の冒頭から早くも「分析判断」と「ア・プリオリな総合判断」の区別として再定式化されることになる。ア・プリオリな総合判断とは何だろうか。これは『批判』の超越論的理論全体を導く問いである。私たちの認識の対象は「直観」（その「形式」は時間と空間の二つである）において与えられ、悟性に内在する諸概念、すなわち「純粋悟性概念」もしくは「カテゴリー」によって把握される。「因果性（Kausalität）」をそのひとつとする、これらの純粋概念は、直観の対象一般にア・プリオリな仕方で関係づけられ、いっさいの認識に先立つ総合においてこの対象を認識可能にする。この原初的な総合、直観の対象に、悟性に内在する諸形式を適用するというこの総合こそが、「ア・プリオリな総合判断」にほかならない。この判断は、それゆえ、私たちの経験にア・プリオリな客観的根拠を与えることで、経験全体を可能ならしめる。このことは、カントによって、次のようなタームで記述される――

〔……〕経験の可能性の諸条件は、総じて、同時に、経験の諸対象の可能性の条件でもあり、だからこそ、これらの条件はひとつのア・プリオリな総合判断のうちに客観的効力をもつのである。[57]

対象は、直観において与えられるだけでは、私たちの認識を構成するに至らない。経験の認識が生まれるためには――そしてこのことは、当の認識が真なる認識として打ち立てられねばならぬことを伴意する――、対象は私たちに向けて提示される必要がある。この点を、ハイデガーは次のように説明する――

真理の本質を、伝統的な意味で、言表と対象〔Gegenstand〕の一致として理解するならば――カントもまた真理をそう理解するわけだが――、かく解された真理は、対象があらかじめ、ア・プリオリな総合判断によって、対して－立つ〔Gegen-stehen〕にまで至っていないかぎり、存在しえない。[58]

ところで、このカント的思考は、いっさいの人知（人間的認識）にとって外部となる領域の観念を必然的に伴う。周知のとおり、カントの思弁哲学体系はひとつの分断によって特徴づけられる。一方では、いま述べたようなやりかたで純粋悟性の制御する「経験」の領域が広がる。しかし他方では、この領域から排除されることがらいっさいが、カントが「可想界」と呼んだり「ヌーメノン」と名指したりする、不可知なるもの（物自体）の範域、私たちの認識が立ち入ることのできない範域に、書き込まれる。先に『試論』から引用した一節のうちに、この分断はすでに芽生えていた——分解不能な概念（『批判』のタームでいえば「カテゴリー」もしくは「純粋悟性概念」）によってアプローチされる実在的根拠と、この根拠の結果として想定されるものとの関係について、カントはあからさまな懐疑を表明していた。このときカントの念頭にあったのは、まぎれもなく「原因」の概念である。原因が原因であるのは、ひとつの還元不能な概念としてではあるものの、この概念によって表現される実在的根拠がいかなるものであるのかは、私たちにはけっして知ることができない。原因の概念に対応する実在的根拠がほんとうに存在するとしても、それは私たちの概念的把握を、それゆえ、ア・プリオリな総合判断によってのみ可能になる私たちの「経験」を、逃れてしまう。ようするに、そのような根拠は物自体の領界に措かれるのである。原因の概念が「分解不能」である理由は、いまや明らかだ。この概念は、その彼岸にはもはや認識しうるものが何もないという事実に由来する、解消しがたい不透明性を内包しているのである。こうして、実在するもの＝現実的なものは分裂する——現実的なものが経験において捉えられる一方、捉えきることのできないものが不可知の現実的なものを構成する、という形で。けっして安上がりにはみえないこの対価を払うことではじめて、カントは原因の概念を『批判』の「カテゴリー表」上に刻みつけたのである。

さて、カントのこの解決を、ラカンは受け容れるだろうか。答えはもちろん否である。セミネールXIのなかで、『試論』について述べたあと、『批判』を想起しつつラカンがおこなったのは、次のような発言だ——

原因は、われわれにとって、カントがいかなる様態で純粋理性の諸カテゴリー中にこれを書き込もうとも——より正確には、カントは諸「関係」の表の「内属性」と「相互性」のあいだにこれを書き込むのだが——、それによっていっそう理性に適うものになるわけではない。[59]

いいかえれば、原因のうちにはつねに何か「反概念的」[60]なものが横たわっており、それはいっさいの合理化に抵抗する。もしかすると、いかなる観点に立つかによって、カント的解決にはなおメリットがあるのかもしれない。純粋理性としての人間知性の機能を明らかにし、その及ぶ範囲を確定しようとする場合には、理論的認識の最も根本的な形式のひとつとして、すなわち人間悟性の機能に内在する概念のひとつとして、「原因」を定義し直すというカント的思考を凌駕することは、たしかに容易ではない。実際、ヒュームの懐疑論に比べて、理性のア・プリオリ性のうちに原因（および他のすべての純粋概念）を回収することを処方するこのカントの合理主義は、おのれ自身を根拠づける理性の正当な要求として、いわゆる大陸の哲学者一般から、より歓迎された。だが、無意識のフロイト的発見のあとには、「原因の開口部」の問題はカント的解決で片がつくと高を括ることはもはやできない。なぜなら、ラカン曰く、フロイト的無意識は、原因が孕むこの「反概念的なもの」そのものに関係するからだ。

原因と法の対立

とすれば、ラカン自身の思考の軌跡をなぞる作業は避けられない。ラカンの考察は、「原因」と「法（法則）」を区別することからはじまる――

> 原因は、ひとつの連鎖のなかで決定するものから、いいかえれば法則から、区別される。[61]

この発言の重要性は、どれだけ高く見積もっても高すぎることはない。法（法則）は決定する。原因はそうではない。このことは何を意味するだろうか――原因は説明しない、原因の探求はひとつの袋小路にしか行き着かない、ということでないとしたら。この点は、すでに一九世紀の実証主義者たちによって教示されてきた。彼らもまた、原因と法則を区別しつつ、前者の研究を斥け、諸科学（自然科学のみならず、社会科学も）は経験の所与を説明するものにのみかかわるべきであると呼びかけたのである。その範例的な言説を、ラカンはオーギュスト・コントのうちに見いだす。『実証哲学講義』の、たとえばこんな一節だ――

> 〔……〕良識あるすべての人が今日認めるとおり、われわれの実《じつ》のある研究〔études réelles〕は、諸現象を分析し、実際に働くその諸法則、すなわち継起や類似といった恒常的な連関を見いだすことに、厳密に限定されるのであり、諸現象の内なる本性にも、その原因――第一原因であろうと目的因であろうと――にも、さらにはその本質的な生産様式にも、いささかもかかわることはできない。[62]

諸法則に統御される諸現象のあいだに観察される恒常的連関のうち、コントがしいて――おそらくは、たまたま――継起と類似を挙げているのはおもしろい。これらの連関を、私たちに馴染みのある一語で言い表すなら、「連続性」となるだろうが、これは、いうまでもなく、いっさいの因果関係を特徴づけるものとして私たちがこれまで注目してきた「非連続性」の対極である。この非連続性を、私たちはまず、シニフィアン因果性の第二平面において、原因と結果のあいだのそれとして、次いで、私たちがいま検討しつつある第三平面において、諸概念の領界と現実的なもの（＝実在するもの、le réel）の領界のあいだの非連続性として、捉えたのだった。

このことは、前述のヒューム／カント問題へ、いや、より正確には、彼らの共通の参照軸であるニュートンへと、私たちを連れ戻さずにおかない。先に強調したとおり、ニュートンは、ヒュームにとって科学の理想だった。カントにとっては、理想ではないにせよ、少なくとも、自らの哲学の認識論的条件を整備する決定的に重要な研究を著した先人だった。こうした観点から、ハイデガーは、カントにたいするニュートンの寄与を浮き彫りにする。その寄与とは、数学的なものの重要性の伝達にほかならないが、経験を先取り（Vorwegnahme）するという数学的なものの本質は、なるほど、ア・プリオリな認識というカント的概念への道を拓いたといえる。[63] そして、この同じニュートンこそが、今日もなお影響力を持ち続ける仕方で、法則の探求と原因のそれとを区別しつつ、法則の領界を確立したのである。あの「我ハ仮説ヲ作ラズ」をいまいちど思い起こそう。万有引力はもっぱらひとつの法則として措定されたのであり、この法則はそれだけで科学者にとって完成したものでありうる、それゆえ、科学者はその彼岸に進まぬことができる。アレクサンドル・コイレーは、この分水嶺をこう説明する――

> ニュートンが「引力」ないし「重力」の諸法則を研究する一方で、天体の求心運動を生み出す実在的な諸力について説明する義務を覚えずにいるのを、妨げるものは何もなかった。これらの力――物理的《フィジカル》な力であろうと、形而上学的《メタフィジカル》な力であろうと――は厳密な数学的諸法則に従って作用すると想定するだけで、完璧に十分だったのである〔……〕。これは課題の一部にすぎぬとはいえ、きわめて必要性の高い一部である。というのも、この予備的段階が完了してはじめて、諸現象の実在的原因の探求にとりかかることができるのだから[64]。

実際には、先に見たとおり、ニュートンはこの最後の探求にほとんど関心がなかった。物理的な力の実在的な原因にかかわる問いに、彼は宗教的感情の交じった不可知論で答えたのである。すなわち、それらの原因は知られざるままに、あるいは、神の手に委ねられたままに、留まることができる、と。

だが、私たちの考えでは、「法則」というニュートン的概念が物理学の領域に導入されたことこそが、原因にかんするヒューム／カント問題の本性を決定づけた。本書第I部で強調したとおり、アリストテレスにとって、「原因」は実在的原理であると同時に説明原理でもあった、いいかえれば、存在論的平面と認識論的平面に同時に措かれていたのにたいし、ヒュームとカントはこれをもっぱら後者の平面に措き、厳密に認識論的なタームで議論をおこなう。ようするに、ヒューム以来、原因の存在論的機能は括弧に入れられ、原因機能の稼働領域は主体性の内部に封じ込められたのである。そしてこの変化は、まさに「法則」というニュートン的概念の導入の結果にほかならない。なるほど、「法則」という語はヒュームのヴォキャブラリーにほとんど属しておらず、ヒュームはむしろ精神の働きの諸「規則」や「規則性」について論じる。また、カントにおいても、悟性の純粋法則（Gesetz）はけっして数学化されているとはいいがたい。にもかかわらず、原因の本来の機能――これがさまざまな非連続性を生み出すことは、見てきたとおりだ――は、ヒュームとカントの目には、主体性によって構築される規則性や正当性のうちに組み入れられうる。というのも、主体性は自らの認識をひとつの連続性において確立する能力をもつとみなされるからだ。『プロレゴーメナ』の次のような一節に目を留めるにつけ（先に『純粋理性批判』から引用した一節との内容上の相同性は、冒頭部分の形式的一致からも明らかだ）、アリストテレスとカントを隔てる距離の大きさをあらためて嚙みしめずにいられない――

経験一般の可能性は、それゆえ、同時に、自然の普遍的法則であり、前者の諸原理は、それ自体、後者の諸法則である。〔……〕自然の至高なる立法は、われわれ自身のうちに、つまりわれわれの悟性のうちに、宿るべきであり、われわれは自然の普遍的諸法則を、自然の側から、経験の力を借りて、探求すべきなのではなく、むしろ反対に、自然を、その普遍的法則性に応じて、もっぱらわれわれの感性と悟性に宿る経験の可能性の諸条件から、探求すべきなのである。[65]

原因の根源的非決定

ここからラカンのほうに戻るなら、問題の捉えかたがまったく異なることは一目瞭然だ。普遍的法則が存在するとすれば、それはシニフィアンの自律的な法（その代表がメトニミーとメタファーのそれである）をおいてほかになく、これらの法の領界に原因の概念が組み入れられることはありえない。実際、ラカンは両者の対立を強調し、法に還元されえないという本性において原因を捉え直す。ラカンのこの姿勢は、先に見たコントのそれに一八〇度対立する。精神分析は「原因」を蔑《ないがし》ろにしないし、棚上げすることもない。まさにその点においてこそ、精神分析はいわゆる実証科学と不可逆的に袂を分かつといえる。だが、その精神分析において、原因は合理化されるわけでも、法の領界に回収されるわけでもない。原因は廃位されるのである。ここ、つまりシニフィアン因果性の第三平面において、原因の廃位はその最終段階に到達し、完成する。というのも、決定する法（法則）から区別され、それゆえいっさいの決定機能を奪われて、原因はいまや、決定されるものの範域にですらなく、決定されざるものの範域、非決定の範域に位置づけ直されるからだ。原因の、このどこまでも非決定な性格を、ヒュームやカントは彼らなりの仕方で視界に捉えていたと言えるかもしれない。だがラカンは、原因を「狩り出す」、すなわち、概念としての原因の無根拠を曝露するヒュームにも、それとは反対に、原因を「合理化」し、悟性の純粋な諸法則が統御する人間理性のうちにそれをリインストールするカントにも、賛同しない。ラカンにとって、両者はいずれも「原因」概念の不確実性を退かせ、この概念が生じさせる非連続性を追い払ったにすぎない。その対極において、ラカンは、「原因」をそれ自身の不確実性そのものにおいて捉え直す。原因の本質はそのどこまでも非決定な、それどころか決定不能な、性格に宿ること、原因の原因たる所以はまさにこの非決定に存することを、ラカンは前面に押し出すのである。

先に述べたように、シニフィアン因果性の第二平面から、最終平面であるこの第三平面へと私たちを移行させる、ラカンのこの立場は、症例エマに範例的に見られるフロイトの病因論的思考の運動をなぞっている。ラカンがヒュームおよびカントに逆らいつつ際立たせる、「決定されざるもの」としての原因の次元は、神経症本来の病因論的決定の余白にフロイトが浮かび上がらせる「原因の原因」のそれにほかならない。原因／法の区別に則るなら、「性的病因論」とフロイトが呼ぶ因果論的決定は、法の領域に書き込まれる。というのも、ラカンがこれを「象徴的決定」と呼び直すことからも明らかなとおり、この決定を統御するのはシニフィアンの自律的な法だからだ。性的病因論の水準、すなわち、症状の性的ないしエディプス的意味の解読の水準に留まるかぎり、決定されざるものとしての原因本来の領域には、私たちはまだ足を踏み入れていない。原因は、それがもはや意味効果と相容れなくなり、象徴的決定の余白（エマの症状の病因論的決定の最奥部に浮かび上がる時間的ギャップのごとき）においてのみ接近しうるものになるその瞬間から、ここで問われているラディカルな機能、すなわち「決定されざる原因」の機能を獲得するのである。このように、フロイトはラカンに道を拓いたのであり、ラカンはその道をいくつもの哲学的照明《ランタン》のもとで辿ったのだといえる。

ラカンにおけるこの「非決定」概念のうちには、偶然（アウトマトンとテュケー）にかんするアリストテレスの議論の反響も聞こえる。本書第Ⅰ部で指摘したとおり、「付随因」（アリストテレスは偶然をこう定義したのだった）の範域には、つねに何らかの非決定が含まれている。追って見るとおり、アリストテレスにおける原因の非決定は、正確には、ラカンにおけるそれと同じものではない。にもかかわらず、原因の問題についてラカンがアリストテレスを参照する理由のひとつは、森羅万象の因果性の完全性と絶対的な決定論とを掘り崩す明確な観念を、西洋哲学史上初めて導入したアリストテレスの功績にある。その観念とは、いかに発展途上にみえ、同時代のエピステモロジーの制約にいかに致命的に条件づけられていようと、「非決定（決定されざるもの）」のそれにほかならない。この点には、次章であらためて立ち戻りたい。

縁としての無意識

重要なのは、原因の非決定の余白が、法（法則）の決定力が行きわたるシニフィアン連鎖に、シニフィアンそのものによっては埋めることのできないひとつの孔、すなわち「原因の開口部（béance causale）」を穿つことだ。これはいかなる因果的言表にも現れうる裂け目であり、ほとんど観察可能な孔であるとすらいえるかもしれない——原因が語られるとき、しかじかのものはしかじかの結果の原因であると誰かが述べるとき、この言表そのもののなかに、説明され、ざ、る、も、の、の孔が生じるのを防ぐ手立てはない。だからこそ、セミネールXIにおいて、ラカンは平然と次のように述べて、聴衆を驚かせるのである——

〔……〕原因が存在するのは、うまくいかないものについてのみである。[66]

いかに逆説的にみえようと、原因が存在するのは、原因の概念によって説明されないものについてのみである。反対に、うまくいくこと、うまく説明されるものごとは、原因をその隠れ家に留まらせるだろう。それゆえラカンは、自らが「超越論的分析」——カントにたいする彼の批判的ポジションを仄めかす表現だ――と呼ぶものにおいて、原因についてこう定式化することすらためらわない――

〔……〕諸結果が調子を外さずにいられるのは、原因が不在の場合のみである。[67]

ラカンにとって、いっさいの因果的言表は最終的に躓《つまず》く運命にある。そして、説明される決定と説明不能な非決定のあいだに媒介不能な断絶が生まれるこの不首尾の点、この不具合の点にこそ、ラカンによれば、フロイト的無意識は位置づけられる。もちろん、フロイトはこの断絶点にただちに到達するわけではない。むしろ反対に――症例エマが鮮やかに示すとおり――、象徴的決定の連鎖を遡る分析的手続きの果てに、性的シニフィカシヨンのネットワークに解消されることに抵抗する非決定の要素に辿り着くのである。原因の概念がたんに実在するもの（現実的なもの、le réel）を捉えないからというだけでなく（原因の問題のカント的解決のモティーフは、それだった）、よりラディカルに、抵抗する現実界（現実的なもの）にこの概念が衝突するからこそ、フロイトの因果的（病因論的）言説はその限界に突き当たらざるをえない。ラカンが次のように述べるのは、まさにその意味においてである――

重要なのは、無意識が神経症を決定することではない。〔……〕無意識は、神経症がそこを通ってひとつの現実界――この現実界のほうは、決定されないことができる――に接続されるところの開口部を示すのである。[68]

ラカンのこの発言から、セミネールXIにて彼が実行しつつある「無意識」概念の再定式化が、結局のところ何に存するのかが明確になる。フロイト的無意識とは、もはやたんなる言語的な一構造体ではない。それはいまや、原因の非決定によって、いいかえれば、原因のうちの現実的なものによって、シニフィアン的決定の連鎖のただなかに生じるこの開口部でもある。ここに見いだされるのは、「無意識」概念の分裂そのものであり、この分裂は、やはり症例エマが示唆するように、フロイトの病因論的言説のうちにすでに懐胎されていた。一方には、ひとつの言語のごとく構造化され、それ固有の法によって症状の意味（性的ないしエディプス的）を決定するものとしての無意識。他方には、症状と現実界——非決定であり、どこまでも決定不能であるものとしての——の関係を示す開口部そのものである無意識。そこから、「縁《へり》」としての無意識というラカン的トポロジーが生成する。言語の構造をもつと同時に、現実界の孔を隈取る縁である。

「実現されざるもの」としての現実界

ところで、ラカンが現実界を「非決定」の範域に位置づけることは、私たちを目下惹きつけている問いの逆説的な性格を浮き彫りにする。原因のうちの決定されざるもの、それは現実界に属するものにほかならない。そしてこの現実界にこそ、神経症は最終的に関係づけられる。このことは何を意味するだろうか。それ自身が決定されざるものであると同時に、神経症をいささかも決定しない現実界は、にもかかわらず、神経症のうちに何らかの帰結をもつ。それはいかにして可能になるのだろうか。ラカンによって「不可能」と定義されたことが知られる現実界は、欲望の象徴的決定（抑圧と、抑圧されたものの回帰とを含む）の結果生じる神経症的症状のうちに、どのような経路で帰結をもちうるのだろうか。まさにこの問いに答えるべく、セミネールⅪでラカンが試みるのが、「反復」の概念（精神分析における）の再定式化である。それは、本書第Ⅰ部にも示唆したとおり、アリストテレスの「テュケー」概念をいわばリサイクルすることで進められる。だが、この点には次章で立ち戻ることにし、ここではなお「原因の非決定」の性格を追う作業を続けることにしたい。

原因の原因たる所以を構成するこの非決定――現実的なものとしての非決定――を、ラカンはさらに異なる名で呼ぶことをためらわない。曰く、主体の「臍《へそ》」。曰く、主体の「識られざるものである中心（centre d'inconnu）」[69]。これらのタームは、『夢判断』（一九〇〇）中にフロイトが用いた表現、たとえば「夢の臍」や「Kern unseres Wesens（われわれの存在の核）」を想起させるとともに、私たちに次のことを聞きとらせる。すなわち、原因のなかの現実界は、主体のうちで、ロゴスの到来を前に、いいかえればシニフィアンの現前を前に、かき消されたものの領界に属する、ということだ。原因のなかの現実界、原因のなかの決定されざるものとは、かつて存在しつつあった（フロイトの名高い掟、「Wo es war, soll Ich werden〈あれが存在したところに、私は生成すべきである〉」の前半を、ラカンが「あれが存在しつつあったところに……」と変奏する、その意味で）ものの、シニフィアンが到来したために生まれそこない、失われたものである。私たちはこれを、「疎外」の演算においてラカンが「主体の存在」と呼ぶもの、すなわち、シニフィアンのもとで消失を余儀なくされる存在と、等価であるとみなしてよい。ところが、私たちがここで身を置いているのは、シニフィアンによる主体の原因づけのプロセスとしての疎外を先に取り上げたときにそうしたのと、もはや同じパースペクティヴにではない。シニフィアン因果性のこの第三平面において問われるのは、シニフィアンによって原因を与えられる主体ではなく、シニフィアンによる始原の原因づけにおいて失われたものへの、主体自身の関係にほかならない。重要なのは、そのとき主体の失ったものが、いまでは原因の現実的審級を構成することである——原因のうちにひとつの「非決定の余白」が含まれ、その余白に、深々と覆われた形で、始原に失われた主体のこの部分が存続しうるかぎりにおいて。ラカンが私たちに辿らせるロジックは、そう教える。

だが、落ち着いて進まなくてはならない。ここに見いだされるのは、「根源的喪失」というフロイト的問題系にほかならない。実際、セミネールⅪにおいて、ラカンが神経症のフロイト的病因論を引き合いに出すのは、原因の非決定に議論が及ぶまさにそのときである。曰く——

〔……〕原因の特徴をなす孔、割れ目、開口部のうちに、フロイトは何を見いだすだろうか。実現されざるもの〔non-réalisé〕の領界に属する何ものかである。[70]

実現されざるもの（non-réalisé）、もしくは、生まれざるもの（non-né）。到来するシニフィアンによってかき消され、失われる現実。シニフィアン因果性の第一および第二平面の図式は、ここではもはや通用しない。原因が原因である所以、決定不能なものとしての原因が、そのものとして見いだされうるのは、シニフィアンのいかなる遡及作用によってでもなければ、シニフィアン連鎖のいかなる遡及的解読によってでもない。いいかえれば、非決定としての原因は、もはやひとつのシニフィカシヨンの形で回帰するのではなく、いっさいの意味効果と相容れぬものとして姿を現すのである。だが、精神分析が、それにもかかわらず、シニフィカシヨンに投じた賭け金全体を引き上げないのは――というのも、原因は無意識の領野からシニフィカシヨンを追放するわけではないのだから――、実現されえぬシニフィカシヨン、いや、むしろ、それによって指示される（と想定される）現実の非実現のゆえにどこまでも確認不能であるという意味で、真理値をもたぬシニフィカシヨンについて語る余地がまだ残されているからだ。セミネールⅪの終盤にラカンが示唆する、解釈において「もっぱら接近されるだけのシニフィカシヨン」[71]とは、おそらくこうした意味に解さなくてはならない。いずれにせよ、そこで明らかになるのは、「抵抗」の次元に属する何か――ジャック゠アラン・ミレールの定式にしたがえば、「意味論的形づけ（mise en forme sémantique）」[72]にたいする現実界の抵抗である。症状の意味論的解読を行き詰まらせるこの抵抗において、フロイトは欲動の現実に出会った。症例エマに即して私たちが明らかにしたように、欲動的なものは、症状の象徴的決定の連鎖に現れる空白の座において、意味論的形づけに抵抗するものとして現前するに至る。ラカンがこれを「実現されざるもの」と呼ぶことに、何の不思議もない。

現実的なものの執拗さ

いささか初歩的な説明をつけ足すなら、この「実現されざるもの」は、シニフィアンの領野に実現されぬものの謂に解さねばならない。この領野の外部で、何らかの結果の「原因」とみなしうる何ごとかが、起きるかもしれない。だが、この何ごとかは、厳密に、シニフィアンなくしては存続しないし、存続しえないのである。シニフィアンのネットワークはつねにすでにそこにあり、現実界に起きることを把捉する。だが、何らかの結果や帰結を決定するのは、現実的なものとしての原因ではなく、シニフィアンのネットワークとそれに固有の法である。これらの結果の原因は、現実界に属する以上、象徴的決定の連鎖からみて異質な要素に留まり続けるのであり、この連鎖から切り離され、排除され、孤立させられる。にもかかわらず、象徴的決定の連鎖は、原因のいっさいの疼き、いっさいの圧力を免れられるほどに緊密であるわけではない。それゆえ、ラカンはこう述べることをためらわない――

> すべての結果が、そのダンスの環に加わることを求めるひとつの超事実的な〔transfactuel〕次元、因果的な次元の圧力に服するとはいえ、彼らがしっかりと手を繋ぎ合っていたら〔……〕、原因が彼らの環に手出しするのを防げるだろうに。[73]

これはどういう意味だろうか――シニフィアンの領野は、いわば、原因の次元の闖入に晒されている、ということでないとしたら。私たちはこの文のうちに、原因をめぐるラカン的追求の転回点を認めることができる。一方では、原因のうちなる非決定は、「実現されざる」もの、すなわち、シニフィアンの到来のゆえに失われた現実として、定義される。そしてこの現実は、それによって苦境に陥る（en souffre）。「苦境にある＝宛所に尋ねあたらぬ（en souffrance）」現実とは、不可能としての現実界の定義そのものである。だが、このことは、この喪失が当の「現実」の運命の終着地であることを意味するわけでない。というのも、他方では、この現実はそこで執拗さ（insistance）を発揮し、シニフィアンの領野への侵入を試みる（かのように振る舞う）からだ。つまり、原因は象徴的決定の環に「手出しする」ことを求めるのである。シニフィアンの領野のただなかでの、苦境にある＝宛所に尋ねあたらぬ現実のこの執拗さこそが、ラカンを「無意識」概念の再定義に導く。フロイトのいう「一次過程」（諸表象の階層からなる心的装置が、快原理に則り、表象間に拓かれた疎通を用いて、内的・外的な刺激量を自動的に放出するとともに、この放出がもたらす快＝緊張低下の再生産を繰りかえす過程）の地平を、ラカンがシニフィアンの領野に同一視することを考えると、ここでのラカンの歩みは、フロイトによる「快原理の彼岸」の発見に密接にリンクする。原因の概念の見直しにもとづく「無意識」の再定式化は、同時に、執拗なる現実界の概念にもとづく「快原理の彼岸」の再定式化でもあるといえる。

　原因の問いについてヒュームおよびカントが提示する哲学的解決を、ラカンが受け容れぬ理由は、いまや明らかだ。これらの解決は、現実界のこの執拗さを捉えそこなう。象徴界に不在である現実的なものが、それにもかかわらず、象徴界のうちに持続的な帰結（神経症症状のような）をもちうるという奇妙な事実を前に、これらの解決は無力なのである（あるいは、ラカンがヒュームから借りた言葉を思い出すなら、効力をもたない）。ヒュームやカントにとって、原因は、現実的なもの＝実在するものが「経験」に等しいものとみなされなくなるその地点において、経験の領野に、すなわち、実在するものとは切り離された「主観性」のうちに、回収される。実在するものは、そこではもはや、不可知なるものの無言の領野を構成するのみであり、不可知である以上、それが執拗さをもつか否かは知る由もない。そのため、現実界が das Ding（「物」）——フロイトが「一心理学草稿」や「否定」で用いたこのタームに、ラカンは独自の解釈を与え、原初のシニフィアンの到来のもとで消失する現実界というモチーフを理論化した）[74] と名指されるセミネールⅦ『精神分析の倫理』（一九五九～六〇）においてすら、ラカンは、『純粋理性批判』でカントがたんなる認識論的彼岸と位置づけた「物自体（Ding an sich）」の概念に、これを同一視することはけっしてなかった。ただし、この「物自体」は必ずしもカント哲学の結語ではない。『純粋理性批判』のあと、カントは自らのヌーメノン論を、もはや思弁哲学ではなく、道徳哲学の水準で練り直し、『実践理性批判』（一七八八）に繫げた。カントの道徳理論は、悟性によっては到達不能という意味で「不在」であるヌーメノン的根拠が「意志」（ラカンはこれを「欲望」と読む）のうちにもちうる奇妙な諸帰結についての考察にもとづくといえる。このかぎりにおいて、人間の欲望はもはやたんなる甘やかな願望ではなく、この上なく非人間的な苦行さえ命じる欲動的なものに過激に接近していく。だからこそ、ラカンは、『純粋理性批判』に提示された解決には不満を隠さぬ一方で、セミネールⅦや論文「カントとサド」（一九六二）に明らかなように、この第二批判でカントが展開する極限的な学説には、かくも熱烈な関心を示したのである。

シニフィアン因果性の第三平面について私たちがおこないうる基本的な考察は、ざっと以上である。だが、「原因」概念の核心が顕わになるこの――いまや中心的なウェートを占める――平面について、私たちが説明すべきことは、これに尽きるわけではない。解明すべき問題系が、なお二つ残っている。第一に、ラカンがアリストテレスから取り出す「アウトマトン」と「テュケー」。とりわけ後者は、原因のなかの「現実的なもの」について私たちがここまで明らかにしてきた所与をベースに、「反復」の概念（「四基本概念」の第二）の刷新に役立てられた。第二に、主に一九六五年から六六年にかけて、ラカンが再び原因の問いに突き当たったことを証す一連の発言。そこでは、「原因としての真理」および「質料因」の概念がキーになる。これら二つの問題系に、私たちは残りの章をひとつずつ割り当てることにしたい。とはいえ、今後もつねにシニフィアン因果性の同じ平面（第三平面）で積み重ねられる、私たちの思考の連続性が見失われてはならない。これまでほとんど手をつけずにきた「対象」の問題は、なおも継続されるこの思考の途上に、徐々に姿を現すだろう。

第二章　ラカンにおけるテュケー

「テュケー」――この奇妙な（étrange）、異国の（étranger）語をラカンが発音するたび、仰々しくも雄弁なその語らいのうちに、ある種の染み、いやむしろひび割れにも似た何かが生じたにちがいない。このギリシャ語は、どこまでも異質なものとしてそこに留まったはずだ。

この異質性は、「テュケー」なる語が表現することがらと無関係ではない。現実界との出会い――ラカンは「テュケー」をこう訳す。「出会い（rencontre）」という語が用いられることには、理由がある。エンペドクレスに捧げられた名高いモノグラフィーのなかで、ジャン・ボラックもまたテュケーを訳すのにこの語を使用している。ラカンが語るのは、シニフィアンのネットワークにたいしてどこまでも異質で同化不能である、ひとつの逃れゆく現実との出会いである。

とはいえ、テュケーをラカンに教えたのはアリストテレスである。アウトマトンと対をなす概念として、ラカンがこれを導入するのは、セミネールXIにて「反復」の概念（「四概念」の第二）の再定式化をおこなうさなかにである。この再定式化を、ラカンは「かくも新しい」試みであると称して憚らない。とすれば、その「新しさ」とは何に存するのだろうか。テュケーが「反復」概念の刷新に貢献するのは、現実界――象徴的決定の連鎖に穿たれるあの「開口部」の彼岸に位置づけられるところの現実界――にたいする主体の関係のひとつのモードにかかわるからだ。このモードをこそ、ラカンは「出会い」と定式化するのである――より正確には、「出会い損ない（rencontre manquée）」と。

前章を通じて、私たちは、テュケーについてラカンが説明しようと試みることを捉えるための道筋を、部分的にではあれ、整えてきた。「原因の開口部」、原因／法の二元性、そして原因の非決定について、前章に述べられたことは、私たちがこれからテュケーについて吟味しようとする上での概念的枠組みを構成する。この枠組みなくして、アリストテレスから借用され、ラカン理論に適するようにアレンジされたこの概念が、ラカンの言説の内部でいかなる重さをもつのかを理解することはできない。ピエール・オーバンクの指導のもと、ラカンへのアリストテレスの影響を詳述した浩瀚な学位論文『アリストテレスの読者ラカン』(一九九三)を著したピエール＝クリストフ・カトリノーは、テュケーの問題と切り離すことができないこの枠組みを、残念ながら捉えそこなった。[2] カトリノーはラカンの理論のうちに唯一の「原因」、すなわちシニフィアンの遡及効果しか認めず、私たちが三つの平面に沿って区別せざるをえなかったその諸相の多様性にも、この原因がその最終局面において、現実界の非決定による孔を穿たれることにも、目を留めていない。そのため、カトリノーの分析は、一九六〇年代にラカンが打ち出した原因についての思考のなかで、テュケーにいかなる座が与えられるのか、そしてまた、現実界にたいする主体の関係を媒介するあの謎めいた対象、すなわち対象 a との繋がりにおいて、テュケーが実際にいかなる機能を果たすのかを、示すにまで至らないのである。[3]

これにたいして、私たちは、テュケーにかんするラカンの発言を、厳密にいま述べた枠組みのなかで吟味することにしよう。それはつまり、これらの発言をセミネールⅪのテクストに沿って辿り、反復の二側面の一方、すなわち、より秘められ、より根源的な面としてのテュケーの機能を、明るみに出すことを意味する。それによって、私たちはまた、トラウマの問題にいまいちど導かれるだろう──といっても、ここでは、シニフィアン因果性の第二平面におけるように、もっぱら症状のシニフィアンによって伴意されるのみのトラウマではなく、いっそう根本的に、象徴界の領野に同化不能な現実界として現れてくるトラウマが焦点になる。この問題から出発してこそ、私たちはテュケーの核心に達することができるだろう——アリストテレスがこの語について深めた考察全体の彼岸で。

1　アウトマトン／テュケーのラカンによる再定式化

ラカンにおけるアウトマトン

とはいえ、その道のりに就く私たちが最初にすべきことは、テュケーではなく、その概念的親類である「アウトマトン」のほうに目を向けることだ。ラカンがテュケーを本格的に取り上げるのは、セミネールXIを待たねばならなかったが、アウトマトンのほうは早くも「「盗まれた手紙」についてのセミネール」（一九五六）においていわばラカン化されていた。それゆえ、テュケーの問題に足を踏み入れる前に、アウトマトンという語でラカンが何を言わんとするのか、この概念がラカンによって採用されたときにいかなる変容を被ったのかを、まずは明らかにしておかねばならない。

ラカンがアリストテレスの「アウトマトン」に注目し、それを再解釈するのを可能にしたものは何だったのか。ずばりフロイト的自動性《オートマティスム》、すなわち、ラカンがあえて「反復自動運動（automatisme de répétition）」と訳すWiederholungszwang（反復強迫）にほかならない。ラカンはこのフロイト的概念から出発してはじめて、アリストテレス的アウトマトンの使用価値を発見することができたとすら、言うことができるかもしれない。これについて、以下の点を心に留めておかねばならない――

1／ラカンが「反復強迫」（＝反復自動性）をシニフィアンの連接の自動運動と定義する以上、ラカンによるアウトマトンの再解釈は、自然なる存在者（ピュシスのなかで生成変化する存在者）についてアリストテレスが述べているいっさいのことがらを、シニフィアン連鎖の水準で起きる出来事に還元することを前提とする――ちょうど、「自らの耳に聞こえてくるいっさいのことがらを、フロイトが純粋なシニフィアンの機能に還元する」[4]ように。探求のフィールドをかくのごとく限定する（ピュシスの地平をシニフィアンの網の目に同一視する）ことこそが、アウトマトンのみならず、他のアリストテレス的諸概念――そのなかには、いうまでもなく、「テュケー」も含まれる――をラカンが再解釈する際のベースになる。

2／一方、ラカンによるこの再解釈は、アリストテレス固有の概念化を越えて、アウトマトンをその元来の意味、すなわち「おのれ自身で動くもの」「自発的に生じるもの」という意味に、連れ戻さずにおかない。それどころか、ラカンがアウトマトンのうちに認めるのは、このギリシャ語の語源のみであると見ることすらできるかもしれない。その場合には、ラカンのアウトマトン理論は、心的なものの自動性《オートマティスム》に注目してきた一九世紀以来の心理学・精神医学（ジャネの「心理自動症（automatisme psychologique）」、クレランボーの「精神自動症（automatisme mental）」）の系譜に連なるといえる。

3／ラカンにおけるアウトマトンは、しかし、起源へのたんなる回帰ではなかった。ラカンによるアウトマトンの導入が、初手から（つまり「「盗まれた手紙」についてのセミネール」で初めて論じられたときから）「反復」にかかわる文脈でなされていたことは、いくら強調してもしすぎることはない。そのことが意味するのは、ラカン的アウトマトンはシニフィアンの自律的な法によって厳密に統御されるということである。なぜなら、反復は、一九五六年当時の理論によれば、特定のシニフィアン要素が回帰したり、互いに符合したりする可能性によって条件づけられるが、これらの条件を隅々まで決定するのはシニフィアンの論理にほかならないからだ。

　このように再概念化されることで、アウトマトンは、ラカンにおいて、アリストテレスが『自然学』に記述したその本質的な特徴を手放すようにみえる。とりわけ、象徴的決定の場であるシニフィアンの網の目に同一視されることで、アウトマトンは「原因」の範域に書き込まれる可能性を失わざるをえない。というのも、象徴的決定は、「原因」と区別されるかぎりでの「法」の専権事項だからだ。シニフィアンの回帰を決定するのは原因ではなく、シニフィアンの法なのである。反対に――議論をいささか先取りしていえば――ラカン的パースペクティヴにおいては、原因の領界はテュケーの関数としてのみ立ち現れるだろう。

　だが、こうしたあからさまな違いにもかかわらず、ラカンのアウトマトンはいくつかの点でアリストテレスのアウトマトンの特性を際立たせもする。というのも、『自然学』に描かれたアウトマトンには、ラカンが「〈他者〉の領野」と呼ぶものにこれを重ねることを可能にする様相が見いだされないだろうか。アウトマトンが構成するのは、自律的で、人間主体にとって外部をなす領界であり――このことは、「選択能力」をもつ存在としての人間主体の参加を純然たるアウトマトンに認めないアリストテレス的区別によって伴意される――、その領界は、そこに足を踏み入れるいかなる主体の現前も待たずに、完璧に動いていく。アリストテレスの挙げるアウトマトンの例を思い出してみよう。ひとつの石が落下して、そこを通る人に当たる、という例だ。石がぶつかることを望んだのは、この人物自身ではなく、もしこういってよければ、アウトマトンの領界としてのピュシスの〈他者〉こそが、このアクシデントをとおして彼を捉えた、いや不意打ちしたのである。

擬似的目的性と〈他者〉の欲望

とすれば、同じパースペクティヴのもとで、次にはアリストテレスの「目的性」概念を解釈し直してみたくなるのも突飛な思いつきではない。第I部に示したとおり、アリストテレスが「偶然」（アウトマトンとテュケー）とともに、付随的に再発見される目的という範域を導入するやいなや、「目的性」はたちまち問題を孕む概念に成り果てる。アリストテレスの理論に「事後性」の文字はないが、付随的な目的性を論じるには、これに類する観念がどうしても必要であり、このことは、事前に確立され、それを目指してなされることといっさいをあらかじめ決定する「目的（テロス）」の理論的な身分を疑わしいものにする。実際、偶然の出来事に認められる「目的性」は、けっして客観的とか普遍的とかと形容されることもなければ、決定力をもつ「目的因」によって始まり、それによって閉じられるひとつの完全な円環としてイメージされることもありえない。そのかぎりにおいて、アウトマトンにおける目的、すなわち「付随的に再発見される目的」は、ラカンが〈他者〉の欲望と名指すものに重なるといえないだろうか。これはいささか思い切った仮説だが、アウトマトンをシニフィアンの自動運動と定義するラカン的パースペクティヴのもとで受け容れることのできる目的性とは、まさに、主体がそこにおいて何らかの目的をめざすところの座とは別の場所に由来する目的性、いいかえれば、通りかかりに（付随的に）再発見される目的性、主体の思いもかけぬところで主体を不意打ちする目的性でなくてはならない。ラカンにおいて問われるのは、もはや本来の意味での「目的」ではなく、むしろひとつの「擬似目的」なのである。

おそらく、〈他者〉の欲望そのもの、すなわち、主体がそれに拘束され、従属するものとしての〈他者〉の欲望について躊躇なく語るには、なおひとつ別のファクターが必要になるかもしれない。そのファクターとは、「反復」の観念にほかならない。〈他者〉の欲望との出会いが反復されてはじめて、主体はこの欲望を自分に課せられたものとして、かつ何らかの意味をもつもの、それゆえたんなる偶然ではないものとして、引き受けることができる。付随的に実現される目的という発想のもとで、アリストテレスは、主体と〈他者〉の欲望との出会いの一モードとみなしうるものを、捉えるとはいわないまでも、掠めてはいなかっただろうか。その出会いのモードは、〈他者〉の欲望が主体を不意打ちするその仕方によって特徴づけられる。というのも、〈他者〉の欲望は、最初の段階では、主体が思ってもみぬところで主体の身に降りかかる些細なアクシデントの形で、出会われうるからだ。この点で、主体の驚き（＝不意打ちされること、surprise）は、アウトマトンにおいて生じるそれに類似するといえる——ただし、アウトマトンの場合には、主体は、石がぶつかったあの人物のように、当の不意打ちに即座に気づくのにたいし、〈他者〉の欲望との出会いの場合には、必ずしもそうはならない、という違いがあるにせよ。

他方、アリストテレスのうちに、精神分析のいう「反復」に結びつきうる概念を求めるとすれば、それは「目的性」（付随的であろうとなかろうと）ではなく、『自然学』第二巻第八章でその対極に置かれたもの、すなわち「必然性」になる。アリストテレスにとって、必然性は反復するものごとの規則性のうちに、つまり、たとえば、水の蒸発と冷却が雨をもたらすことのうちに、顕現する。同様に、精神分析における必然性は、フロイトの症例エマにとって、互いに符合する偶然がひとつの必然に転じたように、無意識の法に制御される象徴的決定によって生み出される。私たちはいまや、象徴的決定の結果生じるこの必然性の水準に、〈他者〉の欲望を位置づけることができる。というのも、象徴的決定の過程と名指されるものは、主体が〈他者〉の欲望を、ひとつの意味をもつものとして引き受け、この欲望を自分自身の欲望へと作りかえる過程にほかならないからだ。この意味で、必然性は〈他者〉の欲望の道を経て到来する。必然性とは、〈他者〉の欲望を射し込ませる一モードなのである。

さて、「出会い」というタームをあえて用いた以上、主体と〈他者〉の欲望とのこの出会いは、ラカンがテュケーと名づけるものと同じであるか否かという問いが立てられねばならない。この問いにイエスと答えたい気持ちもある。だが、ここでも、ラカンはそのような単純化された読みを嫌う。ラカンは一度たりとも、テュケーを〈他者〉の欲望との出会いと定義することはなかった。〈他者〉の欲望との出会いは厳密にアウトマトンにのみ、いいかえれば、シニフィアンの網の目の自動運動にのみ関係づけられるのであり、諸要素どうしの符合が生じるにはこの自動運動さえ存在すれば十分なのである。落下した石がぶつかる例に潜在するキアスム構造（交叉）を思い出してみよう。このケースのうちにテュケーの因果性を見いだすには、アリストテレスは何であれ主体の側の能動（action）を想定しなければならないだろうと、私は述べた。そうした能動こそが、この主体をアウトマトンの水準で起きること（石の落下）に出会わせる、あるいは、出くわさせるのである。これにたいして、ラカンがもしこのアクシデントに興味をもつとしたら、それはこのアクシデントが、ひとつの「しくじり（ratage）」として実現される何らかの帰結をもつ場合——たとえば、石がぶつかってケガをした結果、件の人物が精神分析のセッションに遅刻してしまった場合——、そしてテュケーの因果性がこのしくじりとの関係で見きわめられる場合だといえるかもしれない。といっても、それは、このしくじりそのものや、それに繋がる出来事を、原因としてのテュケーとみなすという意味ではない。これらの出来事はいずれも（しくじり自体も含めて）、あくまでアウトマトンの連鎖に書き込まれざるをえないが、ラカンにとってこのような「しくじり」が重要なのは、それが主体をこの連鎖に還元できぬ何かに出会わせる可能性を宿しているからだ。アウトマトンの背後で、いや、むしろ、アウトマトンによって繰りかえし訪れるものの傍らで、主体は、アウトマトンの仕業に還元できぬ何か他のものに出会うことがありうる。そしてその出会いの「現場」が、ひとつの「しくじり」によって印づけられることがありうる、ということだ。この「何か他のもの」こそ、ラカンが「現実界」と名指すものにほかならない。アリストテレスの議論との隔たりは、ここでも隠しようがない。

　にもかかわらず、ラカンの語るテュケーは、アリストテレスにおけるそれと関係がないどころか、むしろ後者の本質的な特徴を共有している。アリストテレス的テュケーに含まれる因果性とは、いかなるものだろうか。アリストテレスはテュケーを「付随因」と定義する。[5] それが意味するのは、「自体因」の座から外れ、おのれが生み出す結果とのあいだに単純な直線的連鎖をもたぬ原因、ということだ。両者の関係はつねに斜めであり、形が損なわれたり、引き裂かれたりしている。そこにあるのは、因果性の歪みであり、捩《ねじ》れた因果構造にほかならない。それこそが、アリストテレスの「テュケー」概念の核心を構成するのである。一方、ラカンが概念化する因果性の諸平面を見わたした末に、私たちが獲得したのは、「孔のあいた因果性」の概念だった。以下、セミネールXIのテクストを辿りながら、この「孔のあいた因果性」が今度はいかにしてラカンにおけるテュケー的因果性の捩れた性格を浮かび上がらせるのかを、捉えることにしたい。

2　反復の二様相

「反復」概念の二重化

セミネールXIにて「反復」の問題に取りかかる際、ラカンは次のような威勢のよい発言で議論をスタートさせる——

> これから私がみなさんにお話しすべきことは、じつに新しいこと——私がシニフィアンについて明確にしてきたことがらからすれば、当たり前のことであるのはいうまでもないが——であるゆえ、私の袖のなかに控えているカードについて何も包み隠すことなく、反復の機能を私がどう解しているのかを、本日早くもみなさんに定式化して見せなければと思ったほどである。[6]

「反復」について自らが展開していく議論の「新しさ」を、ラカンはそう強調する。そして、この「反復の機能をどう解しているのか」を、実際ただちに定式化してみせる。ただし、負《ネガティヴ》の定義の形で――

この機能は、いずれにせよ、諸回路の開いたり閉じたりする性格、すなわち、私がWiederkehrと呼んだものとは何の関係もない。[7]

この発言の驚くべき射程を測定するには、Wiederkehrというドイツ語を「回帰（retour）」と訳してみるだけでよい――つまり、抑圧されたものの回帰、特定のシニフィアン要素の回帰であり、こうした回帰が反復強迫によってもたらされることはいうまでもない。

おそらく、このような定式化には、いささか行きすぎたところがある。というのも、シニフィアンの自動運動《オートマティスム》の事実にほかならないこのWiederkehrが反復といかなる関係ももたないなどと、どうして信じることができるだろうか。とはいえ、ラカンがシニフィアンのたんなる自動運動から反復を捉えることにもはや飽き足らないこと、反復をこの自動運動からいわば脱同一化しようと考えていることは明白だ。いいかえれば、シニフィアンの自動運動は反復の本質的機能をもはや構成しないし、反復は「「盗まれた手紙」についてのセミネール」でラカン自身がシニフィアン連鎖の「執拗さ（insistance）」と呼んだものにもはや還元されないのである。このことは何を意味するのだろうか。それは、反復の機能のうちに、根本的にシニフィアンと異質な要素に関係づけられる何かを、ラカンが導入しようとしている、ということにほかならない。この異質な、シニフィアンに還元不能な要素を、ラカンは「現実界」と名指す――すなわち、不可能としての現実界であり、一次過程の地平で「苦境にある＝宛所に尋ねあたらぬ（en souffrance）」あの現実性、非決定としてのあの「原因」の審級である。つまり、これ以後、反復は現実界にかかわるのである。こうした考え方は、一九五〇年代のラカンの「反復」概念には不在だった。というのも、当時この概念をまるごと支えていたのは、シニフィアンの自動運動《オートマティスム》の理論、すなわち、想像界にたいする象徴界の優位を強調しつつ、ラカンが一途に押し進めた理論だったからだ。セミネールⅪで誇張される「新しさ」は、この理論に照らして測られねばならない。

　だが、だからといって、ラカンは反復強迫の理論をお蔵入りにしようとするわけではない。シニフィアンの自動運動は、反復の基本的様相のひとつであることに変わりはない。ただ、その背後にもうひとつ別の様相、すなわち、「現実界との出会い」にかかわる様相が潜んでいるのである。ここで私たちが目にしているのは、それゆえ、反復概念の分裂、いや二重化にほかならない。一方には、シニフィアンの網の目の自動運動、他方には、その陰に隠れるかのように、現実界との出会いの機能が位置づけられるという二重性である。前章の最終部分で強調した「原因」と「法」の二元性を思い出そう。セミネールⅪにおける反復概念の二重化は、まさにこの二元性に由来し、それをいわば透かし彫りにする。というのも、反復強迫はシニフィアンの法によって決定されるのにたいし、現実界との出会いは原因の本来の審級に属するものに関係づけられるからだ。いいかえれば、現実界の機能を際立たせることこそが、反復概念の初期の統一性を解消させるのであり、この概念の二重化はその必然的な帰結なのである。それゆえ、反復の機能はシニフィアンのWiederkehrと何の関係もないとラカンが述べるのは、反復概念のこの二重化に私たちの眼を向けさせるためであるといえる。そして、まさにその流れのなかで、ラカンはアウトマトンとテュケーを導入するのである——シニフィアンの自動運動と、反復の現実的側面とを、それぞれ代表するものとして。

シニフィアンの網の目

しかし、この二つのタームを、ラカンは最初から登場させるわけではない。アウトマトンとテュケーの導入に先立って、ラカンは、シニフィアンの網の目《ネットワーク》の概念を引き締め直すことで、現実界との出会いとしての反復の本質的な機能を、この網の目の水準で起きる構造論的なもの（すなわちWiederkehr）から脱同一化するという予備的な作業をひとしきりおこなう。ただし、引き締め直すといっても、ラカンはこの概念自体の有効性を取り消すわけではない。なぜなら、ここでは「網の目」そのものが、現実界の貫入を受けるものとして定義し直されるからだ。ラカンが力説するのは、現実的なものの不可視の現前が網の目のうちに把捉されること、そして主体が――夢の領野という「我が家」に、すなわち、シニフィアンの網の目の純粋な現前様態のうちに、身を置く者として――「そこにいるのは、現実界が在りつつあったところに、再発見されるためである」[8]ことである。ヴェールに覆われた姿で、かつ「苦境にある＝宛所に尋ねあたらぬ」状態で、現実界の審級が現前するのは、前節に述べたとおり、一次過程の領野の真ん中にであり、無意識の欲望の弁証法全体は、まさにこの現実界をめぐって展開されるのである。

　もっとも、シニフィアンの主体が現実界と関係をもちうるにしても、この関係のうちに主体を「再発見」するには、たったひとつの方法、フロイト的方法しかない――すなわち、シニフィアン的要素同士の符合や、それらの回帰を捉えることで、網の目の自動運動を見定めるという方法であり、こうした符合や回帰は、網の目に固有の執拗さによって、いいかえれば、「シニフィアンの構造がもつ数々の必然性」[9]によって生じる。見紛うことなき仕方で、それらは符合しあい、回帰するのである。ラカンによれば、精神分析のプロセスにおいてフロイトを導いていた内なる「確信（Gewißheit）」[10]、つまり、主体の真理に向かう道を自らが辿っているという確信は、これらの符合や回帰（を捉えること）に存する。こうした符合や回帰は、それゆえ、精神分析的経験の枢要なモーメントでありつづけるだろう。ただ、反復の機能の核心は、それではないのである。

ここで次のことに目を留めなくてはならない。セミネールⅪのはじめの数章で、符合や回帰ということを口にするとき、じつは、ラカンは「シニフィアン」（同士）の符合や回帰ではなく、「記号」（同士）の符合や回帰と――システマティックに――述べている。つまり、シニフィアンというタームの使用を注意深く避けているように見える。これはおそらく、ラカンによれば、回帰するのは――そしてそれが回帰するときには――、純粋なシニフィアン、すなわち意味を取り払われたシニフィアンではなく、あくまで意味（性的、エディプス的、などなど）を伴ったシニフィアンであり、この意味は符合の解読によってそのつど明らかにされねばならないからだ。だが、解読は解釈ではない。解釈が狙うのは、セミネールⅪのことばでいえば、「もっぱら接近されるだけのシニフィカシヨン」[11]であり、それが探求されるのは、いかに逆説的にみえようとも、いっさいの意味の彼岸に留まる無意味のシニフィアンの背後、いいかえれば、私たちがミレールとともに「現実界の抵抗」と呼んだものに由来する意味論的真空のうちにである。それゆえ、ラカンが「シニフィアンの回帰」という表現を慎重に避けるのは、解釈は符合の見きわめの彼岸、すなわち、シニフィアンの自動運動の解読の彼岸で行われねばならないことを、私たちに示唆するためであるといってよい。このとき、反復の根源的な機能は、解読の水準にではなく、解釈の水準に見いだされる必要がある。解釈は、そこでは、符合しあうシニフィアンが引き渡す「意味」の彼岸に、純粋なシニフィアンの圧倒的な重みを被る「原因」が、主体の欲望を突き動かしつつ、そこから主体に呼びかけるところの場所を、指し示すものでなくてはならない。

反復≠再現（再生産）

ところで、反復に近いが、反復とは反対に、シニフィアンの自動運動に完全に支えられているとみなしうる心的機能が存在する。「想起（remémoration）」である。それゆえ、ラカンは、反復と想起をあらためて切り離すことを忘れない。これもまた、一九五〇年代のラカン理論にはおそらく不在だった視点だ。そこでは、想像界にたいする象徴界の優位を際立たせるべく、シニフィアンの自動運動が強調される一方、これら両概念のあいだの境界はしばしばぼやけ、いずれの概念についての説明も象徴界の法の支配という点に収斂していた。とすれば、ここ、すなわちセミネールⅪにおいて、ラカンは両概念をいかに区別するのだろうか。ラカンが指摘するのは、想起と反復が入れ替え可能（commutatives）ではないことが、分析の方向性を決定する上で本質的な役割を果たすということだ。[12]だがそれは、抵抗のゆえに想起のなかで回帰しないものが、行為（acte）において反復されるという通俗的な考え方を承認するためではない（「行為」の概念は、「欲動がその対象の周りを往還すること」という未聞の定義を――セミネールⅪの他の場所で――与えられるべく、理論内に維持されるとはいえ）。というのも、ラカンが繰りかえし強調するように、反復の機能がシニフィアン要素同士の符合に還元できないとするなら、そのことは、想起における回帰であろうと、行為におけるそれであろうと、およそ「回帰」なる観念は、反復を定義する上で、不適当とはいわないまでも、不十分であることを、伴意せずにおかないからだ。反復の機能は、どこまでも想起不能なものに、すなわち、シニフィアンによる登記をすり抜けるものに、関係づけられる。だからこそ、反復の新たな概念から、ラカンは「再現（再生産、reproduction）」の観念を根こそぎにしようとするのである。

この「再現（再生産）」を、「表象（代理、représentation）」との密接な関係において吟味することで、ラカンがセミネールXIで遂行する一連の差異化（反復と他の諸概念のあいだの）の射程を明らかにすることができる。反復の機能をシニフィアンの自動運動に同一視することをラカンが受け容れないのは、たんにこの機能の中核をなす「現実界との関係」という様相を強調するためではなく、同時に、シニフィアンの機能そのものを現実界の射し込みとの関係で見直し、概念化し直すためでもある。問われるのは、シニフィアンのいわゆる表象機能にほかならない。いうまでもなく、ラカンは「表象」の実証主義的理解に回帰しようとするわけではない――そのようなことをしても意味がないし、そもそも、ラカンにはいわゆる「論理実証主義」思想への警戒がある（この点には次章で触れる）。そしてそれ以前に、ラカンは、表象は表象される対象の実在を自動的に伴意するとする考えを、フロイトがいかに根本的に問い直したのかを知っている。一九二五年の論文「否定」の名高い一節に、フロイトはこう記したのだった――

〔主観的なものと客観的なものの〕対立は、思考がいったん知覚されたものを再生産によって表象のうちに再び現前させる能力をもつことによって打ち建てられるが、そのさい対象はもはや外部に存在している必要はないのである。[13]

表象が思考の内部に（ということはつまり、心的装置の内部に）見いだされるようになれば、表象される対象はもはや現実に存在する必要がない――フロイトは明らかにそう告げている[14]。この視点をいっそう徹底して引き継ぎつつ、ラカンが提示するのは、いくつかの文脈でフロイトの「表象（Vorstellung）」に同一視されるラカンの「シニフィアン」は、表象される対象とのあいだにいかなる必然的な関係ももたない、という認識だ。セミネールⅪにおいて、ラカンがとくに関心を寄せる表象機能は、フロイトのいうVorstellungsrepräsentanzのそれである。この合成語を、ラカンは――ラプランシュとポンタリスが『精神分析用語辞典』で採用した「表象的代理（représentant-représentatif）」を真正面から否定しつつ――「表象の代理（tenant-lieu de la représentation）」と訳す。この点には追って立ち戻るが、あらかじめ次のことを指摘しておきたい。反復をシニフィアンの回帰に還元することの不可能性を強調しつつ、ラカンが光を当てようとするのは、この「表象の代理」としてのシニフィアンの機能である。何らかの現実＝実在性（réalité）を意識にたいして表象するのではなく、対応するいかなる表象ももたないひとつの隠れた現実を、ラカンがいうところの「表象の裏面[15]」において、形象化すること――それが「表象の代理」の機能なのである。

反復≠転移

反復を再現（再生産）の観念から切り離すことで、ラカンは同時に、それに劣らず根本的なもうひとつ別の要求に応えてもいる。それは、反復と転移を概念的に区別するという要求だ。反復の真の概念は、ラカンによれば、これら二つの概念の混同によって覆い隠されてしまうが、その混同はほかならぬ「再現（再生産）」の観念をめぐって生じる。この観念を斥けるべく、ラカンが取り上げるのは、「転移の力動について」（一九一二）の終結部に見いだされるフロイトの言葉である——「結局のところ、何者も不在ニテ〔*in absentia*〕、もしくは表象ニテ〔*in effigie*〕打ち倒すことはできぬ[16]」。一方では、これは、反復するもののうちで何かが捕捉されねばならないが、その「何か」とは「複製＝再生産物（reproductions）」が表象＝代理する原版《オリジナル》のようなものではない、ということを意味する。つまり、反復の機能はたんなる再現（これはとりもなおさずシニフィアンの自動運動の効果である）にとどまらない、ということだ。とすれば、ここでは反復と転移の弁別が問われている以上、反対に、転移の機能のほうが再現（再生産）に重ねられるのだと考えたくなる。だが、じつはそうではない。というのも、フロイトのこの一文は、他方では、「転移とは、その本性からして、過去に生きられたと思しき何ごとかの影ではない[17]」ことを意味してもいるからだ。いいかえれば、転移の機能もまた、たんなる再現には還元されえない。

それでは、反復と転移はいかなる関係に措かれるのだろうか。この問いの詳細には、ここでは立ち入らない。だが、いくつかの本質的な点は押さえておかねばならない。まず、両者は、再現（再生産）という様相の背後にそれぞれが隠しているものについて、截然《せつぜん》と区別される。反復の場合、それは現実界に属するもの、すなわち、経験の「現実的」な核にかかわるものであり、私たちはこの点をこれから検討していく。これにたいして、転移が孕むのはひとつの欺きの次元である。転移において主体が欲望するのは、煎じ詰めれば、精神分析家を愛の効果によって欺くこと、自分が主体＝臣下（sujet）としてその欲望に従属している（assujetti）ところの〈他者〉を、その〈他者〉に自分を愛させることで、欺くことにほかならない。他方で、ラカンは転移の機能（もしくは効果）を、転移の「原因」と彼が呼ぶものから切り離すことを忘れない。欺きは転移の機能にすぎないのにたいし、その原因――これは、本書のテーマである「原因」、すなわち象徴界の孔としての原因と無関係ではない――は、無意識の開口部が対象*a*によって塞がれることに関係するのである。では、この「塞がれ」そのものは何に関係づけられるだろうか。反復に、である。転移は、こうして、反復のラディカルな機能にかかわる。だからこそ、ラカンはこう述べるのである――「転移はわれわれを反復の中心へと導きうる」[18]、と。

「反復の的確な概念」[19]を求めるラカンの歩みは、このように、反復を、それを取り囲む他の概念から切り離す一連の脱同一化によって進む。反復とは、Wiederkehrでもなく、シニフィアンの自動運動でも、想起でも、再現＝再生産でもなく、さらには、転移でもない……と、ラカンは自らの新たな「反復」概念の輪郭を描いていく――あたかも、この新概念は、最初の段階では、他の概念の否定形《ネガティフ》＝陰画としてしか定義できないかのように。ある意味で、この否定性《ネガティヴィテ》は、ラカンが「反復」の見直しを通じて示そうとすることがらの本性に由来するといえる。というのも、先に述べたとおり、この見直しは厳密に「現実界」概念のプロモーションの関数として遂行されるのであり、その「現実界」は否定形においてはじめて定義されうるからだ――つまり、象徴界の「不可能」と。とはいえ、このような「不可能」が現前することは、あまりに本質的なひとつの構造的事実であるがゆえに、これをたんなる否定性《ネガティヴィテ》に還元することもできない。反復の新たな概念の中核となる、現実界にたいする主体の関係についても同様だ。実際、これらの負《ネガティヴ》の定義は、セミネールXIにおいて、「反復」概念のいっそう入念な磨き上げのいわば助走にすぎない。

ラカンが「テュケー」を「アウトマトン」との根本的対立において登場させるのは、まさにこの「磨き上げ」の導線としてである。

以上が、私たちがそのなかでテュケーに出会うことになる諸問題の布置である。これらをふまえた上で、いまやテュケーのラディカルな機能が問われなければならない。その機能を、ラカンは、反復の経験の核を構成するものと定義する。それを検討することで、私たちはまた、ラカンがこの概念をアリストテレスから借り受けたという事実がもちうる含意をも、捉えることができるだろう。

3　現実界とトラウマ

トラウマ——「同化しえぬもの」としての現実界

*Tychè*というギリシャ語を「現実界との出会い（rencontre du réel）」と訳しつつ、ラカンはずばりこう問うことをためらわない——

いったいどこで、われわれはこの現実界に出会うのだろうか。[20]

この問いはひとつの「いかにして」によって二重化される。いかにして、私たちは現実界に出会うのだろうか、と。私たちが辿っているセミネールⅪの文脈において、これらの問いはじかに

「反復」の概念にかかわる。だからこそ、ラカンはこの概念がシニフィアンの自動運動に、いいかえれば、反復のアウトマトン的側面に、還元不可能であることを強調するのである。そのことを、ラカンはこう説明する――

現実界はアウトマトンの彼岸、つまり、われわれが快原理によってそれへと突き動かされるところの諸記号の回帰、再来、執拗な現れ〔insistance〕の彼岸にある。現実界とは、つねにアウトマトンの背後に横たわるものであり、フロイトが自らの探求の全体にわたって、まさにそれに心を砕いていたことは明白だ。[21]

「彼岸」もしくは「背後」――捉えがたい現実界にたいする、それゆえテュケーにたいする、アウトマトンの関係を、ラカンはこれらの語によって表象可能なものにしようとする。だが、現実界との出会いとしてのテュケーが、これ以後、反復の根源的な機能とみなされるとすれば、そのように反復を捉え直す利点はどこにあるのだろうか。

ラカンは、「反復」の概念が「偶然（hasard）」のそれと切り離しえないことを指摘する――

実際、反復されるのはつねに、まるで行き当たりばったりに〔comme au hasard〕――この表現からして、反復がテュケーと関係をもつことを示唆せずにおかないのだが――生じる何ごとかである。[22]

臨床的観察のレベルでは、予定されていたセッションへの欠席がその代表的な例だ。あることがまるで偶然のように自分の身に降りかかったせいで、約束の時刻に来ることができませんでした――と、患者が告げたとする。ラカンが釘を刺すように、分析家はこの見掛けに「騙され」てはいけない。それには二つの理由がある。まずひとつは、この種の偶然は繰りかえされ、互いによく符合しあうので、それが何ごとであるのかを見誤る余地がなくなるほどであること。符合する偶然はもはやたんなる偶然ではなく、隠れた必然性によって動機づけられている。一方――これが二つ目の理由だ――、これらの符合を見きわめることは、分析的作業の一部でしかない、すなわち、反復のアウトマトン面にしかかかわらない。その彼岸に、つまり反復の核であるテュケーのほうに、進んでいくためには、このように反復されるのはおうおうにして挫折や、しくじりや、躓きであるというナマの事実から出発する必要がある。いいかえれば、分析家が相手にするのは、あたかも偶然に生じて、主体が自らの意図を遂行するのを妨げるあれやこれやのアクシデントではなく、それによって主体が何ごとかをしくじるところの、これらの躓きそのものである。そのような「把握様式」[23]、つまり認識の仕方を身につけることによって、分析家はテュケーの領界に属するものを捉えることができるだろう。というのも、テュケーとは本質的に、実現しない出会い、損なわれた出会い、それゆえ失望に終わる出会いであるからだ。

　こうして、解読されるべき諸々の偶然から、これらの偶然のうちで取り逃されるより根本的なものへ、すなわち――ひとことで言うなら――アウトマトンからテュケーへと、移行することを強いるこの二重構造は、まさしく、私たちが前章で解剖したフロイトの病因論的歩みに固有の二元性、すなわち、性的決定（フロイトにいっそう忠実な表現を用いれば「特定病因」）の地平から出発してその彼岸へ、いいかえれば、原初的に失われたにもかかわらず、それに取って代わる諸表象のうちに執拗に居座る現実＝実在性としての欲動の次元へと私たちを向かわせる、あの二元性に対応する。とすれば、そこを起点に、トラウマはテュケーといかなる関係をもつのかという問いにラカンが踏み込むに至ることは、いささかも驚くに及ばない。曰く――

> テュケーの機能、出会いとしての現実界の機能――それは損なわれうるものとしての出会いであり、そもそも本質的に損なわれた出会いである――は、精神分析史において、それひとつをもって私たちの注意を喚起するに足る形式、すなわちトラウマという形式のもとで、まず姿を現したのである。[24]

ここに見られるのは、もはや、症状の現前によって、シニフィアンに固有の遡及的時間のうちに、もっぱら伴意されるにすぎぬトラウマ、すなわち、「シニフィアン因果性の第二平面」と私たちが呼んだものに位置づけられるトラウマ（失われた原因シニフィアンとしてのトラウマ）ではない。そうではなく、現実界の決定されざる性格が原因の機能に孔を穿つ、あの第三平面に措定されるトラウマである。実際、ラカンはこう続けることをためらわない――

> 精神分析経験の初めに、現実界が、それ自身のうちに同化しえぬものという形で、つまりトラウマという形で、姿を現し、その帰結全体を決定するとともに、見かけ上付随的な起源をトラウマに押しつけたことは、注目に値しないだろうか。[25]

「同化しえぬ」という語が、ここではとくに重要である。というのも、それはラカンにとって、現実界の一部が一次過程の領野に同化されないこと、いいかえれば、象徴的決定に甘んじることに抵抗することを意味するからだ。

主体と現実界の関係のパラドクス

思い出さねばならないのは、ラカンがこの現実界を「決定されざるもの」の範域に書き込み、それをさらに「生まれざるもの」ないし「実現されざるもの」と呼んでいることだ。語られているのはつねに同じ現実界、到来するシニフィアンによって消し去られ、そのために「苦境にある＝宛所に尋ねあたらぬ」現実性としての現実界である。だが、シニフィアンの領野と、それに同化しえぬ現実界は、互いに還元不能であるとはいえ、この還元不能性は両者を完全に――つまりいかなる媒介もなく――隔てるわけではない。シニフィアンの領野に同化しえぬまま、現実界の一部はこの領野の虜になっており、フロイトのいう現実原理（一次過程における快原理の専制を中和すべく、対象の「現実性＝実在性」を顧慮する心的原理）ですらそれを自らの体系にすっかり回収することはできないのである。一次過程の領野のただなかに見いだされる現実界のこの特異な現前について、ラカンはこう述べている――

現実性〔réalité〕の体系は、いかに高度に発展しようと、まさしく現実的なもの〔du réel〕といわねばならないものの本質的な一部を、快原理の網に囚われるがままにさせるのである。[26]

ここで強調されているのは、主体と現実界の関係の「パラドクス」と呼ぶべきものにほかならない。現実原理は、おのれに与えられた探求の領野にけっして見いだされるはずのないものを求める使命を負わされているがゆえに、いつも根本的に役に立たないやり方で介入すべく運命づけられているという逆説だ。この逆説のゆえに、フロイトの「二原理」を結ぶ関係は深く謎めいた――ラカン以前には誰も想像しなかったほどに謎めいた[27]――ものになる。同化しえぬ現実界は、一次過程の領野のただなかにヴェールをかけられた姿で現前しつつ、執拗に――たとえば、主体の欲望にとって特権的な場である夢のなかで表象されて――「私たちがそれを思い出すことを迫る」[28]のであり、現実界のこの奇妙な執拗さは、それを排除することでその経済が成り立つようにみえる快原理によっても、固有の体系を発展させることでこの執拗さに応える役目を負うと想定される現実原理によっても、けっしてかき消されることも削除されることもないのである。

この点は決定的に重要である。というのも、秘匿されてはいても、シニフィアンの領野の内部に消し去ることのできない帰結をもつ「現実界」の執拗さを、このように際立たせることで、ラカンは自らの根本的な立場を顕わにし、精神分析の世界に行きわたりつつあるひとつの傾向に決然と異を唱えるからだ。それは彼が「観念論」と呼ぶ傾向、「人生は夢なり」というカルデロン的達観に還元されずにはおかない傾向である。セミネールⅪの印象的な箇所で、ラカンはこの観念論的思考の罠から、クラインの理論を救おうとしているようにみえる――

われわれが測深しなければならないのはそれ、いってみればこの〔快原理の網の虜になっている）現実であり、こうした現実が現前することは、われわれにとって、たとえばメラニー・クラインがわれわれに表象してみせるような発達の原動力が、私がさきほど「人生は夢なり」と呼んだものに還元されえないために要求されてしかるべきであると想定される。[29]

「対象関係」の発達としてクラインの記述するそれが純粋な幻想（クラインの言葉ではむしろ「空想〔phantasy〕」）に還元されぬためには、快原理が専制的に機能するとされる「妄想分裂態勢」の空想的領野にすら現実界が現前すると考える必要がある。同様に、主体の人生が純粋な夢に還元されぬためには、シニフィアンの領野である快原理の地平のただなかで、現実界との「出会い」が生じうるとみなさねばならない。だが、それはいかなる「出会い」だろうか。いいかえれば、「テュケー」はいかに経験されるのだろうか。ラカンがテュケーを、たんなる「出会い」ではなく、「出会い損ない」と定義するのは、いかなる意味においてなのだろうか。というのも、現実界の執拗さをこのように強調する場合、現実界は「根源的に失われたもの」の性格をもつ以上、現実界との出会いは必然的に損なわれざるをえないと述べるだけでは、不適切とはいわないまでも、やはり不十分だからだ。

症例エマ、再び

これらの問いを前に、視界をクリアに保つには、ひとつの臨床的証言にもとづいて考察を進める必要がある。遠方を探すまでもなく、私たちにすでに馴染みぶかい症例エマをいまいちど取り上げることにしよう。セミネールⅪで明示的に名指されることはないにせよ[30]、「精神分析経験の初めに、現実界はトラウマという形で姿を現した」とラカンが述べるとき、エマのケースが念頭に置かれていたことはまちがいない。実際、一見すると単純なこの症例のうちには、ここで辿られている文脈でラカンが挙げる基本的要素――トラウマ、反復、符合、因果的探求（病因論）、などなど――がすべて含まれている。そのかぎりにおいて、症例エマは、「テュケー」という語でラカンが何を捉えようとしているのかを理解する鍵を与えてくれるものと期待できる。

ラカンが「フロイト的」と形容するただひとつの方法、すなわち、シニフィアンのネットワークのなかで互いに符合する要素に目を留めるという方法を駆使して、フロイトがこの症例に見いだすのは、第一の記憶（事件Ⅰ）から第二の記憶（事件Ⅱ）に回帰してきた諸記号――「食料品店」、「笑い」、「衣服」――のあいだの一致だった。そこから、事件Ⅰを受けてエマが作り上げた二重の「偽りの結合」、すなわち、一方では店員たちの笑いと彼女の着衣のあいだに、他方では片方の（魅力的な）店員と性的感覚のあいだに、形作られた連関が浮かび上がる。これを解きほぐしたフロイトは、それまでヴェールとして機能していたこれら「偽りの結合」の背後に、エマの症状の性的な意味＝原因、彼によるところの「性的感覚の解放」を、露わにするに至る。この性的感覚は、結合による偽装がそう思わせるように事件Ⅰに結びつくのではなく、事件Ⅱ、すなわちエマが八歳のときに受けた性的悪戯の記憶にこそ、送り返されねばならなかった。ここまでは、いわば神経症の病因論本来の道のりである。

ところが、前節でも触れたとおり、この病因論は、それが露わにする因果的決定のプロセスの途上に、ひとつの孔を浮かび上がらせずにおかない。ラカンにおけるシニフィアン因果性の第三平面を構成するものの論理を思い出すなら、このことは、たんに、いかなる因果論的説明にもひとつの開口部が含まれざるをえないという必然性のゆえではなく、いっそう根源的に、この開口部をとおして、症状が現実界に、つまりどこまでも非決定でありうる何かに、結びつくがゆえに生じるといわねばならない。この瞬間から、精神分析はひとつの彼岸を、すなわち、私たちが「原因の原因」と呼び、欲動がそこへと書き込まれに来る、原因のもうひとつ別の次元を、目指すべく方向づけられるのである。

この問題がフロイトにおいていかに受けとめられたかを思い出そう。エマの症状の原因は性的感覚の解放（とその抑圧）であると突きとめたフロイトは、そこに重要な留保を付すことを忘れなかった。この性的感覚を遅れて、つまり時間差を伴って、生じさせたのは、抑圧された「記憶」であって、八歳のときに体験された事件（性的悪戯）ではなかった。エマはなぜ、事件が起きたその現場で性的感覚に襲われず、ようやく一二歳になり、この事件とよく似た布置をもつ別の事件をきっかけにしてはじめて、つまり事後的に、当の感覚を催した（催すことを余儀なくされた）のだろうか。この時間のズレは、特定病因論本来の枠組みのなかでは説明がつかない。だからこそ、エマの症状決定のプロセスを再現すべく、フロイトが「草稿」の頁に描きつけた図には、ひとつの空白地帯——それは「｛」[31]という記号で表されている——が残されることになる。フロイトがそこで提案するのは、性的成熟の遅れという仮説だった。つまり、事件IIの時点では、性的感覚を催させる性的な生理的機構がまだエマの身体に備わっていなかったのにたいし、その事件の記憶をいわば賦活するもうひとつの事件（事件I）が起きたときには、エマはすでに思春期に達していたとする仮説である。

偽なるシニフィカシヨンとしてのファルス享楽

この仮説について、私たちは前章でこう述べた。病因論的説明の臨界点に、フロイトはしばしば時間的ファクターを挿入するが、エマにおけるこの仮説もそうした例に漏れない、と。これらのファクターは、もっぱら、病因論が措定する因果性の内部に出現する亀裂を印づけ、欲動的なものがそこに書き込まれに来るところの「原因の原因」の領界へ思考を誘うのである。だが、ここでは、それとは別の道を辿り、問題をいっそう明確に輪郭づけることに力を注いでみよう。ピエール・ブリュノは、パリ第八大学精神分析学科博士課程の学生に向けた一九九四〜九五年の研究セミナーにおいて、フロイトの仮説に代わる次のような説を打ち出した。件の時間的ズレを構成する二つのモーメントのあいだに、エマの身体は「ファルス」に変容した、と。より正確には、時系列的には二番目の出来事となる事件Ⅰが起きるのに先立って、エマはいわばひとつの象徴的身体装置を発明しており、それが事件Ⅰに際して性的感覚を「ファルス享楽」として経験することを可能にしたのである。ラカンが一九七〇年代に導入する「ファルス享楽」は、一言でいえば、「ロゴスに貫かれた身体の諸器官に許容され、定位する享楽」と定義づけることができる。私たちが辿っている、一九六四年を中心とするラカンの思考の文脈に、この概念を持ち込むことは、しかし、けっしてアナクロニズムではない。というのも、ラカンのうちには、一九五〇年代から一貫して、「ファルス」をロゴスと身体の結節点とみなす思考が存在しており、それを「享楽」の概念に持ち込むことで生まれたのが「ファルス享楽」だからだ。このファルス享楽を、ブリュノは「シニフィカシヨン（signification）」の水準で捉えようとする。といっても、ここでは、シニフィアンの連接によって、その効果としての意味が生み出されるという謂でのシニフィカシヨン（＝意味生成）ではなく、ゴットロープ・フレーゲのBedeutung（日本語では、「Sinn＝意味」と区別して「意義」と訳されることがある）の謂で用いられるそれ、すなわち「指示対象」という意味でのシニフィカシオンである。つまり、シニフィアン「ファルス」（ここでは成長したエマの身体そのものがその役割を果たす）に対応する指示対象として「ファルス享楽」を措定する、とブリュノはいいたいのだ。これはおそらく、一九五八年に焦点化された「ファルスのシニフィカシヨン」（同名の論文が『エクリ』に収められている）と、後年に概念化された「ファルス享楽」とのあいだに齟齬なく橋を渡す、きわめて周到な戦略だといえる。

　事件Iに際してエマを捉えた享楽は、ファルス化された彼女の身体のBedeutungの座に到来する。問題は、このBedeutungが本来的に「偽」であることだ。というのも――いささか議論を飛躍させるようで恐縮だが――性関係は存在しないのであるから。ラカンにとって、ファルスとは人間主体が女もしくは男としていかに振る舞うかを処方するシニフィアンである。とすれば、その同じファルスが、両性の結合によって生じる享楽を指し記すと想定する余地があってもおかしくはない――実際、述べたように、言語によって貫かれた身体の諸器官に定位する享楽を「ファルス享楽」と呼ぶなら、性的享楽（性行為における享楽）はすべてファルス的なものによって占められると考えうる。ところが、ラカンによれば、「性関係はない」。いいかえれば、人間は女も男も、自らの身体において相手の享楽を経験することができない。なぜなら、他者の享楽に到達する以前に、主体は自らの身体、とりわけ身体器官に許容され、定位する享楽につられて、だから「ファルス享楽」につられて、満足してしまうからだ。つまり、ファルス享楽は性関係（における満足）の成就を阻碍しこそすれ、けっして性関係に随伴することはない（実際には、ラカンはこの命題と自家撞着的ともいえるもうひとつのテーゼ、すなわち、ファルス享楽は性関係の不在を補塡するというテーゼによって、性関係とファルス享楽の両立不能性を二重化する）。いいかえれば、ファルス享楽は性関係の享楽ではなく、ファルスが性関係を指し示すこともありえない。そのかぎりにおいて、ファルス享楽がいかに性的享楽を騙《かた》ろうとも、性関係の享楽としては偽なるBedeutungとみなされざるをえないのである。

「偽」の彼岸に立つ対象

この認識が孕む帰結の重大さに思い至るためには、フレーゲの理論に踏み込む必要がある。フレーゲは、言語による「表現」とその「対象」を厳密に区別し、前者の水準に「意味（Sinn）」、後者の水準に「Bedeutung」を振り分けた。フレーゲ自身が挙げる名高い例によれば、「明けの明星」と「宵の明星」は互いに異なる「意味」をもつが、そのBedeutungはひとつきりであり、それは「明けの明星」および「宵の明星」という記号列によって指示される同一の天体・金星にほかならない。だが、フレーゲの大胆さは、Bedeutungと指示対象をこのように等価視することにではなく、そこから一歩進んで、文（命題）の二つの真理値、すなわち「真」および「偽」をもBedeutungの範域に書き込むことにある。[32]フレーゲは、それによって、形式化された言語体系のなかで、算術の等式に匹敵するような命題等式を書いたり操作したりすることが可能になると考えた。二つの異なる文pおよびqがいずれも真であれば、これらの文は「真」を共通の対象＝Bedeutungとしてもつことになり、このBedeutungが等式p＝qを根拠づけることができる。そしてこのことは、pやqを内容にもつさらに高次の文（命題関数）を扱う演算を可能にするだろう。フレーゲが夢見たのは、このようにあらゆる計算を完全に実行しうる理想的な形式言語の構築であり、真理値をBedeutungとみなすことは、そのように構築される言語への一里塚であったといえる。歴史的にみれば、この理想的な形式言語の夢は、バートランド・ラッセルの〈矛盾〉（いわゆる「ラッセルのパラドクス」）によって潰えたことが知られる。だが、ブリュノの議論を参照する私たちにとって重要なのは、むしろ、ここから「ファルスのBedeutung」に翻り、フレーゲ的図式をそれに当てはめてみることだ。エマが経験したファルス享楽、すなわち、ブリュノがBedeutungの水準に位置づける享楽は、性関係の享楽としては偽である、と述べた。フレーゲ的視点に立つなら、このことが意味するのは、エマの身体がそれであるところのシニフィアン「ファルス」はいかなる指示対象ももたない、ということではない。このファルスには、いまやひとつの指示対象が与えられる。「偽」である。性関係の不在を背景に、ファルスというシニフィアンは本来的に「偽」を指し示す、ということだ。この見方を敷衍《ふえん》すれば、およそ転換ヒステリーの症状は「偽」を対象とする、と定式化できるかもしれない。それはとりもなおさず、欲動に「はんだづけされる」とフロイトが述べた対象（＝欲動の対象）がじつは論理学的な対象「偽」であると命題化して、精神分析の教科書を塗り替えることに等しい。

　ブリュノによれば、しかし、これは精神分析にふさわしい問題解決ではない。このフレーゲ的アプローチへのカウンターとして、ブリュノが提示するのは、ファルス――この「偽」を指示するシニフィアンとしての――にはひとつの特権的な顕現モードがあり、それは「消失」ないし「覆われた状態」である、という視点である。いまや「現実態」のファルスになったといってよいエマの身体は、性的享楽が到来したとされるその瞬間には、衣服で覆われていた。このことは、パースペクティヴ全体を覆すバネになりうる。覆い隠されたファルスは、性関係の不在にもかかわらず、いや、むしろ性関係が不在であるからこそ、まさにこの存在せぬ関係の座に、その実在性＝現実性を確証することはできないものの、いわばファルスの「影」によって指し示されることを拒まないひとつの対象を、浮かび上がらせるのである。とすれば、ファルスのBedeutungは「偽」ではない。それはこの対象、欲望の特権的なシニフィアンの消失においてのみ現前化させられ、存在しない性関係に取って代わるとみなしうる対象にほかならない。

エマにおいて、この対象はほとんど外在化されていないがゆえに、その現前に気づくことは容易ではない。だが、精神分析における対象の機能を、Bedeutung及び真理性（ないし虚偽性）の問いにたいしてこの対象がもつ論理的関係において捉えることは、きわめて重要である。というのも、ラカンのいう「原因対象（objet cause）」とはいかなるものであるのかを理解するのに有効な視点が、それによってもたらされるからだ。実際、ラカンは、セミネールXIII『精神分析の対象』（一九六五〜六六）で「質料因」の特権的な役割を際立たせると、それに引き続いて対象aの論理学的機能（真理値としての）に注目し、自らの対象理論を拡充していくのである。本書では、この問いに立ち入ることはできないが[33]、その代わりに、むしろ、フレーゲ的Bedeutungの彼岸に見いだされる対象に焦点を合わせるブリュノ流のシェーマをさらに検討してみよう。先ほど、「性関係はない」というテーゼについて述べた。これは、本書で私たちが主に検討する年代（一九六〇〜六六）のラカン理論に比べると、いささか後発の——つまり一九七〇年代の——テーゼであるとはいえ、ブリュノにとって、これら二つのコンテクストの接合は、「ファルス」という鍵概念にもとづくかぎり、けっしてアナクロニックな齟齬を来さない（その理由は先に述べたとおりだ)。それどころか、私たちは同じブリュノのシェーマを、今度はセミネールXIの時代に固有の理論的枠組みのなかで捉え直すようにとすら促される。そうすることで、テュケーの機能を具体的につかみとるという、私たちにとっていまなお開かれたままの課題に、ひとつの解を与えることができる。

対象との出会い損ない

セミネールXIのラカン理論の枠組みにおいて、ファルスのシニフィアンの対象(性関係の不在にもかかわらず、ファルスが覆われて在ることによって、そのBedeutungとみなされうる対象)の座を占めるにふさわしいのは、あの「同化不能なものとしての現実界」、永久に実現されぬまま、一次過程の領野のただなかで「苦境にある=宛所に尋ねあたらぬ」あの現実界にほかならない。それは、主体の実在性=現実性のなかの根源的に失われた部分、現実原則のシステムによっても回収することのできない部分であり(セミネールⅦの文脈でいえば、シニフィアンの領野の外部に根源的に取り残される現実性としての〈物〉がそれに当たる)、さらには、フロイトが神経症の「特定病因」と呼ぶもの(症例エマに即していえば、性的感覚の解放)にたいして、「原因の原因」(フロイト的病因論全体に刻まれる亀裂の彼岸になお留まる非決定の要因)を構成するものとしての「欲動」であるといってもよい。症例エマにおいて、諸記号——「食料品店店主/店員」「笑い」「衣服」——の符合のうちに認められる「反復」が、たんなるアウトマトンに、つまりこれらの記号を回帰させる自動運動《オートマティスム》に、還元されないのは、この現実界の領界が、反復のもう一方の面、すなわちテュケー面を、構成するからだ。

見逃してはならないのは、ブリュノのシェーマをもとに、私たちがいま示唆した図式、すなわち、ファルスのBedeutungに現実界を重ねる図式は、アウトマトンとテュケーの二元性に等しい二元性を示すことである。エマの症状には二つの面があり、一方は象徴界に、他方は現実界にかかわる。エマが経験するファルス享楽、いや、むしろ、この身体的享楽装置（ファルス化された身体）の発明は、当の享楽を偽なるBedeutungとして現出させるひとつの隠喩の創造にも準《なぞら》えうるものであると同時に、ブリュノがBejahungと呼ぶもの（このタームはフロイトの論文「否定」に由来する）、すなわち、シニフィアンの平面上にこれまで存在しなかったものを（初めて）「存在するがままにさせる〔laisser être〕」ひとつの「肯定」の価値をもつ。だが、問われなくてはならないのは、この「存在するがままにさせる（こと）」の機能である。まさにその問いに答えるのが、私たちがここまで述べてきた論理、すなわち、覆い隠されたファルスは、このファルスの影によって指し示されるのを拒まぬ対象を出現させ、その対象は、同化不能な現実界、すなわち、それ自体としては象徴界に乗り入れる術をもたない欲動の現実界に、取って代わるという論理である。いいかえれば、「対象a」と名指されるこの特異な対象の媒介によってはじめて、現実界はいわば主体に触れる——主体が自らのホームであるシニフィアンのネットワークから彷徨《さまよ》い出ることなしに。述べたとおり、この対象はエマにおいてほとんど外在化されておらず、エマの着衣の下になお身を潜めている。だが、私たちが求める論理はそこにあり、私たちの探求の目標も同じくそこに見いだされる。すなわち、シニフィアンとしてのファルスの影によって、いや、その消失によって、形象化されるひとつの対象があり、さらにその対象によって媒介され、代理されるという意味で、二重に——二段階的に、とすらいってもよいかもしれない——覆い隠された現実界とのこうした出会いこそが、ラカンが「テュケー」と呼ぶものを構成する、という論理である。

この出会いがひとつの「出会い損ない」とならざるをえないのは、たんにそれが象徴界と現実界の離接（引き離されて在ること）によって条件づけられるからではなく、同時に、同化不能の現実界に取って代わるように介入するこの対象そのものもまた、象徴的な――それゆえ持続的な――支えをもたないからだ。その理由は、この対象の実在性＝現実性が純粋にトポロジカルなものにすぎないことにある。ファルス化された身体がエマのうちに生成する場所、偽なるBedeutungとしてのファルス享楽が到来するその場所は、ラカンが「原因の開口部」と呼ぶもの、すなわちシニフィアン的決定の空虚な余白であるということを、いまいちど思い出そう。いいかえれば、その場所に何であれひとつのシニフィアンが出来し、存続することはありえない。だからこそ、出会いはつねに出会い損ないに終わるのである。実際、エマの身に起きたのは何だっただろうか。エマはファルス享楽を、すなわち、フレーゲにとってもブリュノにとっても「対象」そのものであるBedeutungを、即座に抑圧する――幸いにも！　そうすることによって、エマは現実界との出会いをしくじった、しかも――おそらくは最初に受けた性的悪戯の際にも一度しくじったのだろうから――二度までもしくじったわけだが、もしこのしくじり、この出会い損ないがなかったなら、現実界はエマを何らかの倒錯に導いていたかもしれない。他者から押しつけられた享楽との出会いをしくじることで、エマはまさに神経症に留まることを選択したのである――「トラウマ」という名のこの心的スティグマを受け容れる条件で。[34]

欲望の原因対象

私たちの議論の現在地を確認するために、いまこそこう明確に述べておかねばならない――ここで論じられているのは、ラカンが「欲望の原因対象（objet cause du désir）」と名づけたものの機能にほかならない、と。その機能は、象徴的決定の病因論的探求がひとつの開口部によってブロックされる場所で、原因を引き受けることに存する、とひとまず定式化しうる。その「開口部」とは、いうまでもなく私たちが「原因の開口部」と呼んできたものであり、それは主体の症状が、決定されえぬものとしての現実界に、いいかえれば、引き受けることが不可能な「原因の原因」としての欲動的なものに、結びつくことの証左でもある。まさにこのようにして、ラカンにおける原因と対象の――おそらくは過去に例のない――接合が説明される。と同時に、セミネールX『不安』（一九六二～六三）にて「欲望の原因」と定義された対象aが、セミネールXIを通じてなぜ「欲動の対象」に同一視されるに至るのかも、同じ論理から説明できる。原因対象は、欲動の現実がいかなるシニフィアン的媒介も見いだせぬ場所で、その現実の代理として介入するのである。原因対象と欲動のこうした関係は、欲動対象と欲動のあいだの関係とパラレルである。というのも、フロイトにとって、欲動対象とは、けっしてそのものとしては到来するはずがない欲動、つまり媒介抜きに到来するはずがない欲動が、しかし主体の心的装置に接近するとき、いわばこの接近の合図となり、この接近を印づける役割を果たす何ものかだからだ。ラカン自身は、原因対象と欲動対象を結ぶこの概念的等価性について、けっして多くを語らない。だが、セミネールXIに見いだされる次のような発言は、その不足を補って余りあるほど、じつに雄弁ではないか――

こう理解してほしい――〔ラディカルな意味における〕欲望の対象とは、欲望の原因であり、欲望のこの原因対象とは、欲動の対象、すなわち、欲動がその周りを一巡りする対象である、と。[35]

欲動は対象の周りを一巡りする――と、ラカンは述べたが、この一巡りが具体的な形をとるとき、それは、諸々の欲動運命を方向づける文法（欲動運命、とりわけ「我が身への向け変え」と「反対物への転換」の分析は、フロイトにおいて、徹底的に文法的である）に則した主体的ポジションの変更を伴う。ひとり対象のみが、つまり、欲望の原因であると同時に欲動の対象でもある対象 a のみが、欲動の現前を印づける、いいかえれば、欲動が到来しつつあることを告げ知らせるのである。

しかし、このような把握のうちで、「テュケー」の概念がいかなる寄与をもたらすのかという問いが、いまなお残っている。私たちの考え――思い切ったもののようにみえるが、これまで述べてきたことに正当に依拠する考え――では、テュケーは欲望の現実的な因果性の唯一可能な言表を成り立たせる。症例エマの分析において、性的成熟の遅れという仮説を立てる際に、フロイトが直面していた問いを、いまいちど思い出そう。それは、エマが経験した性的感覚の「原因」は何か、という問いだった。私たちが目にしたとおり、問われている「原因」とは、性的病因論の枠組みのなかで解読可能な原因ではなく、この枠組みを凌駕し、私たちが「原因の原因」と呼ぶものの領界を構成する原因である。まさにこの領界にこそ、欲動が、いいかえれば、原因対象の媒介なくしてはけっして到来しないはずの決定不能な現実界が、書き込まれるだろう。とすれば、件の問いにいまやこう答えることが許されないだろうか——エマの性的感覚はテュケーのゆえに（*apo tychès*）、すなわち現実界との出会いによって、生じた、と。アリストテレス風の趣をもつこの命題こそ、本来の意味での病因論的探求の彼岸に鳴り響く、エマの症状の因果性の唯一可能な言表にほかならない。

おそらく、この「テュケーのゆえに」には、ただちにいくつかの留保をつける必要がある。まず、この句は、「テュケー」そのものが欲望の原因であることをいささかも意味しない。欲望の原因の座に書き込まれるのは、つねに、非決定で同化不能な現実的原因に取って代わるあの特異な対象でなくてはならない。他方、この句はまた、「偶然に（*apo tychès*）」という通常の意味で解することも許されない。精神分析家が、原因を偶然に帰するいかなる説明も——つまり、「これこれのことが偶然に起きたせいで、約束の時刻に来られませんでした」という類いのいかなる言表も——受けつけないことはいうまでもない。加えて、私たちのもとで、この句はもはやアリストテレスがそう考えていたのと同じ意味をもつこともない。というのも、アリストテレスにおいて、偶然に（*apo tychès*）起きた出来事の原因はあくまで因果連鎖の一部を構成するのにたいし、ここでは、原因としての現実界は因果連鎖上に不在であり、もっぱらひとつの媒介によって、そしてまた、アウトマトンが回帰させる諸記号のもとで、かろうじて浮かび上がるにすぎない。だが、この言表（「テュケーのゆえに」）の強みは、次のことを際立たせることにある。すなわち、象徴的決定の病因論的探求がひとつの停止点に突き当たる場所、いいかえれば、非決定の余白で、ある原因の開口部の前に主体が立たされるその場所で、私たちの欲望は現実界に結ばれた姿を露わにする、という、こ、と、だ。ラカンが述べたとおり、この結びつきによってはじめて、私たちの心的生はたんなる夢に還元されるのを免れるのである。

もっとも、症例エマというたったひとつの事例によって、以上の論理をつかみとることは容易ではない。節をあらため、別の素材とともに同じ論理を辿り直してみよう。

4　子供が火に焼かれる夢

理論的コンテクスト

テュケーの機能を私たちに把握させるために、ラカン自身が持ち出す臨床的パラダイムは、『夢判断』第七章の冒頭にフロイトが提示する印象的な夢――「お父さん、ぼくが火に焼かれているのが分からないの？」という苛酷なフレーズで、いまや精神分析のみならず、さらに広い文化史的記憶[36]に刻まれている夢――である。

この夢には、他の臨床例（たとえば症例エマ）では前面に現れることがないものの、現実界との関係のモードとしてのテュケーという定義の拠り所となる込み入った論理について、私たちがこれまで学んだことを悉《つぶさ》に捉えることを可能にするひとつの特徴ないしディテールを、示してくれるという固有のメリットがある。その機能とは、アウトマトンによって回帰する記号が、この夢のなかで担うそれ、すなわち、表象機能ならぬ「表象の代理」機能にほかならない。この機能こそが、記号をいわばシニフィアン本来の身分に到達させる。と同時に、それこそが、そこではもはや「シニフィアンの主体」の身がもたなくなるところの、テュケーの場、現実界との不可能な出会いの場を、創造するのである。

というわけで、まず、この夢についてのラカンの評釈を、セミネールⅪの文脈のなかに位置づけることからはじめよう。同セミネールにおいて、ラカンをこの夢に導くのは何だろうか。それは一次過程の深く逆説的な性格、いや、むしろ、一次過程と現実界――「同化不能」なものとしての――のあいだの逆説的な関係であるといえる。一次過程の領野の中心に、けっしてそこに同化されないにもかかわらず、執拗にそこに居座り、一次過程をその本来の目的性から、すなわち根源的に快（最小の緊張）をめざす傾向性から、逸脱させる（détourner）現実界が、ヴェールをかけられた姿で現前する。逸脱（détours）の余地があるものとしての一次過程――ラカンによれば、「それを捉えるのは、知覚と意識の断絶の経験において」[37]、いいかえれば、フロイトが「もうひとつ他の場所（eine andere Lokalität）」[38]と呼んだ一次過程本来の場においてでなければならない。まさに「夢」のトポスそのものである。

だが、ここからラカンが開いていくパースペクティヴは、『夢判断』においてフロイトが展開するそれとはガラリと異なる。フロイトは、夢の機能にかんする当時の彼の唯一のテーゼ、すなわち「夢はひとつの願望の充足である」というテーゼによって課せられる理論的枠組みのなかで、この夢を検討する。それにたいして、この夢にたいするラカンのアプローチは、『快原理の彼岸』（一九二〇）のラカン的読解にもとづく。いいかえれば、ラカンは『夢判断』中の夢を『快原理の彼岸』から、遡及的に、読み直す。だからこそ、ラカンの評釈においては、「逸脱」の余地があるものとしての一次過程――『夢判断』が書かれた時代には、一次過程にはまだこうした逸脱は想定されていなかった——が問題になりうるのである。フロイトは、この夢を説明するにあたり、これを願望の完全な充足に還元することでよしとし、この夢がひどく不安を誘う点や、きわめて過酷な映像を伴う点にほとんど気を留めていないようにみえる。というのも、これらのことがらは、フロイトによれば、心的装置の或る部分（とりわけ無意識）にとっての快は、他の部分（前意識や意識）にとって必ずしも快ではなく、それどころか不快でありうるとする理論によって、完璧に説明されうるからだ。これにたいして、ラカンは、この夢に顕れる不安を、フロイトが『快原理の彼岸』のなかではもはや同じ論理では説明しなくなる不安、すなわち、外傷性神経症の患者が夢のなかで感じることを余儀なくされる不安に重ねる。また、夢の過酷な映像は、ラカンによれば「ひとつの彼岸を指し示す」[39]というが、それはとりもなおさず夢の彼岸、一次過程の領野の彼岸にほかならない。ようするに、ラカンにおいて、この夢はもはや無意識の瑕疵《かし》なき働きを証明するわけではなく、むしろ、無意識の縫合不能な開口部の上で、主体が現実界の不安な呼びかけに、脅威となるその接近に、いわば曝される、そうした場を構成するのである。だからこそ、ラカンはこう注意することを忘れない——「夢とは、願いを叶えてくれる幻ではないのである」[40]、と。

目覚めの「原因」への問い

息子を亡くしたばかりの或る父親が、遺体が安置された部屋の隣で休息をとる。ひとりの老人が遺体の番をしている。二、三時間眠ったのち、父親は夢を見る。息子が彼の傍らに立ち、彼の腕をつかんで、こう責めるのである——「お父さん、ぼくが火に焼かれているのが分からないの？」。目覚めると、倒れた蠟燭の炎が棺に燃え移っており（さらに片腕が焼けていた）、番をしていた老人は居眠りをしていた……。「胸を打つ夢」とフロイトが感慨を漏らすこの夢の特徴をなすのは、一見して明らかなとおり、いわゆる「外的」（物理的）な現実と、夢のなかで表現された現実とのあいだの、すなわち、実際に起きたできごと（蠟燭の転倒、棺の燃焼）と、夢のなかに表象された火に焼かれる息子の像とのあいだの、準同一性である。そこから、この夢についてフロイトが差し出す第一の説明が導かれる。チラチラと揺らめく炎の光が扉の隙間から差し込み（加えて、蠟燭の倒れる音が扉越しに聞こえたかもしれない）、眠っている主体はそれを知覚する。その知覚から、彼は現実に起きていることがらについて正確に推論し、その結果、事態が急を要すると最終的に判断して、目覚めたのである、と。

この説明を補うべく、フロイトはただちに、夢形成過程の多重決定について、いいかえれば、この夢の残酷な像の隠された意味について、いくつかの示唆を与える。夢のなかで息子が口にするせりふをめぐって、父と子が共有する何らかの秘密があるにちがいない、と。ところが、この点にかんして、フロイトはあくまで仄めかし以上のものを与えてはくれない。つまり、その先へ進もうとはしない。それゆえ、ラカンはこう述べることをためらわない――この夢は「二重にも三重にも閉ざされている、というのも、そもそも分析されていないのだから[41]」。フロイトはもっぱらそれを「味わう[42]」だけであるようにみえる。

とはいえ、フロイトはそこですっかり立ち止まってしまうわけではない。もうひとつ別の道がある。夢のなかに翻訳された現実のこの準同一性に再び目を向けよう。前意識――主体の目覚めを動機づけた判断は、フロイトによってこの審級に帰される――は、夢のなかですでにすっかり覚醒しており、したがって事態の緊急さを完全に把握することができた。そこから、フロイトはあらためてこう問いかける——かくも急を要する事態のなかで、主体はなぜ夢など見ていたのだろうか、と。いいかえれば、なにが彼に夢を見させたのだろうか。というのも、現実（夢の外の世界）のなかで起きた出来事を夢がたとえそれなりに忠実に反映していたとしても、そのことはこの現実が夢の原動力であることを必ずしも意味しないのだから。夢の原動力、私たちはそれを、どこか余所に探し求めねばならない。

この問いにたいして、フロイトは二重の、ないし二部構成の、答えを用意する——

1／夢を見ることで、主体は、たとえほんの僅かのあいだでもよいから、子供の生きた姿をもう一度目にしようと、眠りを引き延ばした——「もしも父親がまず目覚めて、亡骸が安置されている部屋へと実際に彼を赴かせた結論をそのあと引き出していたとしたら、彼は子供の命をこの僅かな時間の分だけ縮めてしまったことになるだろう」[43]。

2／夢は、眠りを引き延ばしたいという欲求を充足した。ラカンが指摘するように、フロイトはまさにこの箇所で、「『夢判断』中ほとんど初めて」[44]、睡眠欲求の充足という、見かけ上二次的な夢機能を際立たせたといえる。

さて、この二重の説明を、ラカンはけっして拒絶しない。これらの説明は、なるほど、なぜ主体（父親）が夢を見たのかを解き明かすようにみえる。夢の原動力は、子供の生きている姿をもう一度見たいという欲望、ないし睡眠欲求だというのである。だが、ラカンはこう注意を与える——この説明を押し進めてみても、なぜその後彼が目覚めたのかを解明するには至らない、と。なぜなら、「夢というものが、結局のところ、そのきっかけとなった現実にこれほど近づくことができるのだとすれば、その現実に応えるために眠りの外へ出る必要など、そもそもないではないか——夢遊病的な行動をとるというやり方もあるのだから」[45]。それゆえ、フロイトの探求を中継しつつ、ラカン自身が措定する問いはこうなる——何が夢から目覚めさせるのだろうか？　といっても、もちろん、目覚めをあのアクシデント（蠟燭の転倒、炎の揺らめき……）に、つまり現実のなかで起きた出来事そのものに、結びつけるためではない。そんなことをすれば、フロイトの立てた問い（「何が夢を見させたのか」）自体を消し去ってしまうことになるのだから。実際、ラカンはフロイトの問いの射程をけっして蔑ろにはしない。というのも、フロイトは明らかに目覚めの「延期」とでも呼びうるものについて問いかけているのであり、この延期は、目覚めの意味をすっかり変更してしまう（つまり、この延期の前と後では、目覚めの意味がすっかり変わってしまう）何ものかだからだ。肝腎なのはだから——この無垢ではない語をいまこそ使わねばならない——目覚めの「原因」を、主体が目覚めたときにその意識に表象されるであろう現実（外的現実）とは別のところに求めることである。私たちが「夢の原動力」と呼んだものは、まさにこの「原因」との関係において、いや、この「原因」のうちにこそ、見いだされねばならない。

目覚めさせる「現実」

必然的に、問題は夢の「現実性（réalité）」にかかわる。実際、主体を目覚めさせるものがいわゆる「外的現実」ではないとすれば、夢の現実性はこの外的現実との準同一性に還元されてはならない。夢のなかにはもうひとつ別の現実性があって、それが目覚めさせるのである。私たちがラカンとともに一次過程の機能を検討しなければならないのは、まさにこの点においてである。

知覚と意識のあいだで、つまり一次過程の地平で、覚醒の瞬間に何が起きるのだろうか。外的現実のなかで生じた出来事は、知覚によって多少なりとも正確に捉えられる。だが、知覚されたものがただちに意識まで転送されるわけではない。そこにはひとつの断絶があり、その断絶は、これら二つの審級のあいだに一次過程の領野が介在することによってもたらされるのである。夢の「もうひとつ別の現実性」は、この領野にいわば食い込んでくる。いや、むしろこう述べるほうがよいかもしれない——その現実性は一次過程の領野を自らのほうに引き寄せ、それによって一次過程の機能を逸脱させるのである、と。だが、それが意味するのは、「もうひとつ別の現実性」が無意識の願望の現実性、すなわち心的現実性に由来するということではない。ラカンが注意するとおり、子供に再会したいという欲望や、眠りを引き延ばしたいという欲求が、たとえ夢形成の過程に参加していたとしても、これらの要素はけっして、なぜ主体が目覚めたのかを説明しないのである。

とすれば、「もうひとつ別の現実性」とはいったい何だろうか。夢のなかで、それは子供が口にする言葉に最も色濃く影を落としていないだろうか——「お父さんには見えないの？　ぼくは火に焼かれているんだよ！」。この言葉には、私たちの知りえぬメッセージが秘められており、それは子供を死に至らしめた病と関係があるにちがいない。にもかかわらず（いや、だからこそ）、フロイトの解釈はこの謎に至る敷居のところで打ち切られ、ラカンもまたしいてそれを掘り下げはしない。おそらく、父と子のあいだで、「根源的」と形容しうる何らかの巡り合わせの悪さ、子供の死によってある意味で「実現」されてしまった何らかの出会い損ないが、かつて経験されたのだろう。[46] この夢に反復されたのは、そうした出会い損ないでなくて何だろうか。だが、この夢の残酷きわまりない映像(imagerie)全体は、はたして何を指し示すのだろうか。父の腕をとる息子は、彼をどこへ誘《いざな》おうとしているのだろうか。ラカンが述べるとおり、そこはひとつの「彼岸」であり、主体はその彼岸のほうに目覚めていこうとするかのようだ。夢のこの「彼岸」を、フロイトもまた同じ名で呼んでいるのではないだろうか――快原理の「彼岸」と。

セミネールXIにてラカンをこの夢に導いた問いを、いま一度思い起こそう。『夢判断』を『快原理の彼岸』から遡及的に読み込みつつ、ラカンは「一次過程」を、自律的な「法」が統御するたんなるシニフィアンの網の目には還元されえぬものとして概念化する。それは、一次過程の領野が、同化不能なものとしての「現実界」の射し込みを、しかし完全にシャット・アウトするには至らないからだ。夢の「もうひとつ別の現実性」、それはこの現実界に由来する。夢の彼岸から主体に呼びかけ、近づき、接触し、一次過程の地平のリミットでついに主体を目覚めに追いやる、あるいは目覚めに引き寄せるもの、それは現実界なのである。

とすれば、次には「いかにして」が問われねばならない。現実界はいかにして、夢の映像というヴェールに身を隠しつつ、主体に接触することができるのだろうか。というのも、現実界とは、いかに執拗に力を及ぼし続けようとも、結局のところ一次過程の「不可能」にすぎないのであってみれば。件の「もうひとつ別の現実性」とは、ようするに「欠けた現実」にすぎない。だが、「欠けた現実」とはそもそも何を意味するのだろうか――この現実は、それに対応するいかなる表象ももたない、ということでないとしたら。いいかえれば、この現実は、いかなる表象によってもそのものとして表象されることはありえない。とすれば、この「欠けた現実」がそれにもかかわらず表象の地平で、つまり一次過程の領野で、何らかの帰結をもちうるのはなぜなのだろうか。それはいかにして可能になるのだろうか。

表象の代理

まさにこの問いに答えるべく、ラカンが持ち出すフロイト的概念こそ、Vorstellungsrepräsentanz、すなわち「表象の代理（tenant-lieu de la représentation）」にほかならない。欠如した表象の代わりに、現実界は「表象の代理」をもちうる、そしてこの「表象の代理」が現実界をその相関項としてかろうじて指し示す、と捉えるのである。夢のなかで映像（ここではそれをその象徴的価値において捉えよう）が担う機能、それがこの「表象の代理」の機能であることはいうまでもない。とすれば、夢の映像は、本来、意識が目覚めたときに意識に到来する（あるいは殺到する）諸表象の臨時の（つまり睡眠中の）代用品などではない——もしそうだとしたら、夢の現実性はたちまちいわゆる「外的現実」に還元されてしまう。むしろ、夢の映像はこの表象の裏面を構成するのであって、まさにその場所にのみこの「別の現実」が射し込みうる。そしてそれこそが、現実界が一次過程を引き寄せ、その機能を逸脱させるメカニズムであり、同時に、ラカンが「究極的な意味での夢過程〔processus du rêve dans son ressort dernier〕」[47]と呼ぶものなのである。

ところで、いま述べた相関関係、すなわち、対応する表象をもたない現実界と、欠如した表象の代理を務める表象のあいだの相関関係は、必然的に偽——論理学的な意味での、すなわちひとつの「真理値」としての——である。なぜなら、両者を繋ぐ指示関係は根本的に損なわれ、歪められ、本質的に模造的（factice）だからだ。そして、まさにこの相関関係の偽りこそが、夢の映像を記号（signe）の身分からシニフィアンのそれへと引き上げる。つまり、シニフィアンの身分、純粋状態におけるシニフィアンの身分とは、本質的に虚飾のそれなのである（そう考えるとき、後年のラカンがシニフィアンをなぜ「似せかけ（semblant）」と呼ぶに至るのかは明らかだ）。セミネールXIにおいて、ラカンがVorstellungsrepräsentanzを「二項組みシニフィアン（signifiant binaire）」と同一視する理由もそこにある。S_1－S_2と書き表されるシニフィアンのカップルは、その二項性において何を代表するだろうか。言語の効果としての主体、シニフィアンによって決定されたものとしての主体、すなわち$\not S$である。この主体は、それに刻まれた分裂によって特徴づけられる。ラカン的主体とは、根本的に二つの部分に分裂した主体である。一方では、象徴的同一化によって、主体はひとつのシニフィアンになり、それ以後自らをそのシニフィアンにおいて捉えようとする。他方では、この同一化と引き換えに、「疎外」（前章を参照）のプロセスによって、主体の「存在」はシニフィアンの領野から排除され、失われる（この喪失は象徴的同一化の条件ですらある）。

だが、「表象の代理」の機能を、ラカンが一方では一次過程の不可能としての現実界に関係づけ、他方では、いま見たように、疎外により生じる分裂した主体に結びつけるとすれば、私たちは論理的に、現実界と、主体のこの欠けた存在とを、等価視するよう促される。実際、前章において、これら二つの概念を、根源的現実の喪失というフロイト的主題にじかに連なるものとして扱ったとき、私たちが試みたのはまさにそれだった。ここで注目されている現実界とは、主体自身のうちの「苦境にある＝宛所に尋ねあたらぬ」部分なのである。加えて、「表象の代理」によって代表されるという一事をもってしても、主体のうちのこの現実的な部分を「欲動」と呼ぶことは逸脱でも飛躍でもありえない。Vorstellungsrepräsentanzとは、そもそもフロイトにおいて、欲動の（心的）代理と定義されているのだから。このように、「欲動の代理」の概念は、ラカンにおいて、私たちがこれまで重ね合わせてきた諸要素のいわば結節点をなすことが分かる。主体の失われた存在、一次過程の不可能としての現実界、そして「原因の原因」の領界を構成する欲動――これらはまさに「欲動の代理」を介して一点に収束するのである。だからこそ、やはり「子供が火に焼かれる夢」を評釈しつつ、ラカンはこう断定することをためらわない――目覚めさせる現実界とは、Trieb（欲動）である、より正確には、「来たるべきTriebである」[48]と。

「原因対象」と「表象の代理」

とはいえ、Vorstellungsrepräsentanzを現実界との関係で捉え直すラカンのこのような再概念化を前にして、私たちはいくつかの険しい問いに目を留めないわけにいかない。「表象の代理」の機能は、先に症例エマから出発して私たちが剔出《てきしゅつ》した「原因対象」の機能と、どのような関係に置かれるのだろうか。というのも、一見して、両機能は近しいと同時に両立不能であるという印象を与えるからだ。表象の代理は、不在の表象――もしそれが不在でなかったとしたら、現実界をじかに表象し、指し示すかもしれない表象――に取って代わる働きをもつ。それにたいして、覆い隠されたファルスの影において形象化される原因対象は、現実界――それ自身が不在であるために、ファルス（シニフィアンとしての）の Bedeutung の座を占めるには至らぬ現実界――に取って代わる機能を帯びるのだった。とすれば、表象の代理をめぐるロジックのうちに、原因対象をいかにして導き入れることができるだろうか。この問いに答えるのは容易ではない。だが、これはラカン派精神分析の核心というべき点にかかわる問いだ。見方によっては、表象の代理と欲動の現実界のあいだの指示関係は、原因対象の現前を無用にするようにみえる、というのも、この関係は、シニフィアンがおのれ自身以外のいかなる媒介にも拠らず、現実界に接ぎ木される可能性を請け合う性質のものだからだ。もしそうだとすると、先に述べた「二項組みシニフィアン」は、表象の代理としてのその根源的機能において、ほかならぬ対象*a*と等価な関係をもつ（いいかえれば、対象*a*は表象の代理の別称である）と認めなくてはならなくなる。この件について、私たちの興味を惹くのは、いわゆる「欲望のグラフ」を総括したことで名高い論文「主体の転覆と欲望の弁証法」（一九六〇）において、ラカンが「表象の代理」の機能をまさしく対象*a*に帰していることだ。その際、ラカンが取り上げるパラダイムは、ウィニコットの「移行対象」であり、私たちはその「エンブレム」的な機能（欲動が満たされぬ状態にある子供が口唇から離さない布の切れ端）に幻惑されることなく、それが表象の代理として無意識において占める座、つまり、根源的疎外において主体が失った部分（かつては口唇を通じて主体と一体だったにもかかわらず、離乳によっていまは失われてしまった乳房）に取って代わる対象*a*としての座を、看取せねばならない。[49] Vorstellungsrepräsentanz の概念をこのように位置づけ直すことで、象徴界と現実界の関係という問いをめぐって、シニフィアンの機能と対象のそれとが互いに躙《にじ》り寄り、ほとんど融合してしまう、ひとつの場が浮かび上がる。それは、この関係の「論理」を極めようとするときに、私たちが突き当たるひとつのリミットだといえるかもしれない。[50]

　にもかかわらず、私たちがラカンとともに吟味してきた夢においては、表象の代理と対象*a*の機能を区別することがなお可能であり、必要であることに変わりはない。というのも、夢の映像は、そのシニフィアン性において、現実界の表象（これは存在しない）の代理を務めるひとつの表象を構成する一方で、同時に、この表象がそこからいわば引き裂かれていくところの、ひとつのひび割れをも示すからだ。二項組みシニフィアンには、その構造上、ひとつの空隙が含まれるのであり（西洋語の正書法で、二つの単語のあいだにスペースが挿入されるように、S_1とS_2のあいだには空隙が存する）、この空隙は、現実界との出会いの究極の媒介として対象aが介入しうる座を、なお提供せずにおかない。実際、夢の映像は、不可能なる現実界の手前でこの映像が引き裂かれていく、まさにその場所に、ひとつの特権的な対象、すなわち、現実界の接近の究極的な形象となる対象を、出現させないだろうか。その対象とは、父親に呼びかける子供の「声」である。この声は、夢の映像に還元されぬことはいうに及ばず、よりラディカルに、それによって告げられる非難の言葉――「お父さんには分からないの……？」――にも還元されはしない。すでに酷薄を極めるこのフレーズの彼岸に、声が聞き取らせるのは、現実界の差し迫った到来でなくて何だろうか。この「聞き取らせる」は、夢のなかに現実界が射し込むモードを記述すべく、ラカン自身が用いる表現である。実際、この夢の読解の最後に、ラカンはこう指摘することを忘れない――

〔……〕いっさいがまどろんでいるこの世界に、声だけが自らを聞き取らせる――「お父さん、分からないの？　ぼくが火に焼かれているんだよ」と。このフレーズそのものがひとつの燃え木――たったひと言で、自らが燃え落ちたところに火をもたらすという意味で――であり、しかも何が火に焼かれるのかは定かではない。というのも、炎はわれわれに盲を強いるからだ――火はUnterlegt〔下に延べ広げられたもの〕のほうを、Untertragen〔下に敷かれたもの」のほうを、すなわち現実界のほうを、向いている、という事実にたいして。[51]

つまり、不可視の火——隣室で燃えている火ではなく、夢の下敷きになっている現実界のほうを向いている火だ——をめがけて、夢がその上で引き裂かれていくところの、この声こそが、原因対象の現前を私たちに示す。この声こそが、夢の場面の最後に、そして夢の表象が引き裂かれていくその場所で、主体の目覚めを引き起こす現実的なもの（現実界）に、すなわち原因としての「来たるべきTrieb」に、取って代わるのである。そしてこれが、Vorstellungsrepräsentanz問題（表象の代理とは何か、それはいかなる役割を果たすのか）にたいして、私たちがラカンとともに提示しうる解である。

無ではない現実

さて、これら一連の評釈を締め括るべく、ラカンは次のように述べている——

現実界、われわれはそれを、夢の彼岸に求めなければならない——つまり、代理しか与えられていない表象の欠如の背後に、夢が抱き込み、包み込み、われわれに隠してしまったもののなかに求めなければならない。[52]

この見事な定式に要約される現実界と「表象の代理」の関係——先に述べたとおり、そこに結ばれるいかなる相関関係も偽になる——こそが、ラカンのいう「テュケー」にほかならない。私たちがここまで辿ってきた道筋を思い出すために、フロイトとラカンによって説明された夢過程をいま一度ふりかえり、その過程を――いささか図式的ながら――はじめから再構成してみよう。

1／外部の現実のなかで偶然のように起きた出来事が、夢を惹き起こす（フロイトの第一の説明）。

2／生きている子供の姿をもう一度見たいという欲望と、睡眠の欲求とが、夢の形成に参加する（フロイトによって続けられた説明）。

3／これらの過程を利用するかのように、現実界が夢の映像を自らのほうへ引きつける（ラカンの説明の前提）。

4／「表象の代理」として働く映像の模造性（虚偽性）に支えられて、現実界が夢の彼岸から主体に呼びかける、あるいは、自らを聞き取らせる（Vorstellungsrepräsentanz の概念にもとづくラカンの説明）。

5／夢の領野の境界、つまり一次過程の領野の境界において、主体は覚醒へとつき動かされる（ラカンの解釈における夢過程の終わり＝目的）。

ところで、この1の立役者となる「偶然」、すなわち、主体がまどろむあいだに外部の現実のなかで起きた偶発事《アクシデント》（蠟燭の転倒、炎の光……）は、ここまでの説明のなかでいまだ手つかずであり、私たちの理論的見取り図に位置づけられるに至っていないことに、いまさらながら注意を向けなくてはならない。なるほど、この偶発事は、「繰りかえされる偶然」であるようにはみえない。それは一度きりの出来事であり、頻度が高い種類の出来事にはそもそも属さない。にもかかわらず、この偶発事は、夢を見ている主体の無意識のなかですでに分節されていることがら、すなわち、父と子のあいだで共有された何らかの秘密のまわりで、ヴェールに覆われ、隠されているいっさいのことがらと、すぐれて符合する。それはだから純粋な偶然ではない、いや、少なくとも、主体の無意識を構成するシニフィアンのネットワークに捕捉された時点で、もはや純粋な偶然ではなくなり、そのネットワークのアウトマトンによって運ばれ、生前の子供のイマージュを連れ戻す。ようするに、この偶発事は象徴的決定に縫い込まれ、夢形成に参加するのである。そして、先に見たように、この夢のヴェールに紛れて、原因としての現実界が主体に呼びかけ、自らを「聞き取らせる」だろう。このかぎりにおいて、私たちはこう述べることができないだろうか――この偶然は無ではない（*pas rien*）、と。実際、この「無にあらず（pas rien）」は、ラカンがいわゆる「外的現実」に認める身分である。蠟燭が倒れて棺を燃やすという偶然は、こうして、主体が現実界と出会うことに外的現実が果たしうる紛れもない貢献とみなすことができる。

　だが、この現実はどこまでも失望を招く性質のものであることを、忘れてはならない。先に私たちが「現実界との関係のパラドクス」として際立たせた点を、いまこそ思い出そう。外的現実は、根源的に失われた対象をそのなかで見いだすことを主体が強いられる領野として、現実原理によって与えられはするものの、当の対象が実際にそこに見いだされることは永久にありえない。火に焼かれる子供の夢、いや、むしろ、それを中断する目覚めは、このことを例証するのにひときわ優れている。あの残酷なヴィジョンによって示された地点、すなわち、子供が彼の手を取って連れていこうとするあの彼岸をめざしながら、主体は目を覚ます。だが、実際には、彼はどこへ目覚めるだろうか。それは、甦った意識にたいして表象された現実のなかへ、見いだすべき対象の遂行不能な探求のために二次過程に与えられたこの現実のなかへである。現実界が呼びかけるのは夢の彼岸からであるにもかかわらず、主体が実際に目覚めるとき、その彼岸に見いだされるのはもはやこの失望を招く現実のみなのである。だからこそ、テュケーは、つまり、夢と覚醒のあいだで起きるやもしれぬ現実界との出会いは、つねに空振りに終わる。主体は、見いだすべき対象をめざしながら、その対象をいま一度、おそらくいっそう決定的に、失うのである——ハーデスに下ったオルフェウスのように! だが、ラカンによれば、まさにそのようにして、そしてそのようにしてのみ、「記憶されえぬ出会い」[53]の記念が、執り行われうる。テュケーとしての「反復」の核心は、そこにある。

ところが、この悲痛な目覚めの意味は、それに尽きない。同じく本質的であると見てよい、もうひとつ別の意味がある。夢過程のリミットで主体が強いられる目覚めは、現実界の不安な接近から逃れる最終手段でなくて何だろうか。というのも、不安は、じつは、対象の差し迫る喪失のゆえにではなく、対象との距離の喪失のゆえにこそ生じるのだから。この夢全体を覆う底知れぬ不安は、夢の映像の薄いヴェールの背後で、もうそこまで来ている現実界との「距離のなさ」によって引き起こされたのである。目覚め——外的現実への目覚め——は、この恐るべき接近に晒され、一次過程の領野の際にまで追いつめられた主体にとって、現実界との決定的で無媒介的な遭遇から身をかわし、それを回避するための、究極の手段にほかならない。そうしなければ、この遭遇は欲望の芽生える場を、欲望の存立しうる余白を、すっかり消し去ってしまうだろう。なぜなら、おのれの原因とのあいだに距離が保たれていることが、欲望が存続するための根源的条件だからだ。だからこそ——これが、第一の理由と表裏をなす第二の理由だ——出会いはつねにしくじられねばならない、まさに、欲望を支えるために。テュケーは、欲望とその原因とを、引き合わせると同時に隔てなくてはならないのである。[54]

ラカンの反イデアリスム

この認識はきわめて重要である。というのも、こうした欲望の条件に対立するという点で、現実と幻想がじつは同じ次元に属することが、そこから明らかになるからだ。現実界との決定的な遭遇から逃れるために、主体が外的現実のうちに目覚めるのは、いわば目を開けたまま夢を見続けるためにほかならない。だが、目を開けたまま、いいかえれば覚醒したまま、見続けられる夢は、ふつうは白昼夢と呼ばれ、フロイト以来、精神分析においては「幻想」に帰される（ただし、本来的には無意識のものである「幻想」は、同時に、通常の夢、すなわち睡眠中の夢のマトリクスでもある）。とすれば、この論理を逆に辿り、こう考えることもできる——幻想によって守られた主体は、出会いをやり損ない続けるだろう、と。こうして私たちが逢着するのは、「トラウマと幻想」についての論文のなかで、コレット・ソレールが提起した問いである。ソレール曰く——

〔……〕幸福な主体、すなわち、自らの幻想によって縫合され、自らの幻想で武装して、我が身に生じうるいっさいの出来事に身構える主体は、はたしてトラウマを経験しうるのかどうか、いや、そのような主体はむしろ閉ざされているのではないか、というのはつまり、自らの無意識のプログラムに記載されていないいっさいの出会いにたいして不透過なのではないかと、真剣に問うてみることができる。[55]

このとき、テュケーは、幻想を強化する方向に進むいっさいの臨床の諸帰結を根底から危うくする問いを措定する。こうした臨床の筆頭は、現実への「適応」が必要であると訴えるセラピーであり、一九五〇年代のラカンはしばしばそれを狙い撃ちした（ハインツ・ハルトマンに代表される米国自我心理学へのラカンの拒絶反応が、そうさせていた）。それどころか、テュケーを語るラカンの念頭にも、この手のセラピーが標的としてチラついていたのかもしれない。先に見たように、テュケーをめぐるラカンの思考には、彼が「観念論《イデアリスム》」と呼ぶものへの批判が含まれている。ラカンにとって、現実への適応という発想はイデアリスムの骨頂である。というのも、イデアリスムのラカン的定義、きわめて明快で、きわめて厳密なその定義は、こう教えるのだから――

イデアリスムとは、現実の尺度を与えるのはわれわれであり、その彼岸にそれを求めるには及ばない、と告げることである。[56]

ラカンにおいて最終的なもの（その後、変更されないもの）とみなしてよいこの定義は、一九六〇年から六六年にかけての時期、すなわち、ラカンが「原因」概念を見直す審理を押し進めていた時期に、とりわけ重要であるようにみえる。この点には、追って立ち戻ろう。

いずれにせよ、この目覚めの「原因」について了承されうる唯一の言表はこうなる――目覚めはテュケーのゆえに（*apo tychēs*）、すなわち、現実界との出会いによって、起きた、と。ラカン自身がはっきりとそう定式化しているわけではないにせよ、彼の議論全体は明らかにこの因果的言表をめぐってなされている。というのも、セミネールⅪを貫く基本的な論点のひとつは、あの「法」と「原因」の峻別であり、この論点はここでも生きているからだ。つまり、ラカンが問題にする目覚めは、夢というシニフィアンの形成物を構成する象徴的決定の連鎖に還元されえないもののうちに、いいかえれば、その連鎖のなかで根本的に非決定のまま留まる「原因」のうちに、求められねばならない。いうまでもなく、ラカンは、「主体は現実のなかで起きた出来事（蠟燭の転倒、棺への引火……）のゆえに目覚めた」といった種類の言表を、はじめからきっぱりと退けている。おそらく、そうした言表も、けっして悪くはない。それは一般的な言表である。ただ、およそ因果的言表いっさいがそうであるように、この言表もまたうまく嚙みあわない、あるいは、躓いてしまう。ようするに、ひとつの縫合不能な開口部を露わにしてしまう。

原因の非決定としての現実界、つまり、真に原因である原因としての現実界は、まさにこの因果的言表の開口部に逗留する。それが、そもそも、ラカンがセミネールⅪで「現実界」の概念を導入する際の出発点だった。不在でありながらも、私たちの欲望のうちに帰結をもちうるこの現実的なものを、私たちはアリストテレスがテュケーに与えたのと同じ名で、つまり「付随因」と、呼ぶことさえできるかもしれない。ただし、ここでは、それをもとのアリストテレス的な意味とはいくぶん異なった意味に解さねばならない。なぜなら、原因としての現実界は、それ自体が「通りかかりに」何かを引き起こすというより、むしろ、「通りかかりに」生じた偶然（偶発事）が形づくるシニフィアンの模造的なヴェールの下で、主体といわばすれ違うにすぎないのだから。繰りかえすが、象徴的決定の連鎖を自分のほうへ引き寄せるこの「原因」の機能は、その連鎖を支配する「法」のそれと鋭く対立する。一方には、シニフィアンの自律的な法に統御された諸決定の連鎖が、外部の現実のなかのアクシデントから、このアクシデントをめぐって形成された夢へと伸びている（夢の原動力についてのフロイトの説明を補いながらラカンが述べるとおり、その連鎖は際限なく続きうる）。他方には、原因、すなわち現実界が、夢の背部に進入し、連鎖を自分のほうへ、つまり目覚めのほうへ、引き寄せる（際限なく続きうるアウトマトンの連鎖を断ち切るのは、この原因の介入にほかならない）。夢というシニフィアン連鎖と、その連鎖に同化されはしないが、夢の彼岸としての目覚めのなかで探し求められるはずの「現実」（つまり原因としての現実界）とが形づくる、この二重構造全体が、テュケーの因果性を特徴づけるあの根本的な歪みを示してはいないだろうか。ラカンにおいても、アリストテレスにおけると同様――およそ概念の再定式化なるものに必然的に伴ういくつかの差異にもかかわらず――、「付随因」としてのテュケーは、もっぱら本質的に歪んだ構造において到来するのである。しかも、ラカンにしたがえば、この歪みの現れは、アリストテレスにおけるがごとくある特定の、ないし例外的なケースに限定されることはない。この歪みはおよそ欲望の因果性いっさいにかかわる事実なのであり、その因果性はまさに付随因という語を用いてしか、すなわち、テュケーという語を伴ってしか、言表されえないのである。

ラカンは、子供が火に焼かれる夢について語るとき、この目覚めのなかに、いや、より正確には、夢と目覚めのあいだに、主体が欲望の原因対象とすれ違う決定的な瞬間を捉えようとする。いいかえれば、目覚めは、主体とその「欲望の原因」の遭遇にとっての――たとえそれが失敗に帰するにせよ――特権的な瞬間として考えられるのである。それは、かくも束の間で、かくも謎めき、かくも堅く秘められているにせよ、主体の欲望が現実界によって根拠づけられるその瞬間にほかならない。そしてそのためには、「無ではない」現実のなかで生じる何らかの些細な出来事、何らかの微少な揺れだけで十分なのである。しかし、そうした瞬間なくしては、ラカンがイデアリスムを批判しつつ断定するとおり、人生は結局のところ夢にすぎぬとする思想に軍配を上げねばならなくなる。欲望の秘密はすべてそこに尽きている。欲望の因果性はテュケーのことばによってしか言い表せないのである——目覚めはテュケーのゆえに起きた、と。

第三章

原因としての真理、対象の機能

原因についての私たちの問いの方向性を、いまいちど思い出しておこう。

原因という観念の無根拠性を糺すヒュームに反して、ラカンはこの観念の首尾一貫性を「シニフィアンの遡及作用」に見いだす。だが、シニフィアンの遡及的因果性を捉えるには、ひとつの水準に注目するだけでは十分ではなく、ラカンにしたがって三つの平面を区別しなくてはならない。私たちは、これら三つの平面に応じてシニフィアン因果性を吟味し、最終的に、その第三の面において、還元不能な「開口部（béance）」、すなわち、原因のいっさいのシニフィアン的措定に存する「反概念的なもの《アンチコンセプチュエル》」を顕わにするに至った。それはヒュームによって直観的に把握された空洞であり、その直観はカントに伝達されたといえる。だが、ヒュームの懐疑論的解決を前にして、カントが試みたのは、むしろ反対に、原因の概念を「カテゴリー」（私たちの経験のいかなる知的把握にも内在する論理的諸形式）のひとつとして位置づけることで、この概念のア・プリオリを訴えることだった。ラカンはこのカント的解決をも受けつけないが、それは、原因の「合理化」によってこのアポリア（原因の開口部をめぐる）を解消することはできないという単純な理由からだ。ラカンにとって重要なのは、原因の概念をヒュームのように狩り出すことでも、カントのように合理化することでもない、つまり、いずれにせよ、この概念が孕む開口部を追い払うこと、その現前を非アクチュアル化することではない。精神分析経験が私たちに教えるのは、反対に、この開口部を前面に措かねばならないということである。なぜなら、それは、いっさいの象徴的決定の彼岸で、神経症の症状がそれを通じて現実界に接合されるところの開口部だからだ。分析的治療のいっそう高度な手続きがはじまるのは、そこからである。分析のプロセスはそのとき、不可能な現実界に応じて弾力的に変化するようになり、この現実界の射し込みは解釈の羅針盤となるだろう。

このように、「開口部」の概念は、原因についてのラカン的視角において決定的に重要である。実際、前章でも、私たちはこの概念から出発して、原因と根本的な関係をもつものとしての「テュケー」の機能を見きわめることができたのだった。だが、テュケー（現実界との出会い損ない）は、原因の開口部からスタートして私たちが行き着く唯一の問題ではない。この概念の重要性はまた、以下の二つの点にも存する――

1／この開口部は、ラカンが別の場所で「〈他者〉のなかの欠如（manque dans l'Autre）」と呼ぶもの、すなわち、彼がȺと書くことをためらわぬ根源的な欠如に重ねられねばならない。いや、むしろ、開口部はこの欠如に、いいかえれば、「〈他者〉の〈他者〉はない」、「真についての真はない」という事実に、構造的に由来すると考える必要がある。こうした理解は、ラカンが一九六五年に敢行する「真理」と「原因（大義）」の結合によって肯われるだろう。

2／他方、原因のなかの開口部は、「カントとサド」（一九六二）で述べられるように、「因果性のカテゴリーにたいする対象 a の関係は普遍的である」とする命題を可能ならしめる。欲望の原因としての対象 a がこの開口部に姿を現すこと、この開口部をそれ自身の座とすることは、症例エマや「子供が火に焼かれる夢」の分析を通じて、私たちがすでに示したとおりである。

これら二つの問題は、以下の頁で私たちが辿ることになる道筋を、早くも絞らせる。真理と原因（大義）の結合は、両者のそれぞれにいくつかの帰結をもたらさずにはおかない。「原因としての真理」というタームにまとめられることで、両者は互いを照らし出しはじめるのである。ところが、この結合（conjonction）は、ひとつの切り離し（disjonction）によって、すなわち、「科学の主体」（コギト）を挽き割る真理と知の切り離しによって、二重化される。真理が知の領域に吸収されえないことから生まれるこの断絶は、原理的に縫合不能であり、それを印づけるのが右に述べたȺにほかならない。すなわち、〈他者〉は、その内部に含まれる欠如のゆえに、この断絶を解消させることができない。とすれば、この断絶がもたらす主体の挽き割り（refente）の責を、いったい誰が負うのだろうか。ここに見いだされるのは、ひとつの逆説である――〈他者〉が何もなしえない場所に、自らの身を晒し、おのれ自身の「原因としての真理」を引き受けるよう駆り立てられるのは、ほかならぬ主体自身なのである。欲望の原因としての対象*a*は、その刹那に介入し、主体がこの臨界的ポジションにおいて差し出さねばならない無に取って代わるだろう……。以上が、原因の開口部という特異な舞台の上で演じられる弁証法的ドラマのいわばあらすじである。このドラマこそが、「質料因としての真理」という概念に結晶化するラカン的唯物論の重さ全体をもたらすのであり、そこにおいて質料因は――まさにアリストテレスの原因理論に倣うかのように――原因の他のいかなる様相（作用因、形相因、目的因）にも還元されえない。セミネールXIや「無意識の位置《ポジション》＝態勢」と並んで、一九六〇年代半ばを代表するテクスト「科学と真理」（一九六五、これはセミネールXIIIのオープニング講義の起こしとされる）に素描されるように、精神分析を真理との関係において、魔術、宗教、科学のいずれとも一線を画すものとして種別化するものを、私たちが捉えなくてはならないのは、まさにこの契機においてである。

というわけで、私たちはこの視角に立ちつつ、原因についての探求を続けていこう。そうすることで、これまではむしろ脇に置かれてきたいくつかの問題を、知的に把握する道が開けるだろう。まず、「分離（séparation）」とそれ本来の時間性という問題。この点と関連して、はじめに区別された二種類の因果性、すなわち、シニフィアン因果性（その異なる諸平面を、私たちは辿ってきた）と、対象aによる因果性とを、互いに結び直すことを可能にする内的論理はいかなるものでありうるか、という問い。この後者の因果性こそが、分離において中心的な役割を演じるのである。そして最後に、一九六五年から六六年にかけて、つまり『精神分析の対象』と題されたセミネールXIIIのなかで、明確化された質料的因果性を、これら二つの因果性との関係において位置づけなくてはならない。この険しい道を辿りつつ、私たちは、いかなる意味において「対象aの理論は、知および主体との関係で、原因としての真理の機能を正しく統合するのに必要である」[2]のかを捉えうる地点にまで導かれるだろう。そこから見つめ直されてはじめて、「欲望の原因」と名づけられたこの対象のラディカルな機能が、いっそう緊密な諸連関のなかに浮かび上がるのである。

1　真理と原因の結合、〈他者〉のなかの欠如

原因と真理の構造的相同性

はじめに、一九五六年の論文「フロイト的物」を『エクリ』に再録するに当たり、一九六六年に手直しされた一節を、目に焼きつけておこう――

原因としての真理の射し込みを舞い戻らせ、因果性の審理の見直しを課すこと（が重要であ

る〕。その第一段階は、この射し込みの異質性がその際に示す本質的なもの〔inhérent〕を認めることであるとみえてもおかしくなかろう。[3]

この一節は、同じ時期の日付をもつ諸テクスト、とりわけ、「科学と真理」と、一九六六年に書き下ろされ、『エクリ』にじかに収録された二、三の小編が形作る布陣のうちに、組み入れることができる。気をつけなければならないのは、この「異質性」は端的にシニフィアンにたいする異質性であるにもかかわらず、ラカンが理論化するシニフィアンの唯物論《マテリアリスム》から排除されるわけではない、ということだ。いま述べた一九六六年の「小編」のひとつ「ついに問われたる主体」で言明されるように――

〔……〕われわれは唯物論的にこう措定する、真理とはすなわち、シニフィアン連鎖によって設立されるものである、と。[4]

真理はシニフィアンによって設立されるが、その射し込みはシニフィアンにたいして異質である――この見かけ上の矛盾に出口を与えるのは、ほかならぬシニフィアンの唯物論であり、それのみである。問いは、ラカンにおいてまさに「真理」と「原因」の結合をもたらすのは何かという点にかかわる。それは、真理は原因と同じ構造のうちに書き込まれるという事実、いや、より正確にいえば、真理の探求は、シニフィアンの領野のうちに、原因の探求が招来するのと同じ孔を生じさせるという事実である、と言わねばならない。

私たちはここで、ラカンに「原因の開口部」を強調させる賭け金――いわば隠れた賭け金――に触れている。この開口部をラカンが概念の域にまで高めるのは、因果的決定を無限に遡ること、あるいは――別ヴァージョンの無限だが――ひとつの結果に無限個の原因を見いだすことが可能であるとするドクサを打ち破るためだ。先に示したとおり、この問題は、部分的にではあれ、アリストテレスによってすでに扱われていた。アリストテレスは、原因の探求のうちにいかなる無限の現勢化を見ることも拒絶する。それによって、アリストテレスは、第一原因もしくは究極原因の認識可能性を守ろうとしたのだった。ラカンの立場は、この点ではいっそうラディカルであり、アリストテレスにはない「開口部」もしくは「欠如」の概念（第I部終結部を参照）をまさに導入することで、問題の核心を完全にずらすものであるといえる。一九六六年に書かれたもうひとつ別のテクスト「われわれの前歴について」には、次のようなきわめて印象的な一節がある――

〔……〕〔因果連鎖に見いだされる欠如機能の〕除外を考えるどころか、そのような機能は、われわれにはいまや因果論的ノエシス〔＝思考過程〕の起源そのものであると思われ、この機能を、現実界へのその移行と混同するほどである。[5]

原因の追求は、無限の想定を正当なものにする特権的な道筋ではいささかもない（このことは、そのように想定される無限から「連続体」を導入することがいかなる意味でも不可能であることを伴意する――シニフィアン連鎖の概念そのものが、それを禁じるのである）。それどころか、因果連鎖のうちには、因果的思考そのものを起動させるという意味で、「起源的」と呼ぶことが妥当であるひとつの欠如、ひとつの開口部が含まれており、およそ因果性なるものは、前章に見たとおり、わずかにこの開口部を通じて、現実界に結びつけられるのである。つまり、無限ではなく（無限の代わりに）、欠如を思考すること——原因をめぐるラカン理論のオリジナリティは、そこに存するといえる。

真理についても、構造は本質的に同じである。真理は、いったん解釈され、知の領野に回収されてしまえば、もはやそのものとしては存立しえない。だからといって、それに代わって解釈すべきもうひとつ別の真理が現れ、それが解釈されるとさらに別の真理が到来し……と無限に続くかといえば、そうではない。ラカンが知と真理の分裂について語るとき、それが意味するのは、けっして、このように最終的真理が無限に先送りされることではなく、むしろ、真理の分節不能性によって、知の領野にひとつの欠如が刻まれることである。「科学と真理」において、ラカンはこの欠如をメタ言語の非存在に、すなわち、「いかなる言語も真についての真を告げようがない」[6]ことに、結びつける。真理の無限の進行（ないし階層化）はなく、むしろ反対に、真理のいかなる分節化のうちにも還元不能な欠如が存在する、とラカンは言いたいのだ。いっさいの因果的言表が、非決定の余白という開口部を残すのと同様に、いっさいの真理言表は、分節不能の裂け目という欠如を残す。真理はつねに、この欠如が知の領野に穿つ孔の縁に留まり、症状のうちにある主体は、この孔を通じてはじめて、享楽の現実界に繋がれるだろう。だからこそ、症状の解消は、何らかの真理の「開け」（このようなハイデガー的語をしいて用いるなら）をいささかも意味しない。というのも、ピエール・ブリュノが述べるとおり、「症状の解消が証言するのは、ひとつの——現実的な——点、すなわち、真理がそこにおいて、おのれの闖入によって、知のなかの裂け目を証明する点である。しかし真理は、この裂け目を縫合することはできない。というのも、真理がそこに宿るのは、それが解釈されないという条件においてのみだからだ」[7]。この縫合不能な裂け目を、ラカンは「〈他者〉のなかの欠如」と呼び、$\not{A}$という記号で印づけた。

「メタ言語はない」

こうして、ひとつの構造的相同性が、原因の開口部と〈他者〉のなかの欠如を、そこからさらに、原因と真理を、重ね合わせることを可能にする。「原因としての真理」という結合は、必然的に、象徴的連鎖の出発点そのものに、還元不能なひとつの構造的欠如を書き込むという、ラカン的唯物論の本質的特徴に依拠する。主体はこの欠如に、自分自身の「原因としての真理」を追求する過程——いかなる精神分析にも必然的に含まれる過程——において出会うだろう。とはいえ、真理と原因のこの結合は、両者それぞれの種別性、すなわち、一方ないし他方がそれへと結びつけられるところの欠如の種別性を、取り去りはしない。述べたように、ラカンは〈他者〉のなかの欠如をメタ言語の非存在に接合するのであり、このことは、一九六〇年代前半にわたって、真理をめぐるラカン的探求を決定的に方向づけたといえる。「主体の転覆と欲望の弁証法」（一九六〇）に極まる「欲望のグラフ」の組み立てに$\not{A}$を、すなわち〈他者〉のなかの欠如を、導入して以来、ラカンはそれを真理の再考に、より正確には、真について真を請け合う言語の非存在に、結びつける——

問われている欠如〔＝〈他者〉のなかの欠如〕とは、われわれがすでに定式化したもの、すなわち、〈他者〉の〈他者〉はない、という意味での欠如である。[8]

私たちは、それゆえ、メタ言語のこうした拒絶をラカンにおいて支えるロジックを検討してみよう。なるほど、これはひとつの回り道ではあるかもしれない。だが、「〈他者〉のなかの欠如」という概念に与えられうる射程と、この欠如が主体と〈他者〉の弁証法のなかで、とりわけ去勢の平面上で、演じる役割とを、より的確に捉えるために、必要な迂回である。というのも、対象 *a* は、まさにこの平面に導入されるのだから。[9]

さて、メタ言語とは何だろうか。それは、対象言語について語るための言語である。いったん受け容れられると、この二分法〔対象言語／メタ言語〕は、少なくとも権利上、諸言語の際限ない階層化を引き起こす。メタ言語の要求は、ある意味で、言語の科学としての論理学の本性に書き込まれているといえる。ラカンはこう述べることをためらわない――

論理学とは何か――まさにメタ言語の試みでないとすれば。[10]

これはラカンによる論理学の定義そのものである。だが、彼はこう続ける――

論理学はこの試みの転落でしかなく、論理学というものを考えようと思えば〔……〕、そのようにみなさざるをえない。[11]

論理学とはメタ言語の試みであるが、それは挫折に終わることを運命づけられている。ラカンのこうした発想は、次のようなタームでパラフレーズされるだろう――

〔現代論理学〕とは、科学の主体を縫合しようとする試みの厳密に決定された帰結であり、ゲーデルの最終定理はそれが挫折することを示している。[12]

ラカンによれば、科学の主体（＝コギト）は、真理が知に呑み込まれないがゆえに分裂を余儀なくされるが、メタ言語とはこの分裂を縫合する試みである。フレーゲとヒルベルトに発し、ラッセルとホワイトヘッドを経て続けられた、無矛盾で完全な数学的体系の構築という夢に終止符を打ったとされるゲーデルの不完全性定理、とりわけ、ひとつの無矛盾な体系はおのれ自身の無矛盾性を証明しえないとする第二定理は、ラカンにとって、この試み（主体縫合の試み）の最終的な頓挫を印づける格好の歴史的成果だった。そもそも、ゲーデルの名を持ち出すまでもなく、対象言語／メタ言語の二分法は、ラカンと同時代の構造主義者たちによって一斉に批判されたことが知られる（そうした批判の急先鋒はおそらく、メタ言語を「テロリズム」[13]として糾弾したロラン・バルトだった）。そのなかで、ひとりラカンのみが、主体の構造との関係、つまり、メタ言語の非存在の本来的な相関物である主体の分裂との関係で、これを際立たせることができたのだった。

ラッセル対ヴィトゲンシュタイン

この点は、「〈他者〉の〈他者〉はない」というラカンのテーゼに連なる問いの大きさを測定するうえで、枢要である。問題をもっとじっくり吟味してみよう。ラカンがメタ言語の試みの挫折を告発し、その視角から論理学を批判するとき、標的に定められているのは「論理実証主義」と名指される哲学的傾向であることが明白だ。実際、ラカンは、この点ではマルクス主義のほうが「論理学の新実証主義よりはるかに上をいく」[14]として、言語を上部構造とみなすマールの教義（マリスム）を批判したスターリンに、賛辞を送ることとさえためらわない。しかし、ラカンの一貫した疑念が向けられる対象は、むしろ論理実証主義の源流に当たるとみなされるひとり、バートランド・ラッセルである。ラッセルの「階型理論」は、論理学において、さらには言語学において、メタ言語の華々しいプロモーションを促す青信号（のひとつ）になった。ラカンが問いに付すのは、この理論の出発点をなすラッセルの思考である。

周知のとおり、階型理論は『数学原理』（一九〇三）の第六章に示された「矛盾（contradiction）」[15]の解決策として打ち出された。一般には「ラッセルのパラドクス」と呼ばれるこの矛盾は、二つの方法で記述できる。まず、命題論理学に属する問題としてこれを扱う場合。「おのれ自身によって述語づけられない」というフレーズがひとつの述語であると仮定しよう。このとき、このフレーズはおのれ自身によって述語づけられるだろうか。もし述語づけられるとすれば、最初の定義（「おのれ自身によって述語づけられない」）に違反する。もし述語づけられないとすれば、そのこと自体によって、おのれ自身に述語づけられてしまう。他方で、このパラドクスは集合論の問題とみなすこともできる。「おのれ自身に属さぬ物の集合」という集合を考えてみよう。すると、この集合そのものがおのれ自身に属すると仮定することも、おのれ自身に属さないと仮定することも、いずれも自己矛盾になるのである。実際には、いま挙げた二つの記述方法は、ひとつに帰着する。というのも、述語（これは概念でもある）は外延をもつ以上、その指示対象から成るひとつの集合ともみなしうるからだ。問題は、定義可能な集合が必ずしもひとつの全体を構成するとはかぎらないことに存する。自らが露わにしたこの発見に衝撃を受けたラッセルは、集合論と記号論理学というソリッドな基礎の上に、数学全体を建て直すことを目指すことになる（ゲーデルの不完全性定理は、広い意味では、このラッセルの試みの挫折を表すと見ることもできる）。

「階型理論」の必要性は、まさにそこに由来する。『数学原理』の付録で素描されたこの理論は、『プリンキピア・マテマティカ』（一九一〇～一三）[16]に至って、ラッセル（およびホワイトヘッド）の数理論理学的体系のうちに統合された。パラドクスを回避するためには、諸クラス——および、同じことに帰着するが、諸命題——を階層化し、ひとつのクラスは、それが属するところのクラスと同一でありえないばかりか、おのれ自身を定義することもできない、とするのでなければならない。命題論理学のタームでいえば、一階の命題関数F_1を変項にとりうる関数は、F_1自身でも、同じ階層に属する他の関数でもなく、もっぱら第二階の関数F_2のみである。こうして、階型理論において、自己言及は禁止される（つまり、自己言及とは述語づけではなく、おのれ自身によって述語づけられる述語は述語ではない、ということだ）。同時に、諸クラス（諸命題）の階層が容認され、それは個別の対象から諸対象のクラスへ、諸対象のクラスから諸対象のクラスのクラスへと、権利上、無際限に高層化していく。メタ言語の理論は、この構築からじかに生じてくる。つまり、ひとつの述語についてのいっさいの述語づけ、ひとつの命題についてのいっさいの命題、ひとつの対象言語についてのいっさいの言述は、ラッセルの理論が必然的であるのと同じ論理学的理由で、ひとつのメタ言語を構成しなければならないのである。こうした発想を支えるのは、おのれの対象言語を「客観的」に記述しうるメタ言語の導入のみが、さまざまな言語的現象や言語的活動の「科学的」研究を可能にするという、ある種の科学主義的信条《クレードー》でなくて何だろうか。そこから、論理実証主義の泰斗カルナップをはじめとする多くの論理学者、そしてとりわけ言語学者たちによる、メタ言語理論の執拗な擁護が生まれる。

これにたいして、そのような言語は必要でなく、それどころか、本来的に不可能であると考える思想家たちがいる。ヴィトゲンシュタインは、まぎれもなく、そのなかのひとりだ。『論理哲学論考』のきわめて重要な断章（四・一二一）に、彼はこう記している——

文は論理形式を表現することができない。論理形式は文のうちに反映される。[17]

この一節は、数行先で、次のようにパラフレーズされる——

示すことのできることがらを、述べることはできない。（四・一二一二）[18]

ヴィトゲンシュタインが「論理形式」と呼ぶのは、私たちの言語が現実を記述する際の枠組みのことだ。それは言語と現実の関係そのものである、と言うことすらできる。この関係はひとつひとつの文〔命題〕のうちに反映され、示されるのであり、そのように示されることしかできない。つまり、この関係については、何も述べることができない。論理形式について何ごとかを述べようとすれば、それはひとつのメタ言語を構成することになるのかもしれないが、そのような言語は意味をなさないことがたちまち明らかになる。というのも、それは最初の文に、この文自体が私たちに教えること以外の何ごとも付け足さないからだ。[19]

だが、重要なのは、メタ言語の必然性をこのように否定するからといって、ヴィトゲンシュタインは、自己言及によって引き起こされる根本的な困難、すなわち、ラッセルが問題として措定した困難を、認めないわけではない、ということだ。実際、『論理哲学論考』において、ヴィトゲンシュタインは、いささか乱暴な仕方でではあるにせよ、自己言及の不可能性を定式化している。とすれば、メタ言語のこのヴィトゲンシュタイン的〔かつ、明白に反ラッセル的〕否定は、私たちに何を教えるだろうか[20]——自己言及の不可能性は、厳密に、メタ言語の必然性と何の関係もない、ということでないとしたら。この点で、ヴィトゲンシュタインはラカンを先取りしているように、私たちにはみえる。

ラッセル対ラカン

実際、ラッセルの構想を、ラカンはセミネールⅪでこう脱ドラマ化した——

論理学はいささか〔ぼんくら〕である。ぼんくらぶりの根本にまで進まないかぎり、人は愚に転げ落ちるのを免れないのであり、おのれ自身を含まないカタログのカタログといった類いの、理性のいわゆるアンチノミーとやらをはじめとして、その例を挙げればきりがない。そうした例では、人は当然のことながら袋小路に陥るわけだが、どういうわけか、論理学者にはそれが眩暈の元になるのだという。しかし謎解きはいとも簡単であり、ひとつのシニフィアンでそれと同じシニフィアンを指し示すとき、そのシニフィアンはいうまでもなく、他のシニフィアンを指し示すときのそれと同じシニフィアンではない、そんなことは一目瞭然ではないか。Obsolète〔＝廃れた〕という語はそれ自体がobsolèteな語であるということを意味しうるかぎりでのobsolèteという語は、一方と他方で同一のobsolèteではないのである。[21]

ラカンにとっても、自己言及は禁じられる……が、じつは最初からそうなのだ！　ラカンが自己言及の不可能性を自らの出発点に措くのは、この不可能性がまさに「シニフィアンの本性」[22]を構成するからである。すなわち、シニフィアンとは、本来的に、おのれ自身を指し記すことができないのである。ラカンにとっては、それゆえ、「パラドクス」そのものが存在しない。それはパラドクスではなく、シニフィアンの本性の具体的な現れにすぎない。ラカンの歩みは、こうして、ラッセルのそれと最初から食い違うことになる。しかも、両者の違いはさらに深まっていく。[23]ラカンとラッセルの理論構築は、いわば一八〇度逆向きに進む。ラッセルはパラドクスから階型理論の構築に、つまりメタ言語に向かい、ラカンにいわせれば結局のところ自我による誤認（主体の分裂の無視）の宇宙でしかない、論理学的宇宙の首尾一貫性を守ろうとする。一方、ラカンはといえば、自己言及の不可能性から出発して、どこに向かうだろうか。ラカンは、おのれ自身を指し記すことができない「シニフィアンの本性」の見誤りようのない帰結である主体の分裂に光を当て、それを強調する方向に進むのである。シニフィアンの自己言及の不可能性は、主体にダイレクトに跳ね返るがゆえに、主体は、原初のシニフィアンに同一化してしまうと、このシニフィアンによって自分自身を捉えることができず、消え去るしかない、いいかえれば、主体の存在はこのシニフィアンから締め出されるしかない。これが主体の原初的「疎外」、すなわち、第Ⅱ部第一章に見たとおり、主体がそれへと同一化するところのシニフィアンと、その帰結である存在欠如のあいだの分裂、言表内容と言表行為のあいだの分裂である。ラカンにとって重きをなすのは、この分裂であって、パラドクスでも、メタ言語でもない。私たちは先に、自己言及の不可能性とメタ言語の必然性のあいだの偽の結合を、ヴィトゲンシュタインとともに、解《ほど》いておいた。いまや、主体の分裂の考察全体を、メタ言語の理論に対峙させねばならない。ラカンの選択は、主体の分裂を浮き彫りにすることに存するのであり、メタ言語によって自我の首尾一貫性を救うこと（というのも、結局のところ、ラッセルが救おうとしたのは自我の首尾一貫性、おそらくは数学者としての彼自身の自我の首尾一貫性だからだ）ではないのである。

真理の証人としての〈他者〉

だが、これはまだ「シニフィアンの本性」から取り出される帰結の半面にすぎない。自己言及の不可能性は、たんに主体に跳ね返るだけでなく、シニフィアンの場（もしくは「宝庫」）としての〈他者〉そのものに影を落とすことが避けられないからだ。ここからは、この点を詳しく吟味しなくてはならない。〈他者〉の側で問いに付されるのは、まさしく、「〈誠実さ〉（Bonne Foi）の保証者[24]」としての、あるいは「〈真理〉の証人[25]」としての、その地位にほかならない。

ここでいう真理、すなわち、シニフィアンのみから出発して議論すべき真理は、いうまでもなく、論理実証主義における真理、すなわち、現実（客観的であり、かつ客観化しうるとされる）のなかでの、あるいは現実による、確認の対象と位置づけられる真理ではない。唯一無二と想定される「現実」から、私たちの言語がいかに本質的に乖離していくのかを、ラカンはこう記述している――

最初の属性付与〔attribution〕、すなわち、「犬はニャンニャン、猫はワンワン」と布告するそれが、そこにおいて構成されるところのメタファーによって、子供は一挙に、物とその鳴き声を切り離すことで、記号をシニフィアンの機能に、現実をシニフィカシヨンの詭弁術に、高めると同時に、本当らしさを無視することで、同じ物についての、検証すべき客観化の多様性を開くのである。[26]

通常は犬が「ワンワン」と吠え、猫が「ニャンニャン」と鳴く（と一般に表現される）ことを完全に知っている子供が、ふざけながら、あるいは神妙に、いずれにせよシニフィアンとしての言葉の「本性」に目覚めて、わざとその慣例を逆転させ、「犬はニャンニャン、猫はワンワン」と口に出してみるとき――これは共時的に存在する「ワンワン」と「ニャンニャン」を入れ替える、すなわち、「ワンワン」の代わりに「ニャンニャン」、「ニャンニャン」の代わりに「ワンワン」という置き換えを同時におこなうという意味で、メタファーの構造をもつといえる言葉遊びだ――、言語は決定的に「現実」から離陸し、それ独自の領界を形成しはじめる。それにつれて、「現実」は、シニフィアンの効果としてのシニフィカション（意味形成）が一定のルールに則って組み合わされ、練り上げられて成立する砂上の楼閣にすぎなくなる。すると、その瞬間から、「現実」に含まれる何ものも、もはや真理を請け合うことができなくなるのは必定である——

〔……〕〈真理〉がその保証を引き出すのは、それがかかわる〈現実〉とは別の場所から、すなわち〈パロール〉からである。[27]

そもそも、主体が〈真理〉を告げるのはパロール（話すこと、話された言葉）によってである以上、これはつまり、〈真理〉は当のパロールそのものから自らの保証を引き出さねばならない、ということを意味する。ヴィトゲンシュタインのテーゼとの類似は一目瞭然だ。しかし、ラカンの思考はここからさらに、ヴィトゲンシュタイン的なものからも隔たっていく。パロールが真理を保証するといっても、ラカンの場合、そのためにはひとりの証人が必要になる。その証人は、いかなる代価を払おうとも、すなわち、「あんたは本当にクラクフへ行こうってのに、なんだってわざわざクラクフへ行きますと言って、あんたがリヴィウへ行くんじゃないかと私に思わせようとするのかね？」[28]と、相手に怒りをぶちまける、どこかパセティックなユダヤ人のように、たとえその真理によって欺かれようとも、真理を支えなければならない。いったい何者が、「真理の証人」のこの機能を引き受けることができるのだろうか——パロールの場としての〈他者〉をおいてほかに。というのも、この機能は、いっさいのパロール、いっさいの主体が依拠するところのものによって、担われなければならないのだから。このことが意味するのは、真理の探究は必然的に〈他者〉の場でおこなわれねばならない、ということだ。これは、おのれ自身の真理を探究するいっさいの主体——精神分析の主体を含む——が服さねばならない条件である。すなわち、私が私の真理に出会いうるのは、もっぱら〈他者〉において、そして〈他者〉から出発してのことなのである。一九五〇年代のラカンにとって、いや、今日でも、通常の精神分析のプロセスの序盤においては、分析家こそがこの〈他者〉の機能を——パロールの主体である分析主体にたいして——体現するのであり、またそうしなくてはならない。

〈他者〉の失墜——真理の〈信なし〉

だが、次のような単純な問いが措定された途端、ここには困難が生じる。主体の真理を保証する〈他者〉は、はたしておのれ自身の真理を請け合うことができるのだろうか。まさにこの問いにたいするラカンの答えが、あのA̸、すなわち「〈他者〉のなかの欠如」にほかならない。ひとつの欠如が存在することは、「シニフィアンの宝庫」としての〈他者〉の機能に本質的であり、そのことは「〈他者〉がこの宝庫の価値に責任を負うようにと求められる」[29]ことで浮き彫りになる。この「価値」というタームは、ここでは「真理値」の意味に解さなければならない。主体にとっての真理の証人である〈他者〉が、おのれ自身の真理を証言することを余儀なくされる瞬間、すなわち、すべてのシニフィアンから成るクラス（「宝庫」）である〈他者〉自身の価値がひとつの真理（vérité）——これは「V」の文字で記される——であることを証明しなければならなくなる契機が訪れる。そのとき、いったい何が、〈他者〉のこの真理を保証してくれるのだろうか。もしもメタ言語が、つまり〈他者〉の〈他者〉が存在するなら、それがこの保証を与えてくれるかもしれない。だが、メタ言語はない、というのも、仮に何らかのシニフィアンをメタ言語として措定できたとしても、そのようなシニフィアンは「いかにしてもこの〔〈他者〉の〕場の外部に現れることはできないであろう」[30]からだ。

この点は、多くの帰結を伴うゆえ、きっちりとつかまなくてはならない。メタ言語の転落は、「〈他者〉の真理を告げるシニフィアン」という観念そのものをも失墜させずにおかない。なぜなら、そのようなシニフィアンには、おのれ自身が属するクラス全体を真として指し記すことが求められるからだ。このことが、先に述べた「シニフィアンの本性」にじかに矛盾することはいうまでもない。シニフィアンは、おのれ自身を指し記すことができないだけでなく、おのれが属するクラスを指し記すこともできないのである（繰りかえすが、ラカンにおいて、これはラッセルにおけるように何らかのパラドクスの帰結ではなく、言語の事実そのものである）。したがって、〈他者〉の真理を告げるシニフィアンは存在しない。そして、まさにその意味で、〈他者〉のうちには欠如――〈他者〉のなかの欠如、すなわちȺ――が存在する（ただし、欠如したシニフィアンの代わりに、この欠如を表すシニフィアンS(Ⱥ)が存在し、当の欠如によって生み出される孔の縁に措かれる）。

こうして、自己言及の不可能性が、シニフィアンの場としての〈他者〉にいかに跳ね返るのかが分かる。このように〈他者〉の側で露わになるのは、その首尾一貫性を証明するものが何もないという意味での、〈他者〉の深い非一貫性である。「〈誠実さ〉の保証者」たる〈他者〉は倒れ、真理はこれ以後〈信なし〉（Sans-Foi）[31]の烙印を押されることになる。〈信なし〉（信を置けぬこと）とは、ここでは、自らの首尾一貫性を証明することができない〈他者〉の無力さを指すと考えてよい。この点で、Ⱥ（〈他者〉のなかの欠如）はメタ言語の非存在と概念的に切り離すことができない。というのも、両者は、真理の〈信なし〉という同じことがらを告げる二つのやり方にすぎないからだ。そこから、メタ言語の不在をめぐる議論の冒頭に私たちが引用したラカンの断定が可能になる。「〔〈他者〉のなかの〕欠如とは、われわれがすでに定式化したもの、すなわち、〈他者〉の〈他者〉はない、という意味での欠如である」と、ラカンは述べているのだった。

ところが、問題はそれだけに留まらない。〈他者〉のこの根本的欠陥――その非一貫性――は、〈他者〉の存在そのものにかかわる。「主体の転覆」において、ラカンは「〈他者〉は存在しない」と述べ、それを〈享楽〉の欠如に結びつける。ここでいう〈享楽〉は、私たちが先に現実界と同一視した「欲動」（より正確には、その「満足」の観点から見た欲動）と等しい価値をもつと考えてよい。それが欠けると「宇宙が虚しくなる」[32]というこの享楽は、他方で、まさにメタ言語が存在するとしたら、あるいは――これまで述べてきたことにしたがえば、同じことだが――シニフィアンの自己言及が可能であるとしたら、存在するのかもしれない。だが、そのような可能性は、もちろん、言語の構造（シニフィアンの本性）によって排除される。とすれば、まさにこの構造こそが〈享楽〉を禁じ、その結果、〈他者〉を非存在たらしめると言わねばならない。そしてそのかぎりにおいて、「〈他者〉の〈他者〉はない」と「〈他者〉は存在しない」のあいだに本質的な違いはない。いささか先取りしていえば、このことは「欲望の原因対象」の根本的に転覆的な本性を伴意する。ラカンが述べるとおり、欲望は「Ⱥの代わりに幻想の対象 a を置く」[33]のだとすれば、この対象の介入は〈他者〉の非存在を開示せずにおかない。原因対象の出現は、そのつど、この非存在の印――それも引き剝がしがたい印――とみなさねばならない。ピエール・スクリヤビンが指摘するように、対象 a は「〈他者〉の上に引かれる棒線の相関物」[34]なのである。
こうして、「〈他者〉のなかの欠如」は、ラカン理論を構成する不可欠のピースとなる。強調しておかねばならないのは、この欠如は主体と〈他者〉の関係の弁証法の中心をなす、ということである。というのも、それこそが、この弁証法の原動力にほかならぬ「〈他者〉の欲望の謎」を生じさせるからだ。「〈他者〉は私に何を望むのか?」という言表の形をとるこの謎は、〈他者〉の非一貫性（主体はこれを、〈他者〉の紡ぐディスクールに現れる綻びや空隙に感じとる）に由来する以上、当の〈他者〉自身がその答えを与えることはできない。とすれば、主体と〈他者〉のあいだの欲望の弁証法は、もっぱらあの「真理の〈信なし〉」に行き着くのみなのだろうか（そうなると、結論としてはいささか凡庸だ）。いや、ラカンの考えはそうではない。曰く――

しかし、真理の〈信なし〉というこの特徴、これが「〈他者〉は私に何を望むのか?」という問いに答えを与えるにふさわしい結語なのだろうか、私たち分析家がこの〈他者〉の代弁者であるというときに?　――もちろんそんなはずはない、われわれの務めには何ら教説めいたものの入り込む余地はないという意味においても。[35]

とすれば、〈他者〉のこの転落にはいかなるプロットが続きうるのだろうか。いかに逆説的にみえようとも、事態は〈他者〉自身にとってよりも、むしろ主体にとっていっそう深刻である。存在しない以上、〈他者〉は自らの欠陥の責任を負うことはできない。その責任は、したがって、主体のほうに降りかかる。そのとき主体は、この欠陥を埋め合わせるべく、主体自身がもつ欠如を差し出すよう駆り立てられるだろう。これは、シニフィアンによって、それゆえ〈他者〉によって、決定されるいかなる主体にも及びうる根本的な困難だ。だが、ここでは、この問題には踏み込まずにおこう。というのも、ここからさらに議論を続けるには、シニフィアン因果性の第一平面と第三平面を隔てる主体的ポジションの差異を説明することが不可欠であり、それは次節での仕事になるからだ。当座は、むしろ、私たちがいま明らかにした困難を、ラカンによって示された道を辿りつつ、悉《つぶさ》に検討することにしよう。

「去勢コンプレクス」の再概念化

先に示したとおり、自己言及の不可能性は、主体のみならず〈他者〉にも波及する。この構造的不可能性を翻訳する上で、「去勢コンプレクス」というフロイトの発見に勝るものはない。去勢とは、自己言及の不可能性によって人間の肉体に刻まれる無力の印にほかならない。まさにその意味で、ラカンは、ひとつの「神話」にすぎない（それどころか、「フロイトの見た夢」[36]にすぎない）エディプスコンプレクスから去勢コンプレクスを区別しつつ、「去勢コンプレクスは、主体についてのいかなる思考によっても、もはや無視されえない」[37]と念押しする。実際、主体と〈他者〉のあいだの欲望の弁証法においてȺが演じる決定的な役割を突き詰めた私たちには、一九五八年の名高い論文「ファルスのシニフィカシヨン」における次のような発言を理解することに、もはやいかなる困難もあるまい——

〈他者〉の欲望のこうした吟味が決定的になるのは、臨床がわれわれに示すところによれば、自分が現実のファルスを持つかどうかではなく、母がそれを持たないことを、主体がそこで学ぶことにおいてである。経験のこのような契機がなければ、去勢コンプレクスに関係づけられるいかなる症候的帰結（恐怖症）ないし構造論的帰結（ペニス羨望）も効果をもたない。[38]

母親の去勢が主体の無意識のうちに帰結をもちうるのは、それがまさに〈他者〉のなかの欠如を、すなわち真理の転落を、翻訳するかぎりにおいてである。だが、そこから生じる困難は、主体が、〈他者〉におけるこの欠如――〈他者〉が存在するとしたら、〈他者〉自身がその責任を負わねばならないはずの欠如――を、主体自身の欠如によって、すなわち、主体自身の去勢によって、埋め合わせるよう駆り立てられることに存する。神経症者にとって、これが耐えがたい務めであることはいうまでもない（それに耐えられない主体が、自らの幻想――母のファルスでありつづけるという幻想――に閉じこもった結果、恐怖症とペニス羨望という、去勢コンプレクスの臨床的産物の餌食になる）。別の場所では、ラカンはこうも述べている――

神経症者を尻込みさせるのは、去勢そのものではなく、自らの去勢を〈他者〉に欠けているものにすること、自らの去勢を何かポジティヴなもの、すなわち〈他者〉の機能の保証にすることである[39]〔……〕。

このような言葉で、ラカンは、「終わりなき分析」の根本的問題とフロイトがみなした事態を定式化する。神経症者が去勢を——抑圧という形で——否認するのは、〈他者〉のツケを〈他者〉の代わりに支払うこと、〈他者〉に帰されるべき不可能を〈他者〉の代わりに引き受けることを、受け容れることができないからなのだ。主体の困難はまるごとそこに、つまり、自分自身の分裂をいわば「持ち出す」ことで、〈他者〉のなかの欠如の責任をと（らされ）ることの必要性のうちに、存するのである。この点には、追って立ち戻ろう。

こうして、「〈他者〉のなかの欠如」を基礎づける論理と、主体と〈他者〉の関係の弁証法においてこの欠如が果たす機能とが、明らかになった。それゆえ、いまやこの欠如に「原因の開口部」を重ねることが許されるだろう。私たちがなおも留まっている場所は、シニフィアン因果性の第三平面であることを、いまいちど思い出しておこう。この平面上に現前する「原因の開口部」が還元不能である理由は、シニフィアンの場としての〈他者〉の機能にこの欠如が内在することのうちに見いだされる。他方、私たちがいま形式化した去勢コンプレクスの構造が教えるのは、主体と〈他者〉の関係の弁証法が、この構造のもとで、二つの欠如の連関に帰されることである。ラカンが「分離」と呼ぶ演算（主体に原因を与える二重のプロセスの後半部分）のトポロジー的実在性を構成するこの連関は、もし対象aがそこに舞い込まないならば、事実上、出口のないものになるだろう。この対象の機能が分離において本質的であるのは、それが〈他者〉のなかの欠如を自らの本来の座とするからだ。だが、この対象についての議論をはじめる前に、シニフィアン因果性のこの第三平面における主体のポジションを再考しなければならない。それを要求するのは、やはり真理と原因の結合の問題であることに変わりはないが、しかしこの問題は、たんに欠如の機能によってのみ説明されるわけではないのである。

2　主体の関わりと対象 a の機能

シニフィアン因果性の第一平面から第三平面へ

さて、こうして、私たちの歩みは、その行程上おそらく最も険しい地点にさしかかるが、目にも明らかなこの煩雑さを強いるのは、あくまで厳密さの要求である。まず、「フロイト的物」（一九五六）に記されたラカンの名高い定式に注目しよう――

いかなる因果性も主体の関わり〔implication〕を証言することがありうる以上、秩序をめぐるいっさいの葛藤が主体のツケに回されることは疑いを容れない。[40]

この一節は、先に「原因としての真理の射し込みの異質性」というフレーズをそこから取り出したところの、一九六六年に書き直されたパラグラフの直後に置かれている。それが意味するのは、この「主体の関わり」が、真理の分節不能性によって知の領野に生じる裂け目と、それゆえ、「原因の開口部」（原因をシニフィアンによって設立する際に浮かび上がる余白である開口部）がそこに結びつけられるところの「〈他者〉のなかの欠如」と、関係をもつことである。

とすれば、ラカンがここで述べている「因果性」（これは「因果関係」と訳してもよい）、すなわち、主体の関わりを証言することがありうる因果性は、厳密に、シニフィアン因果性の第三平面に位置づけられねばならない。この平面では、主体のポジションについて問うことは、主体と「原因の開口部」の関係について考察すること抜きには成り立たない。はっきりいえば、この開口部こそが「主体の関わり」の場であり、主体が我が身を関わらせるのはまさにこの開口部においてなのである。だが、ことはそれだけに留まらない。主体の関わりは〈他者〉のなかの欠如の関数であり、主体はこの欠如に由来する孔、それゆえ「原因の開口部」においてこそ、因果性に関わりをもつべく駆り立てられる――まさにこの開口部を埋め合わせるために！　いいかえれば、主体は、因果性を保証すること、つまり、〈他者〉の構造的欠陥のゆえに孔の開いたものとして原因が露わになる場所で、またそれにもかかわらず、因果性が存在するようにする（仕向ける、見せかける）ことを、余儀なくされるのである。だが、そのとき何が起きるだろうか。私たちは、ただちにこう述べてよかろう――主体に何かそれに類することができるとするなら、それはもっぱら、原因の開口部に出会うまさにその場所で、主体が自分自身の因果性を引き受けるときである、と。

この点は、ラカンのいくつかのテクストで裏づけることができ、その最も重要な一編は「科学と真理」である。だが、そこに進む前に、ここで問われている主体的ポジションの特異性にまず目を向けておかねばならない。二つの問題がただちに提起される――

1／〈他者〉のなかの欠如の関数であるこのポジションにおいて、主体は当の欠如そのものに、つまり〈他者〉の構造的欠陥に、責任をもつよう求められる。〈他者〉は存在しないという一事をもって、主体は、自らのものではない過ちの責めを負うことを強いられるのである。とすると、私たちはこう自問せざるをえない——この奇妙な責任転嫁は、まるである種の「テロリズム」のようではないか、と。だが、ラカンの答えは、むしろそうした心配を無用にするものである。曰く——「〔そのような言いがかりにたいして〕私には微笑む権利がある」[41]と。

2／〈他者〉の咎《とが》が主体に降りかかるというこの回路は、同時に、「因果性」が独特な仕方で主体に回帰する道筋でもある。というのも、主体を〈他者〉のなかの孔へ導くものは何だろうか——病因論的過程としての主体自身の分析、すなわち、主体の症状の象徴的決定を解読し、還元不能な余白を浮かび上がらせるにまで至る分析でないとしたら。主体は、まさに自らの症状の原因を求めつつ、因果性の開口部に身を晒すことになるのである。ところで、私たちはいま「主体の症状の原因」と述べた。実際、とりわけ初期にこのタームを頻用したフロイト以来、精神分析的病因論の目標をそう記述することは誤りではない。だが、分析を受けている主体にとって、この「原因」は彼自身の原因、彼自身の存在の原因に重なることがありうる。というのも、精神分析の病因論的探求は、主体の歴史の起源に生じたとみなされることがらについて、主体自身が作業する（もちろん分析的な作業、自由連想の果てしない作業だ）ことを要求するからだ。「起源」といっても、それは必ずしも語のランク的意味での——つまり心的外傷のプロトタイプとなりうる契機としての——「出生」を指すわけではなく、むしろ主体と〈他者〉の関係がスタートした起点を謂う。その起点へと、精神分析の主体は、自身の症状から出発して、導かれていくのである。とすれば、因果性の主体的審理過程は、〈他者〉に内在する欠如の射し込みによって区切られる二つの時間から成る、と考えることができる——

i／主体は、自分自身の原因を求める分析的探求において、〈他者〉のなかの開口部に遭遇する。

ii／この「原因の開口部」を前にして、主体は自分自身の原因を引き受けるよう促される。気づかれるとおり、問われるべき因果性は、主体が〈他者〉のなかの開口部と遭遇する前と後では、同じではない。開口部の現前は原因の探求の停止点を必然的に導入するのであり、主体はまさにこの点において、病因論的探求の停止にもかかわらず、自分自身の因果性の責任を負わねばならないのである。

以上の二点を押さえることで、シニフィアン因果性の第一平面と第三平面の相違を、主体のポジションの差異として捉えることができる。第一平面においては、主体はもっぱらシニフィアンの、つまり原因としてのシニフィアンの、「効果」としてのみ定義される。主体に原因を与えるのはシニフィアンであり、いかなる主体も、キリスト教の神ですら、自らの存在を失うという痛手を強いるこの原因づけ（シニフィアンによる原因づけ）を免れることはできない。シニフィアン因果性の第一平面を印づけるこの「疎外」という条件は、主体が〈他者〉の場に存立しなければならないかぎり（実際、主体はそれ以外の場所に存立しえないのだが）、けっして消し去られることはない――それどころか、追って見るように、まさにこの分裂（疎外における主体の分裂）の完遂に向けて、第三平面におけるドラマは演じられていくだろう。だが、その第三平面では、主体はもはや単なる「シニフィアンの効果」に留まりはしない。述べたとおり、主体は自分自身の原因の探求を続けており、〈他者〉の構造的欠陥のゆえにその探求が実行不能であると明らかになるその場所で、自分自身の因果性を引き受けるよう拍車をかけられるのである。その因果性は、シニフィアンに由来する因果性ではもはやないし、ありえない。というのも、開口部の現前が示すとおり、求められる原因シニフィアンは、そこには見当たらないからだ。このように、シニフィアン因果性の第三平面において、主体はもはや結果の側のみにではなく、原因の側にも、すなわち、自分自身の因果性の責任を負う者のポジションにも、身を置くのである。

話す主体／科学の主体

ラカンのこうした考えがきわめて緊密なかたちで提示されるテクストは、「科学と真理」（一九六五）である。そこで印象的なのは、主体がもはや単なる「話す主体」ではなく、「科学の主体」――これは精神分析の主体でもある――と再定義されることだ。これら二つの主体（あるいは、二つの主体モード）を区別しつつ、ラカンは、話す主体そのものを、言表内容と言表行為の差異の統合に関心を限定する「言語学」の領野に送り返す一方、精神分析における主体、すなわち科学の主体を、知と真理の断絶点――デカルトのコギトが近代科学の樹立をもたらして以来、この断絶はつねに科学の地平の周縁に現前し、これを覆い隠すことも、遠ざけることもできない――に位置づける。ところで、両者のいずれにおいても、主体を印づけるのは、主体自身が被り、自らのうちに携えている分裂にほかならない。とすれば、二つの「主体の分裂」、すなわち、言表内容と言表行為のあいだの分裂と、知と真理のあいだの分裂（ないし「挽き割り」）とを、区別する必要がある。「疎外」を構成する分裂と考えてよい前者は、シニフィアンの条件（前節で用いたタームをリサイクルするなら、シニフィアンの自己言及の不可能性がそれに当たる）と、この条件のもとでの、シニフィアンによる主体の決定とに由来する。これにたいして、後者は「真についての真」の欠如に、いいかえれば、シニフィアンの場としての〈他者〉の機能に内在する欠如に、結びつけられる。

このとき、両者のあいだにはいかなる関係が成り立つのだろうか。これら二つの分裂は、互いに等価でも、同心的でもなければ、重なり合いもしない。にもかかわらず、両者のあいだにはひとつの連続性が成り立ち、それをたしかなものにするのは……まさに主体にほかならない！　つまり、これら二様の分裂の一方のみによってまるごと印づけられる二つの主体が存在するのではなく、ひとつの主体、いや、ひとりきりの主体が、一方の分裂から他方の分裂に移行するのであって、しかも、奇妙なことに、第二の分裂の出口は、第一の分裂が賦活されて、いや、むしろ、完遂されてはじめて、見いだされるだろう。追って見るように、第二の分裂のこの逆説的な出口こそ、ラカンが「分離（séparation）」と名づける演算である。だが、ここで重要なのは、むしろ、これら二様の分裂が、シニフィアン因果性の第一平面および第三平面の主体的ポジションの差異を裏づける、いや翻訳することだ。言表内容と言表行為のあいだの分裂から、知と真理のあいだの分裂への移行は、シニフィアンによる原因づけの効果としての主体から、〈他者〉の欠陥に遭遇する地点で自分自身の原因を引き受けなければならない主体への移行にほかならない。ラカンが科学の主体（話す主体から区別されるものとしての）と名指すのは、その分裂が〈他者〉のなかの欠如の相関物であるところの、この後者の主体モードなのである。

「私自身の因果性を引き受けるよう私を駆り立てるひとつの命令」

ここからは、「科学と真理」のテクストを辿っていこう。科学の主体は、述べたように、知と真理の断絶点に身を置いている。それはたんに、この断絶が主体の重荷になることのみならず、次のことをも意味する――

私たちが〔知と真理〕を結合するには、もはやこの科学の主体に頼るしかない。[42]

ラカンが示唆するように、知と真理を結合する方法があるとすれば、それは主体が真理に自らの声を貸し与えること、すなわち、真理の座で＝真理に代わって話すことである――かつて（先ほどから幾度もその名が挙げられている論文「フロイト的物」において）、ラカン自身が「私、真理である私が話す……」と述べて、それを実演してみせたように！　実際、メタ言語が存在しない以上、つまり、いかなる言語も真についての真を告げようがない以上、真理を「根拠づける」には、もっぱらこの方法しかない――

〔……〕真理は、自ら話すことによって、おのれを根拠づけるのであり、〔……〕そうするには、他に手段がないのである。[43]

とはいえ、主体がほんとうにこの方向に進んでいく場合でも、その際にひとつの「媒体（médium）」を導入することは排除されない。その媒体の機能は、「話す〈物〉」（＝話す真理）を「ヌーメノン」（カントが真理をそこへと先送りするところの知性界）と混同することを禁じるだろう。というのも、ヌーメノンのほうは、真理を閉ざしてしまう、いいかえれば、ひとつの形而上学的次元に、事実上、棚上げしてしまうからだ。そのように釘を刺した上で、ラカンが導入するのが、「科学と真理」のテクスト全体を印づける概念である「原因としての真理」である——

〔……〕この点で私たちに役立つ媒体は、諸君が見たとおり、私が先ほど連れてきたもの、すなわち原因である。といっても、論理学のカテゴリーとしての原因ではなく、結果全体に原因を与えるところの原因にほかならない。原因としての真理——精神分析家たちよ、諸君はこれにまつわる問いを引き受けるのを拒むというのか、諸君のキャリアはまさにそこから立ち上がったというのに。[44]

この「媒体」は、知と真理の断絶を縫合するものの意味に解すべきではない。そのような効果は——この論文でラカンが精神分析に対立させる魔術、宗教、科学のいずれの領野にでもなく、精神分析本来の地平に私たちが立つ以上——いささかも期待できない（期待する意味がない）。原因が「媒体」となりうるのは、まさに、それが主体を関わらせ、その一事をもって、主体が、自分自身の因果性を引き受けなければならない者のポジションに措かれるかぎりにおいてである。

この最後の点をラカンがいかなるタームで述べているのかを確かめるには、彼が私たちをそこへと送り返す箇所（同テクスト中の箇所）に、舞い戻ってみればよい。そこにおいて、ラカンは、デカルトの定式を修正して「コギト、スム（私は考える、私は在る）[45]」と言い換えたハイデガーにインスピレーションを受け、しかしこれをそのまま踏襲することはせずに、「コギト・エルゴ（私は考える、ゆえに）」なる定式を提示する。それが意味することは、ラカンに言わせれば、こうなる——

〔……〕何ごとも原因に依拠してしか語られえない。[46]

何ごとも、だがとりわけ科学の道を歩む主体は、そうである。ラカンによれば、まさにこの点においてこそ、デカルトとフロイトの出会いがあり、コギトとフロイトの名高い掟「Wo es war, soll Ich werden（あれの在りし処に吾生《な》るべし、かつてエスの在ったところに自我が生成せねばならぬ）」の遭遇が生じる。因果性の領界におけるこの結合、フロイトの掟とデカルト的主体のこの結合は、いったい何を意味するのだろうか――シニフィアン因果性のこの第三平面を特徴づける主体的ポジション、すなわち、自らの因果性を引き受けねばならない主体のポジションでないとしたら。この主体的ポジションの核心へと私たちを導くのは、いま引用した定式に続く、ラカンの次のような言表である――

ところで、この原因とは、フロイトの公式の「私は～ねばならぬ」、すなわちsoll Ichがすっぽりとかぶさるところのものである。このsoll Ichは、その方向を逆転させることで、私自身の因果性を引き受けるよう私を駆り立てるひとつの命令の逆説を迸《ほとばし》らせるのである。[47]

この一節は、私たちが本節をそこからスタートしたところの定式――「いかなる因果性も主体の関わりを証言することがありうる」――と対をなす。こう要約してよければ、因果性に関わる（自らを関わらせる）主体とは、自分自身の因果性を引き受けるよう駆り立てられる主体なのである。

三つの「逆説」

だが、この決定的に重要な箇所を、もっとじっくり吟味してみよう。まず見誤ってはならないのは、フロイトの掟は「私自身の因果性を引き受けるよう私を駆り立てるひとつの命令」そのものであるということだ。ただ、私が自分の因果性を引き受けるには、それを私の手元に引き戻さなければならないはずなのに、反対に、かつて原因があった場所に私が赴くこと、私が生まれ出ることを強いる点で、それはこの命令の方向＝意味を「逆転させる」ようにみえるにすぎない。実際、この逆転は、当の命令の本来的に逆説的な性格をかえって浮き彫りにせずにはおかない。その逆説は、少なくとも三つの角度から捉えることができる。まず、すでに繰りかえし述べてきたとおり、主体がこの命令に突き動かされるのは、原因の開口部が姿を現す場所において、いいかえれば、主体の原因、主体の起源の（分析的）探求が、〈他者〉の構造論的欠陥のゆえに遂行不能であることが露わになる場所においてである。〈他者〉に穿たれた孔が明らかになるがゆえに、主体は自らのものではない咎に責任をもつよう求められるのである。一方、主体の原因はつねにシニフィアンであり、それは〈他者〉に属するがゆえに、疎外に導かずにはおかないという大前提（シニフィアン因果性第一平面の所与）があることを、忘れてはならない。主体がシニフィアンによって原因を与えられるという事実は、けっして打ち消されはしない。そのかぎりにおいて、いかなる主体も、キリスト教の神でさえ、自分自身の因果性を引き受けることは定義上不可能なのである（主体の因果性を引き受ける者は、あくまでも〈他者〉でなければならない——もしそれが存在するのならば）。そして、最後に――これが三つ目の逆説だ――、「その方向を逆転させる」というフレーズが重ねて暗示するように、ここで論じられているのは奇妙なかたちで逆転させられた因果性であり、こう定式化するのがふさわしい――原因は、それがひとつの開口部としてのみ姿を現す地点に到達するまで、それを求めることではじめて存在する、と。つまり、原因は、それが発見されたときには、いや、引き受けられたときには、もはやひとつの開口部でしかない、ということだ。自分自身の因果性を引き受ける主体は、必然的に、こうした種類の時間の捩れに囚われることになる。追って見るように、この捩れは、分離と対象 *a* の介入に固有の時間性を構成するだろう。こうして、これら三様の逆説が、〈他者〉の構造論的欠陥のゆえにシニフィアン的決定が停止される地点で、主体をその責任＝応答可能性（responsabilité）へと突き動かすのである。

　だが、そもそも、この命令はどこから来るのだろうか。こう答えざるをえない――それは〈他者〉そのものから、より正確には、〈他者〉に内在し、その咎が〈他者〉に従属する者に降りかかることを余儀なくさせるあの欠如から、ようするに、構造から来るのである、と。フロイトのSollenはそこに轟きわたり、構造による主体の決定の臨界点を印づける。いうまでもなく、主体にとって、このSollenを実行するに勝る困難はない。というのも、いったいどうすれば、主体は自分自身の因果性を引き受けることができるというのだろうか――それについてもはや何も告げることができない地点、それを指し記すいかなるシニフィアンももはや見当たらない地点で。原因の開口部の現前は、象徴的決定の宙吊りを具現し、主体が自分自身の原因を追い求める過程を結論づけるシニフィアンの不在を見せつけるのである。だが、この開口部には、症状のなかで主体がそれへと結ばれている、ひとつの「彼岸」が伴わないだろうか。

それこそが、先立つ二つの章における探求の結果から出発して、私たちが見いだしうるひとつの解決である。この命令に応えうるものが何か存在するとすれば、それはこの彼岸、非決定で同化不能であり、ラカンが「現実界」と呼ぶこの彼岸をおいてほかにない。先に明らかにしたとおり、この現実界は「原因の原因」(いっさいの象徴的決定の彼岸という意味で)と名指しうるものの次元を構成するのであり、この次元には欲動的なものが書き込まれることになる。だが重要なのは、この現実界がラカンによって主体自身の「Kern(核)」、主体自身の「臍」(フロイトが語った「夢の臍」のような、いや、まさにそれに重なる)をなすものと捉えられていることだ。これはおそらく、自らの因果性を引き受けるよう駆り立てる命令に応えて、主体が差し出しうる唯一ののもの、フロイト的掟の「Ich(自我)」がそこへと生《な》りうる唯一の場にほかならない。原因の還元不能な孔に自らを関わらせることがありうるのは、ようするに、主体のなかのこの「現実的」な部分なのである。

だが、この現実界はまた、ラカンが述べるように、主体のなかで根源的にunterlegenされた、つまり圧し殺されたものであるがゆえに、ここでも困難は免れない。現実界とは、前章までしきりに用いられたタームを思い出すなら、失われた現実、苦境にある=宛所に尋ねあたらぬ現実である。したがって、それを差し出そうにも、主体が実際に差し出すことができるのは、せいぜいひとつの「欠如」にすぎない。これは、原初的疎外によって生じたあの欠如、すなわち、〈他者〉の領野から締め出された主体の「存在」の欠如そのものである。「無意識の位置《ポジション》=態勢」やセミネールXIでラカンが語る、主体に原因を与える第二のプロセス、すなわち「分離」とは、まさにこうした事態を指す。

分離

ここでは、一九八〇年代から九〇年代にかけてラカン派の一部で盛んに論じられた「終極的分離（séparation terminale）」、つまり分析的治療の終結を決定する分離に、立ち入るつもりはない。[48] 私たちはむしろ、主体と〈他者〉の関係に、また〈他者〉の場での主体の原因づけの過程に、ひとつの区切り、いや、ひとつの結論をもたらすものとしての「分離」の機能を子細に検討することでよしとしよう。主体が自分自身の欠如を差し出すことを余儀なくされるこの契機について、私たちが捉えなくてはならないのは、分離を特徴づけるものとラカンがみなす「欠如にたいして欠如を」――〈他者〉の側の欠如にたいして、主体が自らの欠如を差し出すという意味で――のシェーマである。なるほど、一九六四年の日付をもつこれらのテクスト（「無意識の位置」およびセミネールXI）において、分離の過程を説明するとき、ラカンが語るのは、私たちがいまその機能を明らかにしたところの「命令」（主体に自らの因果性の引き受けを迫る命令）ではなく、主体にとって謎のままに留まる〈他者〉の欲望との遭遇である。この遭遇こそが、いや、それが主体に強いる〈他者〉の欲望についての問いかけこそが、分離における主体のポジションの変更を動機づけるのである――この点については追って立ち戻る。だが、こうした違いをもたらすのは、もっぱら問題の提示の仕方（あるいは、それが置かれているコンテクスト）にすぎない。というのも、主体がそれに服するところの、あの逆説的命令にせよ、〈他者〉の欲望についてのこの問いかけにせよ、そこで措定されるのは、〈他者〉のなかの欠如を前にして、主体はいかに振る舞うのか、いかなるポジションをとるのかという、同一の問いにほかならないからだ。それにたいして、ラカンはこう答える。主体に差し出すことができるのは、原初的疎外の結果である主体自身の欠如のみである、と。テクスチュアルには、次の一節がそれに当たる――

> いずれにせよ、〔シニフィアン連鎖に含まれる〕この隙間に、ひとつの語らい《ディスクール》がそれによって主体を鼓舞するところの意味効果とは〈別の〉もの〔〈他なる〉もの、Autre chose〕が、主体を動機づける何かとして射し込み、主体はそれを感得するとともに、まさにこの射し込みのもとで、〈他者〉の欲望に実際に出会う。しかし、そのときにはまだ、主体はそれを欲望と名指すことすらできず、況んやその対象を想像することもできはしない。
>
> 　主体がそこに措くことになるもの、それは主体自身の欠如であり、この欠如は、主体が自分自身の消失によって〈他者〉のもとに生み出すかもしれない欠如の形をとる。主体はその消失を、こういってよければ、我が手に携えている、というのも、それは主体の本源的な疎外から回帰してくる主体自身の一部分の消失にほかならないからだ。[49]

　この「疎外の回帰[50]」に伴う時間的「振れ」を、ラカンは強調してやまない。つまり、自らがいま身を置いている第二段階において、主体は〈他者〉の場で出会う欠如から出発するものの、いや、その欠如から出発するからこそ、それに続いて主体が余儀なくされるのは、自らが第一段階で、すなわち疎外の過程で、生じさせた欠如に再会することである、という振れである。だからこそ、ラカンはこう定式化するのをためらわない――分離は、疎外において自らが被った分裂に再会することを、主体に強いるのである、と。

気づかれるとおり、分離におけるこの時間的捩れは、ある種のNachträglichkeit（事後性）を構成する。だが、この事後性はいかなる意味でも、シニフィアン因果性に固有の遡及作用と同じ範域に書き込まれはしない。それは別様式の事後性であり、というのも、ここでは、時間的捩れはシニフィアン連鎖の外部で（シニフィアン的要素に還元されないもののあいだで）生じるからだ。いいかえれば、分離を構成する二つの欠如の弁証法は、いかなる意味効果も生み出さない。それどころか、先の引用が示すとおり、分離というこの特異な演算のほうに主体が向かうのは、本来的に意味の範域には結びつかないもの（〈他者〉のなかの欠如）の発見を起点にしてである。このことが意味するのは、主体は分離において、シニフィアン因果性のリミットに、すなわち、シニフィアン因果性が、主体がそれによって自らの原因づけ過程を締め括るところの別種の「因果性」に接続する地点に、身を置くということだ。分離の機能は本来の意味でのシニフィアン因果性の領域を踏み越え、もうひとつ別の因果性の領域に乗り入れるのである。この「別の因果性」とはいったい何だろうか。それは、欲望の原因としての対象aによって支えられる因果性にほかならない。実際、まさにここにおいて、私たちは原因対象に再会し、その機能を——本章で学んだことから出発して——吟味しなくてはならない。先に指摘したとおり、分離を構成する二つの欠如の弁証法は、この対象がそこで自らの役割を演じないかぎり、事実上、出口のないものに留まるだろう。また、追って見るとおり、原因対象の機能は、いま私たちが検討した時間的捩れを二重化するもうひとつ別の捩れを伴う。しかも、この第二の時間的捩れは、因果性の問題にいっそう直接的にかかわるのである。

というわけで、〈他者〉のなかの欠如の現前によって主体が迫られる、あの逆説的なポジションに話を戻そう。自分自身の因果性を引き受けよと駆り立てる命令に晒された主体が手にしているのは、しかし、初めに圧し殺された自らの現実的な部分のみ、いや、より正確には、この現実的な部分が失われることによって生まれた欠如のみである。そのとき、いったい何が起きるだろうか。原因対象が登場するのは、まさにここにおいてであり、対象はこのとき、〈他者〉のなかの欠如と主体の差し出す欠如が重なり合う点に浮上し、到来するはずのない主体の現実的な「Kern（核）」に取って代わる働きをする。こうして、テュケーについての研究のなかで、とりわけ「症例エマ」と「子供が火に焼かれる夢」の検討を通じて同定された「原因対象」の機能に、私たちは再会する。ただし、ここでは、これらの素材の検討ののちに——つまり本章にて、〈他者〉のなかの欠如に焦点を合わせて——私たちが開拓してきたパースペクティヴのなかで、この機能を捉え直すことができる。いいかえれば、原因対象がこの機能を請け合うのはいかなる前提のもとでであるのかを、定式化し直すことができる。その前提とは、すなわち、〈他者〉のなかの欠如の現前と、それによって主体が余儀なくされる逆説的なポジションのあいだの相関は、ある一点——「原因の開口部」がそこに見いだされる点——において、いっさいのシニフィアン連鎖の彼岸である現実界に依存する、ということだ。主体がシニフィアン連鎖の孔において因果性に関与することを余儀なくされ、かつ、自分自身の因果性を引き受けることでこの孔を埋めることを強いる命令にたいして、もはやひとつの欠如、すなわち、自らの現実的な部分を根源的に喪失することで生まれた欠如を差し出すことしかできないとき、そのときにこそ、原因対象は主体のこの欠如の座に、この欠如に代わって姿を現し、それに取って代わるのである。到来しない現実界は、この欠如の彼岸に横たわる（苦境にある＝宛所に尋ねあたらずにいる）のだから、対象aとこの欠如の関係のモードこそが、そのまま対象aと現実界の関係のモードになることは見やすい。そしてこれこそが、欲望の原因としての対象aのラディカルな機能なのである。

このことを例証するために、「症例エマ」と「子供が火に焼かれる夢」に続く三つ目のパラダイム――その出自はフロイトのコーパスの外にあるが、自分自身の欠如に還元される主体の逆説的なポジションを浮き彫りにする点で、とりわけ私たちの助けになるパラダイム――を取り上げよう。この例は、一見いかに突飛にみえようとも、いま私たちが辿りつつある議論に照らして、主体と対象の関係をいわば触知可能なものにする上でじつに本質的である。それはいわゆる「胡蝶の夢」、すなわち、セミネールXI第六章において、対象aとしてのまなざしの機能を説明する際に、ラカンが――いささか唐突に、というのも、道教のこの一大古典に聴衆を導くいかなる前置きもせずに、そこに立ち入るのだから――講釈してみせる荘子の夢である。

ラカンが参照するのは、『荘子』の次の箇所である――

むかし、荘周は自分が蝶になった夢を見た。楽しく飛びまわる蝶になりきって、のびのびと快適であったからであろう。自分が荘周であることを自覚しなかった。ところが、ふと目がさめてみると、まぎれもなく荘周である。いったい荘周が蝶となった夢を見たのだろうか、それとも蝶が荘周になった夢を見ているのだろうか。荘周と蝶とは、きっと区別があるだろう。こうした移行を物化（すなわち万物の変化）と名づけるのだ。[51]

「荘周」とは、荘子という尊称で知られる人物の固有名であり、紀元前四世紀の人とされる。この一節は、「斉物論篇」と題された『荘子』第二篇の最後のパラグラフに当たるが、その篇で荘子が提示するのは、この世のさまざまな存在のあいだに存する差異はすべて錯覚であり、そぎ落とすことができるとする教え——彼の主要な教義のひとつ——である。それゆえ、これら諸差異の背後、すなわち見かけ上の多様性の背後で、唯一かつ絶対の実在性に到達しなければならないのであり、それこそが心の平安に通じる道である。荘周は蝶であり、蝶は荘周であって、そこに違いや変化が見られるとしても、それは純粋に現象的なものにすぎない……。このパラグラフは、伝統的に、そのように解釈されてきた。しかし、ラカンは、こうした伝統にいささかも靡《なび》くことなく、ひとつのオリジナルな読解を打ち出すことをためらわない。

ラカンが注目するのは、一方では対象と主体（意識の主体）のあいだに、他方では夢と覚醒のあいだに存する還元不能な差異、いや、非対称である。この二重の非対称は、こう表現することができる——夢のなかで蝶である荘子は、自分が蝶であることを疑わないのに、目覚めてからの荘子は、自分がほんとうに荘子であるのかどうかを疑う、と。ラカンはこの非対称性をそのまま受け取り、そこに荘子を荘子たらしめるもの、つまり主体を主体たらしめるものの秘密があることを示そうとする。曰く——

荘子が自らのアイデンティティの何らかの根っこにおいて自分自身を捉えていたのは、まさに彼が蝶であるときだった——まさにこのとき、彼は独特の色鮮やかさで描き出されるこの蝶であったし、その本質においてこの蝶でありつづける――そして、それによってはじめて、最終的な根っこにおいて、彼は荘子であるのである。[52]

驚くべきことに、ラカンはここで「アイデンティティ」という語を用いている。驚くべき、というのは、精神分析において問題になるのは同一性《アイデンティティ》（identité）ではなく同一化（identification）であることを、ラカンほど明瞭に教えた分析家はいないからだ。同じセミネールでラカンが展開する「疎外」の理論ひとつをとってみても、シニフィアンによる主体の原因づけは同一化による原因づけであること、ひとつのシニフィアンのもとで〈他者〉の領野に浮かび上がる主体は、自らがそれへと同一化するシニフィアンそのものに還元されることを教える理論であることは、言を俟たない。エリック・エリクソンの影響のもとでかつて我が国でも一世を風靡した「自己アイデンティティ」なるものは、そこではいささかも問題にならないか、なったとしても想像的ルアーの域を出ることはなく、ようするに「誤認」の審級としての「自我」（それはラカン的意味での「主体」ではない）に帰されるのが関の山だ。だが、ラカンがここであえて「アイデンティティ」について語るのは、シニフィアンへの同一化には還元できぬ何か、いわば、いっさいのシニフィアン的同一化の彼岸、それゆえいっさいの象徴的決定の彼岸である何かに、光を当てようとするからだ。こう言ってよければ、ここで問われているのは、シニフィアンへの同一化の効果としての主体のアイデンティティの根拠そのものであり、この根拠は、先の病因論的探求において「原因の原因」としての欲動的現実界を私たちが位置づけたのと同じ領界を構成する。夢の蝶は、象徴界が現実界と接するそのあわいに羽ばたくのである。

対象 a のラディカルな機能

それゆえ、疑わぬ蝶と疑いをもつ荘子のあいだの非対称について議論を進めよう。この非対称は、はたして何を意味するのだろうか――蝶としての荘子のアイデンティティは、荘子としての荘子のアイデンティティよりも堅固である、もしくは確実である、ということでないとしたら。おそらく、「蝶としての荘子」という言い方すらあまり正確ではない。なぜなら、蝶（夢のなかで蝶である荘子）は自らが荘子であるとは夢にも思わないのだから。夢（夢見られたもの）のなかには、覚醒時に荘子を構成するもののいかなる一部、いかなる断片、いかなる名残も見当たらない。そこに主体が存在するとしても、それはいかなる意味でも荘子（覚醒後の世界で荘子と呼ばれる人物）ではありえず、むしろこの名もなき何か、かろうじて小さな蝶の姿をした、この本来的に名づけえぬ何かであると言わねばならない。まさにそれこそが、つまりこの名づけえぬ何かこそが、精神分析が「無意識の主体」と呼ぶものにほかならない。つまり、自分自身の欠如に還元され、かろうじてひとつの対象――それが何ものであるのか、どこから来てどこへ行くのか、誰も知らない、というのも、夢を見る者にとって、この対象はけっして対象化＝客観化されないのだから――によって取って代わられることしかできぬ主体である。そう、無意識の主体は、夢のなかでは、対象の側に在るのである。目覚めるとき、荘子はこの対象を夢のなかに置き去る。いままで自分がそれであったところの、そして目覚めたのちも、おのれの存在欠如の部分ではつねにそれであり続けるところの、この名づけえぬ対象を、主体である荘子は、目覚めの瞬間に失われる夢とともに、手放さねばならない。このような形で主体が遂げる自己放棄は、じつは、私たちが先に「根源的喪失」と呼んだもの、すなわち原初的「疎外」の、ひとつの回帰、いや、その完成であるといえる。つまり、分離は、主体を疎外に連れ戻すのであり、主体と〈他者〉のあいだで展開される欠如の弁証法の決定的な瞬間に舞台に上がる対象*a*は、疎外が主体に課す喪失を代理する、というよりもむしろ、化体するのである。だからこそ、対象*a*は本来（つまり、夢と幻想というその固有の住処において）たえず失われた対象――乳房、糞便（これらは主体の身体から切り離される主体自身の一部である）、さらには、まなざしと声（それぞれ妄想および幻覚の主役になるこれらの対象の起源は、眼と耳が知覚器官として機能しはじめるときに、視覚領域および聴覚領域から閉め出される主体自身のまなざしであり、声である）――の相のもとに現れる。その意味で、対象*a*は、主体の存在の欠如を身をもって開示するのであり、ラカンが繰りかえすとおり、主体は「対象*a*によって欠如として原因づけられる」[53]のである。

だが、対象*a*の原因機能は、もっとラディカルに捉えることもできる。先に見たように、夢のなかに置き去られたこの蝶は、荘子という主体のアイデンティティ、すなわち、シニフィアンの効果である主体＝荘子がそれによって荘子であるところの同一性を、その「最終的な根っこ」において根拠づける。いいかえれば、蝶に取って代わられた自分自身の欠如を夢とともに手放すことによってこそ、荘子は覚醒後の世界において（それゆえ荘子自身の意識のなかで）、シニフィアンという無ではない何かによって決定された社会的存在として存立することができるのである。ここに、「分離」という演算のいわばポジティヴな意味が宿る。「無意識の位置《ポジション》＝態勢」（およびセミネールXI）のなかで、ラカンは、ドゥルーズ＆ガタリがのちに「語源論的というより機械的」[54]と形容する言葉遊びによって、次のことを示そうとする。すなわち、分離（*separare*）とは、主体が〈他者〉の領野において、「全体と何の関係もなく」、「たったひとりで自らの勝負をプレイする＝自らの部分（としての役割）を果たす〔jouer sa partie〕」[55] ひとつの部分（*pars*）として、自らを産み出す（*se parare*）ところの演算である、と。ただし、ラカン自身が補足するように、自らを産み出すとはいっても、それが意味するのは、けっして、あらためて世界に誕生するというようなことではなく、「市民的＝世俗的（civil）」と形容しうる状態を自分で――つまり〈他者〉に与えられるのではなく――手に入れることにほかならない。いいかえれば、ひとつの社会（集団）という〈他者〉のなかで、しかしその〈他者〉から分離独立した存在になること、ようするに自立＝自律することだ。いうまでもなく、これは〈他者〉への臣従化＝主体化（assujettissement）にひとつの終止符を打つことであり、いまやその無力（その構造に内在する欠如）が露わになった〈他者〉から、〈他者〉の支配から、自らを解放することである。このような意味での主体の「自主独立」が、ひとつの精神分析（ひとりの主体の精神分析）のなかで、「幻想の横断」（これはセミネールⅪで告げられた「分析の終結」の画期的定式である）とともに、つまり、幻想をつうじて主体を振り回してきた現実的かつ欲動的享楽との度重なる出会い損ないを通じて、その享楽に主体を縛りつけていたシナリオ（＝幻想）の強制力がとうとう失われたと判明する瞬間とともに、訪れたとき、分離はまさにこの分析の「終結」を印づける契機とみなされうる。だが、いまは、このパースペクティヴのもとで荘子の夢に立ち戻り、何よりも次のことを確認しておこう。すなわち、主体の市民的で自律的な存続は、シニフィアンによる原因づけの始源的契機において主体自身が被る喪失に依拠してはじめて可能になる、と。もっぱらこの条件を受け入れることによってのみ、社会的存在としての主体・荘子は、自己と〈他者〉の関係の結論（ないし区切り）を含むものとして、根拠づけられるのである。

もちろん、分離のこのプロセスは、むしろネガティヴな効果を引き起こす場合もある。というのも、その結び目を構成するのは、喪失の経験、いや、ラカンによる別の表現にしたがえば、「主体の転落」[56]にほかならないからだ。そのパラダイムは、フロイトの症例「狼男」に求められる。荘子の場合とは対照的に、蝶を前にした狼男は、「小さな羽根の羽ばたきが、欲望の格子によってはじめて襲われた彼の存在を印づける原因づけの、つまり原始の縞模様＝末梢〔rayure〕の、羽ばたきからさほど遠くないことを認識した恐怖症的恐怖〔terreur phobique〕」[57]に囚われるのである。だが、私たちが「分離のポジティヴな意味」と呼んだものは、自分自身の因果性を引き受けるべく主体を駆り立てるあの逆説的な命令に臨んで、主体がとる（ことを余儀なくされる）ポジションにかかわる本質的な――その水準ではけっしてネガティヴ化されえないほどに本質的な――機能である。対象 *a* の機能は、厳密にそれに連動する。無意識の領野の果てで失われるがままになることで、対象 *a* は主体の失われた原因、すなわち、シニフィアンの主体としての主体がそれであるところのものの原因（「根っこ」）を、引き受けるのである。

こうして、主体の原因づけが一巡したことになる。主体の原因づけの二重のプロセスは、疎外する原因シニフィアンが〈他者〉のうちに出現することでスタートしたのち、主体が自分自身の分裂をとことんまで生きるよう導きつつ、シニフィアンの主体としての主体を根拠づける「分離する *a*〔le *a* séparateur〕」[58]の到来によって締め括られる。気をつけなければならないのは、対象 *a* がそこでは「シニフィアン原因づけの原因」とでも呼びうるものの領界、すなわち、まさに、主体がそこにおいて自分自身の因果性を引き受けなければならないところの領界を、構成することだ。真についての真を告げるメタ言語が存在しないのと同様に、原因の原因の領界を構成する象徴的審級も存在しない。ただひとつ、そこに書き込まれることがありうるのは、象徴界に孔を穿つ現実界であるが、この現実界が姿を現す、いや表象＝代理されるには、「純粋にトポロジー的」な実在性＝現実性しかもたぬひとつの対象が欠かせないのである。

「欲望の原因」とは何か

だが、この対象をラカンが「欲望の原因」と名指すことは、さらなる説明を要する。それゆえ、これまでのコンテクストをふりかえりつつ、対象*a*の介入を必然的なものにする論理を辿り直してみよう。先に指摘したとおり、分離の原動力は何よりも〈他者〉の欲望の捉えがたさであり、それは〈他者〉の機能に内在する欠如に由来する。この「〈他者〉のなかの欠如」を埋めるべく、主体は自分自身の欠如を差し出すことを余儀なくされ、対象*a*はこの後者の欠如を、いや、事実上、これら二つの欠如の重なりを印づけ、それに取って代わるように働く。だが、主体が〈他者〉の欲望そのものに出会うのは、「この〈他者〉は私に何を望むのだろうか」という問いを抱くときだとしても、〈他者〉の欲望への主体の臣従化はおそらく、主体がシニフィアンによって原因を与えられるあの原初の瞬間にまで遡るにちがいない。というのも、この欲望は、〈他者〉の語らい《ディスクール》（主体がこの世に誕生する以前から、主体の座がそのなかで決定され、準備されているところの語らい）のメトニミー（通時的連鎖）によって運ばれつつ、シニフィアンの領野につねにすでに現前しており、主体が自らに到来する最初のシニフィアンに同一化するやいなや、主体を捉えずにおかないからだ。「人の欲望は〈他者〉の欲望である」という、ラカンがたえず繰りかえすテーゼに鑑みても、主体の欲望が〈他者〉の欲望から形成されることはいうまでもない。

主体と〈他者〉のあいだのこの欲望の弁証法のなかで、「分離する a」が演じるのは、主体の欲望が〈他者〉の欲望にいわば接ぎ木されるその接合点を指し示すという役割でなくて何だろうか。より正確には、〈他者〉のなかの欠如を埋めるべく主体が差し出すことを余儀なくされる欠如の座に、かつこの欠如に代わって、その身を際立たせつつ、対象 a は、主体がまず〈他者〉の欲望に、そしてそれを通じて、自分自身の欲望に、根拠ないし理由を与えることを可能にする、ということだ。それを前提にしてはじめて、主体は、先に見たように、市民的＝世俗的アイデンティティをしかるべく備えたシニフィアンの主体として基礎づけられ、社会的諸関係のネットワークのうちに書き込まれうるのである。いささか教訓めくが、主体のアイデンティティの問い（私とは何ものなのか）は、このように、主体の欲望の問い（私は何を欲望するのか）と切り離すことができない。だからこそ、臨床的にもしばしば観察されるとおり、「アイデンティティの危機」とやらを嘆く人々（安易な「自分さがし」の果てに何も見いだせないと訴える主体はその典型だ）が実際に苦しんでいるのは、じつは自分が何を欲望しているのか、いや、何を欲望すべきであるのかを知らないことなのである。

こうして、私たちは「欲望の因果性」に到達する。対象 a によって支えられるがゆえに、シニフィアン因果性（三つの平面をもつ）からは区別されるべき因果性である。分離のプロセスは、しかし、これら二種類の因果性が互いに接する場となる。ジャック＝アラン・ミレールが『原因と同意』講義（一九八七〜八八）で示したとおり、原因についてのラカンの仕事は、デカルト以来の近代哲学によって隔てられた「因果性」と「主体」、というよりもむしろ、物理的因果性と自由の因果性（この後者にしたがえば、主体は自らの存在に責任をもつ）を結び直すひとつの試みと見なすことができる。ミレールによれば、この結び直しは、関数と変数というその基本シェーマ（私たちのいう「第一平面」、すなわち意味の遡及的生成は、一定の関数＝「シニフィアンの法（則）」のもとで、ひとつの変数が与えられれば、自動的に関数の値＝意味が決定されるという機械的図式に準えられる）からして、多少なりとも物理主義的な概念であるシニフィアン因果性が、対象 a による因果性に連接されるがゆえに、可能になるのであるが、この後者は、けっしてカント的意味での「自由の因果性」（ヌーメノンとしての行為的存在者による、自然必然的法則の超越ないし逸脱）ではない。というのも、対象 a による因果性が意味するのは、主体は自由ではありえず、もっぱらひとつの対象でありうるにすぎない、いいかえれば、自らの存在の根底において、ひとつの対象に取って代わられうるにすぎない、ということだからだ。

だが、この第二の因果性の特異性を見逃してはならない。それは、先に説明したとおり、対象 a の射し込みを特徴づける時間の反転に存する。この因果性のうちには、結果にたいして時間的に先行するからという理由で原因を特権化するものは何もない。そもそも、欲望とは、その「原因」の結果ですらなく、対象 a はむしろ、欲望が到来したのちにはじめて、より正確には、主体が〈他者〉の欲望に接続したのちにはじめて、当の欲望を根拠づける働きをするのである。まさにこの意味において、ラカンは次のように述べたのだった——

〔……〕原因が存在するようになるのは、もっぱら欲望が出現したのちにである。[59]

この一文を理解するには、「原因」と訳されるフランス語「cause」本来の多義性に依拠しつつつ、これを「大義」といいかえてみるとよい。一般に、争いごと（子供の喧嘩から国際紛争に至るまで）を正当化する大義は、当の敵対行為に遅れて定式化され、喧伝される。犯罪の「動機」についても、おそらく事情は違わない。だが、ある種の「事後性」をここに見るのは、必ずしも誤りではないとはいえ、それを何らかの「（シニフィアンの）遡及作用」に関係づけることは慎まねばならない。というのも、この対象の射し込みは、厳密に、シニフィカシオン効果の領界には属さないからだ。それは「ひとつの根源的な時間的反転」[60]であり、分離のプロセスの核心において、先に私たちが強調した「時間的捩れ」を二重化する。これら二つの時間的捩れの共在を経由してはじめて、主体を原初の疎外に連れ戻す道筋が、同時にその欲望を根拠づける道筋にもなりうるのである。

「不純理性」のほうへ

だが、ここで問題になる時間的反転は、対象そのものの身分を問い直させずにはおかない。というのも、それが意味するのは、欲望の起源はその対象のうちにはない、ということだからだ。いいかえれば、欲望は対象から生じるわけではない。とすれば、対象はなぜ存在するのだろうか。欲望を根拠づけるためである、と私たちは述べた。だが、この機能は原因対象に、それによって根拠づけられるとみなされる欲望にたいするいかなる特権も、通常の意味での「欲望の対象」を特徴づけるいかなる種別性も、付与しない。というのも、この根拠づけが果たされる地点（象徴的決定の余白であり、シニフィアン連鎖が途絶する場）では、欲望の対象はもはやひとつの欠如（その座に、かつそれに代わって対象aが到来するのと同じ欠如）でしかないからだ。対象aの機能は、それゆえ、欲望の支えとなることに存するのであり、この支えがなければ、欲望はもはや存立しようがないが、しかし、それはいかなる意味でも欲望を決定するわけではない――というのも、欲望を決定するのはあくまでシニフィアンの法（法則）だからだ。そこから、幻想における対象*a*の道具的な性格が生まれる（そのパラダイムは、いささか飛躍めくが、サドの倒錯的幻想の拷問執行者である――この点には、追って立ち戻ろう）。思い出さねばならないのは、ラカンの次のような指摘だ――対象*a*として機能する諸対象は「何の役に立つこともできない」[61]。おそらく、これにはこう付け足さねばならない――欲望を運ぶシニフィアン連鎖のメトニミーが停止する最果ての点において、欲望を支えること以外には、と。その意味では、原因対象はどんなものでも――だから一羽の蝶でも――ありうる。たとえ偶然にであれ、そこに在りさえすればよいのである。にもかかわらず、いや、だからこそ、その「実在性《レアリテ》＝現実性」について語らねばならないとき、私たちには、それは「純粋にトポロジー的」なものである、という以外に表現のしようがない（実際、私たちはすでに繰りかえし、この表現をセミネールXIから調達してきた）。いいかえれば、欲望の原因としての対象*a*は、その実在性＝現実性において、ひとつの孔にすぎない――まさに〈他者〉のなかの孔である。

　対象*a*が〈他者〉の非存在を開示する、とラカンが述べる理由もそこにある。対象*a*の現前は、〈他者〉に抹消線を引く欠如の現前以外の何ものでもない。私たちがここまで繰り広げてきた議論全体が、そのことを確認させてくれる。夢のなか（あるいは幻想のなか）であろうと、意識状態においてであろうと、対象*a*の現前は、〈他者〉のなかの欠如に呼応して主体のポジションが変容する契機を印づけるものとみなされうるのである。さらに、この欠如の機能と関係をも

つという点で、また「原因」がひとつの特権的なカテゴリーであるかぎりにおいて、ラカンはこう述べることができた──

〔……〕対象 a が原因の座に、かつ原因に代わって、姿を現すことは、因果性のカテゴリーにたいするこの対象の関係が普遍的であることによって、照らし出される。この普遍は、カントの先験的〈超越論的〉演繹論の敷居を踏み越え、不純なるもののボルトの上に〈理性〉の新たな〈批判〉を樹立するかもしれない。[62]

先験的演繹とは、直観に与えられた現象に純粋悟性概念＝カテゴリーを当てはめることで、「ア・プリオリな総合判断」(これはほとんど「先験的な経験的判断」と述べるに等しい)という一見逆説的な、しかしいっさいの経験の把握がそれでしかありえないところの認識を、獲得することである。ラカンにとって、カントのこうした理論は、何よりも、ヒュームの懐疑論によって非実在の烙印を押された「因果性」を、悟性の先験性のうちに回収する試みに等しかった。セミネールXIにおいて、ラカンがそれを拒絶し、「原因の開口部」の概念化というカウンターに打って出ることは、第Ⅱ部第一章第3節に見たとおりだ。だが、このようなカント批判の射程は、いま引いた一文(クロノロジックには、こちらのほうがセミネールXIに先立つ)にすでに克明に描かれていた。つまり、原因の開口部を埋めに来る対象 a は、まさにそれゆえに「因果性」のカテゴリーと普遍的関係を結ぶのであるが、この普遍にもとづいて構想されうるのはもはや「純粋理性」などではなく、シニフィアンにたいする対象 a の異質性を刻印された「不純理性」でしかありえない、とラカンはいいたいのだ[63]。ラカン自身のタームを用いるなら、この「不純」はこういいかえてもよい——原因の開口部に定位される（原因の開口部の実在性をおのれの実在性とする）対象 a のボルトは、シニフィアンの領野としての〈他者〉の物質的＝質料的純粋性を打ち砕く、と。ラカンが考える質料性とは、孔の空いた質料性なのである。

3　質料因としての真理

原因としての真理の四様相

いまや、ラカンが一九六五年に「質料因」と呼んだものを、それにふさわしい座に位置づけることはたやすい。その座は、まさに、シニフィアン因果性と対象 a による因果性の結節点、すなわち、私たちが「分離の場」と定義した地点に見いだされる。

このことが意味するのは、ラカン的概念としての「質料因」が伴意する因果性は、通常の意味での「シニフィアン因果性」——シニフィアンはその遡及作用において意味の「原因」となるという、いささか単純に概念化された因果性——には還元されないということだ。一九六五年における質料的因果性は、厳密に、シニフィアン因果性の第三平面、すなわち、シニフィアン因果性が対象 a による因果性に接続する平面に、位置づけられねばならない。そのようなパースペクティヴに立ってはじめて、セミネールXIII『精神分析の対象』の第二回授業で、つまり「科学と真理」についての授業の翌週に、ラカンがなぜ次のように告げたのかが理解できる——

〔……〕質料因は、まさに孔の側にこそ探し求めなければならない。[64]

この指摘は、私たちが前節に積み上げた議論全体をたった一文で総括するような趣をもつだけに、私たちにとって決定的に重要である。それゆえ、ここに表明された論点をきっちりと押さえなければならない。「科学と真理」（より正確には、その内容を初回として幕開けするセミネールXIII『精神分析の対象』）において、ラカンが「質料因」の概念を導入するのは、「原因としての真理」が射し込む際の四様相のひとつとしてである。いうまでもなく、これら四様相のうちには、「アリストテレスの自然学に見いだしうるのと同じ数〔の原因〕と、それに類似した名称によるピン留め[65]」を認めることができる。つまり、四つの射し込みモードの分配は、形相、質料、「目指されるもの」、実際の行為者のあいだにアリストテレスが確立したそれと、同一ではなくとも、類似するのである。この「類似《アナロジー》（analogie）」の両義性を、いくら強調してもしすぎることはない。というのも、いっさいの類似と同じく、この類似は解釈の自由さと同時に厳密さ（忠実さ）をも伴意するからだ。この自由さのほうは、一目瞭然である。ラカンはこれら四様相を、それぞれ別々の活動に対応させるが、当の活動の実演性（opérativité）は、それが真理とのあいだにもつ独特な関係に依存する。真に独創的であるといってよいこの着想は、ここでひととおり検討するに値する。

――作用因の様相をとる原因としての真理は、「魔術」に関係づけられる。魔術とは、たとえば、自然界に見いだされる紛れもないシニフィアンである雨が、それを呼び出す呪文のシニフィアンに応答＝反応するように、「シニフィアンにたいして、そのとおりに応答＝反応するシニフィアンを想定する」[66]。真理のこの射し込みモードは、シャーマンの身体という媒介なくして成り立たないが、それはこの身体において、自然と実演者（opérateur）の主体とが互いに符合するからだ。その反面、魔術においては、知は隠れてしまう。つまり、魔術を支えるはずの知は、いわゆる「知識」を構成しない。そこには抑圧（refoulement / *Verdrängung*）のメカニズムが働いている、とラカンは見る。

――目的因のモードは、「宗教」を特徴づける。宗教において、原因としての真理は「終末的と呼ばれる諸目的＝諸結末〔fins〕に先送りされる」のにたいし、「啓示の機能は、原因としての真理の否定として翻訳される。すなわち、啓示は、主体が自らもその一部であるとみなすときに、それによって主体を根拠づけるもの〔＝原因としての真理〕を、否定するのである」[67]。この否定（dénégation / *Verneinung*）の実作用は、「原因の任を神の手にゆだねる」ことに存するが、それは「自分自身が真理に到達する道を切断する」[68]ことに等しい。そこから、およそ人間が真理を所有することにかかわる罪責感と、知にたいする深い不信が生まれる。

科学における「原因としての真理」

原因としての真理にたいする関係の個別モードとしての魔術と宗教は、「科学」との根本的な差異において捉えなくてはならない。かたや、自然と実演する主体との身体上の符合という魔術の種別的特徴は、科学の主体からは排除される。かたや、宗教の特色をなす啓示／否定の二重性、および知への不信もまた、同様に科学には縁がない。ようするに、作用因モードも目的因モ

ードも、科学にはかかわらないのである。実際、ラカンによれば、

――科学に固有の原因としての真理は、形相因である。原因としての真理にたいする科学の関係は、主体の分裂を生み出し、次いでそれを縫合するという二重の演算をラカンが真理の排除（forclusion / *Verwerfung*〔棄却〕）[69] と同一視し、「原因としての真理について、〔科学〕はできれば何も知らずにいようとする」[70] と強調することは、際だった印象を残す。この排除は、すでにデカルトにおいて、自我が無媒介的に獲得する明証的な知識の確実性と、永遠かつ無限なる神――その存在は「証明」されなければならない[71]――によってのみ保証される真理の分裂という形で、すでに実行されていたとみなすことができる。知と真理のこの奇妙な断絶は、コギト（私は考える）とスム（私は存在する）のあいだの分裂、すなわち、「思考が存在を根拠づけるのは、そこにおいてはいかなる演算も言語の本質にさわらずにはおかないパロールのうちで、両者が結ばれることによってのみである」[72] ことを示す分裂を、二重化する（先に用いたタームを思い出すなら、知と真理の分裂が、言表行為と言表内容の分裂を二重化するということだ）。まさにこのかぎりにおいて、デカルトのコギトは、知と真理のあいだで分裂するものとしての「科学の主体」の第一歩を印づけるのである。だが、排除は、原因としての真理について科学が行う唯一の演算《オペレーション》＝手術ではない。科学には第二の演算《オペレーション》＝手術が存在するのであり、「科学と真理」において、それはこう説明される――

〔……〕科学においては、魔術および宗教とは反対に、知が伝達される〔……〕。だが、それはたんにそういう習わしだからということではなく、この知に与えられる論理的形式が、こ

の知が伴意する主体をまるで縫合するような伝達の様式を含むからであると、念を押しておかねばならない。[73]

ラカンのこの発言は、二つのことを明示している。まず、科学は、その知に与えられる論理的形式のもとでの「真」（数式や推論に瑕疵がないこと）と、原因としての真理とを混同するということ。次いで、この混同こそが知と真理のあいだでの主体の分裂を手当てする、すなわち縫合するということだ。自己言及の禁止により、二値論理（いかなる命題も真か偽かに決定しうるとする論理）を保守すると同時に、主体の分裂を回避させるラッセルの階型理論は、この科学的縫合オペの典型とみなすことができる。ラカンによれば、これが科学の強みであり、同時に、真理という観点から見たその弱点でもある。というのも、先に触れたとおり、この縫合の裏面に横たわるのは、あくまで真理の排除（「真理についてできれば何も知らずにいようとする」こと）にほかならないからだ。実際、コギトが明証性にもとづいて獲得した知の真理（真実性、つまりこの知が真実であるかどうか）を、デカルトが奇妙にも「無謬なる神」の手に委ねて以来（この一幕はラカンの目に、近代科学が決定的に真理から切り離された瞬間と映る）、科学が一度でも「原因としての真理」について、すなわち「主体が自らもその一部であるとみなすときに、主体を根拠づけるもの」について、何かを知ろうとしたためしがあっただろうか。

精神分析の独創性

さて、原因としての真理の、以上三つの射し込みモードは、精神分析の「管轄を免れる」。ラカンが私たちに期待するのは、魔術、宗教、科学というこれらのモードに「抵抗」することにほかならない。曰く――

〔……〕精神分析的科学の主体である以上、原因としての真理との関係の以上の各様相の誘惑にたいして、諸君は抵抗すべきである。[74]

というのも、精神分析において重要なのは、質料因としての真理だからだ。先に見たとおり、原因の四様相を、本質と目的の「共謀」に支配される統一性のうちに、最終的に重ね合わせるに至るアリストテレスとは裏腹に、ラカンはいわば四様相の分断を強める方向に進む。「無意識の位置《ポジション》＝態勢」では、シニフィアンの遡及作用という概念が導入されるやいなや、「見かけ上の不一致にあるアリストテレスの四原因が再集結する」と主張されていたことを思い出すなら、ラカンはその後（わずか一年余りのあいだに）自らの意見を修正したのではないかと疑いたくもなる。

いずれにせよ、ここで措定されるべき問いはこうなる――精神分析に固有の演算＝手術、すなわち、原因としての真理のVerdrängung（魔術）からも、Verneinung（宗教）からも、さらにはVerwerfung（科学）からも区別される演算＝手術とは、いかなるものだろうか。前節において、私たちはまさにこの問いに――先取り的に――答えたのだった。つまり、精神分析に固有の演算＝手術とは、原因の開口部によって強いられる主体的ポジションの特異性から出発して説明されるところの、「分離」にほかならない、と。もしかすると、分離という概念を、このように、ラカンがそれを一度も明示的に想起しない文脈のなかに移植することは、いささか突飛にみえるかもしれない――実際、セミネールXI（一九六四）でかくも重きを置かれた「分離」は、「科学と真理」（一九六五年一二月）のテクストには一度も回帰しない。にもかかわらず、私たちがこの移植にあえて踏み切るのは、二つの欠如の弁証法という、分離に固有の構造論的図式を、〈他者〉の機能の停止点に発し、科学の主体を駆り立てて、自分自身の因果性に責任をとる主体に変容するよう迫るあの逆説的な「命令」を説明する論理のうちに、再発見することが可能だからなのだ。

それゆえ、目下の探求にいっそうふさわしいタームを用いて、この論理を手短に辿り直してみよう。原因としての真理とは、その射し込みが「病苦の真理」[75]を構成するところの何かであり、それは主体のうちで、より正確には、「神経症」[76]の主体のうちで、「話す」（「真理である私が話す……」）ことをやめない。この意味で、原因としての真理は、主体の因果性に最終的に留め金をかけるものであってもおかしくはない。ところが、それはありえない。というのも、いかなる真理も、〈他者〉の構造論的欠陥のゆえに、不在であり続けることしかできないのだから。原因としての真理の座に、かつそれに代わって、主体が見いだすのは、ひとつの孔にすぎない。疑いようもなく、〈他者〉には主体の因果性を引き受けることができないのである。だからこそ、主体は自分自身の因果性を自ら引き受けなければならない。先に見たとおり、このような引き受けが成就されうるのは、もっぱら、原初の疎外の結果生じた自分自身の欠如を、主体が動員するかぎりにおいてである。対象aはこの欠如に取って代わるように働き、さらに、それ自体があらためて失われることで、「シニフィアンの主体」としての主体を根拠づける（あるいは、根拠づけ直す）……。このような概念化を受けて、原因としての真理との関係の精神分析的モードは、次のように定式化されうる――精神分析において、原因としての真理は、抑圧されたり、否定されたり、排除されたりするのではなく、不在のまま、対象*a*によって印づけられるのである、と。これが、魔術と宗教にたいする、そしてとりわけ科学にたいする、精神分析の「独創性」[77]である。この独創性を際立たせるためにこそ、ラカンは――セミネールXIIIにおいて――対象*a*を「精神分析の対象」と定義し直すのだと考えてよい[78]。

いまや、なぜ「質料因をまさに孔の側に探し求めなければならない」のかは明らかだ。それは、述べたように、主体が自分自身の因果性を引き受けなければならない座には、〈他者〉の構造論的欠陥のゆえに、シニフィアンによって物質的＝質料的に（matériellement）打ち据えられるひとつの孔しか存在しないからなのである。まさにこの孔において、対象*a*は主体の存在に、すなわち、主体がひとつの欠如としてしか差し出すことができないものに、取って代わる。こうして、質料因が措定される場所に、対象*a*による因果性が確立されるのであり、そのときこの因果性は、本来の意味でのシニフィアン因果性の彼岸を構成するだろう。このことは何を意味するだろうか――「質料因」とは、私たちがラカンとともに「原因の開口部」と呼んできたものの別名である、ということでないとしたら。いかに逆説的にみえようとも、ラカンにおける質料因は、象徴的決定のリミットを印づける。つまり、シニフィアンによる決定には孔が空いていることが判明するに及んで、精神分析の病因論的探求に具体的に刻まれるリミットである。第I部の最後に私たちが明確に述べた定式をいまいちど取り上げるなら、アリストテレスに欠けているのはこの発想、すなわち、質料には孔が含まれるという発想にほかならない――アリストテレスにおいては、質料は孔をもたない、すなわち空をもたないとされるのだから（私たちがここに認めるのは、アラン・バディウの表現を借りれば、アリストテレスに「固有の不可能〔impossible propre〕」だといってよい)。[79] ラカンにとって、アリストテレス思想のこの不備は、構造——シニフィアン的質料の構造、という意味だ——とは何であるかが見過ごされていることに由来する。そこからまた、そもそも、意味の原因であると同時に主体の原因でもあるシニフィアン的質料の「能動」を、アリストテレスは見逃したということにもなる。ようするに、この問題について、ラカンがアリストテレスに向ける評価は、私たちがすでに引用したセミネールXIIIの次の発言に要約されるのである——

アリストテレスは「質料因」の問いをすっかり遣り損なってしまった。[80]

テュケーの場としての質料因

さて、この質料因の座が、ラカンにおいて、「シニフィアン因果性」と「対象aによる因果性」の結節点に重なることは、述べたとおりである。これに加えて、この座はまた、テュケー的偶然が突発する場でもあることを、あらためて指摘しておかねばならない。前章で強調したように、ラカンによって「現実界との出会い」と定義づけられるテュケーは、シニフィアン連鎖の非決定の余白に、いいかえれば、症状がその彼岸で現実界と結びつくことが判明するところの開口部に、生じるのである。

テュケーをめぐる私たちの議論を導いていたのは、次のような思考だった——原因の概念が結局はひとつの開口部へと還元され、原因の追求がこの開口部の彼岸のほうへ方向づけられる（症例エマと「子供が火に焼かれる夢」の分析が示すとおり）かぎりにおいて、私たちは「原因」なるものを、最終的に、現実界の次元に位置づけることを促される、と。私たちの考えでは、本章の最初に引用した「われわれの前歴について」の一節は、まさにこの意味に解さねばならない——「〔因果連鎖に見いだされる欠如機能の〕除外を考えるどころか、そのような機能は、われわれにはいまや因果論的ノエシス〔＝思考過程〕の起源そのものであると思われ、この機能を、現実界へのその移行と混同するほどである」。一九六〇年代当時、現象学者たちのあいだで大いに流行っていた「ノエシス」なる語は、ここではフッサール的語彙から抜き取られ、どうやらギリシャ語としての元の意味、すなわち、「ものを考えること」、「知的理解」、あるいは「概念的把握」といった意味に連れ戻されている。ラカンの直観は、それゆえ、私たちの思考をどこまでも揺さぶらずにはおかない。つまり、いっさいの因果性観念の起源に存するのは、因果連鎖のなかの開口部である、とラカンは言いたいのだ。別のことばでいえば、開口部の現前は、現実的な原因——諸原因の彼岸にある原因という意味での——の、他の場合では考えられない闖入に等しいのである。テュケーとは、ようするに、原因という機能のうちで結ばれる、主体と現実界の関係の一様相にほかならない。

　本章で私たちが証明しようと力を入れてきたのは、同じ開口部の機能が真理の構造化にも現前しているということだ。この作業を完成させるべく、ここで次のような問いを立ててみよう——原因と真理が同じ開口部を共有しているとすれば、真理の領野にもテュケーの機能が見いだされるのではないだろうか。実際、ラカン自身もこの問いに興味を示しているようにみえる。というのも、セミネールⅩⅢで、真理値としての対象 a という新定義を導入したのに続いて[81]、ラカンはテユケーを想起しつつ、これを「真理との出会い」と呼び直すことをためらわないのだから。「存在」（記述の対象——これは時空間という枠組みにおいて決定されるがゆえに、想像的な対象にすぎない）と「対象」（指示対象としての対象、すなわち現実的な対象）の混同と彼の目に映るバートランド・ラッセルの言語指示論を批判しつつ、ラカンはこう述べる——

> 〔ラッセルの〕この理論、この範域には、ひとつの〔出口〕しかない。それは、ある種の出会いが存在し、私たち分析家はまさにここで、この出会いを再び登場させなければならない、ということである。その出会いとは、〔『精神分析の四基本概念』のセミネールにおいて〕反復の直後に取り上げた出会いであり、まさに真理との出会いにほかならない。[82]

テュケー的な出会いが、ここで「真理との出会い」と定義し直されるという一事からして、ラカンは真理を原因と同じ構造に書き込んだとみなして差し支えない。ラカン自身はこの発言をこれ以上展開しなかったとはいえ、その意図を汲むには、原因との出会いとしてのテュケーについて私たちが明らかにしたことを思い出すだけで十分だ。それを要約すれば、こうなる——テュケーの経験の核心をなすのは、「欠如が現実界へと移行すること」である、と。真理に固有の欠如のうちに現実界（現実的なもの）が宿るとすれば、その現実界はまさに、真理は知に呑み込まれえないということのうちに存する。この呑み込み不能の点にこそ、対象aとの出会いが——いかに束の間の出会いであろうと——訪れるのである。フロイトが「不気味なもの」（一九一九）で語った印象的なエピソードによれば、夜汽車のなかで偶然開いたガラス扉に映る自分自身の姿を、彼は見知らぬ年寄りの闖入者だと思った。[83] フロイトはこのとき、自らの「原因としての真理」の座に、かつそれに代わって、不意に舞い込んだものに、現実的に出会ったのである（つまりその「闖入者」こそが、現実界の対象aにほかならない）。そして次の瞬間、それがガラス扉に映った自己像であることに、フロイトが気づいたとすれば、ここにはまさに、テュケーの機能に本質的であるとラカンがみなす「しくじり」（出会い損ない）が見いだされうる。

　このように、テュケーと質料因としての真理とは、たった一本の糸、シニフィアンの領野における構造論的開口部の概念という唯一の糸によって、互いに結ばれている。だが、この結合は、本書第Ⅰ部で、アリストテレスにおける偶然と質料因の結合とみなされたものへと、私たちを連れ戻さないだろうか。一見したところ、アリストテレスはこの結合を気に留めてはいない。だが、私たちが示したとおり、アリストテレスは、偶然（アウトマトンとテュケー）の理論において「原因の開口部」の輪郭を捉えており、加えて、「質料」のアリストテレス的概念のうちには、「形相による支配」という——伝統的にアリストテレスに帰されてきた——観念に抗う要素が見いだされる。アリストテレスの脱プラトン化を図る注釈者たちは、P・オーバンクを先頭に、これら二つの問題圏を結び直し、アリストテレス的質料は偶然性の場であり、また、だからこそ、完全な「形づけ」を、つまり観念論への囚われを、免れうると説明したのだった。こうした注釈者たちの解釈を忌避する理由はいささかもないが、私たちにはいまや、問題はラカンにとってある意味でもっと単純であることが分かる。質料には孔が空いており、その孔こそがテュケーの場である、とラカンは考えるのだ。ただ、先に述べたことの繰りかえしになるが、孔が空いているという質料のこの特性は、アリストテレスの慧眼を逃れていた。だからこそ、原因の観念についてのアリストテレスのかくも深い分析において、因果的決定には還元不能な余白の存在することがあらゆる点で明白であるにもかかわらず、アリストテレス自身はこの余白の本性を捉えることも、それが質料そのものに内在すると考えることも、残念ながらできなかった。その意味で、アリストテレスは、ラカンではなかったのである。

無からの創造

キーになるのは「開口部」という着想であり、これが原因についてのラカンのディスクール全体を貫いている。この開口部は、原因概念が孕む還元不能なものであり、還元不能であるかぎりにおいて、この概念を根拠づける。原因の開口部は物質的＝質料的にはシニフィアンによって打ち据えられるが、その射し込みはシニフィアンにたいして異質である。そして、この開口部が執拗に現前し、うごめきながらそこへと呑み込まれゆくかのようなシニフィアンのネットワーク全体の蠕動《ぜんどう》を引き起こすかぎりにおいて、それは現実界に――象徴界のうちに「囚われ」、「苦境にある＝宛所に尋ねあたらぬ」あの現実界に――移行する。原因の開口部が現実界と一体化するまさにこの地点に――この地点はまた、主体が自分自身の原因を引き受けるよう駆り立てられる場でもあることを思い出そう――対象*a*は舞い込み、この開口部のうちに見いだされる「何ものでもないもの（rien）」を印づけるのである。

このように、ラカンの唯物論《マテリアリスム》＝質料論は、一葉の紙の表裏のように、互いに切り離すことのできない二つの面から成る。その一方は、主体と意味を生産するシニフィアン的原因に、他方は、このシニフィアン因果性そのものに内在する開口部としての質料因に、それぞれかかわる。とすれば、前者をラカン的唯物論＝質料論の「疎外」面、後者をその「分離」面と呼ぶこともいまや許されるだろう。だが、ラカンの教えをこうした視角から見わたすとき、ラカン的唯物論＝質料論のこの二元性は、一九六四年にシニフィアン因果性そのものが導入される以前に、ひとつの目覚ましい定式の形をとって、すでに姿を現していたことに思い至らないだろうか。その定式とは、セミネールⅦ『精神分析の倫理』（一九五九〜六〇）で打ち出された「無からの創造（*création ex nihilo*）」にほかならない。このセミネールにおいて、ラカンは、ユダヤ＝キリスト教の伝統から取り出される「無からの創造」をいかに捉えるべきかを説明するために、ハイデガーに由来するひとつのパラダイムを採用する。「物（das Ding）」についての名高い講演（一九五〇）のなかで、ハイデガーが物の「物性（物であること、Dingheit）」を検討する際のモデルとして取り上げた「甕《かめ》」ないし「壺」である。いったい何が、壺をひとつの物として規定するのだろうか。壺が物性を手に入れるのは、表象されたモノとしてでもなければ、製造されたモノとしてでもない。壺が物としての壺の存在を構成するのは、壺が（何かを）収めるのを可能にするもの、すなわち、その内部に留まる空《くう》である――

私たちが壺をなみなみと満たすとき、注がれる液体は空《から》の壺にどっと流れていく。空《くう》とは、器のなかで、収めるものである。空、壺に含まれるこの無、それは、収める器としての壺であるところのものである。[84]

ラカンはハイデガーのこの考えを、彼自身の言葉に翻訳する。セミネールⅦにて、「無からの創造」はこう導入される――

諸君が甕というものを、私がはじめに前面に押し出したパースペクティヴのもとで、〈物〉と呼ばれる空、すなわち現実的なものの中心に宿る空の実在を表すべく作られたひとつのモノとみなすなら、この空は、表象のなかに姿を現すとおりのそれである場合、まさにひとつの*nihil*として、無として、姿を現す。そして、だからこそ、陶工は、私がこうして話しかける諸君とまったく同じく、その手で、甕をこの空の周りに創造する、つまり、神話の創造主のごとく、無から、孔から出発して、創造するのである。[85]

現実的なもの（ここでは、いわゆる「現実界」のことではなく、シニフィアンによって構造化されることではじめて主体に出会われる現実を指す）の最初の象徴化の契機に、Vorstellung（表象）の領野の外部に切り出される現実性――と、ラカンが定義するこの〈物〉（das Ding）は、セミネールⅦの中核概念のひとつである。この概念は、シニフィアン連鎖のなかの開口部と、シニフィアンに同化されえぬものとしての現実界のあいだに、ラカンが露わにしようとする結びつきを具現する。だが、この驚くべき一節に用いられている表現をつぶさに吟味してみよう――陶工は中心の空の「周りに」、あるいはこの空をめぐって、甕を創造する、つまり、孔「から出発して」甕を創造する。周りに、というのも、甕が何かを受け取り、収めるためには、その中心にひとつの空、ひとつの窪みが存在しなければならないのだから。（孔）から出発して、というのも、甕が満たされうるのは、「はじめに、その本質において、甕が空《から》であるかぎりにおいてである[86]」とされるとおり、道具としての甕は、それがひとつの空を含んでいることではじめて到来するのだから。

このことが意味するのは、次のことである。甕というものを、シニフィアンとしてのその存在において捉えるなら、それを製作するための作業、すなわち、質料《マティエール》＝素材を手で扱う作業は、*nihil*としての空の導入によって、かつこの導入から出発して、はじめて「創造」になるのである。だからこそ、ラカンはこう述べることができる――

〔……〕シニフィアンを加工することと、現実的なもののなかにひとつの開口部、ひとつの孔を導入することのあいだには、同一性がある。[87]

この発言には目を見張らずにいられない。というのも、これは事実上、シニフィアンとは、現実的なもの（ここでも、シニフィアンによって象徴化されるべき現実的なものの謂である）のうちに導入される開口部である、と述べるに等しいからだ。ラカンの唯物論《マテリアリスム》＝質料論の「二つの面」と私たちが呼んだものは、ラカン自身の弁により、このように単一の定式に収斂していく。たんにシニフィアンがひとつの開口部を含むというのではなく、シニフィアンとしてのその存在がまさにこの開口部によって構成される、いや根拠づけられるのである。だが、そうなると、質料《マティエール》＝素材であるシニフィアンを扱う者としての主体とは何か、という問いが自ずと浮かんでくる。この問いにたいして、私たちはいわば先取り的に、第Ⅱ部第一章で答えを与えていた。私たちはこう述べたのである――創造者と想定される人間（シニフィアンの加工の能動主）は、しかしシニフィアンの原因ではなく、その「支え」にすぎない、と。だが、私たちはいまや、さらに踏み込んで、主体がなぜシニフィアンの原因の座を占めることができないのかを述べることができる。それは、いうまでもなく、この座を占めるのが「原因の開口部」だからである。セミネールXIIIにおけるラカンのテーゼ、すなわち、「質料因は孔の側に探し求めなければならない」という発言は、最終的には、まさにこの意味に解さなければならない。

だが、ラカンによって再解釈された「無からの創造」のラディカルさは、さらに別のところにある。この*nihil*においては、根源的に失われた現実性としてのDingの現前が問題になるのだとすれば、無からの創造、孔から出発する創造は、ひとつの独特な範域に属すると考えなくてはならない。その範域においては、「一次過程が出会う現実界は不可能でしかない」以上、「一次過程が出会うことで、私たちがそれにかかわることができるようになる〈他の〉何かについて、もっと多くのことを知る」[88]ことが重要になる。いまやお分かりのとおり、Dingから隔てられた一次過程が出会う〈他の〉もの（Dingとは異なるもの）は、対象*a*という形で一次過程に到来する。いいかえれば、中心の*nihil*は――対象*a*の到来に繋がるシニフィアン因果性（その第三平面）の論理を遡るなら――そこにおいて主体が自分自身の因果性を引き受けねばならぬところの座を指し示す。つまり「創造」とは、突き詰めていえば、主体がそれによって自らの原因をひとつの対象の形で到来させようとするところの行為なのである。このように述べることは、先に私たち自身が創造を「シニフィアンによって主体に原因が与えられるプロセス」とみなしただけに、あからさまな逆説をはらむようにみえる。だが、ここにはもはやいかなるミステリーもない。この逆説は、シニフィアンの唯物論＝質料論の二元性のうちに書き込まれている、と確認するだけで十分である。すなわち、創造は、疎外的な面と分離的な面の双方をもつのである。

4 原因対象の道具性

欲望の原因対象≠欲望される対象

精神分析における原因と対象についての私たちの議論を閉じる前に、「欲望される対象」と厳密に区別されるかぎりでの「欲望の原因対象」の機能について、なお二、三の点を指摘しておきたい。

その教えの初期から、ラカンは「欲望の対象（objet du désir）」とは何かと問い続けてきた。欲望というものを、ラカンがシニフィアンの領野に書き込むやいなや、この問いはいささかも自明ではなくなる。より正確にいえば、ラカンは欲望を、シニフィアンの自律的な法に制御されたメトニミーの関数として定義するのである。つまり、欲望はシニフィアン独自の論理にしたがって、ひとつのシニフィアンから、それに連結する他のシニフィアンへと、際限なく先送りされていく、ということだ。だが、欲望をシニフィアンの関数と定義することは、欲望がその対象の関数ではないことを、じかに伴意する。いいかえれば、シニフィアンの現前は、欲望の平面での主体／対象関係の透明さを奪い去り、いわゆる「対象関係」（空想上の母子関係にもとづいて欲望が発達していくとする考え方）にはどこまでも馴染まない空間へと、欲望を導き入れるのである。ここに見いだされるのは、対象との関係における欲望の離陸と呼びうることにほかならない。この離陸にはラディカルな諸帰結が伴うが、ラカンはセミネールV『無意識の形成物』（一九五七〜五八）において、「欲望の第二度」[89]、すなわち、欲望を欲望として享受しうる可能性に光を当てることで、そのことを露わにしてみせた。欲望は、その対象の関数ではないばかりか、じつは欲望自身を対象にすることができる。つまり、シニフィアンに媒介されることで、主体はおのれ自身の欲望を享受することを欲望しうるのである。「欲望の対象とは何か」という問いは、まさにこの次元で措定されねばならない。

欲望の対象とは欲望される対象（objet désiré）である、とする理解は、それゆえ、いかなる意味でも認められない。欲望される対象については、せいぜい、それは疑似餌のようなものである、と言えるにすぎない。セミネールXIにおいて、ラカンはこう説明している――

われわれが健全であるなら、あれやこれやの快適な事物を山ほど自分は欲望していると信じることができる。だが、われわれはそれについて、「自分は欲望していると信じる」と言う以外に、何も口にすることができない。これらの事物は、思うに、まったく伝達可能な水準に達しているとはいえ、それを伝達したところで精神分析理論にはならないのである。[90]

とすれば、精神分析理論のなかで考察するに値する「欲望の対象」とはいかなるものなのだろうか。ラカンの明示的な回答（の一つ）は、次の一節に見いだされる――

こう理解してほしい――〔ラディカルな意味における〕欲望の対象とは、欲望の原因であり、欲望のこの原因対象とは、欲動の対象、すなわち、欲動がその周りを一巡りする対象である、と。[91]

ラカンの同じ発言を前章で引用したのは、欲望の原因対象（症状が欲動的現実界に結ばれていることを示すひとつの開口部の現前によって、象徴的決定の病因論的追求がブロックされる場所で、求められている原因の座に、かつこの原因に代わって、姿を現す対象）と欲動の対象（そのものとしては、つまり媒介なしには、けっして到来しない欲動の接近を告げ知らせ、印づけにくる対象）の近親性を確認するためだった。ここでは、同じ議論を繰りかえすのではなく、むしろ、「欲望される対象」（自分が欲望していると信じる対象）に還元不能な「欲望の原因対象」を、ラカンがいかなる側道から導入するのかを捉えることにしよう。この一節で問われているのは、明らかに対象 a の身分であり、この対象は、ラカンによれば、「欲望の照準の位置にはけっして見いだされない[92]」のである。

ラカンの教えのなかに「欲望の原因」というタームがはじめて登場するのは、セミネールX『不安』（一九六二～六三）――および、それと同時代のテクスト「カントとサド」――においてであると見てほぼ間違いない。いうまでもなく、このタームは対象 a を新たに定義し直すべく捻り出された――

われわれの狙いを定めるために、こう言おう。対象 a は何であれひとつのノエシスの志向性のようなもののうちに位置づけられるべきではない。こうした志向性とは区別される欲望の志向性において、この対象は欲望の原因として考えられねばならない。対象は欲望の〈前にではなく〉後ろにあるのである。[93]

フェティッシュとしての原因対象

こうして、原因対象は早々にいっさいの「欲望の照準」から、すなわち、欲望に先行するとみなされるいっさいのものから、切り離される。「原因が存在するようになるのは、もっぱら欲望が出現したのちにである」として、ラカンが欲望の原因を特徴づけるものとみなす、あの根源的な時間の反転を思い出そう。いま引用した一文は、これと同じ視角に立って考察されねばならない。だが、驚くべきことに、ラカンはこの発言に続いて、「形而上学をやるのを慎む」（！）ために、「欲望の原因」という言葉、つまり「欲望の後ろ」という表現をいかに解するかを、具体的に説明しようとする。きわめて雄弁な一節である――

> 〈欲望の原因〉にイマージュを与えるべく、私がフェティッシュを利用するのは偶然ではない。というのも、欲望の原因としての対象の次元は、フェティッシュにおいてこそ露わになるからだ。
>
> 　何が欲望されるのだろうか。それは小ぶりな靴でも、乳房でもなく、何であれ諸君がフェティッシュを体現させるいかなるものでもない。フェティッシュは、欲望に原因を与える。欲望のほうは、どこでも引っかかれるところに引っかかりに行ってしまう。その女性が靴を履いていることが絶対に必要なのではなく、靴は彼女の周囲に存在していればよい。その女

性の胸に乳房のあることが必要であるというわけですらなく、乳房は顔についているのでもよい。だが、誰もが知っているとおり、フェティシストにとって、フェティッシュはそこに存在しなくてはならない。フェティッシュとは、それによって欲望が自らを支える条件なのである。[94]

このように、「欲望の原因」に与えられた最初のパラダイムがフェティッシュ（フェティシズムの対象）であったことは、これまでの私たちの議論からすると意外に映るかもしれない。だが、ラカンの発言にはいささかの淀みもない。[95] 実際、フェティッシュとは何だろうか。それはけっして「欲望される対象」ではない。すなわち、フェティシストが欲望するのは、小ぶりな靴そのものではない。[96] ラカンが述べるように、欲望はどこかに、つまり何らかの対象（人物）に、「引っかかる」（ただし、ただ引っかかるにすぎない）が、それはこの対象に「靴」という観念が結びつくかぎりにおいて、いや、それによってこの「靴」が欲望を支えるかぎりにおいてである。その意味で、フェティッシュとしての靴は、「欲望される対象」としての価値をいささかももっていない。にもかかわらず、あれやこれやの対象が欲望されうるためには、いや、より根源的に、欲望がそこに存在し、持続するためには、フェティッシュが現前しなければならない。逆に、フェティッシュが現前しないかぎり、フェティシストは何をいかに欲望すればよいか分からないだろう。まさにその意味で、フェティッシュは「それによって欲望が自らを支える条件」なのである。ラカンが「欲望の原因」としての対象 a に与えるのは、この「欲望の条件」の機能にほかならない。とすれば、私たちはいまや、この対象をあらためてこう定義し直すことができる――欲望の原因とは、それ自体が欲望されるわけではないが、欲望が支えられるために、欲望の地平線上に現前しなければならない対象である、と。

このことは、原因対象の機能について私たちがこれまで明らかにしてきたことに、けっして矛盾しない。主体が自分自身の因果性に責任を負わねばならなくなる瞬間に、主体の原因（これは不在である）に取って代わるように姿を現すこの対象について、私たちが言いうる最小限のこと、それは、主体が欲望するのはこの対象ではない、ということである。だが、ここであらためて原因対象の機能を定義し直したのは、先立つ二章ではどちらかというと脇においてきた問題を、私たちの議論に組み込み、この対象についての研究を完成させるためだ。いま確立された定義によって、これまで明示的に立てられてはこなかった、きわめて本質的な問いが措定されうる。すなわち、欲望は対象なしで存在しうるのか、という問いだ。「欲望の原因対象」という概念がこの問いへの否定的な答えとなることは、いうまでもない。欲望は、「欲望された対象」という意味では特定の対象をもたなくてもよい。だが、「欲望の原因」という意味では、けっして対象なしでは支えられないのである。

実践理性の対象≠原因対象

こうした観点に立つことで、私たちは、カントとサドをいわば同じ袋に入れて読むラカンが、それでもやはり両者のあいだに認める際立った相違のひとつに、注目するよう促される。「カントとサド」（一九六二）におけるラカンの見立てによれば、欲望の原因対象の必然性をいっそう明確に把握していたのは、カントよりもサドのほうだった。実際、カントの実践哲学の精髄が、対象へのパトローギッシュな（感性的・パトス的なものに左右される）関係いっさいの放棄というテーゼのうちにあるとするなら、そこから、道徳的経験はつねにいっさいの対象を排除するのか、という問いが自ずと生じてくる。ところで、道徳的経験と欲望の経験の深いつながりを明らかにしたことは、まずはフロイトの、次いでラカンの、優れた功績であるといってよい。フロイトにとって、トーテムの神話は何よりもこの両者の根源的関係を説明する鍵にほかならない。無意識の欲望は、父の法によって課せられる禁止に起源をもつ。いいかえれば、文化によって性関係のなかにもち込まれた規律こそが、人間の欲望を構造化するのである。精神分析を臨床・理論の両面にわたって規定し続けるこの認識を、ラカンは簡潔に、しかし大胆に、こう定式化する――「法と抑圧された欲望とは同じひとつのものである」[97]。そもそも、道徳的経験と欲望の経験のこうしたつながりは、私たちの誰もがいわば経験的に直観しうるものである。欲望を究めるプロセスがある臨界点を越えると、欲望はもはや「……したい」ではなく、「……ねばならぬ」ということばで、すなわち頑ななひとつのSollenとして、言表される。つまり、欲望の「意志」がひとつの「義務」へと転換する水準が存在するのである。ここで重要なのは、このSollen（ねばならぬ）が、快・不快というパトローギッシュな原理（フロイトのいう「快原理」）を、そしてその原理にしたがって「欲望される」対象を、括弧に入れるのを要求することである。ラカンは、まさにこうした枠組みにおいて、カントが、そして同じ時代にサドが、形式化を成し遂げたところの、道徳的経験を捉えようとする。道徳的経験はいかなる対象をも排除するのか、という前述の問いは、それゆえ、快原理が括弧に入れられた状態で、欲望はいかなる対象をもちうるのか、といいかえてもよい。

述べたとおり、「欲望の原因対象」という概念そのものが、この問いへのラカンの答えになる。だが、ここではカントとともに、もう少しゆっくり進んでみよう。なるほど、カントによれば、道徳的経験の原則が支配する領域からは、パトローギッシュな条件によって決定されるいかなる対象も除外されなければならない。しかしながら、それは、実践理性が対象をもたないことを必ずしも意味しない。カントは、実践理性の二つの対象を概念化した。すなわち、幸（Wohl）・不幸（Weh）と厳密に峻別されるところの、善（Gut）および悪（Böse）である（「カントとサド」において、ラカンがこの峻別を参照することから出発するのは、もちろん偶然ではない）。幸・不幸は、快・苦の感情にきわめて密接に結びついている。こうした感情は、感性界の住人たる人間のうちに、彼がそのときどきに置かれた状態によって引き起こされるものであって、理性的存在者としての人間が理性の法則に従って何かを意志することとは本来無縁であるばかりか、それに著しく対立する。実践理性の対象たるべき善・悪は、ただ道徳律にのみ照らして、それ自体で善・悪と判定されるものでなくてはならない。実際、ひとつの理性原理が、いかなる感覚的関心、いかなるパトローギッシュな動機をも顧慮することなく、ただそれ自体で、すなわちその法則的形式のみから、意志を決定する原理とみなされる場合、そしてその場合にのみ、この原理はア・プリオリな実践法則とみなされる。道徳的行為が善もしくは悪となるのは、それがこうしたア・プリオリな原理によって決定される（もしくは、それに背く）かぎりにおいてのみであり、善および悪は、そのような前提にもとづいてはじめて、実践理性の原理に適った、欲望能力（もしくは忌避能力）の必然的対象とみなされるのである。善および悪と道徳律とのこのような関係は、カントによって次のような言葉で定式化されている——

さて、いまや実践理性の批判における方法の逆説を解明すべき地点に到達した。それは、善と悪の概念が道徳法則に先立つのではなく（一見したところで、その概念が、法則の基礎に置かれなければならないかのようであるにしても）、むしろ逆に（ここで実際になされもするように）道徳法則の後で、道徳法則を通じて、規定されなければならない、という逆説である。[98]

この「逆説」は、「原因が存在するようになるのは、もっぱら欲望が出現したのちにである」とラカンに言わしめる、欲望と欲望の原因のあいだのあの時間の逆転を想起させずにおかない。実践的原理としての道徳律より以前に、善・悪の認識なるものは、端的にいって、存在しないのである。もしこれらの対象（善・悪）が、しかしながら道徳律の存続の条件として、実践理性を支えると考えることができるとしたら、私たちは、意外にも、これらの対象を「欲望の原因」のカテゴリーに書き込む決心を迫られることになるかもしれない。じっさい、臨床的な局面において、自己の内面の格律によって命じられる「善き行い」をフェティッシュ化する道徳的倒錯者のごときものを想定することは、必ずしも難しいことではない。

ところが、それにはやはり問題がある。実践理性の「対象」の定義そのものが、ラカン的対象の概念を跳ね返してしまう。カントははじめから、実践理性の対象を、意志と行為（結果としてこの対象を、もしくはその反対物を、実現することになる行為）の「関係」として定義している。「善」は意志からも行為からも離れて存在するのではなく、ア・プリオリな原則にしたがって行為しようとする意志のなかにのみ、いやむしろ、そのような意志としてのみ、存在する。そしてそのかぎりにおいて、この対象は、道徳法則の形式そのものの普遍性に由来する、それゆえそれに等しい、普遍性を与えられるのである。このような対象は、それゆえ、いかなる意味においても、道徳的意志（「ねばならぬ」として言表される欲望）の条件（支え）とはなりえない。カント的道徳律によって行為する主体は、靴や乳房がなければどんな女性を欲望してよいか判らないフェティシストとは違って、善・悪という対象がなくても（それを実践理性の対象として概念的に把握するまでもなく）、自分が何を意志すべきか知っているのである。

「自由」と原因対象の近接

だが、まさにいま述べたことが、カントにおけるラカン的対象の痕跡を探るもうひとつ別の道へと私たちを導いてくれる。善・悪は道徳的意志の条件ではない。とすれば、道徳的意志の条件とは何だろうか。直接的には、意志を決定するのはア・プリオリな実践原理としての道徳律にほかならない。だが、問われなければならないのは、むしろそのような決定を可能にする条件であり、その答えは、カントによれば、理性的主体の「自由（Freiheit）」である。ここで私たちは、いわば感性界の重力の外側へ放り出される。私が何らかの道徳原理の実行を、もっぱらその形式の法則性（この法則性が当の原理の「普遍性」を請け合うのである）のみにもとづき、なおかつ、その実行のア・ポステリオリな可能性いっさいを度外視しつつ、可能であると判断する場合、そしてその場合にのみ、私は私の自由を自覚することができる。いいかえれば、そのような道徳的実践を通じてのみ、私は自分がいかなる物理的決定（自然の因果性）をも乗り越えて行為しうると想像することができる（そして、自由を認識することについては、それで満足しなければならない）。

カントは、こうした議論に臨む二つの視点があることに繰りかえし注意を促している。一方の視点に立てば、自由の概念に客観的な実在性を与えるのは道徳律であり、その意味では、道徳律が自由の根拠であると考えられる。しかしもう一方の視点に立つなら、自由な主体を想定しないかぎり、道徳律そのものがひとつの思考不可能なものに留まらざるをえないのだから、自由こそが道徳律の根拠とみなされねばならない。カントは、この見かけ上の矛盾を、次のように要約する――道徳律が自由の *ratio cognoscendi*（認識根拠）であるのにたいし、自由は道徳律の *ratio essendi*（存在根拠）である。私たちのここでの議論にとって、この後者が重要であることはいうまでもない。

道徳律と自由がそれぞれ異なる平面に措かれることから生じる、根拠づけるものと根拠づけられるもののこの不均質な関係のなかに、私たちは「欲望の原因」の上述の定義を、たしかに当てはめることができる――道徳律の存在根拠としての自由は、意志する主体によってそのものとして欲望されるのではない（というのも、それを欲望することはそもそも不可能なのだから）が、欲望が存続するために欲望の地平線上に現前しなければならない、あるいは少なくとも、想定されなければならない。じっさい、ラカンの「欲望の原因対象」に対応する概念をあくまでカントのなかに見いだそうとするなら、それはこうした意味での「自由」の概念以外にない。ただし問題は、この概念がいかなる現象（フェノメン）にも関係をもたず、もっぱらひとつの「物自体」を表象するにすぎないことである。「カントとサド」において、ラカンは、道徳律の経験において直観はいかなる対象も与えないとする、『実践理性批判』全体を貫くカントの主張にたいして、かえすがえす異を唱えている。ラカンによれば、カントは法（欲望の法）と主体の関係を媒介する第三項としての対象を「〈物自体〉という思考不可能へ追いやることを余儀なくされている」[99]のである。まさにこの点についてのみ、ラカンはカントの実践哲学にはっきりとした疑いを差し挟む。カントにおいて対象（欲望の原因の位置を占めるべき対象）がヌーメノン化されていること——そのことだけが、精神分析家としてのラカンの直観に反するのである。そしてこの微妙な隔たりこそが、サド侯爵の孤独な筆から産み出された、うんざりするほど豪奢で淫らな永遠の責め苦の絵巻物へと、ラカンを導いていく。

享楽の道具としての原因対象

それゆえ、ここからは私たちの視線もサドのほうに移さねばならない。ラカンは、サドの作品世界そのものや、そのなかの特定のディテールのみに関心を向けるわけではない。ラカンが試みるのは、サドのテクスト全体を支える幻想の骨組みを明らかにすることである。その骨組みのなかに、欲望の原因としての対象 a の機能はどのように書き込まれるのだろうか。いまその一部を引用した「カントとサド」の決定的に重要なパラグラフにおいて、ラカンはこう明言している——

カントの言によれば道徳的経験に欠けているという第三の項が、いまや私たちの目に姿を現しつつある。その項とはすなわち対象であるが、カントは、〈法〉を成就することにおいて意志にそれが与えられることを示すために、この対象を〈物自体〉という思考不可能へ追いやることを余儀なくされている。この対象は、サド的経験において、その接近不能な場所から降り立ち、拷問執行者の〈現存在〉、Daseinとして、露わになるのではないだろうか。[100]

カントの「格律」に匹敵するものがサドにあるとすれば、それは「自然の法に則って行為せよ」という言表として定式化されうるだろう。もっとも、ここでいう「自然の法」とは、カントにおいて必然的に実践的法則と対立関係に措かれる悟性的法則（自然の因果性）とは何ら関係がない。サドにおいて、自然の法が命じるのは無条件に享楽することであり、それは具体的には、他者の身体を自らの享楽のためにとことん利用すること、そして他者からの同様の求めに無条件に応じることとして、無限に持続する放埒の実践のなかでしか実現されえない。

だが、ここで重要なのは、このようなサド的経験において欲望が存続するためには、少なくとも責め苦の執行者が現前しなければならない、ということである。欲望の原因としての対象 *a* をイマージュ化することにかんして、カントよりもサドの方に一日の長があるとすれば、それは、サドがその作品世界のなかで矢継ぎ早に増殖させてゆく一連の「処刑」の図が、拷問執行者という役割のもとに、対象 *a* をさまざまに形象化して示すからにほかならない。サド的経験におけるこの対象の存在様式について、私たちはいくつかの本質的な特徴を挙げることができる。サドにおいて、執行者となる対象が舞台に登場するのは、カントで言えば、普遍的法則を前にしておよそパトローギッシュな対象いっさいが姿を消してしまう（そして、意志の固有の対象がヌーメノンの次元へ追いやられてしまう）まさにその地点にほかならない。とすれば、この対象、すなわちサドにおける執行者は、必然的に、非パトローギッシュな対象でなければならない。ただしそれは、この対象にたいする主体の関係がパトローギッシュでない、という意味ではなく、むしろ、この対象そのものがパトスをもたない、という意味で解されねばならない。私たちはだから、クロソウスキーが、そしてブランショやバタイユが、サドにおいて特権化する「無感動(apathie)」の概念を、むろんここで思い出すことができる。だが、それは必ずしも「自己の実在性の断念をもたらす治療術[101]」としてでもなければ、「至高存在となることを決意した人物に適用される否定の精神[102]」としてでもない。そうではなく、サド的経験(サドという主体を支える幻想のシナリオのうちでの経験)のなかで欲望の原因の位置を占めにやってくる対象たちの、一律に冷厳な性格としてである。じっさい、サドの描き出す執行者たちは、自分のために相手に生産することを強いる快楽を、その自分自身は享受しないかのごとくに振る舞う。そうした人物の最も完成されたひとりが『ジュリエット物語』のサン・フォン侯爵であり、ラカンが「醜悪きわまる(hideux)[103]」と形容するこの無二の権力者には、およそ人間的なパトスが完全に欠如している。

　ところが、サドの幻想においては、まさにこの非パトローギッシュな対象のもとで、享楽が凝固してゆく。この時代のラカンは、「享楽(jouissance)」をいかなる「快楽(plaisir)」にも還元されぬ満足として位置づけ、両者を鋭く区別したことが知られる。非パトローギッシュな対象は、快原理の彼岸に垣間見られる、したがってパトス(快楽も含む)に縛られた人々にはけっして到達することのできない、ひとつの悦びを体現する。このように位置づけられた対象aを、ラカンが「暗黒のフェティッシュ[104]」と呼ぶことに、私たちはもはや驚かない。先に見たとおり、ラカンにとってフェティッシュは「欲望の原因」の最も基本的なパラダイムなのである。ただし、この「暗黒の」という修飾語は、けっして無意味な付け足しではない。ラカンはここで、この対象がある種のカルトの偶像として、すなわち底知れぬ悪意と苛烈な敵意に満ちた神として、出会われうることを示唆してもいるのである。こうして、主体の欲望を支える原因としての対象は、いまや「享楽の道具」と定義し直される。対象aを「暗黒のフェティッシュ」に準《なぞら》えたのに続いて、ラカンは次のように断定する――

これは、サド的経験における処刑執行者から、その現前が究極的にはもはやこの経験の道具にすぎないことに要約されてしまうときに、生じ来るものである。[105]

享楽がそこへと凝固してゆくところの、パトスをもたぬ対象。サド的経験においてそれは、欲望の緊張を維持するための不可欠な「道具」である。そして欲望は、このときひとつの「享楽への意志（volonté de jouissance）[106]」として現実化されてゆく。いうまでもなくニーチェの「力への意志」を下敷きとするこの「享楽への意志」の概念を、ラカンはまさにここ、すなわち「カントとサド」において、はじめて導入した。欲望は、およそパトローギッシュな対象いっさいから解き放たれたとき、無条件に享楽することをめざす意志へと、いわば純化される。だが、そのような欲望は、それを支える対象＝道具ぬきには存続しえない。この「享楽への意志」の概念が導入されたのと、対象aがこの意志の「道具」として定義されたのが、同じテクスト（「カントとサド」）においてであることは、それゆえ、意味のないことではない。享楽への意志は、「欲望の対象」（快楽として欲望される対象）から「欲望の原因」への、すなわち「享楽の道具」への、断絶のうちにこそ芽生えるのである。

この道具で享楽するのは……

だが、対象aの「道具性」という概念化は、私たちにひとつの問いを喚起せずにおかない。対象aは、主体がそれによって（それを経由して）享楽にアクセスするところの「手段」にすぎないのだろうか。原因＝道具としての対象aを含むこの欲望の回路のなかで、いったい誰が享楽するのだろうか。ラカンの説明によれば、「享楽への意志」として出会われるのはカント的意志（すなわち、いかなるパトローギッシュな対象からも自由になった「実践理性」そのもの）にほかならないが、このことは、カント的意志が「享楽の道具でしかないという代償を払うことで疎外から立て直された主体」[107]を含意することを想定している。これはきわめて重要な指摘である。いかに逆説的に見えようとも、主体は道具の側にいる（主体はこの道具である）のであって、享楽の側にいるのではない。というのも、幻想のなかで、主体はこの道具である以外には、端的に「無」にならざるをえないからだ。とすれば、原因＝道具としての対象aを介して享楽にアクセスするのは、いかなる場合でも主体自身ではない、ということになる。

この点を理解するためには、次のことを確認しておく必要がある。無意識の主体（欲望する主体）と対象（原因＝道具としての対象a）の関係は、いかなる意味でも単純な二者関係ではない。無意識の主体とは、言語によって構造化される代償にナマの存在を失った（つまり「疎外」された）主体であり、対象aは何よりも主体のこの失われた存在を肩代わりすべく幻想に滑り込んでくる。それゆえ、幻想という欲望回路のなかに、欲望する主体自身の位置が書き込まれるのは、つねに対象a、すなわち享楽の「道具」としてなのである。ところが、ラカンは、先に見たように、対象のもとで享楽が凝固する（そのかぎりにおいて、対象は「暗黒のフェティッシュ」になる）

とも述べている。とすれば、この凝固した享楽に与るのはやはり主体以外にない、という理屈にならないだろうか――主体が対象として在り、その対象のもとに享楽が凝固するのだとすれば、享楽を手にするのはつまるところ主体である、という理屈に。残念ながら、そう考えることはできない。「カントとサド」のテクスト全体が、そうした理解に私たちが飛びつくことを禁じるのである。では、この享楽はいったい誰のものなのだろうか。

　この問いに答えるためには、サドの幻想の論理を、ラカンが区別する二つの時間に沿って、すなわち、「カントとサド」のなかで提示された二つの四項図に即して、検討していかねばならない。この二つの時間は、サドの幻想のなかで主体の分裂がどのような道のりを辿ったかを示すのであり、その道のりは最終的に、サドという主体に固有の、特異な出口に行き当たる。まず、第一段階において（図1）、主体の分裂は、対象aとしての拷問執行者と、アファニシス（消失）点としての$\$$の関係として形象化される。幻想の主体は拷問執行者の側におり、他方、犠牲者たちのイマージュは、この主体がやがて消失していくであろう点を、かろうじて表象するにすぎない。このアファニシス点は、サドの幻想のなかで、より正確には、いま私たちが検討しているその第一段階において、際限なく後退させられていく。このことをラカンは「幻想の静力学」と呼ぶが、それは「サドが犠牲者たちに付与するほとんど信じがたい不滅性[108]」のうちに表現される。ラカンが別のテクストで用いた表現を流用するなら、幻想はそこにおいて「主体のフェーディングの詰め物[109]」として機能するのである。一方、そのこと（主体の消失が永遠に先送りされること）がラカンに、はじめの分裂（aと$\$$のあいだの分裂）を二重化するもうひとつの分裂について語らせる。$\$$すなわち「消失点としての主体」と、Sすなわち「快の原生主体（「パトローギッシュ

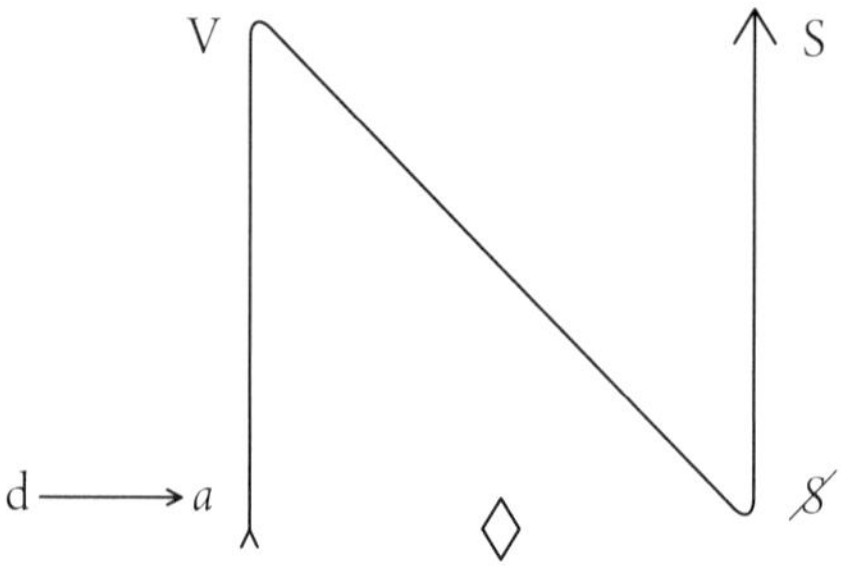

図 1

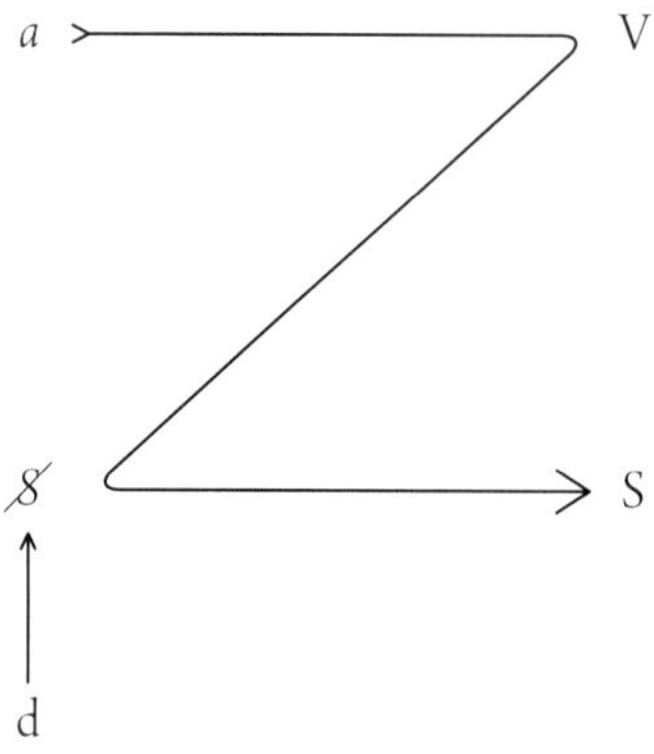

図 2

な」主体)[110]」のあいだの分裂である。後者は、「幻想が欲望に固有の快楽をつくる」[111]かぎり、快楽に服従する主体と定義される。ここでは、快楽と享楽の上述の区別が再び肝腎になる。快楽に服従する以上、Sは享楽から、その欲望は「享楽への意志」から、それぞれ隔てられる。アファニシスの瞬間を際限なく先延ばしにすることで、快の原生主体は「パトローギッシュに」（カント的意味で）生を愉しみつつ、自らの幻想の回路のなかで誰が享楽するのかをいっこうに知らないままでいる。

　だが、この「欲望のユートピア」[112]は、幻想の第二段階において破綻をきたす（図2）。より正確には、サドの幻想そのものが、この第二段階では解けていく。ラカンによれば、「サドは、彼の思惟の厳密さがその生の論理に行きわたるかぎり、自らの幻想に騙されはしない[113]」のである。主体の分裂は、ここに至って、Sおよび$\mathcal{S}$がそれぞれ異なる身体に書き込まれることで、文字どおり完結する。S（パトローギッシュな主体）は、国家の敵、次いで民衆の敵として社会から排除されたサドに、それでも忠実であり続けた近親者たち（妻、義理の妹、従者）によって代理＝表象される（忠義忠誠はパトスの典型である）。それにたいして、主体としてのサドは、後世にその名を神話化させる一因ともなる完全な消滅$\mathcal{S}$に向けて突き進んでいく――「墓に生える茂みが、彼の運命を封印する名が石に刻まれたその痕跡までをも消し去るようにと、遺言のなかで命じた後、サドは、自らの像がまったく信じがたいまでに何もわれわれに残らないような仕方で消えていく[114]」のである。

……〈他者〉である

いまこそ、私たちは上述の問い、すなわち「欲望のサド的回路のなかで誰が享楽するのか」という問いに、あらためて立ち帰らなくてはならない。いまや、こう述べることができる――享楽の道具として幻想のなかに書き込まれる主体は、自ら享楽するには至らず、〈他者〉の享楽の前で消失する運命にある、と（ただし、ここでの「〈他者〉の享楽」は、性関係の不在に関係づけられる不可能な「〈他なる〉性の享楽」とはさしあたって関係がない）。実際、このことはラカンによって、次のように示唆される――

V、すなわち享楽への意志は、モントルイユ夫人が主体〔＝サド〕にたいして容赦なく行使する道徳的束縛のなかに移行することによって、その本性がもはや疑いえないものとなる。[115]

一七七二年、司法当局の追跡を逃れ、妻ルネ＝ペラジーの妹アンヌ＝プロスペールを連れて遁走したことで、当時の宮廷で奇妙にときめいていたこの勝ち気な義母の逆鱗に触れたことが、放蕩児サドの命運を尽きさせる決定的な一撃を招いた。プレジダント（名誉裁判長夫人）の名に相応しい権勢を誇るモントルイユ夫人は、王名による逮捕状を取りつけてサドをヴァンセンヌに幽閉することに成功したのちも、彼の拘束が二度と解かれることのないよう、つねに神経を尖らせていた。サド本人にしてみれば、彼女こそが自らの被ったあらゆる不遇の根源であることは疑う余地がなかったし、それは実際、正しい認識だっただろう。つまり、自らは拷問執行者の座に身を置く主体・サドの幻想のなかで、「享楽の道具」たるこの対象aのもとに凝固する享楽を我が物にするのは、主体としてのサド自身ではなく、彼にはどうすることもできないこの根源的な〈他者〉、モントルイユ夫人だったのである。サドに許されるのは、この〈他者〉の享楽に従属し、その虜となることだけであり、けっして自らが何らかの享楽に与ることではなかった。[116]

これは、いわば幻想の罠である。幻想とは、それにもとづいて主体の欲望が「調整される」[117]ところの筋書ないしシナリオであるが、この「調整」は主体がそこから利得を引き出すことを許しはしない。いいかえれば、主体の欲望が享楽の道具としての対象aによって支えられるとしても、享楽はいかなる意味でも主体に保証されはしない。というのも、主体が幻想において構築する回路によって享楽するのは、じつは〈他者〉だからである。実際、幻想の主体としてのサドは、対象a（執行者）を自らの欲望の不可欠な支えとして登場させながら、そこに蓄積される享楽を自らの手に回収する間もなく、むしろ自分自身がモントルイユ夫人という〈他者〉の享楽の道具に成り下がるという憂き目を嘆くことになった（獄中のサドがモントルイユ夫人に向けた激烈な憎しみは、明らかに、享楽の簒奪へのルサンチマンである）。つまるところ、幻想は主体よりもむしろ〈他者〉を利するように機能するのである。もちろん、個人としてのモントルイユ夫人が実際に――つまり彼女自身がそう感じ、自覚しうる形で――享楽していたかどうかは、誰にも分からない。その点は度外視してかまわない。だが、サドにとって、享楽する〈他者〉としてのモントルイユ夫人は、現実的に、存在したのである。

私たちはここに、「人の欲望は〈他者〉の欲望である」というラカンの古典的なテーゼが、新たな相貌をまとって回帰してくるのを見ないだろうか。このテーゼは、たんに主体の欲望が〈他者〉からくる（あるいは、主体は〈他者〉の場においてのみ欲望しうる）ことを意味するだけでなく、さらに、一段高い水準において、主体の幻想に含まれる享楽を手に入れるのは〈他者〉であることを示唆するように、私たちにはみえる。とすれば、次のように考えることは、けっして的外れではない――ラカンが定式化したとおり、分析の終結は「幻想の横断」に存するとするなら、主体が目指さねばならないのは、〈他者〉にのみ享楽をもたらすこの幻想の回路から自らを解き放つことである、いいかえれば、〈他者〉の享楽の道具となることをやめることである、と。そのためには、幻想において主体がそれであるところの対象aが、享楽の道具というポジションに固定されるのではなく、「失われた対象」としての本来の機能を取り戻さなくてはならない。「子供が火に焼かれる夢」や、荘子の「胡蝶の夢」において、ラカンが目覚めの瞬間を特権化するのは、意味のないことではない。対象aは、目覚めの閾《しきい》で失われるからこそ、主体が自分自身の因果性を引き受けることを可能にするという、その根源的な機能を果たしうるのである。サドの著作には、この「喪失」の観念が奇妙に欠けている。サドの消滅、主体のアファニシスの最も完全な形態としての彼の存在の消滅は、おそらくこの欠如と切り離すことができない。

結びに代えて——原因のなかの還元不能なるもの

本書を締め括るにあたり、原因対象の道具性について、なおひとこと付け足しておきたい。ハイデガーは、「技術」についての名高い講演のなかで、因果性と道具性をつなぐ根本的な概念的関係を浮き彫りにした。一般的な考えでは、技術には「何らかの目的のための手段」(たとえば、ライン川に立つ水力発電所のように)としての道具の機能が備わっている。「手段」とは、それが働き、ひとつの結果を引き起こすかぎりにおいて、因果性の次元に属する。一方、各手段がそれにしたがって決定されるところの「目的」もまた、原因とみなされる。したがって——

諸目的が追求され、手段が利用されるところ、道具的なものが支配するところ、そこで統治するのは原因性〔Ursächlichkeit〕であり、因果性〔Kausalität〕である。[118]

だが、道具性‐因果性のこの繋がりだけでは、技術の一般的な観念を解明するには十分でない。ハイデガーは、それゆえ、アリストテレスが区別する原因の四モードの統一性から出発して、因果性とは何かを分析する。ハイデガーによれば、原因を意味するギリシャ語*aition*は、「ある別のものを引き起こす〔引き起こした責めを負う、verschuldet〕もの[119]」の謂である。アリストテレスの四原因は、それゆえ、四通りの「引き起こすことのやり方[120]」と解されなくてはならない。では、原因はどのように「引き起こす」のだろうか。それは、何かあるものを、私たちの眼前に、また私たちの役に立つように、それ自身の目的に仕える物として到来させることによってである。この「到来させること」は、ポイエーシスの機能、つまり「生み出すこと＝こちらへもたらすこと」（Hervor-bringen）に等しい。このように到来した現前は、アレーテイア、すなわち非覆蔵性としての真理を構成するだろう。ハイデガーはこうして、道具性－因果性の繋がりから出発し、技術について問いかける作業の途上で、真理の問いに再会するのである。

真理のハイデガー的定義や、技術についての彼のテーゼに立ち入ることは、残念ながら本書のプログラムに載せることはできない――これらは、もしかすると、科学についてのラカンの思考によって拓かれるパースペクティヴのもとで、検討するにふさわしい問題であるかもしれないといはいえ。ここでは、もっとシンプルに、因果性と道具性のあいだに、ハイデガーによってもたらされる接近と、ラカンによって――対象*a*をめぐって――示唆される接近とを、引き比べてみること、あるいは対照させることでよしとしよう。ハイデガーが道具性－因果性関係に問いかけるのは、技術をたんなる道具とみなすことを受け容れるからではなく（このような技術＝道具論は、技術の本質を取り逃してしまう）、まさにこの関係のうちに、道具性そのものの「Wesen（本質）」が宿るからだ（ひとりこのWesenの考察のみが、技術の本質の把握に私たちを導きうる）。しかも、ハイデガーはこの関係を認めるだけでなく、それを因果性のアリストテレス的考察によって、とりわけ、アリストテレスが区別する四様相の根源的統一性によって、支え、補強しようとする。だが、ラカンにおける原因対象の道具性もまた、同じ仕方で、つまり、アリストテレスの四原因の統一性に支えられる道具性-因果性の概念的繋がりによって、説明されるのだろうか。

　答えは否である。というのも、原因対象の道具機能は、すでに見たように、幻想のなかでこの対象が占めるポジションによって決定されるからだ。だが、私たちがあえてこの問いを立てるのは、それとは別のことを確認するためである。四原因の統一性を、ラカンは受け容れなかった。なるほど、シニフィアン因果性については、シニフィアンの遡及作用が「唯一かつ真なる第一原因」であると想定しつつ、四原因の一致する可能性に言及してはいる（「無意識の位置《ポジション》＝態勢」）。だが、最終的には、ラカンは逆の方向に進み、四原因の根本的な分断を際立たせるとともに、「原因としての真理」にたいする主体の関係の異なるモードとして四原因を振り分けるに至る（「科学と真理」）。アリストテレスが原因をいわば「存在論の四基本概念」（形相、質料、目的、運動の能動主）に還元し、それとは逆向きの展開によって、この四つを、形相、目的および能動主から成る超越的複合体による質料の支配という概念のもとに結び合わせるのにたいし、ラカンは原因としての原因に宿る還元不能なるものを浮かび上がらせ、この還元不能なるものとの関係においてアリストテレスの四原因を位置づけるのである。「原因としての真理」と名づけられ、シニフィアンの領野にひとつの孔の形で現前する、この還元不能なるものこそが、知と真理のあいだで分裂した主体の縫合のみならず、四原因そのものの縫合をも実行不能にする。そして、この還元不能なるものの座に、かつそれに代わって、書き込まれなければならないものこそ、欲望の原因であり享楽の道具でもある対象aにほかならない。

それゆえ、ハイデガーにとっては、道具性－因果性の繋がりが非覆蔵性の機能を伴意するとしても、こうした連関が原因－道具対象としての対象aにかかわることはありえない。原因－道具対象に許されるのは、主体の因果的諸決定の彼岸に留まるものの現前、すなわち、あの不可能なる現実界のヴェールに覆われた現前を、指し示すことのみであり、主体に為しうるのは、この対象に出会い損なうこと、いや、この対象を介して、現実界そのものに出会い損なうことのみである。にもかかわらず、この出会い損ないの反復のうちに、私たちの宿命を決するもの、そしてときには——たとえば、ひとつの精神分析の終結を画するモーメントでは——その宿命との訣別をもたらしもするものが、刻まれていく。

対象aは、現実界とのあいだに私たちがもつ絆の固有名なのである。

注

序章

1 以下の歴史的記述については、断りがないかぎり、次の書に拠る。Élisabeth Roudinesco, *Histoire de la psychanalyse en France / Jacques Lacan*, La Pochothèque, 2009.
2 Barthes, R., *Roland Barthes par Roland Barthes*, Seuil, 1975 / 1995, p. 8.
3 Lacan, J., De nos antécédents (1966), in : *Écrits*, Seuil, 1966, p. 65.
4 後述のとおり、精神分析家の総合的育成機関として一九二〇年にオープンしたベルリン精神分析インスティテュート（ドイツ精神分析協会に付設された訓練センター）は、第一次大戦後の物質的疲弊にあえぐベルリンを、一躍「精神分析の都」に押し上げた。同インスティテュートは、三六年にナチスに接収されるが、それ以前に同インスティテュートで訓練を受けた分析家たち（メラニー・クラインやマイケル・バリントなど、日本でもお馴染みの存在をはじめ、驚くほど錚々たる顔ぶれだ）は、第二次大戦後の精神分析を文字どおり牽引していく。二〇年代後半から三〇年代末までパリに居を構え、その後、ニューヨークに移ったルヴェンシュタインもそのひとりである。
5 いささか蛇足めくが、この苗字（Lœwenstein）が、一九六五年にラカンがオマージュを捧げることになるマルグリット・デュラスの小説のヒロイン「ロル・V《ヴェ》・シュタイン（Lol V. Stein）」の名に、発音上、酷似していることは、瞠目に値する。
6 Pichon, E., La Famille devant M. Lacan, *Revue française de psychanalyse*, XI-1, 1939, p. 107.
7 Freud, S., Zur Geschichte der psychoanalytischen Bewegung (1914), in : *Gesammelte Werke*, Bd. X, Imago / Fischer, 1946, S. 72.
8 「父－母－子」という旧来の主流家族形態をいまだに標準とみなすかのような、こうしたジェンダー・バイアスのかかった説明を本書で踏襲することに、私は忸怩たるものを感じる。性的多様性を受け容れることの重要性が誰の目にも明らかである今日、「エディプスコンプレクス」は、家族内のどこにカップルが形成されているかを考える道を拓いた概念として、歴史的に有効ではありえても、精神分析は早晩、それを一般的に記述する際のジェンダー・バイアスと手を切ることを求められるだろう。少なくとも、私はそう自覚している。
9 Lacan, J., Réponses à des étudiants en philosophie (1966), in : *Autres écrits*, Seuil, 2001, p. 207. ちなみに、この一節に先立って、ラカンはこうも記している――「この対象は哲学的考察に欠けており、そのせいで哲学的考察は自らの立ち位置を見きわめることができない、いいかえれば、自らが何ものでもないと知ることができない」。一九七四年に定式化されるラカンの「反哲学」は、すでにここに芽生えている。

10　このテーゼについては、以下の拙論を参照。「ラカンの六八年五月——精神分析の「政治の季節」」、市田良彦・王寺賢太編『現代思想と政治』、平凡社、二〇一六。「〈68年5月〉にラカンはなにを見たか」、王寺賢太・立木康介編『〈68年5月〉と私たち——「現代思想と政治」の系譜学』、読書人、二〇一九。だが、さらに広い視野のもとで、同じ時期のラカンとラカン派の運動に光を当てたのは、次の浩瀚な一書である。工藤顕太『精神分析の再発明』、岩波書店、二〇二一。

11　Miller, J.-A., *Politique lacanienne 1997-1998*, EURL Huysmans, 2001, p. 51. この「ファルス」は、主体がそれへと同一化する母の「想像的ファルス」（母の欲望の対象と想定されるもの）であり、「父の隠喩」とは、〈父の名〉がこの「想像的ファルス」に取って代わることを指す。詳しくは、立木康介『女は不死である』（河出書房新社、二〇二〇）、「総論」を参照。ただし、注8に述べたことをここでも繰りかえせば、このようにジェンダー・バイアスのかかった説明を、精神分析は遅かれ早かれ一掃すべきである。

12　*Index des noms propres et titres d'ouvrage dans l'ensemble des séminaires de Jacques Lacan*, E.P.E.L., Paris, 1998.

第Ⅰ部　はじめに

1　Lacan, J., *Le Séminaire, Livre VII, L'éthique de la psychanalyse* (1959-60), Seuil, 1986, p. 146.

2　Cité par P. Aubenque dans son article sur « Aristote », dans le *Dictionnaire des philosophes*, PUF, 1984.

3　Lacan, J., *Le Séminaire, Livre XI, Les quatre concepts fondamentaux de la psychanalyse* (1964), Seuil, 1973, p. 50.

4　これらの理由から、本書においてアリストテレスの他のテクスト——そのなかには、セミネールⅦ『精神分析の倫理』（一九五九〜六〇）ですべての思想史的省察の出発点となる『ニコマコス倫理学』や、必然・偶然・可能・不可能の四分類をはじめとする、いくつかのラカンの論理学的アプローチを理解する上でとくに注目される『オルガノン』のように、ラカン自身にとって重要なテクストも含まれる——を取り上げるのは、もっぱら私たちの議論がそれを要求するときだけになることを、予めおことわりしておく。

5　Lacan, J., La science et la vérité (1965), in : *Écrits, op. cit.*, p. 876. 引用文中の〔　〕は、すべて引用者（立木）による補足である。原語を付記する場合のほか、原文の指示詞をそれが指すものに置き換えたり、文意を補ったりする場合に挿入する。

6　Couloubaritsis, L., *La Physique d'Aristote*, Ousia, Bruxelles, 1997, p. 17.

7　Aristote, *La métaphysique*, traduction de J. Barthélemy-Saint-Hilaire, revue par P. Mathias, Pocket, 1991, p. 54.

8 Couloubaritsis, L., *op. cit.*, p. 38.
9 *Ibid.*, p. 39.
10 *Ibid.*
11 Aristote, *La physique*, introduction de L. Couloubaritsis, traduction de A. Stevens, Vrin, 1999, p. 106.
12 *Ibid.*, p. 117.
13 Aristote, *La métaphysique*, *op. cit.*, p. 75.
14 後出の注6（第I部第一章）を参照。
15 Aristote, *La physique*, *op. cit.*, p. 100.
16 Aubenque, P., article sur « Aristote », *art. cit.*, p. 111.
17 アリストテレスの引用を仏訳版から行うという選択については、私がギリシャ語を読まないという言わずもがなの理由に加えて、もう少し説明（言い訳）が必要だろう。本書の内容は、パリ第八大学に提出された私自身の学位論文に依拠するもの（有り体にいえば、その抄訳）であり、もともとフランス語で書かれた。それゆえ、その執筆時に引用・参照したアリストテレスの著作もすべて仏訳版である。そうなると、これら仏訳版のターム、いや、その言語世界全体が、私自身が執筆する文章のそれと、多少なりとも一貫した連関を織りなすことは避けられない。このたび、当の学位論文を日本語でリライトするにあたり、この連関をいったん棚上げして、たとえば岩波の新版アリストテレス全集の言語世界に私の文章を接続することは、残念ながら考えられなかった。同全集『自然学』の内山勝利訳は、私のようなギリシャ語素人にも名訳と映るだけに、私のこの適応力のなさは悔やまれるが、事は本書全体にかかわることだけに、限られた時間のなかで冒険を試みるのは控えざるをえなかった。ただし、同全集の邦訳は適宜参照し、私の理解の甘さを修正するのに役立てさせてもらったことを申し添えたい。

第I部　第一章

1 Heidegger, M., Vom Wesen und Begriff der *Physis*. Aristoteles, Physik B, *1*（1939）, in : *Wegmarken*, Vittorio Klostermann, 1967, S. 242.
2 *Ibid.*
3 *Ibid.*, S. 243.
4 Couloubaritsis, L., Introduction à *Sur la nature*（*Physique II*）d'Aristote, introduction, traduction et commentaire par L. Couloubaritsis, Vrin, 1991, p. 21.

5 Aristote, *La physique*, *op. cit.*, p.68.

6 クルバリトシス／ステヴェンスはこのギリシャ語に spécificité（種別性）というフランス語を充てている。本書でも文脈によってこれに従い、*eidos* を「種別性」と訳す場合がある。

7 Heidegger, M., *art. cit.*, S. 296.

8 Gilson, E., *Constantes philosophiques de l'être*, Vrin, 1983, p. 57.

9 Couloubaritsis, L., *La* Physique *d'Aristote*, *op. cit.*, p. 100.

10 *Ibid.*, p. 101.

11 ギリシャ語の *on* を étant（存在者）、*ousia* を étance（存在者性、存在者であること）とフランス語に訳したのは、先に引用したハイデガーのアリストテレス論（「*Physis* の本質と概念について——『自然学』第二巻第一章」）の訳者F・フェディエであり、これらはハイデガーの Seiend（存在者）および Seiendheit（存在者性）の直訳である。伝統的に *ousia* に充てられたラテン語 *substantia*（下方に存するもの、実体）に起源をもつ substance より、étance のほうが中立的であるとして、フェディエの選択を踏襲するクルバリトシス＆ステヴェンスの見解を汲み、本書でもこれを——いささか苦しい選択だが——あえて「存在者性」と訳すことにする。「存在者のありよう」ほどの謂と理解してほしい。

12 Couloubaritsis, L., *La* Physique *d'Aristote*, *op. cit.*, p. 257.

13 この「統合」は、もちろん、いささかも自明ではない。この点には追って立ち戻る。

14 Couloubaritsis, L., *La* Physique *d'Aristote*, *op. cit.*, pp. 20-21.

15 Aristote, *La physique*, *op. cit.*, p. 96.

16 Heidegger, M., *art. cit.*, S. 245.

17 *Ibid.*, S. 247.

18 いうまでもなく、この文の括弧内の「章」とは『自然学』第二巻のそれである。

19 Aristote, *La physique*, *op. cit.*, p. 105.

20 *Ibid.*, p. 105.

21 *Ibid.*, p. 81, n. 1.

22 *Ibid.*

23 *Ibid.*, p. 98.

24 Aristote, *La métaphysique*, *op. cit.*, p. 48.

25 Aristote, *La physique*, *op. cit.*, p. 99.
26 *Ibid.*, p. 100.
27 *Ibid.*, pp. 100-101.
28 *Ibid.*, pp. 105-106.
29 *Ibid.*, p. 106.
30 *Ibid.*
31 *Ibid.*
32 *Ibid.*
33 *Ibid.*, pp. 106-107.
34 *Ibid.*, p. 107.
35 *Ibid.*, p. 108.
36 *Ibid.*, p. 116.
37 Aristote, *La métaphysique*, *op. cit.*, p. 87.
38 Aristote, *La physique*, *op. cit.*, p. 147.
39 *Ibid.*, p. 307.
40 *Ibid.*, p. 145.
41 *Ibid.*, p. 148.
42 *Ibid.*, p. 294.
43 *Ibid.*, p. 117.
44 Couloubaritsis, L., Commentaire de *Sur la nature*（*Physique II*）d'Aristote, *op. cit.*, p. 134.
45 *Ibid.*
46 *Ibid.*（傍点は引用者による。）
47 Aristote, *La physique*, *op. cit.*, p. 116.
48 *Ibid.*
49 Couloubaritsis, L., Commentaire..., *art. cit.*, pp. 135-136.
50 *Ibid.*, p. 136.（傍点は引用者による。）

51 Aristote, *La physique, op. cit.*, p. 117.
52 *Ibid.*
53 *Ibid.*, pp. 117-118.
54 *Ibid.*, p. 120.
55 Monod, J., *Le hasard et la nécessité*, Seuil（Coll. Points）, 1970, p. 38.
56 Aristote, *La physique, op. cit.*, p. 122.
57 *Ibid.*
58 *Ibid.*
59 *Ibid.*, p. 123.
60 *Ibid.*, p. 124.
61 *Ibid.*

第I部　第二章

1 Lacan, J., Le Séminaire sur « La Lettre volée »（1957）, in : *Écrits, op. cit.*, p. 39.
2 Freud, S., *Die endliche und die unendliche Analyse*, in : *Gesammelte Werke*, Bd. XVI, Imago/Fischer, 1950, S. 91.
3 Lacan, J., *Les quatre concepts..., op. cit.*, p. 51.
4 アリストテレスのアウトマトンとテュケーを扱う本章では、『自然学』から引用を行うにあたり、これまでのようにステヴェンスの仏訳にではなく、クルバリトシスのそれに拠ることがある（クルバリトシスには『自然学』第二巻のみの独自の翻訳がある）。だが、それは主に、私たちがそのとき辿っている文脈にいっそう適した訳文が、クルバリトシスのほうに見いだされる場合、とりわけ「*apo tychès*（偶然に）」という表現が含まれる文の場合にかぎられる。フランス語のシンタクスをより尊重した訳をこの熟語に充てているのはステヴェンスのほうだが、ステヴェンスの文はそのためにかえって意味が判然とせず、私たちが捉えるべきことがらを捉えがたくしてしまうきらいがあるのである。
5 Aristote, *La physique, op. cit.*, p. 111.
6 Mansion, A. : *Introduction à la physique aristotélicienne*, deuxième édition（1945）, Éditions de l'Institut supérieur de philosophie, Louvain-la-Neuve, 1987, pp. 292-304.
7 Aristote, *La physique, op. cit.*, p. 111.

8 *Ibid.*

9 *Ibid.*

10 *Ibid.*

11 Heidegger, M., *art. cit.*, S. 255.

12 Aristote, *La physique*, *op. cit.*, p. 112. アリストテレス仏訳テクストからの引用文中の［ ］は、引用者（立木）が原典のギリシャ語を確認する場合に用いる。

13 私たちがこの語をここで用いるのは理由のないことではない。アリストテレスは「奇形生物（怪物、monstre）」の生成を偶然の産物、より正確にはアウトマトンの産物と捉えるのである。この点には追って立ち戻る。

14 じつをいえば、偶有事（付随事）の概念の射程は、これよりもはるかに広い。アリストテレスの著作全体に、この概念はきわめて頻繁に顔を出し、ときには、特別な重要性を帯びた概念の集合をまるごと引き連れてくることもある。とはいえ、偶然との関係において、偶有事の概念は二、三の問題を突きつけずにおかない。極端な場合には、偶有事と偶然は混同されるのである。たとえば、『形而上学』では、テュケー的原因こそが偶有事を引き起こすとされ、あたかもテュケーの概念のほうが偶有性（付随性）を説明するかのように述べられる（一〇二五ａ）のにたいし、私たちの辿るこの『自然学』では、つねに偶有事から出発してテュケーが説明されるのである。一見すると、ここには論理的循環が存在する。

15 Aristote, *La physique*, *op. cit.*, p. 111.

16 Aristote, *Sur la nature (Physique II)* [traduction française par L. Couloubaritsis du Livre II de la *Physique*], *op. cit.*, p. 62.

17 *Ibid.*

18 Aristote, *La physique*, *op. cit.*, p. 114.

19 *Ibid.*

20 Lacan, J., *Les quatre concepts...*, *op. cit.*, p. 66.

21 Lalande, A., *Vocabulaire technique et critique de la philosophie*, seizième édition, volume I, PUF, 1993, p. 402.

22 もうひとつ別の因果連鎖の現前というモティーフは、近代の哲学者たちが偶然を定義する際、なぜ「複数の因果連鎖の協働」を重く見るのかを理解させてくれる。

23 Aristote, *La physique*, *op. cit.*, p. 115.

24 ただし、アリストテレスがアウトマトンとテュケーの存在を認めるのは、月下界についてのみである。アリストテレスにおいて、月下界とは諸々の不規則事に見舞われる不完全な世界であり、アウトマトンやテュケーもそうした不規則事に属する。これにたいして、月下界から截然と区別されるもう一方の世界、すなわち月上界は、絶対的で摂理的な目的性が支配する完璧な秩序であるとされる。アリストテレスにとっては、そもそも、自然学とは本質的に月下界について研究する学問であり、月上界の探求は天体学によって受けもたれる。ちなみに、不動なる事物、すなわち最も完璧な存在者——いうまでもなく、そこに神も属する——について問うのが、究極の学問である形而上学にほかならない。

25 Wieland, W., *Die aristotelische Physik* (1962), Vandenhoeck & Ruprecht, Göttingen, 1992, S. 261.

26 *Ibid.*

27 Aristote, *La physique, op. cit.*, p. 107.

28 いうまでもなく、この「文体」とは『自然学』を含む講義録の文体であって、失われた著作の文体ではない——この著作のほうは、同時代の読者によって「ギリシャ語の奇蹟」と謳われていたのだから。

29 Aristote, *La physique, op. cit.*, p. 104.

30 Couloubaritsis, L., *La Physique d'Aristote, op. cit.*, p. 245.

第I部　第三章

1 Aubenque, P., *Le problème de l'être chez Aristote*, PUF, 1962, p. 479.

2 Robin, L., Sur la conception aristotélicienne de la substance (1910), in : *La pensée hellénique des origines à Épicure*, PUF, 1942, p. 479.

3 Aubenque, P., *Le problème..., op. cit.*, p. 480.

4 *Ibid.*

5 *Ibid.*, p. 481.

6 *Ibid.*, p. 458.

7 *Ibid.*, p. 480.

8 Mansion, A., *Introduction..., op. cit.*, p. 298.

9 *Ibid.*

10 もちろん、真に「形無し（informe）」のままに留まる質料は、どこまでも認識不能であり、理解不能であるだろう。この点には追って立ち戻る。

11 Heidegger, M., *art. cit.*, S. 245.

12 Aubenque, P., *Le problème..., op. cit.*, p. 324, n. 4. ただし、オーバンクにおいては、このことはむしろ、アリストテレスの原因理論を教義化したり過大評価したりすることにたいする警戒の理由である。「他のものでありうる」ものとしての偶然こそが重要だというのが、オーバンクの主張なのである。

13 Gilson, E., *L'être et l'essence* (1948), troisième édition par Vrin, p. 25.

14 *Ibid.*, p. 26.

15 Existence（および exister）というフランス語に「実存」（および「実存する」）という特殊な陰影を伴う訳語を充てることには、もちろん抵抗がある。ジルソンにおける「existence」は、歴史的に「本質」と不可分であった「存在（être）」と異なり、本質から切り離された（本質に同一化する以前の）「ただ存在すること」の謂であり、いわゆる「実存主義」が謳う実存の自由のようなものとはほとんど関係がない。しかし、一方では「存在（être）」、他方では「実在的、実在性（réel, réalité）」といったタームとの混同を避けるために、ここではやむなく「実存」を選択することにした。ただし、文脈によっては、「existence」をただ「存在」と訳す箇所もある。

16 Gilson, E., *L'être et l'essence, op. cit.*, p. 28.

17 *Ibid.*

18 *Ibid.*, p. 39.

19 *Ibid.*, p. 59.

20 *Ibid.*, p. 65.

21 Aubenque, P., *Le problème..., op. cit.*, p. 503.

22 オーバンク曰く、「人間の神性とは、つねに未完成である人間がそれによって「人間化し（s'humanise）」、自分自身の「何であるか」――人間はこの「何であるか」から、月下界のすべての存在と同じく、分離されているのだが――を手に入れる、もしくは手に入れようと試みるところの運動である」（*ibid.*）／「アリストテレス形而上学のアポリアには解がない。というのは、これらのアポリアが諸本質の宇宙のどこかで解かれることはない、という意味だ。だが、解がないからこそ、それらを解こうとつねに努めなくてはならないのであり、解のこうした追求は最終的に解そのものになるのである」（p. 508）。この結論は、紀元前四世紀の著作の註解としては、いささか近代的すぎるようにみえる……。

23 Gilson, E., *L'être et l'essence, op. cit.*, p. 60.

24 *Ibid.*, p. 59.

25 *Ibid.*, p. 60.

26 Libera, A. de, *La querelle des universaux*, Seuil, 1996, p. 33. ド・リベラは、普遍論争の要点を、いささかユーモラスにこう説明す

る。ここに二本のペンがあるとき、もしあなたがそれらを同一のものとみなすなら、あなたは実在論者であり、反対に、もしあなたがそれらを別々のものとみなすなら、あなたは唯名論者である、と。二本のペンを同一とみなす人は、この二本に共通する普遍的な「ペンなるもの」の概念ないし本質がどこかにまず存在し、その概念ないし本質がこれらをペンたらしめていると想定している。このように、個物（目の前にあるこれらのペン）と独立して「ペンなるもの」が存在すると主張する立場を「実在論（réalisme）」と呼ぶ。それにたいして、二本のペンを別々の物とみなす人は、これらの個物を離れていかなる普遍的な「ペンなるもの」も存在しないと想定している。この場合、「ペンなるもの」はもっぱら「ペン」という名前のなかにしか（あるいはこれらの個物を「ペン」と名ざす人の精神のなかにしか）存在しないと考えられるから、この主張は「唯名論（nominalisme）」と呼ばれる。

27 オーバンクとジルソンをはじめとする諸評釈を経めぐるこの回り道は、無用な脱線ではなく、私たちの議論（二重の揺れにかかわる）を哲学界の権威ある言説（ジルソンの「アリストテレス主義の内的二元性」）によって根拠づけるためというより、質料と偶然のあいだに深い連関を見いだすオーバンクの直観と、アリストテレスの概念装置によって武装されたキリスト教神学に「無からの創造」概念が導入された哲学的文脈を読み取るジルソンの説明とを、明確に捉え直すために必要な、ひとつの補完路である。

28 Aristote, *De l'interprétation*, traduction par J. Tricot (1959), *Organon*, volume 1, Vrin, 1997, p. 99.

29 Aristote, *La physique*, *op. cit.*, pp. 117-118.

30 *Ibid.*, p. 120.

31 *Ibid.*, pp. 118-119.

32 Lacan, J., *Les quatre concepts...*, *op. cit.*, p. 51.

33 Aubenque, P., *Le probleme...*, *op. cit.*, p. 325.

34 Lacan, J., *Les quatre concepts...*, *op. cit.*, p. 47.

35 *Ibid.*, p. 25.

36 Aristote, *La physique*, *op. cit.*, p. 145.

37 *Ibid.*, p. 91.

38 *Ibid.*, p. 94.

39 この最後のフレーズのみ、アラン・バディウが『存在と出来事』に示した訳文を採用した。Badiou, A., *L'être et l'événement*, Seuil, 1988, p. 92.

40 「形相による質料の決定」という観念を厭悪する若きバタイユは、形なき質料、「人間の観念論的憧憬の外部に立ち、それと無縁で、これらの憧憬から帰結する大いなる存在論的機械に還元されるがままになることを拒む」質料（Bataille, G., Le bas-matérialisme et la gnose, *Œuvres Complètes* I, Gallimard, 1970, p. 225）、いいかえれば、形相の「お仕着せ」をあてがわれることに抵抗する質料（Bataille, G., Informe, *Œuvres Complètes* I, *ibid.*, p. 217）という概念を前面に押し出しつつ、「下唯物論」を唱えた。ここには、オーバンクの主張と響き合う思考が垣間見られる。

41 Aristote, *La physique, op. cit.*, p. 107.

42 Lacan, J., *Séminaire 13 : L'objet de la psychanalyse*（1965-66）, texte établi par Patrick Valas, inédit（http://staferla.free.fr）, p. 18（séance du 8 décembre 1965）.

43 *Ibid.*

44 *Ibid.*, p. 22（*id.*）.

45 Lacan, J., De nos antécédents, *art. op. cit.*, p. 69.

46 Aristote, *La physique, op. cit.*, p. 165.

47 *Ibid.*, p. 168.

48 *Ibid.*, p. 170.

49 *Ibid.*, p. 178.

50 Badiou, A., *op. cit.*, p. 86.

51 *Ibid.*, p. 91.

52 *Ibid.*, p. 92.

53 Aristote, *La physique, op. cit.*, p. 167.

54 Badiou, A., *op. cit.*, p. 92.

55 Aristote, *La physique, op. cit.*, p. 167.

56 Badiou, A., *op. cit.*, p. 92.

第Ⅱ部　第Ⅰ章

1 Lacan, J., Position de l'inconscient,（1964）, in : *Écrits, op. cit.*, p. 839.

2 Lacan, J., *L'objet de la psychanalyse, op. cit.*, p. 22（séance du 8 décembre 1965）.

3 Lacan, J., Position de l'inconscient *art. cit.*, p. 839.

4 *Ibid.*

5 次を参照のこと。Hume, D., *Traité de la nature humaine, Livre I*, traduction par Ph. Baranger et Ph. Saltel, GF-Flammarion, 1995, p. 406, *n.d.t.* 53.

6 Lacan, J., Position de l'inconscient, *art. cit.*, pp. 838-839.

7 Lacan, J., Subversion du sujet et dialectique du désir dans l'inconscient freudien (1960), in : *Écrits*, *op. cit.*, p. 805.「シニフィカシヨン（signification）」とは、「シニフィアン（signifiant）」の元になる（より正確には、signifiant が元来はその現在分詞であるところの）動詞 signifier（指し記す、意味する）の名詞形であり、ラカンの文脈に即していえば、「シニフィアンの連なりによって意味が（効果として）生み出されつつあること」を指す。「意味作用」、「意味形成」などとも訳されうるが、本来、けっして単一の実体的な「意味（sens）」に留まることがないゆえ、あまり「意味」という日本語に縛りつけることは好ましくない。また、ラカンにはこの語をフレーゲの Bedeutung（意義、指示対象）の意味で用いる例もある。それゆえ、本書ではこの語を「シニフィカシヨン」と片仮名表記することにしたい。なお、「カピトン」とは、マットレスやソファの詰め物を針で刺し止め、固定することで出来る凹凸の凸部分を指し、「カピトン点」とは、シニフィアン連鎖のなかにシニフィカシヨンのカピトンが形成される場、すなわち、連鎖に区切りを入れることでシニフィカシヨンの固定されたまとまりが生成する場を謂う。

8 Lacan, J., La chose freudienne ou Sens du retour à Freud en psychanalyse (1956), in : *Écrits*, *op. cit.*, p. 416. この引用文を含むパラグラフは、一九六六年（『エクリ』への収録時）に書き直された。

9 Miller, J.-A., *L'orientation lacanienne, Cause et consentement*, séance du 2 décembre 1987, texte inédit.

10 Lacan, J., Position de l'inconscient, *art. cit.*, p. 839.

11 Hume, D., *A Treatise of Human Nature*, edited by D. F. Norton and Mary J. Norton, Oxford University Press, 2000/2004, p. 106.

12 Couloubaritsis, L., Commentaire..., *op. cit.*, p. 136.

13 Lacan, J., Position de l'inconscient, *art. cit.*, p. 839.

14 *Ibid.* この一文は、定式Aの直前に置かれている。

15 *Ibid.*, p. 835.

16 *Ibid.*, p. 841.

17 Lacan, J., *Les quatre concepts...*, *op. cit.*, p. 190. この obsolète という形容詞は、「すたれた、時代遅れである」を意味するそれ自体

「すたれた」語である。

18 もともとアーネスト・ジョーンズによって精神分析に導入され、ラカンによってその意味を書き換えられたこのタームについては、次を参照。立木康介『女は不死である』（河出書房新社、二〇二〇）、総論、三三頁。

19 この件については、次を参照。立木康介「精神分析の進化——基本認識をめぐる闘争史」（小川豊昭他編『精神分析学を学ぶ人のために』、世界思想社、二〇〇四、第三章）。

20 フロイトのdas Dingこと〈物〉について、とりわけ、これを概念化する際にラカンが持ち込むズレについては、次を参照。立木康介「〈物〉の秘密——フロイトのリアリティ論からラカンの「現実界」へ」（『思想』、二〇二一年第八号）。

21 Lacan, J., Position de l'inconscient, *art. cit.*, p. 841.

22 Lacan, J., La science et la vérité (1965), in : *Écrits, op. cit.*, p. 865.

23 St. Augustin, *La Trinité, Livres I-VII*, traduction par M. Mellet, O.P. et Th. Camelot, O.P., *Œuvres de Saint Augustin* 15, 2e réimpression, Institut d'Études augustiniennes, 1997, p. 89.

24 Lacan, J., La science et la vérité, *art. cit.*, p. 865.

25 Lacan, J., *L'éthique de la psychanalyse, op. cit.*, p. 146.

26 Lacan, J., Position de l'inconscient, *art. cit.*, p. 840.

27 同時に、ラカンにおけるこの「実現＝実在化」概念の拒絶は、ヘーゲル的弁証法の拒否でもある。つまり、自己という名の主体が絶対知として実現＝実在化するという目的論的ストーリーの拒否である。

28 Lacan, J., Position de l'inconscient, *art. cit.*, p. 839.

29 フランス語の「cause perdue」は、一般には「失われた大義」の含意のほうが強く、ラカンのテクストにおいてもこのニュアンスは度外視できない。

30 Hume, D., *A Treatise of Human Nature, op. cit.*, p. 9.

31 Quine, W. V., *Quiddities*, The Belknap Press of Harvard University Press, 1987, p. 14.

32 Hume, D., *op. cit.*, p. 13.

33 *Ibid.*, p. 63.

34 *Ibid.*, p. 53.

35 *Ibid.*, p. 64.

36 Cf: Hume, D., *Traité..., op. cit.*, p. 407, *n.d.t.* 59.

37　Hume, D., *Enquiries Concerning Human Understanding and Concerning the Principles of Morals*, reprinted from the 1777 edition, Oxford University Press, 1975（Third edition）, p. 29.

38　W・R・ビオンは、精神分析の領域に「恒常的結合（constant conjunction）」の概念を移植しようとした稀有な分析家である。ビオンにとって、それは名状しがたい諸要素（原始的な情動的要素）の結合を指す。この結合は、因果性ではなく、「命名（nomination）」を可能にするが、この命名には、そうして名づけられた対象（もしくは現象）の意味（meaning）の探求が続かなくてはならない。恒常的結合から意味の獲得へと進むこのプロセスは、心的機能の成長（growth）のモデルであるのみならず、分析治療の方向づけのパラダイムでもあると受け取ることができる。ところで、ビオンはしばしば、とりわけ精神病の臨床について、「意味」の探求と「原因」の追求の対立を強調する。ビオンによれば、意味と原因のあいだにはアンチノミーが存在するのである。ビオンのこうした直観は、ラカンの考えからさほど隔たっていないようにみえる。というのも、ラカンは、自らが原因の「開口部」と呼ぶもののうちに、原因がもはや意味の形で到来しなくなる点を捉えるに至るのだから。次を参照。Bion, W. R., *Transformations*（1965）, Maresfield, London, 1984.

39　Cléro, J.-P., *Hume*, Vrin, 1998, p. 234.

40　Koyré, A., *Études newtoniennes*, Gallimard, 1968, p. 60.

41　Newton, I., *Mathematical Principles of Natural Philosophy* & *System of the World*, translated into English by A. Motte in 1729, the translations revised by F. Cajori, Vol. 2, University of California Press, 1962, p. 547.

42　Hume, D., *A Treatise of Human Nature*, *op. cit.*, p. 4.

43　*Ibid.*, p. 20.

44　Newton, I., *Opticks : or, A Treatise of the Reflections, Refractions, Inflections & Colours of Ligh*t, based on the fourth edition, Dover Publications, Inc., 1730, p. 369. この点については、次を参照。Michaud, Y., *Hume et la fin de la philosophie*（1983）, PUF（Coll. Quadrige）, 1999, p. 49.

45　Michaud, Y., *ibid.*, p. 50.

46　Deleuze, G., *Empirisme et subjectivité*, PUF, 1953.

47　Deleuze, G., *La philosophie critique de Kant*, PUF（Coll. Quadrige）, 1963, p. 21.

48　Kant, I., *Prolegomena zu einer jeden künftigen Metaphysik, die als Wissenschaft wird auftreten können*（1783）, Sechste Aufl., mit Einleitung, Beilagen, Personen- und Sachregister herausgegeben von K. Vorländer, Verlag von Felix Meiner, Leipzig, 1920, S. 7.

49　Freud, S., Entwurf einer Psychologie, *Gesammelte Werke*, Nachtragsband, Fischer Taschenbuch Verlag, Frankfurt am Main, 1999, S. 448.

50　*Ibid.*, S. 446.

51 Lacan, J., *Les quatre concepts..., op. cit.*, p. 24.

52 *Ibid.*

53 *Ibid.*

54 Kant, I., Versuch den Begriff der negativen Größen in die Weltweisheit einzuführen（1763）, in : *Kant's Werke*, Bd. II, Druck und Verlag von Georg Reimer, Berlin, 1912, S. 203.

55 ただし、この点には一定の留保も必要である。というのも、「〔カントにたいする〕ヒュームの影響は、ヴォルフ以後のドイツ哲学の言語と概念群へのヒュームの「翻訳」を介してはじめて理解されうるのであり、この「翻訳」は一次「資料」と同じほど決定的だった」（Puech, M., *Kant et la causalité*, Vrin, 1990, p. 478）からだ。実際、『試論』においてカントが挑発する――「徹底的哲学者たち」と揶揄する――のは、主として、ヴォルフが打ち立てたドイツ哲学の体系に浴する哲学者たちだった。

56 Kant, I., Versuch..., *op. cit.*, S. 204.

57 Kant, I., *Kritik der reinen Vernunft*（1781/87）, in : *Sämmtliche Werke*, herausgegeben von K. Rosenkranz u. F. W. Shubert, Leipzig, Leopold Voss, 1838, S. 138-139.

58 Heidegger, M., *Die Frage nach den Ding*（1935-36）, Max Niemeyer Verlag, Tübingen, 1962, S. 141.

59 Lacan, J., *Les quatre concepts..., op. cit.*, p. 25.

60 *Ibid.*

61 *Ibid.*

62 Comte, A., *Cours de philosophie positive*, Bachelier, 1835, t. II, p. 436.

63 Heidegger, M., *Die Frage..., op. cit.*, S. 129-130.

64 Koyré, A., *From the Closed World to the Infinite Universe*, The Johns Hopkins Press, 1957, p. 177.

65 Kant, I., *Prolegomena..., op. cit.*, S. 81.

66 Lacan, J., *Les quatre concepts..., op. cit.*, p. 25.

67 *Ibid.*, p. 117.

68 *Ibid.*, p. 25.

69 *Ibid.*, p. 26.

70 *Ibid.*, p. 25.

71 *Ibid.*, p. 226.
72 Miller, J.-A., *Cause et consentement, op. cit.*, séance du 27 janvier 1988.
73 Lacan, J., *Les quatre concepts..., op. cit.*, p. 117.
74 これについては、次を参照。立木康介「〈物〉の秘密」、前掲。

第Ⅱ部　第二章

1 Bollack, J., *Empédocle*, t. 1 (1965), Gallimard (Coll. Tel), 1992, p. 68.
2 Cathelineau, P.-Ch., *Lacan, lecteur d'Aristote*, Éditions de l'Association freudienne internationale, 1993.
3 とはいえ、私はカトリノーの著書そのものの重要性を否定するつもりはない。ラカンがその教えのさまざまな時期に参照したアリストテレスのテクストをすべて掘り起こし、ラカンにおけるアリストテレスの影響を初めて総合的に評価した取り組みとして、その功績はいまも色褪せない。
4 Lacan, J., *Les quatre concepts..., op. cit.*, p. 40.
5 これは、正しくは、テュケー単独ではなく、テュケーとアウトマトンから成る概念的集合にかかわる定義である。だが、ラカンはアウトマトンからいっさいの原因機能を取り除いてしまうため、私たちはこの定義をテュケーのほうのみにリザーヴすることにしよう。
6 Lacan, J., *Les quatre concepts..., op. cit.*, p. 48.
7 *Ibid.*
8 *Ibid.*, p. 45.
9 *Ibid.*, p. 47.
10 *Ibid.*, p. 36 ; Freud, S. *Die Traumdeutung* (1900), in : *Gesammelte Werke*, Bd. II/III, Imago/Fischer, 1942, S. 521.
11 Lacan, J., *Les quatre concepts..., op. cit.*, p. 226.
12 *Ibid.*, p. 40.
13 Freud, S., Die Verneinung (1925), in : *Gesammelte Werke*, Bd. XIV, Imago/Fischer, 1948, S. 14.
14 この点については、次の論文に詳述した。立木康介「〈物〉の秘密」、前掲。この論文の内容は、本書と同じく、私の学位論文に由来する。
15 Lacan, J., *Les quatre concepts..., op. cit.*, p. 58.

16 Freud, S., Zur Dynamik der Übertragung (1912), in: *Gesammelte Werke*, Bd. VIII, Imago/Fischer, 1943, S. 374.
17 Lacan, J., *Les quatre concepts...*, *op. cit.*, p. 229.
18 *Ibid.*, p. 67.
19 *Ibid.*
20 *Ibid.*, p. 53.
21 *Ibid.*, pp. 53-54.
22 *Ibid.*, p. 54.
23 *Ibid.*
24 *Ibid.*
25 *Ibid.*, p. 55.
26 *Ibid.*
27 快原理と現実原理の関係をラカンが——とりわけセミネールⅦにおいて——いかに見直すのかについては、度重なるリファーになるが、次を参照のこと。立木「〈物〉の秘密」、前掲。
28 Lacan, J., *Les quatre concepts...*, *op. cit.*, p. 55.
29 *Ibid.*
30 これにたいし、ラカンはセミネールⅦ『精神分析の倫理』でこの症例を取り上げ、フロイトのいう *proton pseudos* とは主体が das Ding とのあいだにもちうる最初の関係であると述べている（Lacan, J., *L'éthique...*, *op. cit.*, p. 90）。このラカンの発言は、私たちが以下におこなう議論ときわめてよく「符合」する。
31 Freud, S., Entwurf einer Psychologie, *op. cit.*, S. 446.
32 Frege, G., Über Sinn und Bedeutung (1892), in : *Funktion, Begriff, Bedeutung*, herausgegeben und eingeleitet von Günther Patzig, Vandenhoeck & Ruprecht, Göttingen, 1966, S. 48.
33 「真理値」としての対象 *a* というセミネールXIIIでの議論については、次を参照のこと。立木康介『精神分析と現実界』（人文書院、二〇〇七）、第二章「V、F、*a*」。
34 もちろん、このように思考することで、私はエマにたいする食料品店主の悪戯（本来なら「痴漢行為」と呼んでしかるべきである）をロンダリングしたいわけではない。ここでは、フロイトの分析の延長線上で、症状形成における象徴的決定とその因果的余白とから、「テュケー」というモードで現実界への通路が取り出される、その論理（のみ）に焦点を合わせ、それを浮き彫りにすることが目指されているにすぎない。

35 Lacan, J., *Les quatre concepts...*, *op. cit.*, p. 220.

36 ジャン＝リュック・ゴダールがその不朽の『映画史』（一九八八〜九八）の冒頭でこのフレーズを引用している事実を、引き合いに出すまでもあるまい。

37 Lacan, J., *Les quatre concepts...*, *op. cit.*, p. 55. ここでラカンが念頭に置いているのは、『夢判断』第七章にフロイトが掲げた心的装置の局所論的シェーマである。フロイトは「意識」を「知覚＝意識系」（知覚と意識の統合体）として概念化したが、知覚と意識のあいだには、知覚されたものの表象（今日では「情報」という表現のほうがピンとくるかもしれない）がさまざまに形を変えて痕跡を残すいくつかの記憶痕跡の層が想定され、そのうちの――最も奥深い――ひとつが「無意識」本来の場所であるとされる。

38 Freud, S., *Die Traumdeutung* (1900), *op. cit.*, S. 597.

39 Lacan, J., *Les quatre concepts...*, *op. cit.*, p. 58.

40 *Ibid.*

41 *Ibid.*, p. 66.

42 *Ibid.*, p. 36.

43 Freud, S., *Die Traumdeutung*, *op. cit.*, S. 514-515.

44 Lacan, J., *Les quatre concepts...*, *op. cit.*, pp. 56-57.

45 *Ibid.*, p. 57.

46 病がもたらす享楽（ラカンにおいて、「享楽」とは本来、苦痛として快の彼岸で生きられる経験を指す）の炎に、実際に息子が身を焼かれていたとき、父親は自分自身の安逸な享楽にかまけていたために、その炎を見逃し、息子を救えなかった――という経緯を想像することはたやすい。いずれにせよ、「お父さんには見えないの？　ぼくは火に焼かれているんだよ！」という言葉は、臨終の間際にキリストが発したという「*Eli, Eli, lema sabachthani*（わが神、わが神、なにゆえ我を見棄て給いしか）」を想起させる。ただし、このように考えるとき、問われるべきなのは息子の享楽ではなく、それにたいして父親の目を閉ざさせている父親自身の享楽のほうである。自らの享楽に囚われている父親の目を覚まさせるのは、いつも子供の呼び声なのだ。父親とは、もしかすると、自らの享楽から自力で目覚めることのできない存在なのかもしれない。

47 Lacan, J., *Les quatre concepts...*, *op. cit.*, p. 66.

48 *Ibid.*, p. 59. 「来たるべき欲動」という表現は、欲動が――そのものとしては――ひとつの喪失としてしか到来しないこと、いや、到来したときにはすでに失われていることを、暗に示すものと考えてよい。現実的なものとしての欲動は象徴界の外に（あるいは手前に）失われ、象徴界の内部にはその「代理」と諸帰結のみが残される。

49 Lacan, J., Subversion du sujet et dialectique du désir dans l'inconscient freudien (1960), in : *Écrits*, *op. cit.*, p. 814.

50 ラカンの他のテクスト（「精神病のいかなる可能な治療にも先立つ問いについて」に一九六六年に追加された注）では、Vorstellungsrepräsentanz は原抑圧された主体としての $\mathcal{S}$ に同一視されていることを、指摘しておかねばならない（Lacan, J., D'une question préliminaire à tout traitement possible de la psychose, in : *Écrits*, *op. cit.*, p. 554, *n.*）。このような不一致が生じるのは、けっしてラカンがちぐはぐだからではなく、象徴界と現実界の関係を可能にする（かもしれない）論理がかくも入り組み、かくも仔細であるがゆえに、理論のどこかにいわば「皺が寄る」ことが避けられないからだ。

51 Lacan, J., *Les quatre concepts...*, *op. cit.*, p. 58.

52 *Ibid.*, p. 59.

53 *Ibid.*, p. 58.

54 本パラグラフにて、私は二度「原因」という語を用いた。だが、それはけっして「欲望の原因対象」の意味においてではなく、むしろ、私が「原因の原因」と呼ぶものの意味、すなわち、症状ないし夢の因果性の孔において——この孔が症状ないし夢と現実界との繋がりを示すという一事のみから——原因として措定されるあの同化されえぬ現実界という意味においてである。一方、欲望の「原因対象」とは、もはや現実界との出会いを媒介しうるいかなるシニフィアンも見いだされぬ地点で、この「原因としての現実界」に取って代わる対象を指す。

55 Soler, C., Trauma et fantasme, *Quarto* 63, Bruxelles, 1999, p. 50.

56 Lacan, J., *L'éthique de la psychanalyse*, *op. cit.*, p. 40.

第Ⅱ部　第三章

1 Lacan, J., Kant avec Sade (1963), in : *Écrits*, *op. cit.*, p. 775.

2 Lacan, J., La science et la vérité, *art. cit.*, p. 876.

3 Lacan, J., La chose freudienne ou Sens du retour à Freud en psychanalyse (1956), in : *Écrits*, *op. cit.*, pp. 415-416.

4 Lacan, J., Du sujet enfin en question, *art. cit.*, p. 235.

5 Lacan, J., De nos antécédents, *art. cit.*, p. 69.

6 Lacan, J., La science et la vérité, *art. cit.*, p. 867.

7 Bruno, P., Partition — Marx, Freud, Lacan, *Barca !* n° 1, 1993, p. 35.

8 Lacan, J., Subversion du sujet..., *art. cit.*, p. 818.

9 この点について、次のことを指摘しておくことも無益ではなかろう。私たちが目下おこないつつある作業、すなわち、真理の問いをめぐって「科学と真理」から「主体の転覆」に遡行しながら進めていく作業は、これら二つの論文を、先に私が長々とコメントしたもうひとつの最重要テクスト「無意識の位置＝態勢」と連続するものとして読むための有効な地形図を提供してくれる。こう述べれば十分だろう——「主体の転覆」（一九六〇）において、ラカンは原因について語らずに真理について語り、「無意識の位置＝態勢」（一九六四）では、真理について語らずに原因について語るのにたいし、「科学と真理」（一九六五）においては、両者について語るのである。そこから、この大三角形が縁取る領域を横切る私たちの歩みも、必然的に込み入ったものにならざるをえない。

10 Lacan, J., *L'objet de la psychanalyse*, *op. cit.*, p. 19 (séance du 8 décembre 1965).

11 *Ibid.*

12 Lacan, J., La science et la vérité, *art. cit.*, p. 861.

13 Barthes, R., Essais critiques（1964）, *Œuvres Complètes*, t. I, Seuil, 1993, p. 1297.

14 Lacan, J., Réponses à des étudiants en philosophie sur l'objet de la psychanalyse, *art. cit.*, p. 208.

15 Russell, B., *The Principles of Mathematics*, Cambridge University Press, Cambridge, 1903, p. 80.

16 Whitehead, A. N. & Russell, B., *Principia Mathematica*, University Press, Cambridge, 1910.

17 Wittgenstein, L., *Tractatus logico-philosophicus*（1921）, Routledge & Kegan Paul Ltd., 1961, p. 50.

18 *Ibid.*

19 「たとえばわれわれは「多摩川の上流に大雨が降った」という文を見れば、即座に多摩川の上流に大雨が降ったという事実を理解する。この根源的な写像把握を『多摩川の上流に雨が降った』は多摩川の上流に雨が降ったことを意味する」といったメタ言語的表現によって描き出すことはできない。なぜなら、この表現の中に登場する二重括弧に入っていない方の「多摩川の上流に雨が降った」が、すでにこのメタ言語的表現が言わんとすることを実行してしまっているからであり、それを前提としてはじめて理解されるこの表現が、その前提そのものを語ることはできないからである」——永井均『ウィトゲンシュタイン入門』、ちくま新書、一九九五、六五～六六頁。ちなみに、永井のこの秀逸な説明もまた、ヴィトゲンシュタインのテーゼにたいする「メタ言語」と受け取るべきではない。

20 ジャック・ブーヴレスが指摘するとおり、メタ言語のヴィトゲンシュタイン的拒否は、「対象言語」概念への攻撃とみなすのが妥当である。Cf. Bouveresse, J., *Wittgenstein : la rime et la raison*, Minuit, 1973, p. 62. なお、絶対的に一次的な言語の不可能性は、ジャック゠アラン・ミレールにより、次の論文で詳説されている――Miller, J.-A., U ou "Il n'y a pas de méta-langage", *Ornicar ?*, n° 5, 1975, pp. 69-70.

21 Lacan, J., *Les quatre concepts..., op. cit.*, p. 190.

22 *Ibid.*, p. 225.

23 この点については、ひとつの指摘を上乗せして、正確を期したい。ラカンにとって、自己言及の不可能性はシニフィアンの非同一性と対になる。このことは、obsolète の例でも容易に確認できる。シニフィアンは、おのれ自身を指し記すや否や、自己差異的になるのである。このことが決定的に重要であるのは、記号の同一性という概念がメタ言語の観念（あるいはイデオロギー）と根本的に結びつくように思われるからだ。それを証明する事例のひとつは、ヤコブソンの観察に見いだされる。ヤコブソンによれば、「類似性の障碍」（つまり、「選択」軸ないし「隠喩《メタファー》」軸の障碍）を患う失語症者は、記号の同一性を維持できない（「同一の単語が二度、別々の文脈で現れると、たんなる同音語とみなされてしまう」）だけでなく、メタ言語的記述（＝「等式的述語づけ」）をおこなうこともできないのである（cf. Jakobson, R., *Essais de linguistique générale*, Minuit (Coll. double), 1963, pp. 51-54）。このタイプの失語症者の病理が教えるのは、根本的（かつ、言語のいわゆる「正常」な使用に必要）な二重の誤認であり、ラカンはこの誤認を、そこに秘められた一貫性とともに、露わにしたのだといえる。すなわち、シニフィアンが自己同一的でないことは、メタ言語が存在しないこととイコールである、と。

24 Lacan, J., L'instance de la lettre dans l'inconscient ou la raison depuis Freud, in : *Écrits, op. cit.*, p. 525.

25 Lacan, J., Subversion du sujet..., *art. cit.*, p. 807.

26 *Ibid.*, p. 805.

27 *Ibid.*, p. 808.

28 ラカンが繰りかえし引用するこの小咄は、フロイト著『機知』（一九〇五）に由来する。より正確には、フロイトが「懐疑的機知」と呼ぶものの一例であり、このタイプの機知の種別性は、「真理の条件」についての問いを投げかけることに存する。Cf. Freud, S., *Der Witz und seine Beziehung zum Unbewußten*, G. W. VI, S. 127. ちなみに、フロイトが『機知』を書いた時代には、いずれもオーストリー゠ハンガリー二重帝国に属し、ドイツ語でそれぞれクラカウ（Krakau）、レンベルク（Lemberg）と呼ばれていたこの両都市に、その後ナチス・ドイツがユダヤ人ゲットーを設置した歴史的事実を知る私たちには、今日、このジョークをもはやたんなる笑い話と受け取ることはできない。加えて、リヴィウがソヴィエト連邦の一都市だった時代を経て、二〇二二年二月にはロシアがウクライナに侵攻した。キーウや東部諸州のような被害がないとはいえ、それらの地域からの避難民が目下、大量に流れ込んでいるのが同国西部のリヴィウであり、隣国ポーランドのクラクフであることはいうまでもない。

29 Lacan, J., Subversion du sujet..., *art. cit.*, p. 818.
30 *Ibid.*, p. 813.
31 *Ibid.*, p. 818.
32 *Ibid.*, p. 819.
33 *Ibid.*, p. 823.
34 Skriabine, P., La vérité, de A à *a*, *La Cause freudienne*, n° 28, 1994, p. 19.
35 Lacan, J., Subversion du sujet..., *art. cit.*, p. 818.
36 Lacan, J., *Le Séminaire, Livre XVII, L'envers de la psychanalyse* (1969-70), Seuil, 1991, p. 135.
37 Lacan, J., Subversion du sujet..., *art. cit.*, p. 820.
38 Lacan, J., La signification du phallus (1958), in : *Écrits*, *op. cit.*, pp. 693-694.
39 Lacan, J., *Le Séminaire, Livre X, L'angoisse* (1962-63), Seuil, 2004, p. 58.
40 Lacan, J., La chose freudienne..., *art. cit.*, p. 416.
41 Lacan, J., La science et la vérité, *art. cit.*, pp. 858-859.
42 *Ibid.*, p. 868.
43 *Ibid.*
44 *Ibid.*, p. 869.
45 Heidegger, M., *Die Frage...*, *op. cit.*, S. 81.
46 Lacan, J., La science et la vérité, *art. cit.*, p. 865.
47 *Ibid.*
48 たとえば次を参照。 Leçons cliniques de la passe II, in : *Comment finissent les analyses*, textes réunis par l'Association mondiale de psychanalyse, Seuil, 1994, pp. 205-207.
49 Lacan, J., Position de l'inconscient, *art. cit.*, p. 844.
50 *Ibid.*
51 『荘子』、第一冊、金谷治訳注、岩波文庫、一九七一年、八八〜八九頁。

52 Lacan, J., *Les quatre concepts...*, *op. cit.*, p. 72.

53 *Ibid.*, p. 243. 同じ意味において、ラカンは対象 *a* が主体の分裂の原因であるとも述べる。次を参照——Lacan, J., Du *Trieb* de Freud et du désir du psychanalyste, in: *Écrits*, *op. cit.*, p. 853 ; Réponses..., *art. cit.*, p. 207.

54 Deleuze, G. & Guattari, F., *L'anti-œdipe*, Minuit, 1972/73, p. 49.

55 Lacan, J., Position de l'inconscient, *art. cit.*, p. 843.

56 Lacan, J., *Les quatre concepts...*, *op. cit.*, p. 73.

57 *Ibid.*

58 *Ibid.*, p. 245.

59 Lacan, J., Introduction aux Noms-du-père, *art. cit.*, p. 77.

60 Bruno, P., Démenti du réel, mutation du symptôme, in : *Papiers psychanalytiques, expérience et structure*, Presses universitaires du Mirail, Toulouse, 2000, p. 17.

61 Lacan, J., *Les quatre concepts...*, *op. cit.*, p. 219.

62 Lacan, J., Kant avec Sade, *art. cit.*, p. 775.

63 ジャック＝アラン・ミレールも『原因と同意』講義で基本的に同じ読解を行っている。ミレールはこの「普遍」を原因概念の「分析不能」の上に基礎づけるのである。Miller, J.-A., *Cause et consentement*, *op. cit.*, séance du 27 janvier 1988.

64 Lacan, J., *L'objet de la psychanalyse*, *op. cit.*, p. 22.

65 Lacan, J., La science et la vérité, *art. cit.*, p. 876.

66 *Ibid.*, p. 871.

67 *Ibid.*, p. 872.

68 *Ibid.*

69 ラカンが精神病の構造を「〈父の名〉の forclusion」と定式化したことは名高い。このとき、forclusion は、フロイトにおける *Verwerfung*（棄却）に対応するタームと位置づけられ、何らかのシニフィアンを象徴界のなかで別の場所に追いやることである「抑圧（仏：refoulement／独：*Verdrängung*）」と異なり、象徴界そのものの外部に締め出すことと定義される。だが、forclusion（動詞は forclore）は、たとえば、自動車運転免許の更新を忘れたドライバーが、再取得可能な期間に手続きすることも怠った結果、免許を失効させてしまう場合のように、何かを行う（手に入れる）権利をすっかり喪失すること（あるいは、喪失させること）を指す。したがって、このタームを、しばしば慣例的にそうされるように、「排除」という日本語で訳すのは、いささか物足りない。私自身は、できれば「権利喪失」という訳語を用いたいが（〈父の名〉の forclusion とは、象徴界において〈法〉を代表するこの特権的なシニフィアンが、二度と象徴界に回帰する権利を喪失した状態に置かれることの謂である）、そもそもこのフランス語はドイツ語の *Verwerfung*（何かを棄却すること、はねつけること）にふさわしい訳語とも思えないゆえ、ここではさしあたり「排除」に甘んじることにする。

70 Lacan, J., La science et la vérité, *art. cit.*, p. 874.

71 神の存在証明は、『方法序説』（一六三七）、『形而上学的省察』（一六四一）、ならびに『哲学の原理』（一六四四）において、三重の議論に沿って展開される。

72 Lacan, J., La science et la vérité, *art. cit.*, p. 865.

73 *Ibid.*, p. 877.

74 *Ibid.*, p. 876.

75 *Ibid.*, p. 870.

76 Lacan, J., *L'objet de la psychanalyse*, *op. cit.*, p. 77 (séance du 12 janvier 1966).

77 Lacan, J., La science et la vérité, *art. cit.*, p. 875.

78 同じセミネールXIIIにおいて、対象*a*が「真理値」と定義し直されることの意義は、以上の文脈に照らしても大きい。この定義は、精神分析固有の対象である対象*a*が、古典論理学の二値論理的秩序（フレーゲの概念記法に極まり、ラッセルのパラドクスによって脅かされた秩序）をいかに壊乱させるかを浮き彫りにすることで、原因としての真理をめぐって科学と精神分析とを隔てる分水嶺の性質に、一段と深く踏み込むことを可能にしてくれるが、この点については次の小論に詳しく述べたので、ここでは割愛することをお許し願いたい――立木康介『精神分析と現実界』（人文書院、二〇〇七）、第二章「V、F、*a*」。

79 Badiou, A., *L'être et l'événement*, Seuil, 1988, p. 92.

80 Lacan, J., *L'objet de la psychanalyse*, *op. cit.*, p. 18 (séance du 8 décembre 1965).

81 注78を参照。この定義によって、対象*a*は、公式には初めて――少なくともラカンの意識のなかでは――「現実的な（現実界の）対象〔objet réel〕」とみなされることになる。*Ibid.*, séance du 5 janvier 1966.

82 *Ibid.*, séance du 12 janvier 1966.

83 Freud, S., Das Unheimliche (1919), in : *Gesammelte Werke*, Bd. XII, Imago / Fischer, 1940, S. 262-263.

84 Heidegger, M., Das Ding (1950), in : *Vorträge und Aufsätze*, Günther Neske, Pfullingen, 1954, S. 167.

85 Lacan, J., *L'éthique de la psychanalyse*, *op. cit.*, p. 146.

86 *Ibid.*, p. 145.

87 *Ibid.*, p. 146.

88 Lacan, J., *De nos antécédents*, *art. cit.*, p. 68.

89 Lacan, J., *Le Séminaire, Livre V, Les formations de l'inconscient* (1957-58), Seuil, 1998, p. 320.

90 Lacan, J., *Les quatre concepts...*, *op. cit.*, p. 219.

91 *Ibid.*, p. 220.

92 *Ibid.*, p. 169.

93 Lacan, J., *L'angoisse*, *op. cit.*, p. 210.

94 *Ibid.*, p. 122.

95 この発言は、ラカンが同様のアイデアを披露した唯一の機会ではない。「カントとサド」にも同じ考えが示唆されているし、セミネールXIIIと同時期の「精神分析の対象について哲学学徒に答える」（一九六六）でも、それが再び取り上げられている。この後者のテクストで引き合いに出されるのはマルクスであり、ラカンによれば、マルクスは欲望の原因対象の機能を把握し、それを「フェティッシュ」と呼ぶことで精神分析に「独特の仕方で先んじていた」（Lacan, J., Réponses..., *art. cit.*, p. 208）のである。

96 ラカンはここで、ある限定されたタイプのフェティシズムのみを念頭においているようにみえる。心理学的分野におけるフェティシズム研究の草分けアルフレッド・ビネー（*Le fétichisme dans l'amour* (1887), Payot, 2001）は、フェティッシュの現前が欲望にたいする補助剤（本書の別の言葉でいえば「機会因」）のような働きをする「小フェティシズム」と、フェティッシュそのものが性対象になる（それゆえ病理的であり、しばしば犯罪として顕在化する）「大フェティシズム」とを区別しているが、ラカンがここで論じているのは前者のカテゴリーのみである。とはいえ、ラカンの「欲望の原因」概念がフェティシズム全般（ビネーのいう「大フェティシズム」をも含めた）を説明する妥当性を欠くと考える必要はない。私たちとしては、むしろ、フェティシズムの精神分析においてこれまで支配的だった対象のファロメトニミックな側面（フェティッシュは不在のファルスの代理であるとする考え）への注目に加えて、ラカンが「欲望の原因」という観点を持ち込んだことの潜在的な意義を強調しておこう。

97 Lacan, J., Kant avec Sade, *art. cit.*, p. 782.

98 I・カント『実践理性批判』、坂部恵・伊古田理訳、岩波書店カント全集第7巻、二〇〇〇年、二一四頁。ただし、訳文中の傍点をはずした。

99 Lacan, J., Kant avec Sade, *art. cit.*, p. 772.

100 *Ibid.*

101 Klossowski, P., *Sade mon prochain* (1947), Seuil, rééd. de 1967, p. 132.

102 Blanchot, M., *Lautréamont et Sade*, Minuit, 1963, p. 44.

103 Lacan, J., Kant avec Sade, *art. cit.*, p. 776.

104 *Ibid.*, p. 773.

105 *Ibid.*

106 *Ibid.*

107 *Ibid.*, p. 775.

108 *Ibid.*

109 Lacan, J., Subversion du sujet..., *art. cit.*, p. 816.

110 Lacan, J., Kant avec Sade, *art. cit.*, p. 775.

111 *Ibid.*, pp. 773-774.

112 *Ibid.*, p. 775.

113 *Ibid.*, p. 778.

114 *Ibid.*, p. 779.

115 *Ibid.*, p. 778.

116 いかに過激に自らの幻想を展開しようとも、目指されているはずの享楽を簒奪する他者（主体サドがありつくことのできない享楽に、まさに塀の外でうち興じる他者）がつねに現れるという構造は、革命後に一度は解放されたものの、やがて「共和国の敵」として二度にわたって（一七九三、一八〇一）投獄されることになるサドに、宿命のごとくつきまとったにちがいない。享楽する〈他者〉としてのモントルイユ夫人の座は、それゆえ、のちには「フランス人民」によって引き継がれただろう。

117 Lacan, J., Subversion du sujet..., *art. cit.*, p. 816.

118 Heidegger, M., Die Frage nach der Technik (1953), in : *Vorträge und Aufsätze*, *op. cit.*, S. 15.

119 *Ibid.*, S. 16.

120 *Ibid.*

引用・参照文献

●ジャック・ラカンの論文とセミネール

＊本書におけるラカンからの引用はすべて拙訳によるが、拙訳による邦題と併せて、（　）内に既存の邦訳タイトル・書誌を示す。

・Lacan, J., Le Séminaire sur « La Lettre volée » (1956), in : *Écrits, id.*
「盗まれた手紙」についてのセミネール（《盗まれた手紙》についてのゼミナール、『エクリ』Ⅰ、弘文堂）

・Lacan, J., La chose Freudienne ou Sens du retour à Freud en psychanalyse (1956), in : *Écrits, id.*
フロイト的物、あるいは精神分析におけるフロイトへの回帰の意味＝方向（フロイト的事象、あるいは精神分析におけるフロイトへの回帰の〈意味〉、『エクリ』Ⅱ、弘文堂）

・Lacan, J., L'instance de la lettre dans l'inconscient ou la raison depuis Freud (1957), in : *Écrits, id.*
無意識における文字の審級、あるいはフロイト以来の理性（無意識における文字の審級、あるいはフロイト以後の理性、『エクリ』Ⅱ）

・Lacan, J., D'une question préliminaire à tout traitement possible de la psychose (1957-1958), in : *Écrits, id.*
精神病のいかなる可能な治療にも先立つ問いについて（精神病のあらゆる可能な治療に対する前提的な問題について、『エクリ』Ⅱ）

・Lacan, J., La signification du phallus (1958), in : *Écrits, id.*
ファルスのシニフィカシオン（ファルスの意味作用、『エクリ』Ⅲ、弘文堂）

・Lacan, J., Subversion du sujet et dialectique du désir dans l'inconscient freudien (1960), in : *Écrits, id.*
フロイト的無意識における主体の転覆と欲望の弁証法（フロイトの無意識における主体の壊乱と欲求の弁証法、『エクリ』Ⅲ）

・Lacan, J., Position de l'inconscient (1960/1964), in : *Écrits, id.*
無意識の位置＝態勢（無意識の位置、『エクリ』Ⅲ）

・Lacan, J., Kant avec Sade (1962), in : *Écrits, id.*

カントとサド（同、『エクリ』Ⅲ）
・Lacan, J., Du « Trieb » de Freud et du désir du psychanalyste（1964）, in : *Écrits, id.*
フロイトの Trieb（欲動）と精神分析家の欲望について（フロイトの《衝動》と精神分析家の欲求について、『エクリ』Ⅲ）
・Lacan, J., La science et la vérité（1965）, in : *Écrits, id.*
科学と真理（同、『エクリ』Ⅲ）
・Lacan, J., De nos antécédents（1966）, in : *Écrits, id.*
われわれの前歴について（われわれの過去、『エクリ』Ⅰ）
・Lacan, J., Du sujet enfin en question（1966）, in : *Écrits, id.*
ついに問われたる主体について（最後に問題になること、『エクリ』Ⅰ）
・Lacan, J., Réponses à des étudiants en philosophie sur l'objet de la psychanalyse（1966）, in : *Autres écrits*, Seuil, Paris, 2001.
精神分析の対象について哲学学徒に答える（未邦訳）
・Lacan, J., *Le Séminaire, Livre III, Les psychoses*（1955-1956）, Seuil, Paris, 1981.
セミネールⅢ『精神病』（同、上下巻、岩波書店）
・Lacan, J., *Le Séminaire, Livre V, Les formations de l'inconscient*（1957-1958）, Seuil, Paris, 1998.
セミネールⅤ『無意識の形成物』（同、上下巻、岩波書店）
・Lacan, J., *Le Séminaire, Livre VII, L'éthique de la psychanalyse*（1959-1960）, Seuil, Paris, 1986.
セミネールⅦ『精神分析の倫理』（同、上下巻、岩波書店）
・Lacan, J., *Le Séminaire, Livre X, L'angoisse*（1962-1963）, Seuil, Paris, 2004.
セミネールⅩ『不安』（同、上下巻、岩波書店）
・Lacan, J., Introduction aux Noms-du-père（1963）, in : *Des Noms-du-père*, Seuil（Coll. Paradoxes de Lacan）, Paris, 2005.
父の名への導入（中断されたセミネール『父の名』の初回講義の記録、『父の名について』所収、未邦訳）
・Lacan, J., *Le Séminaire, Livre XI, Les quatre concepts fondamentaux de la psychanalyse*（1964）, Seuil, Paris, 1973.
セミネールⅪ『精神分析の四基本概念』（同、岩波書店）
・Lacan, J., *Séminaire 13 : L'objet de la psychanalyse*（1965-1966）texte établi par Patrick Valas, inédit（http://staferla.free.fr）.
セミネールXIII『精神分析の対象』（未公刊、未邦訳：本書ではパトリック・ヴァラス校訂版を用いる）

・Lacan, J., *Le Séminaire, Livre XVII, L'envers de la psychanalyse* (1969-1970), Seuil, Paris, 1991.
セミネール XVII『精神分析の裏面』(未邦訳)

●その他の文献

・Aristote, *De l'interprétation*, traduction par J. Tricot (1959), *Organon*, volume 1, J. Vrin, Paris, 1997.
・Aristote, *Physique*, texte établi et traduit par H. Carteron, 2 tomes, Les Belles Lettres, Paris, 1926, 1931.
・Aristote, *La physique*, introduction de L. Couloubaritsis, traduction de A. Stevens, J. Vrin, Paris, 1999.
・Aristote, *Sur la nature* (*Physique II*), introduction, traduction et commentaire par L. Couloubaritsis, J. Vrin, Paris, 1991.
・Aristote, *De la génération et de la corruption*, traduit par J. Tricot, J. Vrin, Paris, 1993.
・Aristote, *La métaphysique*, traduction de J. Barthélemy-Saint-Hilaire, revue par P. Mathias, Pocket, Paris, 1991.

・Aubenque, P., *La problème de l'être chez Aristote*, PUF, Paris, 1962.
・Aubenque, P., L'article sur « Aristote », *Dictionnaire des philosophes*, PUF, Paris, 1984.
・St. Augustin, *La Trinité, Livres I-VII*, traduit par M. Mellet, O. P. et Th. Camelot, O. P., *Œuvres de Saint Augustin* 15, 2e réimpression, Institut d'Études augustiniennes, 1997.
・Badiou, A., *L'être et l'événement*, Seuil, Paris, 1988.
・Barthes, R., *Essais critiques* (1964), *Œuvres Complètes*, t. I, Seuil, Paris, 1993.
・Barthes, R., *Roland Barthes par Roland Barthes*, Seuil, 1975/1995.
・Bataille, G., Informe (1929), *Œuvres Complètes* I, Gallimard, Paris, 1970.
・Bataille, G., Le bas-matérialisme et la gnose (1930), *Œuvres Complètes* I, *id.*
・Bion, W. R., *Transformation* (1965), Maresfield, London, 1984.
・Bollack, J., *Empédocle* (1965), Gallimard (Coll. Tel), Paris, 1992.
・Bouveresse, J., *Wittgenstein : La rime et la raison*, Minuit, Paris, 1973.
・Bruno, P., Partition — Marx, Freud, Lacan, *Barca !* numéro 1, 1993.
・Bruno, P., Démenti du réel, mutation du symptôme, in : *Papiers psychanalytiques, expérience et structure*, Presses universitaires du Mirail, Toulouse,

2000.
- Cathelineau, P.-Ch., *Lacan, lecteur d'Aristote*, Édition de l'Association freudienne internationale, Paris, 1993.
- Cléro, J.-P., *Hume*, Vrin, Paris, 1998.
- Comte, A., *Cours de philosophie positive*, Bachelier, Paris, 1835.
- Couloubaritsis, L., *La* Physique *d'Aristote*, Ousia, Bruxelles, 1997.
- Deleuze, G., *Empirisme et subjectivité*, PUF, Paris, 1953.
- Deleuze, G., *La philosophie critique de Kant*, PUF (Coll. Quadrige), Paris, 1963.
- Deleuze, G. & Guattari, F., *L'anti-œdipe*, Minuit, Paris, 1973.
- Frege, G., Über Sinn und Bedeutung (1892), in : *Funktion, Begriff, Bedeutung*, herausgegeben und eingeleitet von Günther Patzig, Vandenhoeck & Ruprecht, Göttingen, 1966.
- Freud, S., Entwurf einer Psychologie, in : *Gesammelte Werke*, Nachtragsband, Fischer Taschenbuch Verlag, Frankfurt am Main, 1999.
- Freud, S., *Die Traumdeutung* (1900), in : *Gesammelte Werke*, Bd. II/III, Imago/Fischer, 1942.
- Freud, S., *Der Witz und seine Beziehung zum Unbewußten* (1905), in : *Gesammelte Werke*, Bd. VI, Imago/Fischer, 1940.
- Freud, S., Zur Dynamik der Übertragung (1912), in : *Gesammelte Werke*, Bd. VIII, Imago/Fischer, 1943.
- Freud, S., Zur Geschichte der psychoanalytischen Bewegung (1914), in : *Gesammelte Werke*, Bd. X, Imago/Fischer, 1946.
- Freud, S., Das Unheimliche (1919), in : *Gesammelte Werke*, Bd. XII, Imago/Fischer, 1940.
- Freud, S., *Jenseits des Lustprinzips* (1920), in : *Gesammelte Werke*, Bd. XIII, Imago/Fischer, 1940.
- Gilson, E., *L'être et l'essence* (1948), troisième édition par J. Vrin, Paris, 1994.
- Gilson, E., *Constantes philosophiques de l'être*, Vrin, Paris, 1983.
- Heidegger, M., *Die Frage nach den Ding* (1935-1936), Max Niemeyer Verlag, Tübingen, 1962.
- Heidegger, M., Vom Wesen und Begriff der *Physis.* Aristoteles, Physik B, 1 (1939), in : *Wegmarken*, Vittorio Klostermann, Frankfurt am Main, 1967.
- Heidegger, M., Das Ding (1950), in : *Vorträge und Aufsätze*, Günther Neske, Pfullingen, 1954.
- Heidegger, M., Die Frage nach der Technik (1953), in : *Vorträge und Aufsätze, id.*
- Hume, D., *A Treatise of Human Nature* (1739-1740), edited by D. F. Norton and Mary J. Norton, Oxford University Press, 2000/2004.
- Hume, D., *Enquiries Concerning Human Understanding and Concerning the Principles of Morals*, reprinted from the 1777 edition, Oxford University

Press, 1975 (3rd edition).
・Jakobson, R., Deux aspects du langage et deux types d'aphasies (1956), traduit par A. Adler et N. Ruwet, in *Essais de linguistique générale*, Minuit (Coll. Double), Paris, 1963.
・Kant, I., Versuch den Begriff der negativen Größen in die Weltweisheit einzuführen (1763), in : *Kant's Werke*, Bd. II, Druck und Verlag von Georg Reimer, Berlin, 1912.
・Kant, I., *Kritik der reinen Vernunft* (1781/1787), in : *Sämmtliche Werke*, herausgegeben von K. Rosenkranz u. F. W. Shubert, Leopold Voss, Leipzig, 1838.
・Kant, I., *Prolegomena zu einer jeden künftigen Metaphysik, die als Wissenschaft wird auftreten können* (1783), Sechste Aufl., mit Einleitung, Beilagen, Personen- und Sachregister herausgegeben von K. Vorländer, Verlag von Felix Meiner, Leipzig, 1920.
・Kant, I., *Kritik der praktischen Vernunft* (1788), herausgegeben von Otfried Höffe, Akademie Verlag, Berlin, 2002.（『実践理性批判』、坂部恵・伊古田理訳、岩波書店カント全集第7巻、二〇〇〇）
・Koyré, A., *From the Closed World to the Infinite Universe*, The Johns Hopkins Press, 1957.
・Koyré, A., *Études newtoniennes*, Gallimard, Paris, 1968.
・Lalande, A., *Vocabulaire technique et critique de la philosophie*, seizième édition, volume I, PUF, Paris, 1993.
・Libera, A. de, *La querelle des universaux*, Seuil, Paris, 1996.
・Malherbe, M., *Kant ou Hume*, seconde édition corrigée, Vrin, Paris, 1993.
・Mansion, A., *Introduction à la physique aristotélicienne*, deuxième édition (1945), Éditions de l'Institut supérieur de philosophie, Louvain-la-Neuve, 1987.
・Michaud, Y., *Hume et la fin de la philosophie* (1983), PUF (Coll. Quadrige), Paris, 1999.
・Miller, J.-A., U ou "Il n'y a pas de méta-langage", *Ornicar ?*, n° 5, 1975.
・Miller, J.-A., *L'orientation lacanienne, Cause et Consentement*, 1987-1988, inédit.
・Miller, J.-A., *Politique lacanienne 1997-1998*, EURL Huysmans, 2001.
・Monod, J., *Le hasard et la nécessité*, Seuil (Coll. Points), Paris, 1970.
・Newton, I., *Mathematical Principles of Natural Philosophy* & *His System of the World*, translated into English by A. Motte in 1729, the translations revised by F. Cajori, Vol. 2, University of California Press, 1962.
・Newton, I., *Opticks: or, A Treatise of the Reflections, Refractions, Inflections* & *Colours of Light*, based on the fourth edition, London, 1730, Dover

Publications, Inc., 1952.
・Pichon, E., La Famille devant M. Lacan, *Revue française de psychanalyse*, XI-1, 1939.
・Puech, M., *Kant et la causalité*, Vrin, Paris, 1990.
・Quine, W. V., *Quiddities*, The Belknap Press of Harvard University Press, 1987.
・Robin, L., Sur la conception aristotélicienne de la substance（1910）, in : *La pensée hellénique des origines à Épicure*, Paris, PUF, 1942.
・Roudinesco, E., *Histoire de la psychanalyse en France / Jacques Lacan*, La Pochothèque, 2009.
・Russell, B., *The Principles of Mathematics*, Cambridge University Press, Cambridge, 1930.
・Skriabine, P., La vérité, de A à *a*, *La Cause freudienne*, numéro 28, 1994.
・Soler, C., Trauma et fantasme, *Quarto* 63, Bruxelles, 1999.
・Whitehead, A. N. & Russell, B., *Principia Mathematica*, University Press, Cambridge, 1910.
・Wieland, W., *Die aristotelische Physik*（1962）, Vandenhoeck & Ruprecht, Göttingen, 1992.
・Wittgenstein, L., *Tractatus logico-philosophicus*（1921）, Routledge & Kegan Paul Ltd., 1961.
・*Index des noms propres et titres d'ouvrages dans l'ensemble des séminaires de Jacques Lacan*, E.P.E.L., Paris, 1998.

・永井均『ウィトゲンシュタイン入門』ちくま新書、一九九五。
・『荘子』第一冊、金谷治訳注、岩波文庫、一九七一。
・立木康介「ラカンの六八年五月――精神分析の「政治の季節」」、市田良彦・王寺賢太編『現代思想と政治』平凡社、二〇一六。
・立木康介「〈68年5月〉にラカンはなにを見たか」、王寺賢太・立木康介編『〈68年5月〉と私たち――「現代思想と政治」の系譜学』読書人、二〇一九。
・立木康介『女は不死である』河出書房新社、二〇二〇。
・立木康介「〈物〉の秘密――フロイトのリアリティ論からラカンの「現実界」へ」、『思想』二〇二一年第八号。

あとがき

私のスーパーヴァイザーだった精神分析家セルジュ・コテが亡くなったのは、たしか二〇一七年の暮れのことだった。その数日後には、ラカンの娘ジューディットが世を去り、時代のうつろいを感じさせた。

親しい友人から聞いた話だが、セルジュ・コテは生前、自らを「最後の構造主義者」と呼ぶことがあったという。ラカン晩年のセミネール『サントーム』が二〇〇五年に刊行されてからしばらく、いわゆる「プラグマティック臨床」（語用論ならぬ症状使用論的臨床）が隆盛を極めていた当時のことだ。神経症と精神病のあいだに横たわる構造論的差異――〈父の名〉の現前／不在によって印づけられるところの――を還元不能と捉え、主体がそのいずれの構造に従属＝臣従化するかにしたがって、治療の方向性をラディカルに違《たが》える従来の「鑑別臨床」に代わって、両構造を多少なりとも連続的に捉えたうえで、それぞれの主体が自らの症状の特異性に依拠しつつ、現実界（との無媒介的遭遇）から身を守るのを、支え、手助けすることに重点を措く「プラグマティック臨床」は、象徴界・想像界・現実界のボロメオ結びの破綻を補填する症状＝サントームという図式とともに、この時期、一部のラカン派分析家たち――とりわけ、ジャック＝アラン・ミレールに率いられ、セルジュ・コテもその重鎮のひとりだった「フロイト的原因＝大義学派《エコール・ド・ラ・コーズ・フロイディエンヌ》（ＥＣＦ）」に集う人々――のあいだを席捲していた。それに背を向ける……とは言わないまでも、一歩退いたところからそれを見ていたのが、マジョリティ迎合的な言説とは無縁の分析家コテだった。

プラグマティック臨床には、たしかに、神経症から精神病のほうへ、さらには自閉症のほうへ、精神分析のフロンティアを前進させることに貢献する面があり、かつてウィーンやベルリンに存在したポリクリニークに似た無料診療所「ＣＰＣＴ（精神分析相談・治療センター）」の実験的開設に踏み切った二〇〇〇年代初頭のＥＣＦのポリティクスにもよく馴染んだ。だが、投影同一化という「共通言語」を用いることで、精神病と神経症のあいだの治療論的垣根を真の意味で取り払うことに道を拓いた英国のクライン派／ポストクライン派が、思い切った技法の一般化で精神病のほうに踏み込んだのとは異なり、主体をミニマムな社会生活や人間関係にかろうじてつなぎ留めるに足る対象や活動、すなわちサントームを、効果的に利用することによって、主体が現実界（これは多くの場合、主体を死体化する〈他者〉の享楽として経験される）に呑み込まれるのを防ぐというラカン派のプラグマティスムは、よくいえば「支持的療法」、悪くいえば固有の技法の欠如であり、それを一般化することは、所詮サイコセラピー（的なもの）への後退を意味せざるをえない。ようするに、分析的プロセスとしてつまらないのである。だからこそ、当時、プラグマティック臨床を新たな精神分析のスタイルと錯覚した分析家たちは、一〇年もしないうちに――とりわけラカンの比較的早い時期のセミネール『欲望とその解釈』が出版された二〇一三年をターニング・ポイントとして――「幻想の臨床」へと還っていった。症状の背後に横たわる無意識的幻想のテクスチャーを、縦に、横に、斜めに、いや幾重もの円を描きながらグルグルと、際限なく経巡るプロセス、すなわち、本書が語るA、Ⱥ、$、そして **a** のさまざまな布置から成る分厚い構造論的樹海を突き進むプロセスである。いうまでもなく、それはセルジュ・コテが「最後の構造主義者」として留まり続けた地平だ。

だから！……というのはどちらかといえば後出しの理由づけだが、本書は「構造」への回帰を自らに課した。象徴界の構造と、それによって決定される主体の構造とを究めようとするラカン理論のひとつの頂点への回帰である。とはいえ、ソシュールとヤコブソンに源流をもつ言語学的構造主義に長く留まらなかったラカンにおいて、この「構造」とは、本源的に孔の開いた構造（欠如を孕む構造）であり、だからこそ、それは主体を決定するだけでなく、主体にある種の自己決定の余地を残す、いや、ある種の自己決定を強いることを免れない。そこに見いだされるのは、まるでサルトルかと見紛うような、主体の「責任」をどこまでも強調するラカンだ。「自らの因果性に責任をもつ」この主体のポジションに、Wo es war, soll Ich werden というフロイトの掟が重ねられることを思えば、ラカンとは構造論と実存主義とフロイトが邂逅する磁場のような存在であったことが分かる。いや、シニフィアンの構造の探求は、そのような磁場へとラカンという主体の思考＝思想を導いたのである。

だが、その道のりを語る本書は、いささかバランスの悪い一冊になってしまった。

本書の内容は、敬愛する師ピエール・ブリュノの指導のもと、私が二〇〇一年にパリ第8大学に提出した学位論文 *L'objet et la cause en psychanalyse*（『精神分析における対象と原因』）にもとづく。というより、本書の序章以外は、多少の修正・補筆はあるにせよ、その翻訳である。そのため、いかにも翻訳調の文章がなお散見するのを修正しきれなかった憾みもあるが、それとは比較にならない重大な瑕疵を告白しなければならない。もともと三部構成だった原論文のうち、本書ではまるまる一部を削除せざるをえなかったのである。それは、ほかならぬフロイトについてのパートだ。

「極限の思想」シリーズの「ラカン」を——という依頼を講談社（当時は講談社学芸クリエイト）の林辺光慶氏からいただいたのは、かれこれもう六年前のことで、いまでは遠い昔のように思える（このお話にはさらに、私の不如意によって事実上立ち消えてしまった別の企画という「前史」があるので、罪責感の混じる私の追想はなお遠くにまで遡る）。当初は、一九七〇年代のラカン理論を印づけるテーゼ「性関係はない」とその周辺、とりわけ「享楽」にかかわる男女の性別化の論理をテーマに取り上げるつもりだった。ところが、それについては前著『女は不死である』にほぼ書き尽くしてしまったので（正確には、当時『三田文学』でスタートしたばかりの連載がこのテーマをさらってしまうことが確実だったので）、別のテーマにシフトすることが避けられなくなった。そのとき頭に浮かんだのはただひとつ、この学位論文を焼き直すというアイデアだった。

二〇〇一年一〇月、忘れもせぬ九・一一同時多発テロリズムの直後に、この論文の審査を終えたあと、文字どおり精も根も尽き果て、いや、もっといえば、そこで（だから本書で）扱った時代のラカン理論にいささか食傷気味になり、フランスでの出版に話を進めるどころか、ラカンにおける「対象」と「原因」という主題そのものからひたすら離れることしか願わなかった私には、これをお蔵入りさせることに何の躊躇も後悔もなかった。そもそも、学位論文とは私にとって、それを書き終えてしまったら二度とそこへと戻ることがないような、基礎的だが煩雑きわまりない問いを、執拗に、かつ心ゆくまで、考え抜いておくためのものであって、一旦それを通過したのちには、その執筆をとおして培われた土台の上で、もっと他のテーマや問いについての研究を心安らかに進めていけるようになることこそが、重要だったのである。

だが、二〇一五年、実存思想協会というまるで秘密結社のような（！）ネーミングの学会（実際にそこで出会ったのは、これでもかという数のハイデガー研究者たちだった）に招かれ、本書第Ⅱ部第三章の骨格となる議論をそこで披露させてもらったとき、私は、自らお蔵入りさせたこの論文に置き忘れてきた自分自身の思考に、再び出会い直したように感じ、それら埋もれた思考の痕跡を、すべてではないにしても、いずれ日本語で活字にしてみてもよいかもしれないと、考えるようになった。その私にとって、「極限の思想」と銘打たれたシリーズのオリエンテーションは、かくもくどくどしく、かくも入り組んだ議論に日の目を見させられるまたとないチャンスと映った。

ところが、実際に作業しはじめてみると、シリーズの一冊として刊行するには、この論文全体の内容を翻訳するのはやはり分量的にむずかしいことが分かってきた。そこで、逡巡ののちに、フロイトについて——より正確には、フロイトの「病因論」と「失われた対象」について——のパートを丸々カットすることに決めた。もちろん、アリストテレスのほうを削るという選択もあったかもしれない。だが、「フロイトからラカンへ」という組み立ての著作はすでに我が国でもありふれているし、何より、本書の主題にかんしては、ラカンの思考＝思想を哲学的遠近のなかで捉え直すことを優先させたかった。序章の終わりに述べたとおり、アリストテレスは意外にも、ラカンが最もコンスタントに参照した哲学者である。そのことを日本の読者に印象づけたいという思いもあった。

それが奏功したかどうかについての判断は、読者にお任せすることにして、この選択のゆえに本書では失われざるをえなかった私の学位論文の全体像について、最後に補足しておきたい。フロイトについてのパートの大筋の議論は、本文の注でも言及した次の二稿によってほぼ復元されうる――

・「〈物〉の秘密――フロイトのリアリティ論からラカンの「現実界」へ」、『思想』、二〇二一年第八号

・「精神分析の進化――基本認識をめぐる闘争史」、小川豊昭他編『精神分析学を学ぶ人のために』、世界思想社、二〇〇四、第三章

なお、本書第Ⅱ部に登場する症例エマは、もともとはやはりこの失われたパートに提示されていたことを申し添えたい。

一方、本書第Ⅱ部に本来組み入れられるはずだったが、そうできなかった議論は、本書にはるかに先だって、次の論文として活字化されているので、併せて参照されたい――

・「V、F、a」、『精神分析と現実界』、人文書院、二〇〇七、第二章

同じ論文集（『精神分析と現実界』）にはまた、本書第Ⅱ部第三章第4節の「カントとサド」にかかわる部分が、「欲望の対象と原因」の名で収録されているが、こちらは、本書に再録するに当たり、一部を改めさせてもらった。

こうして、オリジナルの約四分の一が欠けた形になるとはいえ、私のラカン観のベースそのものといってよい労作の日本語ヴァージョンを公にできるのは、ひとえに林辺光慶氏のおかげである。林辺さんほど粘り強く（私の悪文に二度も三度も目を通すという苦行に、勇ましくも耐えて下さった）、しかも温かく、書き手を鼓舞してくれる編集者を私は知らない。林辺さんが担当して下さるのでなければ、本書は文字どおり存在しなかった。この場を借りて心からの感謝を申し上げ

るとともに、本書そのものが林辺さんにふさわしいオマージュとなっていることを願いたい。
執筆を終えたとき、私はカトリーヌ・クレマンの言葉を思い出した。本書で焦点を合わせた時代のラカンにかぶれていた、若き知識人としての自らの想いを追懐した言葉だ——

「母さん、気の毒に、ラカンのことが好きだったのね……」と娘にも言われる。
——そう、私はラカンを愛していた。私の世代のほとんど誰もがそうだったように、私はラカンというひとつの思考＝思想に惚れ込んでいたのである。
〔……〕
そう、それは愛だった。人が約束の時刻を守るとき、何があっても欠席しないとき、たまにガッカリして出てくることがあっても、その熱がけっして冷めないとき、それは愛でなくて何だろうか。ああ！　もちろん、そういう思い入れは今日、白い目で見られる。教条主義と呼ぶ人もいる。実際、そのとおりだ——この手の愛から生まれるのは、自分自身を裏切る態度であり、固定観念であり、思考停止である。だが、そこからはまた、しかも同じプロセスにおいて、おのれ自身と格闘し、おのれの対象をぶち壊す別の種類の思考が生まれることもある——最もうまく事が運んだ場合には。そのような思考は、愛の対象に結びついたひとつの「ハード・コア」を、内に留めている。同じ歴史の起点では愛を呼び覚ましたものを、内に留めている。その周りの鞘や皮を、私は壊してしまったとはいえ、ラカンは私にとって彼のハード・コアのいくつかをなお留めている。

Clément, C., *Vies et légendes de Jacques Lacan*, Grasset & Fasquelle, 1981, pp. 23-24.

ラカンという思考＝思想への同じ愛が、クレマンより一世代下がった私のうちにもたしかにある。いや、そのような愛そのもの、「転移」そのものが、重要なのではない。その愛から生まれた私たち自身の思考が、それがいかなる変転を辿ろうとも――当の対象への愛を失った場合にすら――、おのれのうちに留める「核」こそが貴重なのだ。

本書は、だから、ラカンへの私の愛の証言であるというより、私の思考をラカンのそれに結びつけている「ハード・コア」から析出したもの、もしこう呼んでよければ、その結晶であると思いたい。それが微かにでも閃きを放つ瞬間が、読者のあいだに訪れることを願いつつ。

著者

二〇二二年一一月

立木康介（ついき・こうすけ）

一九六八年生まれ。京都大学文学部卒業。パリ第八大学精神分析学科博士課程修了。現在、京都大学人文科学研究所教授。著書に『精神分析と現実界』（人文書院）、『精神分析の名著』（編著、中央公論新社）、『露出せよ、と現代文明は言う――「心の闇」の喪失と精神分析』『女は不死である――ラカンと女たちの反哲学』（共に河出書房新社）、『狂気の愛、狂女への愛、狂気のなかの愛――愛と享楽について精神分析が知っている二、三のことがら』（水声社）などがある。

le livre

極限の思想

ラカン　主《しゅ》体《たい》の精《せい》神《しん》分《ぶん》析《せき》的《てき》理《り》論《ろん》

二〇二三年一月一一日　第一刷発行

著者　立《つい》木《き》康《こう》介《すけ》

©Kosuke Tsuiki 2023

発行者　鈴木章一

発行所　株式会社　講談社

東京都文京区音羽二丁目一二―二一　〒一一二―八〇〇一

電話　（編集）〇三―三九四五―四九六三

（販売）〇三―五三九五―四四一五

（業務）〇三―五三九五―三六一五

装幀者　森　裕昌

本文データ制作　講談社デジタル製作

本文印刷　株式会社ＫＰＳプロダクツ

カバー・表紙印刷　半七写真印刷工業株式会社

製本所　大口製本印刷株式会社

KODANSHA

定価はカバーに表示してあります。

落丁本・乱丁本は購入書店名を明記のうえ、小社業務あてにお送りください。送料小社負担にてお取り替えいたします。なお、この本についてのお問い合わせは、「選書メチエ」あてにお願いいたします。

本書のコピー、スキャン、デジタル化等の無断複製は著作権法上での例外を除き禁じられています。本書を代行業者等の第三者に依頼してスキャンやデジタル化することはたとえ個人や家庭内の利用でも著作権法違反です。Ⓡ〈日本複製権センター委託出版物〉

ISBN978-4-06-523979-7　Printed in Japan　N.D.C.100　442p　19cm

世界樹

もとは北欧神話に出てくる世界を支える樹。
宇宙樹ともいう。
世界の中心に幹を伸ばし、枝葉は世界を覆う。
根は三本あり、それぞれ人間界、巨人界、冥界に伸びている。
根のそばの泉で神々が毎日集い、様々なことを協議し、審判を下す。
生と叡智、思惟の象徴。

le livre

フランス語で「本」を意味する《livre》に定冠詞《le》をつけた「ル・リーヴル」は、講談社選書メチエの中に新たに設けられた特装版シリーズです。従来の講談社選書メチエの枠を超える形式やテーマを試みたり、物質としての本の可能性を探ったりします。

今あらためて「本というもの」を問い直すために――。

講談社選書メチエの再出発に際して

講談社選書メチエの創刊は冷戦終結後まもない一九九四年のことである。長く続いた東西対立の終わりはついに世界に平和をもたらすかに思われたが、その期待はすぐに裏切られた。超大国による新たな戦争、吹き荒れる民族主義の嵐……世界は向かうべき道を見失った。そのような時代の中で、書物のもたらす知識が一人一人の指針となることを願って、本選書は刊行された。

それから二五年、世界はさらに大きく変わった。特に知識をめぐる環境は世界史的な変化をこうむったとすら言える。インターネットによる情報化革命は、知識の徹底的な民主化を推し進めた。誰もがどこでも自由に知識を入手でき、自由に知識を発信できる。それは、冷戦終結後に抱いた期待を裏切られた私たちのもとに差した一条の光明でもあった。

その光明は今も消え去ってはいない。しかし、私たちは同時に、知識の民主化が知識の失墜をも生み出すという逆説を生きている。堅く揺るぎない知識も消費されるだけの不確かな情報に埋もれることを余儀なくされ、不確かな情報が人々の憎悪をかき立てる時代が今、訪れている。

この不確かな時代、不確かさが憎悪を生み出す時代にあって必要なのは、一人一人が堅く揺るぎない知識を得、生きていくための道標を得ることである。

フランス語の「メチエ」という言葉は、人が生きていくために必要とする職、経験によって身につけられる技術を意味する。選書メチエは、読者が磨き上げられた経験のもとに紡ぎ出される思索に触れ、生きるための技術と知識を手に入れる機会を提供することを目指している。万人にそのような機会が提供されたとき初めて、知識は真に民主化され、憎悪を乗り越える平和への道が拓けると私たちは固く信ずる。

この宣言をもって、講談社選書メチエ再出発の辞とするものである。

二〇一九年二月　　野間省伸

極限の思想

大澤真幸＋熊野純彦
責任編集

好評既刊

＊

バタイユ エコノミーと贈与 佐々木雄大
978-4-06-523948-3

ニーチェ 道徳批判の哲学 城戸 淳
978-4-06-523949-0

ドゥルーズ 内在性の形而上学 山内志朗
978-4-06-525057-0

ハイデガー 世界内存在を生きる 高井ゆと里
978-4-06-526940-4

サルトル 全世界を獲得するために 熊野純彦
978-4-06-530230-9

ラカン 主体の精神分析的理論 立木康介
978-4-06-523979-7

（続刊も準備中）

電子版も配信中！

講談社選書メチエ le livre